Erziehungs- und ordnungsrechtliche Normen in den Schulgesetzen – eine verfassungsrechtliche Untersuchung

Europäische Hochschulschriften Recht

European University Studies in Law

Publications Universitaires Européennes de Droit

Band/Volume 6308

Stephanie Glöckle

Erziehungs- und ordnungsrechtliche Normen in den Schulgesetzen – eine verfassungsrechtliche Untersuchung

PETER LANG

Bibliografische Information der Deutschen Nationalbibliothek
Die Deutsche Nationalbibliothek verzeichnet diese Publikation in der Deutschen Nationalbibliografie; detaillierte bibliografische Daten sind im Internet über http://dnb.d-nb.de abrufbar.

Zugl.: Dissertation, Friedrich-Schiller-Universität Jena, 2022

27
ISSN 0531-7312
ISBN 978-3-631-88148-4 (Print)
E-ISBN 978-3-631-88256-6 (E-PDF)
E-ISBN 978-3-631-88257-3 (EPUB)
DOI 10.3726/b19863

Diese Publikation wurde begutachtet.

www.peterlang.com

Meiner Familie

Vorwort

Die vorliegende Arbeit wurde im Sommersemester 2022 von der Rechtswissenschaftlichen Fakultät der Friedrich-Schiller-Universität Jena als Dissertation angenommen. Sie befindet sich auf dem Rechtsstand von Mai 2022. Mein großer Dank gilt meinem Doktorvater, Herrn Prof. Dr. Michael Brenner, der sich bereit erklärt hat, mein Promotionsverfahren zu betreuen und mir die notwendige wissenschaftliche Freiheit während des Schreibprozesses gewährte. Ebenfalls danke ich Frau Prof. Dr. Anna Leisner-Egensperger für ihr Interesse an meiner Dissertation und die schnelle sowie ausführliche Zweitbegutachtung sowie Frau Prof. Dr. Wiebke Brose für Ihre Mitwirkung in der Prüfungskommission. Die Arbeit hätte in dieser Form nicht ohne die vielfältigen Eindrücke und Erkenntnisse geschrieben werden können, die ich seit 2019 in meiner Tätigkeit als Juristin in der Schulaufsicht beim Regierungspräsidium Stuttgart gewinnen durfte. Mich macht es sehr froh und stolz in einem Kollegium zu arbeiten, welches sich tagtäglich mit vollem Einsatz seinen Aufgaben widmet und die Schulen im Regierungsbezirk Stuttgart in rechtlichen Angelegenheiten stets kompetent unterstützt.

Besonders bedanken möchte ich mich bei meinem Ehemann, Nico Glöckle, der mich in der Zeit der Erstellung meiner Doktorarbeit besonders unterstützt hat und mir fortwährend mit Geduld und Verständnis begegnet ist. Mein Dank gilt ebenso meiner Familie: meiner Mutter, Heike Heß, meinem Vater, Norbert Heß, meiner Schwiegermutter, Elke Glöckle, und meinem Schwiegervater, Klaus Glöckle. Auf ihre bedingungslose Hilfsbereitschaft und Großzügigkeit habe ich in jeder Hinsicht und Situation zählen können. Ihnen verdanke ich alles, was mir wichtig ist. Daher widme ich ihnen dieses Buch.

Stuttgart, im Mai 2022
Stephanie Glöckle

Inhaltsverzeichnis

Abkürzungsverzeichnis

a. A.	anderer Ansicht
ABl.	Amtsblatt
Abs.	Absatz/Absätze
a. F.	alte Fassung
Anm.	Anmerkung
AöR	Archiv des öffentlichen Rechts
Art.	Artikel
Aufl.	Auflage
ausf.	ausführlich
Az.	Aktenzeichen
BayEUG	Bayerisches Gesetz über das Erziehungs- und Unterrichtswesen v. 31.05.2000 (GVBl. 2000 S. 414, 632), zuletzt geändert durch Gesetz v. 24.07.2020 (GVBl. 2020 S. 386)
BB	Brandenburg
BbgSchulG	Gesetz über die Schulen im Land Brandenburg v. 02.08.2002 (GVBl. I/02 S. 78), zuletzt geändert durch Gesetz v. 18.12.2018 (GVBl. I/18 S. 15)
BbgVO	Verordnung über Konfliktschlichtung, Erziehungs- und Ordnungsmaßnahmen Brandenburg v. 12.10.1999 (GVBl. II/99 S. 611), zuletzt geändert durch Verordnung v. 12.08.2014 (GVBl. II/14 S. 1)
BE	Berlin
BerlSchulG	Schulgesetz für das Land Berlin v. 26.01.2004 (GVBl. 2004 S. 26), zuletzt geändert durch Gesetz v. 04.03.2021 (GVBl. 2021 S. 256)
Beschl.	Beschluss
BGBl.	Bundesgesetzblatt
BGH	Bundesgerichtshof
BMAS	Bundesministerium für Arbeit und Soziales
BR	Bremen
BremSchulG	Bremisches Schulgesetz v. 28.06.2005 (GBl. 2005 S. 260, 388, 398), zuletzt geändert durch Gesetz v. 24.11.2020 (GBl. 2020 S. 1371, 1375)

BremSchVwG	Bremisches Schulverwaltungsgesetz
BremVO	Verordnung über das Verfahren beim Erlass von Ordnungsmaßnahmen in der Schule Bremen v. 08.06.1998 (GBl. 1998 S. 151), zuletzt geändert durch Geschäftsverteilung des Senats v. 02.08.2016 (GBl. 2016 S. 434)
BT-Drs.	Bundestagsdrucksache
BVerfG	Bundesverfassungsgericht
BVerfGE	Entscheidungen des Bundesverfassungsgerichts
BVerwG	Bundesverwaltungsgericht
BW	Baden-Württemberg
BWSchulG	Schulgesetz für Baden-Württemberg v. 01.08.1983 (GBl. 1983 S. 397), zuletzt geändert durch Gesetz v. 17.12.2020 (GBl. 2020 S. 1233)
BY	Bayern
ders./dies.	derselbe/dieselbe(n)
Diss.	Dissertation
DÖV	Die öffentliche Verwaltung
DVBl.	Deutsches Verwaltungsblatt
ebd.	ebenda
EGMR	Europäischer Gerichtshof für Menschenrechte
EMRK	Europäische Konvention zum Schutz der Menschenrechte und Grundfreiheiten
Entsch.	Entscheidung
EuGRZ	Europäische Grundrechte-Zeitschrift
f./ff.	folgende/fortfolgende
FAZ	Frankfurter Allgemeine Zeitung
FHOeffR	Fundheft für Öffentliches Recht
Fn.	Fußnote
FPR	Familie Partnerschaft Recht Fachzeitschrift
GBl.	Gesetzblatt
GG	Grundgesetz
GRCh	Charta der Grundrechte der Europäischen Union
GRUR	Gewerblicher Rechtsschutz und Urheberrecht
GVBl.	Gesetz- und Verordnungsblatt

GymSchulTypVO BW	Verordnung des Kultusministeriums über die Schultypen des Gymnasiums Baden-Württemberg v. 12.07.2000 (GBl. 2000 S. 551), zuletzt geändert durch Verordnung v. 12.03.2014 (GBl. 2014 S. 178)
GymVersV BW	Verordnung des Kultusministeriums über die Versetzung an Gymnasien der Normalform und an Gymnasien in Aufbauform mit Internat Baden-Württemberg v. 30.01.1984 (GBl. 1984 S. 149), zuletzt geändert durch Verordnung v. 18.06.2020 (GBl. 2020 S. 577, 584)
HE	Hessen
HH	Hamburg
HmbSchulG	Hamburgisches Schulgesetz v. 16.04.1997 (GVBl. 1997 S. 97), zuletzt geändert durch Gesetz v. 21.01.2021 (GVBl. 2021 S. 45)
Hrsg.	Herausgeber
Hs.	Halbsatz
HSchulG	Hessisches Schulgesetz v. 30.06.2017 (GVBl. 2017 S. 150), zuletzt geändert durch Gesetz v. 18.03.2021 (GVBl. 2021 S. 166)
HVO	Verordnung zur Gestaltung des Schulverhältnisses Hessen v. 19.08.2011 (ABl. 2011 S. 546), zuletzt geändert durch Gesetz v. 18.03.2021 (GVBl. 2021 S. 166)
ICESCR	International Covenant on Economic, Social and Cultural Rights (Internationaler Pakt über wirtschaftliche, soziale und kulturelle Rechte)
i. d. F.	in der Fassung
i. V. m.	in Verbindung mit
JA	Juristische Arbeitsblätter
JGG	Jugendgerichtsgesetz
jurisPR-ITR	juris PraxisReport IT-Recht
JuS	Juristische Schulung
JZ	Juristenzeitung
KMK	Ständige Konferenz der Kultusminister der Länder in der Bundesrepublik Deutschland
KritV	Kritische Vierteljahresschrift für Gesetzgebung und Rechtswissenschaft

KVJS BW	Kommunalverband für Jugend und Soziales Baden-Württemberg
KWMBl.	Amtsblatt der Bayerischen Staatsministerien für Unterricht und Kultus und für Wissenschaft und Kunst
LG	Landgericht
LHG BW	Gesetz über die Hochschulen in Baden-Württemberg v. 01.01.2005 (GBl. 2005 S. 1), zuletzt geändert durch Gesetz v. 17.12.2020 (GBl. 2020 S. 1204)
lit.	Buchstabe/-n
LKJHG BW	Kinder- und Jugendhilfegesetz für Baden-Württemberg v. 14.04.2005 (GBl. 2005 S. 376), zuletzt geändert durch Gesetz v. 19.03.2020 (GBl. 2020 S. 149)
LKV	Landes- und Kommunalverwaltung
LSASchulG	Schulgesetz des Landes Sachsen-Anhalt v. 09.08.2018 (GVBl. 2018 S. 244, 245), zuletzt geändert durch Gesetz v. 24.03.2020 (GVBl. 2020 S. 108)
LSAVO	Verordnung über schulische Ordnungsmaßnahmen Sachsen-Anhalt v. 06.02.2012 (GVBl. 2012 S. 42)
LT-Drs.	Landtagsdrucksache
LV	Landesverfassung
LVwVfG BW	Landesverwaltungsverfahrensgesetz Baden-Württemberg v. 12.04.2005 (GBl. 2005 S. 350), zuletzt geändert durch Gesetz v. 04.02.2021 (GBl. 2021 S. 181)
MMR	Zeitschrift für IT-Recht und Recht der Digitalisierung
MV	Mecklenburg-Vorpommern
MVSchulG	Schulgesetz für das Land Mecklenburg-Vorpommern v. 10.09.2010 (GVOBl. 2010 S. 462), zuletzt geändert durch Gesetz v. 02.12.2019 (GVOBl. 2019 S. 719)
NI	Niedersachsen
NJOZ	Neue Juristische Online-Zeitschrift
NJW	Neue Juristische Wochenschrift
NRW	Nordrhein-Westfalen
NRWSchulG	Schulgesetz für das Land Nordrhein-Westfalen v. 15.02.2005 (GV. 2005 S. 102), zuletzt geändert durch Gesetz v. 01.09.2020 (GV. 2020 S. 890)

NSchulG	Niedersächsisches Schulgesetz v. 03.03.1998 (GVBl. 1998 S. 137), zuletzt geändert durch Gesetz v. 10.12.2020 (GVBl. 2020 S. 496)
NStZ	Neue Zeitschrift für Strafrecht
NVwZ	Neue Zeitschrift für Verwaltungsrecht
NVwZ-RR	Neue Zeitschrift für Verwaltungsrecht Rechtsprechungs-Report
NZFam	Neue Zeitschrift für Familienrecht
OVG	Oberverwaltungsgericht
PSchG BW	Gesetz für die Schulen in freier Trägerschaft Baden-Württemberg v. 01.01.1990 (GBl. 1990 S. 105), zuletzt geändert durch Gesetz v. 04.02.2021 (GBl. 2021 S. 83)
RdJB	Recht der Jugend und des Bildungswesens
RLP	Rheinland-Pfalz
RLPSchulG	Schulgesetz Rheinland-Pfalz v. 30.03.2004 (GVBl. 2004 S. 239), zuletzt geändert durch Gesetz v. 17.12.2020 (GVBl. 2020 S. 719)
Rn.	Randnummer
SächsSchulG	Schulgesetz für den Freistaat Sachsen v. 27.09.2018 (GVBl. 2018 S. 648), zuletzt geändert durch Gesetz v. 17.12.2020 (GVBl. 2020 S. 731)
SchoG	Gesetz zur Ordnung des Schulwesens im Saarland v. 21.08.1996 (ABl. 1996 S. 846), zuletzt geändert durch Gesetz v. 22.01.2021 (ABl. 2021 S. 35)
SchulBesV BW	Verordnung des Kultusministeriums über die Pflicht zur Teilnahme am Unterricht und an den sonstigen Schulveranstaltungen Baden-Württemberg v. 21.03.1982 (GBl. 1982 S. 176), zuletzt geändert durch Verordnung v. 27.06.2019 (GBl. 2019 S. 280, 294)
SchulORLP	Schulordnung für die öffentlichen Realschulen plus, Integrierten Gesamtschulen, Gymnasien, Kollegs und Abendgymnasien Rheinland-Pfalz v. 12.06.2009 (GVBl. 2009 S. 224), zuletzt geändert durch Gesetz v. 26.06.2020 (GVBl. 2020 S. 279)
SH	Schleswig-Holstein
SHSchulG	Schleswig-Holsteinisches Schulgesetz v. 24.01.2007 (GVOBl. 2007 S. 39, 276), zuletzt geändert durch Gesetz v. 25.02.2021 (GVOBl. 2021 S. 201)

SL	Saarland
SN	Sachsen
ST	Sachsen-Anhalt
StVollzG	Gesetz über den Vollzug der Freiheitsstrafe und der freiheitsentziehenden Maßregeln der Besserung und Sicherung v. 16.03.1976 (BGBl. I 1976 S. 581, 2088), zuletzt geändert durch Gesetz v. 09.12.2019 (BGBl. I 2019 S. 2146)
SZ	Süddeutsche Zeitung
TH	Thüringen
ThürSchulG	Thüringer Schulgesetz v. 30.04.2003 (GVBl. 2003 S. 238), zuletzt geändert durch Gesetz v. 11.06.2020 (GVBl. 2020 S. 277, 282)
Urt.	Urteil
VerwArch	Zeitschrift für Verwaltungslehre, Verwaltungsrecht und Verwaltungspolitik
VerwRspr	Verwaltungsrechtsprechung
VG	Verwaltungsgericht
VGH	Verwaltungsgerichtshof
vgl.	vergleiche
VO	Verordnung
VVDStRL	Veröffentlichungen der Vereinigung der Deutschen Staatsrechtslehrer
VwGO	Verwaltungsgerichtsordnung
VwV	Verwaltungsvorschrift
VwVfG	Verwaltungsverfahrensgesetz
Ziff.	Ziffer/Ziffern
zit.	zitiert
ZP	Zusatzprotokoll
ZUM	Zeitschrift für Urheber- und Medienrecht

Einführung

Die Gestaltung des Bildungs- und Schulwesens wird von der Öffentlichkeit zunehmend kritisch beobachtet. Das signifikante Interesse der Gesellschaft wird hierbei durch verschiedene Faktoren begründet. Insbesondere sind der soziale Status und der wirtschaftliche Wohlstand des Einzelnen in der gegenwärtigen Zeit maßgeblich von dem Bildungsniveau einer Person abhängig, da die substanziellen Weichenstellungen in den aufeinanderfolgenden Lebensabschnitten, wie der Schuleintritt, der Wechsel auf eine weiterführende Schule oder von der Schule in die Ausbildung oder auf die Universität, wesentlich die erfolgreiche Teilhabe am Bildungs- und Erwerbssystem und damit am gesellschaftlichen Leben bestimmen.[1] Darüber hinaus prägt der erreichte Schulabschluss vielfach die Position am Arbeitsmarkt, die Fortbildungsbeteiligung sowie das Einkommen im Alter und weist einen bedeutenden Einfluss auf die gesundheitliche Vorsorge eines Menschen, sein Engagement in der Gemeinschaft und seine soziale Vernetzung auf.[2]

Die in der Schule genossene Unterrichtung und Erziehung wirkt sich zudem eindrucksvoll auf die geistige und menschliche Entwicklung junger Menschen aus.[3] Durch die aktiven Bemühungen des Staates, Schülern Bildung in Form von Werten und Fachkenntnissen zu vermitteln, die unter anderem für die Mitwirkung am Prozess der politischen Willensbildung relevant sind, schafft er die Grundlage für seine eigene Existenz.[4] Ebenso besteht ein gemeinschaftliches Interesse an der Sozialisation und Ausbildung der nächsten Generation, welches die Bedeutung des Schulwesens für die Gesellschaft zusätzlich unterstreicht.[5] Der umfassende Bildungs- und Erziehungsanspruch des Staates führt jedoch

---

1 *BMAS*, Der Vierte Armuts- und Reichtumsbericht der Bundesregierung, Ziff. III, S. III; *BMAS*, Der Fünfte Armuts- und Reichtumsbericht der Bundesregierung, Ziff. III.2.2, S. XXIV; *Rauschenbach/Züchner*, in: Münder/Wiesner/Meysen, Kinder- und Jugendhilferecht, S. 23.

2 *Allmendinger/Giesecke/Oberschachtsiek*, Unzureichende Bildung, S. 5; *BMAS*, Der Vierte Armuts- und Reichtumsbericht der Bundesregierung, Ziff. III.2, S. XIII; *Heymann/Stein*, in: Nevermann/Richter, Verfassung und Verwaltung der Schule, S. 399.

3 *Avenarius/Hanschmann*, Schulrecht, S. 15; *Oppermann*, Kultusverwaltungsrecht, S. 42.

4 *Kunze*, Das Recht auf Bildung, S. 14; *Rux*, Die pädagogische Freiheit des Lehrers, S. 39, 103; *Rux*, Schulrecht, § 1 Rn. 3; *Stein/Roell*, Handbuch des Schulrechts, S. 21.

5 *Nevermann/Richter*, in: Nevermann/Richter, Verfassung und Verwaltung der Schule, S. 261.

wiederum zwangsläufig zu Konflikten mit den von der Verfassung garantierten Rechten der Schüler.[6] Trotz der in Art. 7 Abs. 1 GG normierten Maxime, dass das gesamte Schulwesen unter der Aufsicht des Staates steht, ist dieser in der Ausgestaltung der Materie nicht vollumfänglich frei, sondern an die verfassungsrechtlichen Gewährleistungen und Prinzipien gebunden. Diese müssen im Schulbereich Berücksichtigung finden und können mit der Sicherstellung des Schulfriedens vereinzelt in Konflikt geraten.

Der Erziehungs- und Bildungsauftrag der Schule kann dabei nur konsequent verwirklicht werden, sofern die Einhaltung des Schulbetriebs gewährleistet ist. Für einen funktionierenden Ablauf ist die Schule in dieser Hinsicht auf die Mitwirkung der Schüler angewiesen. Folgerichtig sind in den einzelnen Schulgesetzen der Bundesländer eine Reihe von entsprechenden Verpflichtungen enthalten, die die Kinder und Jugendlichen dazu ermahnen sollen, sich ordnungsgemäß zu verhalten. Während der Gesetzgeber sich einst aufgrund der Einbeziehung der Schüler in das besondere Gewaltverhältnis mit gesetzlichen Regelungen das Schulverhältnis betreffend zurückhielt und die Ausgestaltung maßgeblich der Exekutive überließ, sind mittlerweile zahlreiche Handlungsmöglichkeiten im Bereich der Erziehungs- und Ordnungsmaßnahmen für die Schulen normiert, deren Anwendung und Ausübung im Ermessen der Lehrkraft oder Schulleitung stehen.[7] Gegenüber Schülern, die ihre Verhaltenspflichten verletzen oder den geordneten Ablauf des Schulbetriebes beeinträchtigen, kann die Schule Erziehungs- und Ordnungsmaßnahmen verfügen. Die eingesetzten Maßnahmen können in sogenannte pädagogische Maßnahmen und förmliche Ordnungsmaßnahmen untergliedert werden,[8] wobei die Abgrenzung im Einzelfall aufgrund der fehlenden Trennschärfe häufig Schwierigkeiten bereitet. Hierbei wird zumeist auf leichtere Störungen mit pädagogischen Maßnahmen reagiert, während gewichtigerem Fehlverhalten oftmals mit Ordnungsmaßnahmen begegnet wird. Als Fehlverhalten kommen diverse Verhaltensarten, wie körperliche Angriffe,[9] die unbefugte Anfertigung von Bild- und Videosequenzen von Lehrkräften[10] oder auch

---

6 *Barczak*, Der Übergang von der Grundschule, S. 128.

7 §§ 23 Abs. 2, 90 BWSchulG; Art. 86-88a BayEUG; §§ 62, 63 BerlSchulG; §§ 63, 64 BbgSchulG; §§ 46-47a BremSchulG; § 49 HmbSchulG; § 82 HSchulG; §§ 60, 60a MVSchulG; § 61 NSchulG; § 53 NRWSchulG; § 55 RLPSchulG; § 32 SchoG; § 39 SächsSchulG; § 44 LSASchulG; § 25 SHSchulG; §§ 51, 52 ThürSchulG.

8 *Rux*, Schulrecht, § 2 Rn. 426.

9 OVG Lüneburg, Beschl. v. 08.06.2020 – 2 ME 179/20, NVwZ-RR 2020, 977.

10 VG Berlin, Beschl. v. 07.06.2019 – VG 3 L 357.19, MMR 2020, 135.

Beleidigungen[11], in Betracht. Die in den Schulgesetzen enthaltenen Regelungen stellen den Orientierungs- und Handlungsrahmen für die Lehrkräfte, die Schulleitung und daran anschließend die Schulaufsicht dar und bieten zudem Anhaltspunkte, die einen Rückschluss auf die durch den Staat vermittelten gesellschaftlichen Vorstellungen von Konfliktregelung zulassen.[12]

Im Hinblick auf die Tatsache, dass die Gestaltung des Schulwesens einen regelmäßigen Gegenstand der öffentlichen Diskussionen bildet und sich hierzu die juristischen Publikationen vermehrt häufen,[13] wird überraschenderweise den Erziehungs- und Ordnungsmaßnahmen, als wesentlichem Instrument der Durchsetzung und Sicherstellung des Erziehungs- und Bildungsauftrages, wenig Beachtung gezollt. Der Bereich Bildungsrecht und Sport (ohne NC-Verfahren) nahm im Jahr 2019 bezüglich der erledigten Hauptverfahren vor den Verwaltungsgerichten lediglich einen Anteil von 3,5 % ein, während die Anzahl der Verfahren zur Gewährung von vorläufigem Rechtsschutz mit 4,3 % nur geringfügig höher lag.[14] In der Presse wurde die Anwendbarkeit schulordnungsrechtlicher Maßnahmen im Jahr 2019 im Rahmen der Protestaktionen der sogenannten „Fridays for Future"-Bewegung thematisiert.[15] Im Juli 2020 kam zudem der Sanktionierung einer Schülerin in der Grundschule mediale Aufmerksamkeit zu, die auf dem Schulhof Gespräche in ihrer Muttersprache Türkisch geführt hatte und als Konsequenz von einer Lehrkraft eine Strafarbeit auferlegt bekam.[16] Unter Berücksichtigung der einschneidenden Konsequenzen für die Schüler, die diese Maßnahmen mit sich bringen können, sollte die Thematik faktisch bereits noch mehr in den Fokus der Öffentlichkeit gerückt sein. Insbesondere die gewichtigeren Maßnahmen in der Palette der Erziehungs- und Ordnungsmaßnahmen, namentlich der zeitweilige Unterrichtsausschluss, der Verweis von der Schule oder einer Schulart oder der Ausschluss von allen öffentlichen Schulen eines Landes, sind dabei keineswegs als bedeutungslose pädagogische Hilfsmittel anzusehen, sondern als erhebliche Beeinträchtigungen des Bildungsverlaufes der Schüler, die diesen nachhaltig beeinflussen können.

---

11 OVG Münster, Beschl. v. 09.01.2019 – 19 A 3092/17, NVwZ-RR 2019, 598.

12 *Heck/Tschampa*, Konfliktregelung in der Schule, S. 14.

13 Im Zeitraum zwischen 2012 und 2021 wurden allein zur Thematik der Schulpflicht und des sog. „Homeschooling" fünf rechtswissenschaftliche Dissertationen veröffentlicht, vgl. Suchabfrage im Katalog der Deutschen Nationalbibliothek.

14 *Statistisches Bundesamt*, Fachserie 10, Reihe 2.4, 2019, S. 12, 68.

15 *Amler*, in: SZ v. 15.03.2019, „Pflicht und Ethik".

16 *Unterberg*, in: Der Spiegel v. 04.08.2020, „Eltern wehren sich gegen Strafarbeit für Drittklässlerin".

Durch die gesetzgeberische Kompetenzvermutung (Art. 30 GG, Art. 70 Abs. 1 GG) besteht eine Kulturhoheit der Länder, weshalb das Schulrecht in Deutschland durch diese gesetzlich geprägt wird. Die Landesgesetzgeber sind an die im Grundgesetz normierten Regelungen und an ihre eigenen Verfassungen gebunden. Darüber hinausgehend besteht ein großer Gestaltungsspielraum, wie die schulgesetzlichen Vorschriften festgelegt werden können. Beachtenswert ist die inhaltliche Annäherung der Schulgesetze, die in vielen Regelungspunkten vorzufinden ist.[17] Hierdurch wird einer allzu großen Rechtszersplitterung präventiv vorgebeugt und im Rahmen eines Schulwechsels der Übergang in ein neues Bundesland vereinfacht.[18] Da sich die einzelnen Gesetzgebungen jedoch sowohl hinsichtlich der Auswahl der Ordnungsmaßnahmen als auch deren Anwendungsbereichs unterscheiden und an die Maßnahmen unterschiedliche Voraussetzungen knüpfen, könnten bei Schülern mit gleichem Fehlverhalten in verschiedenen Orten unterschiedliche Sanktionen getroffen und damit vielfältige und nicht vergleichbare Konsequenzen für den weiteren Werdegang, im Sinne eines „Kulturföderalismus"[19], ausgelöst werden.

Zudem bereitet die Anwendung der Normen im praktischen Schulalltag erhebliche Schwierigkeiten und führt zu problematischen Konstellationen. Da die Verhängung von Ordnungsmaßnahmen einen Eingriff in Grundrechte der Schüler durch die Ausübung staatlicher Hoheitsbefugnisse darstellt, bedarf es für jede Maßnahme eine dem Vorbehalt des Gesetzes genügende gesetzliche Ermächtigung. Durch die vorrangige Verwendung unbestimmter und damit auslegungsbedürftiger Begriffe in den Schulgesetzen ist die Subsumtion des konkreten Sachverhaltes unter die jeweilige gesetzliche Regelung ein komplexer Vorgang, der lediglich durch die ergangene Rechtsprechung zu den einzelnen Maßnahmen mit weiterer Substanz unterlegt wird.[20] Ein Ausschluss aus der Schule ist in Baden-Württemberg nach § 90 Abs. 6 S. 1 BWSchulG beispielsweise zulässig, wenn ein Schüler[21] durch „schweres" oder „wiederholtes" Fehlverhalten

---

17 Vgl. hierzu auch *Oeter/Boysen*, RdJB 2005, 296 (298).

18 Siehe hierzu das „Hamburger Abkommen" zwischen den Ländern zur Vereinheitlichung auf dem Gebiete des Schulwesens v. 28.10.1964 i. d. F. v. 14.10.1971, welches durch die am 15.10.2020 von der KMK beschlossenen Ländervereinbarung über die gemeinsame Grundstruktur des Schulwesens abgelöst wurde.

19 *Heck/Tschampa*, Konfliktregelung in der Schule, S. 80.

20 So auch der *Bayerische Lehrer- und Lehrerinnenverband e. V.*, Verrechtlichung der Schule, S. 25.

21 Um die Verständlichkeit und den Lesefluss dieser Arbeit zu erhöhen, wird im Folgenden der Begriff „Schüler" für Schülerinnen und Schüler verwendet. Bei der Nennung der männlichen Form ist immer auch die weibliche Form gedanklich eingeschlossen.

seine Pflichten verletzt und „dadurch die Erfüllung der Aufgabe der Schule oder die Rechte anderer gefährdet". Weiter ist ein Verweis von der Schule nur möglich, wenn zusätzlich zu den genannten Voraussetzungen „das Verbleiben des Schülers in der Schule eine Gefahr für die Erziehung und Unterrichtung, die sittliche Entwicklung, Gesundheit oder Sicherheit der Mitschüler befürchten lässt", vgl. § 90 Abs. 6 S. 3 BWSchulG. Die Schule, in der beschriebenen Fallkonstellation in Person der Schulleitung[22], und später die Schulaufsicht müssen dabei die Begrifflichkeiten auslegen und feststellen, ob die Voraussetzungen und die anzustellende Prognose vorliegen, wobei es im Einzelfall aufgrund des auslegungsbedürftigen komprimierten Gesetzestextes oftmals zu Streitfragen kommt. Den Rechtsanwendern an der Schule wird somit keine taugliche Handlungsanleitung zur Verfügung gestellt.[23]

Es stellt sich die Frage, wie die gesetzlichen Vorschriften im Hinblick auf die Erziehungs- und Ordnungsmaßnahmen in den einzelnen Ländern gefasst sind und ob Ergänzungsbedarf besteht. Die Voraussetzungen, der die Schüler teilweise sehr massiv in ihren Grundrechten und ihrem Recht auf schulische Bildung tangierenden Maßnahmen, könnten hierbei als grundlegende gesellschaftspolitische Entscheidungen anzusehen sein, die der Gesetzgeber zu treffen hat und welche insofern detaillierter zu regeln sind als dies bei den bestehenden Normen der Fall ist. Zu konkretisieren ist, welche Inhalte der Gesetzgeber durch Parlamentsgesetz selbst festlegen muss und wie bestimmt diese Vorgaben sein müssen. Insbesondere in Bezug auf die Regelungsdichte besteht eine erhebliche Unklarheit, zu welchem Normierungsgrad der Gesetzgeber verpflichtet ist. Im Rahmen der Vertiefung dieser Problematik sind gleichfalls Fragen der verfassungsmäßigen Kompetenzordnung und damit des Verhältnisses zwischen Legislative und Exekutive zu erörtern.[24] Im Schulbereich muss zudem beachtet werden, dass die Auflösung von Konflikten stets eine pädagogische Perspektive und ein erzieherisches Verständnis erfordert. Das Schulverhältnis stellt ein „höchst komplexes Beziehungsgeflecht" dar, das neben den Schülern und deren Lehrkräften die Eltern, die Schulleitung und den Schulträger samt der Schulaufsichtsbehörden inkludiert.[25]

Schon der Bericht der Kommission Schulrecht des Deutschen Juristentages aus dem Jahr 1981 hat die Durchdringung der verfassungs- und

---

22 Siehe § 90 Abs. 3 Nr. 2 lit. g) BWSchulG.
23 *Krampen-Lietzke*, Der Dispens vom Schulunterricht aus religiösen Gründen, S. 30.
24 *Staupe*, Parlamentsvorbehalt und Delegationsbefugnis, S. 23.
25 *Rux*, Die pädagogische Freiheit des Lehrers, S. 25.

verwaltungsrechtlichen Probleme im Spannungsfeld zwischen pädagogischer Freiheit und Verrechtlichung des Schulrechts als zentrales Themenfeld für die wissenschaftliche Forschung klassifiziert.[26] Zwar bestimmt sich der Auftrag der Schule aus der Vermittlung einer der jeweiligen Begabung entsprechenden Erziehung und Ausbildung und der Verpflichtung, die Schüler gemäß dem Grundsatz „Non scolae sed vitae discimus“[27] zur Wahrnehmung von Verantwortung und Pflichten zu erziehen[28] sowie ein Schulsystem zu gewährleisten, das Bildungsmöglichkeiten für alle jungen Bürger gemäß ihren individuellen Befähigungen bereitstellt,[29] wozu auch grundsätzlich die Anwendung von Erziehungs- und Ordnungsmaßnahmen dient. Dennoch müssen die rechtlichen Grundlagen hierzu auch handhabbar in der Praxis gebraucht werden können. Dieses Ziel wird durch die gegenwärtigen Normen und die Rechtssprechungspraxis nicht erreicht.[30] Die Wahrung des Gleichgewichts zwischen einerseits Verrechtlichung des Schulwesens und andererseits dem Schutz der pädagogischen Freiheit der Lehrkräfte stellt mithin eine komplexe Frage dar, die der näheren Erörterung bedarf.

Durch die Anwendung schwerwiegender Ordnungsmaßnahmen werden primär das Recht auf schulische Bildung und das Grundrecht der Berufsfreiheit der Schüler tangiert. Es ist zu bewerten, ob die die Schüler erheblich belastenden Maßnahmen unter dem Aspekt des Verhältnismäßigkeitsgrundsatzes Eingriffe in diese Rechte legitimieren können. Sowohl die Geeignetheit und Angemessenheit der Maßnahmen sind vor diesem Hintergrund zu hinterfragen als auch die Instrumente des Gesetzgebers zur Kontrolle der Auswirkungen der Maßnahmen. Insofern ist eine rechtssoziologische Betrachtungsweise vonnöten, die dazu dient, die Wechselwirkungen zwischen der Rechtsordnung und der sozialen Realität in Bezug auf die Ordnungsmaßnahmen und deren Nutzen und Konsequenzen für die Schüler zu untersuchen.

---

26 *Kommission Schulrecht des Deutschen Juristentages*, Schule im Rechtsstaat, Band I, S. 21; so auch *Wimmer*, RdJB 1997, 15 (16).

27 Zu deutsch: „Nicht für die Schule, sondern für das Leben lernen wir.“; vgl. das umgekehrte Zitat von *Seneca d. J.*, Briefe an Lucilius, Nr. 106, 12.

28 Vgl. § 1 Abs. 1 BWSchulG.

29 BVerfG, Beschl. v. 24.06.1969 – 2 BvR 446/64, NJW 1969, 1843.

30 So auch *Seitz*, Verhaltenspflichten in Online-Welten, S. 207.

Zielsetzungen und Inhalte der Arbeit

Im Rahmen dieser Arbeit soll der Frage nachgegangen werden, ob die erziehungs- und ordnungsrechtlichen Normen – in Baden-Württemberg § 23 BWSchulG und § 90 BWSchulG – den verfassungsrechtlichen Anforderungen genügen oder einer gesetzlichen Änderung beziehungsweise Ergänzung bedürfen. Zugleich soll dieses Buch Inhalte vermitteln, die neben Juristen, die im Bereich des Schulrechts tätig sind, ebenfalls Schulleitern, Schulämtern und Schulpädagogen als Handreichung zur korrekten und verfassungsmäßigen Anwendung von Erziehungs- und Ordnungsmaßnahmen dienen. Durch die Vielfalt der schulgesetzlichen Regelungen ergibt sich eine Mannigfaltigkeit der einzelnen Schulgesetze, welche im Detail vorliegend nicht ausgeführt werden kann und soll. Jedoch soll sich durch eine Gesamtdarstellung der wesentlichen Vorschriften der verschiedenen Landesgesetzgeber ein nützlicher Vergleich zwischen den Regelungen ergeben, aus dem wiederum Rückschlüsse gezogen werden können. Durch die Heranziehung der Schwerpunkte der jeweiligen landesgesetzlichen Regelungen wird damit im Ergebnis eine länderübergreifende Lektüre dieser Arbeit ermöglicht.

Die vorliegenden Ausführungen lassen sich inhaltlich in fünf Teile gliedern. Im ersten Abschnitt wird der rechtliche Rahmen skizziert, in dem die schulordnungsrechtlichen Maßnahmen eingebettet sind und hierbei eine Abgrenzung von pädagogischen Maßnahmen und Ordnungsmaßnahmen vorgenommen. Zunächst werden die pädagogischen Maßnahmen und Ordnungsmaßnahmen genauer definiert und die Schutzzwecke und Funktionen der Maßnahmen erläutert. Sodann werden Zuständigkeiten und Verfahren dargestellt und vor diesem Hintergrund Besonderheiten aufgegriffen. Einen Schwerpunkt wird die Beschreibung der materiellen Voraussetzungen einnehmen. Da der Bezugspunkt des Fehlverhaltens bei Verhaltensstörungen[31] außerhalb der schulischen Örtlichkeit problematisch ist, wird hierauf näher einzugehen sein.

---

31 Als Synonyme werden nach *Jeske* unter anderem die Begriffe „Unterrichtsstörungen", „Fehlverhalten", und „deviantes Verhalten" gebraucht, vgl. *Jeske*, Konfliktfeld Schule, S. 7. Die Bezeichnung „Verhaltensstörung" wird im Rahmen dieser Arbeit nicht im pädagogischen Kontext, im Sinne einer durchgängigen Verhaltensauffälligkeit als Differenz zwischen den Normansprüchen der Umwelt und dem eigenen Verhalten (siehe hierzu *Böhm/Seichter*, Wörterbuch der Pädagogik, S. 493; *Grossmann/Schmitz*, Sonderpädagogik verhaltensgestörter Kinder, S. 16) verwendet, sondern dient als Beschreibung für ein punktuelles, nicht ordnungsgemäßes Verhalten eines Schülers.

Der zweite Abschnitt behandelt das Recht auf Bildung und das Grundrecht der Berufsfreiheit als die Rechte, die durch die Anwendung der Ordnungsmaßnahmen substanziell beeinträchtigt werden. Veranschaulicht werden die Rechtsquellen des Rechts auf Bildung sowie dessen Rechtscharakter. Insbesondere wird auf den Regelungsgehalt und die Reichweite des Rechts Bezug genommen. Daneben erfolgt eine Darstellung des Grundrechts der Berufsfreiheit, wobei hier sowohl eine Eingrenzung des Schutzbereiches als auch eine vertiefte Untersuchung der Anforderungen, die an die Verhältnismäßigkeitsprüfung zu stellen sind, durchgeführt wird.

Nachfolgend wird im dritten und vierten Teil die Wahrung der Grundsätze des Vorbehalts des Gesetzes im Hinblick auf die schwerwiegenderen Ordnungsmaßnahmen im Schulrecht geprüft. Dies beinhaltet die Maßnahmen der Überweisung in die Parallelklasse, des zeitweiligen Unterrichtsausschlusses und des Verweises von einer Schule, der Schulart und allen öffentlichen Schulen des Landes. Vorausgehend werden die rechtlichen Grundlagen des Vorbehalts des Gesetzes, dessen Funktionen und die hierdurch ausgelöste Vorbehaltswirkung aufgeführt, bevor auf die Bestimmung der Reichweite im Schulverhältnis eingegangen wird. Die Kriterien der Rechtsprechung und Literatur werden zusammengefasst, erörtert und auf den Bereich der Ordnungsmaßnahmen übertragen. Die Vereinbarkeit der schulordnungsrechtlichen Normen mit dem Vorbehalt des Gesetzes wird für jede der genannten Maßnahmen einzeln geprüft, wobei die tatbestandlichen Voraussetzungen beschrieben, ausgelegt und vor dem Hintergrund der verfassungsrechtlichen Anforderungen des Vorbehalts des Gesetzes analysiert werden. Im Rahmen der Bestimmung der Regelungsdichte werden die rechtsstaatlichen Grundsätze der Normenklarheit und der Steuerungswirkung dargestellt und diese mit Rücksicht auf die schulischen Eigengesetzlichkeiten im Bereich der Erziehungs- und Ordnungsmaßnahmen – der pädagogischen Freiheit und der Vielseitigkeit der Sachverhalte im Schulbereich – spezifiziert. Daneben wird ebenfalls an die Reichweite der schulischen Generalklausel angeknüpft, die als rechtliche Grundlage für pädagogische Maßnahmen herangezogen wird. Unter diesem Aspekt wird insbesondere der Regelungsgehalt der gesetzlichen Normierungen in den Ländern in Bezug auf religiöse Verhaltensweisen diskutiert und ermittelt, ob die gegenwärtigen Gesetzesfassungen als Rechtsgrundlage für eine Untersagung oder Sanktion von religiösen Verhaltensweisen einer speziellgesetzlichen Ermächtigungsgrundlage bedürfen oder eine derartige Anordnung auf der Grundlage der schulischen Generalklauseln getroffen werden kann.

Da besonders die gewichtigen Maßnahmen einen weitreichenden Eingriff in das Recht auf schulische Bildung und das Grundrecht der Berufsfreiheit darstellen sowie beachtliche Folgen für das Sozialleben des betroffenen Schülers nach sich ziehen, ist die Verhältnismäßigkeit dieser Maßnahmen besonders zu überprüfen. Zu diesem Zweck werden die Voraussetzungen der Maßnahmen in den einzelnen Bundesländern gegenübergesellt und deren Wirkungspotenzial hinterfragt. Unter Einbeziehung von Forschungsergebnissen werden die sachliche und personenbezogene Geeignetheit diskutiert und abschließende Lösungsvorschläge unterbreitet. Vor diesem Hintergrund scheint eine Studie der rechtlichen Grundlagen und der durch die Maßnahmen gewollten und faktisch erzielten Wirkungen auf den Schüler geboten. Nach der Erörterung der möglichen Grundrechtseingriffe und des Eingriffs in das Recht auf schulische Bildung wird die Verhältnismäßigkeitsprüfung einen Schwerpunkt bilden, welche durch einen Rechtsprechungsüberblick und einen Regelungsvorschlag ergänzt wird. Neben der Analyse und Untersuchung der gegenwärtigen Gesetzesfassungen soll ebenso ein Blick über die Möglichkeiten einer perspektivischen rechtlichen Gestaltung der Materie in Form eines Gesetzesentwurfs für die Regelung von Erziehungs- und Ordnungsmaßnahmen in Baden-Württemberg im fünften Teil dieser Arbeit erfolgen.

Abschließend werden die wesentlichen Ergebnisse im Rahmen einer Schlussbemerkung zusammengefasst. Methodisch wird das geltende Recht in den einzelnen Ländern dargestellt und ausgewertet sowie die hierzu ergangene Rechtsprechung analysiert. Es wird eine rechtsvergleichende Betrachtungsweise eingenommen und die unterschiedlichen Gesetzesfassungen beleuchtet, woraus wissenschaftliche Erkenntnisse durch die Aufarbeitung von Ähnlichkeiten und Unterschieden gewonnen werden können und die Frage aufgeworfen wird, welche Regelungen auch in anderen Schulgesetzen Bestand finden könnten. Daneben werden die Ergebnisse einer eigenständig durchgeführten Befragung von elf Jugendämtern in Baden-Württemberg zur praktischen Umsetzung der gesetzlichen Grundlagen zur Einbeziehung sozialpädagogischer Unterstützungsmaßnahmen zusammengefasst und bewertet.

Die rechtlichen Konsequenzen von Fehlverhalten in Schulen in freier Trägerschaft bilden keinen Gegenstand dieser Arbeit. Vielmehr regelt in diesem Zusammenhang der private Schulträger im jeweiligen Schulvertrag mit den Eltern der Schüler, wann und in welcher Form Fehlverhalten geahndet wird. Aus einem Fehlverhalten kann beispielsweise eine ordentliche Kündigung des Schulverhältnisses resultieren, während bei sehr gravierenden Verhaltensstörungen auch eine außerordentliche Kündigung denkbar ist.[32]

32 LT-Drs. BW 16/1847, S. 4.

Begriffsklärung

Bevor auf die rechtlichen Grundlagen schulordnungsrechtlicher Maßnahmen einzugehen sein wird, ist es essenziell, zunächst die wesentlichen Begrifflichkeiten verbindlich zu bestimmen, um Unklarheiten bei den nachfolgenden Ausführungen zu vermeiden und die Lesbarkeit dieser Arbeit zu erhöhen.[33] Während pädagogische Maßnahmen vorrangig zu erzieherischen Zwecken eingesetzt werden, ist mit Ordnungsmaßnahmen primär die Gewährleistung der Funktionsfähigkeit des Schulbetriebs verbunden.[34] Eine terminologische Schwäche liegt den in den Schulgesetzen[35] genutzten Begriffen aufgrund der Vielfältigkeit ihrer Verwendung im Sprachgebrauch und einer fehlenden länderübergreifenden Systematik zugrunde. In Baden-Württemberg wird in § 90 Abs. 2 S. 1 BWSchulG zwischen „Erziehungs- und Ordnungsmaßnahmen" und „pädagogischen Maßnahmen" differenziert. Diese Kategorisierung ist, soweit eine Orientierung an den Funktionen der Maßnahmen erfolgt, jedoch nicht einleuchtend, da eine Unterscheidung zwischen „Erziehungsmaßnahmen" und „pädagogischen Maßnahmen" in Bezug auf deren identischen Sinngehalt nicht greifbar ist. Daher werden im Folgenden in dieser Arbeit – der Bedeutungsweise entsprechend – die Begriffe der „pädagogischen Maßnahmen", im Sinne von erzieherischen Mitteln, und „Ordnungsmaßnahmen", als Maßnahmen mit Verwaltungsaktcharakter, verwendet. Als Oberbegriff dieser Bezeichnungen werden die Termini „Erziehungs- und Ordnungsmaßnahmen" und „schulordnungsrechtliche Maßnahmen" gebraucht.[36]

---

33 Die inhaltliche Unklarheit durch die Verwendung verschiedener Begriffe beschreibt *Weber*, Das Ordnungsrecht der Schule, S. 3.

34 *Avenarius/Hanschmann*, Schulrecht, S. 476.

35 Zur Definitionsschwäche der gesetzlichen Bezeichnungen in der Fachliteratur siehe *Schwind/Roitsch/Ahlborn/Gielen*, Gewalt in der Schule, S. 208.

36 Teilweise werden die Begriffe „Disziplinarmaßnahmen" und „schulordnungsrechtlichen Maßnahmen" verwendet, siehe *Peters*, Erziehungs- und Ordnungsmaßnahmen im Schulrecht, S. 1, oder der Terminus „Disziplinierungsmaßnahmen" gebraucht, vgl. *Rückriem*, Disziplin in der Schule, S. 21.

Erster Teil: Rechtliche Grundlagen schulordnungsrechtlicher Maßnahmen

Vorab werden die rechtlichen Grundlagen der Erziehungs- und Ordnungsmaßnahmen dargestellt. Die Aufarbeitung konzentriert sich primär auf die gesetzlichen Schutzzwecke und Funktionen, die sie im Rahmen ihrer Verwendung verwirklichen sollen. Daneben wird auf die Definition und den Anwendungsbereich von pädagogischen Maßnahmen einzugehen sein. Einzelne, in der Praxis höchst relevante, pädagogische Maßnahmen werden aufgegriffen und beleuchtet. Diese werden den Ordnungsmaßnahmen gegenübergestellt, bei denen die Einhaltung des Verfahrens aufgrund der Formstrenge eine relevante Rolle spielt, die ebenfalls diskutiert werden wird. Abschließend werden die maßgeblichen materiellen Grundlagen der Maßnahmen aufgezeigt.

Kapitel 1: Sinn und Zweck von Erziehungs- und Ordnungsmaßnahmen

Bevor eine zielgerichtete Analyse der pädagogischen Maßnahmen und Ordnungsmaßnahmen erfolgen kann, ist es unerlässlich, zunächst den Sinn und Zweck der Maßnahmen zu betrachten. Nur unter Zugrundelegung ihrer Funktionen ist es möglich, zielgerichtet im späteren Verlauf dieser Arbeit die Voraussetzungen der Maßnahmen dahingehend zu überprüfen, ob diese geeignet sind, die beabsichtigte Wirkung zu erzielen.

A. Anknüpfungspunkte in den Schulgesetzen

Weitgehend normieren die Schulgesetze ausdrücklich im Gesetzestext den angestrebten Zweck und die Funktion der zur Verfügung stehenden Erziehungs- und Ordnungsmaßnahmen.[37] In Baden-Württemberg ist die Zielrichtung am detailliertesten aufgeführt. Hiernach dienen die Ordnungsmaßnahmen der Verwirklichung des Erziehungs- und Bildungsauftrages der Schule, der Erfüllung der Schulbesuchspflicht, der Einhaltung der Schulordnung und dem Schutz von Personen und Sachen innerhalb der Schule, vgl. § 90 Abs. 1 S. 1 BWSchulG.[38] Daran inhaltlich anknüpfend werden in Bayern, Mecklenburg-Vorpommern und Sachsen nach Art. 86 Abs. 1 S. 1 BayEUG, § 60 Abs. 1 S. 1 MVSchulG und § 39 Abs. 1 S. 1 SächsSchulG Erziehungs- und Ordnungsmaßnahmen zur Sicherung des Bildungs- und Erziehungsauftrages oder zum Schutz von Personen und Sachen angewendet. § 63 Abs. 1 S. 1 BbgSchulG spricht von der Sicherung des gesetzlichen Auftrages der Schule und dem Schutz von Personen und Sachen. Das bremische, hamburgische und nordrhein-westfälische Schulgesetz greift ebenfalls jeweils die Sicherung der Unterrichts- und Erziehungsarbeit und den Schutz von beteiligten Personen auf, vgl. § 46 Abs. 1 BremSchulG, § 49 Abs. 1 S. 1 HmbSchulG, § 53 Abs. 1 S. 1 NRWSchulG. Nach

37 Lediglich in Berlin, § 62 Abs. 1 S. 1 BerlSchulG, Niedersachsen, § 61 Abs. 1 S. 2 NSchulG, und Rheinland-Pfalz, § 95 Abs. 1 SchulORLP, finden sich Anknüpfungspunkte, die nur einen mittelbaren Rückschluss auf den Sinn und Zweck der Erziehungs- und Ordnungsmaßnahmen zulassen.

38 So auch § 32 Abs. 1 S. 1 SchoG.

§ 1 Abs. 2 S. 2, 3 BremVO sollen in Bremen zudem Erziehungs- und Ordnungsmaßnahmen mit dem pädagogischen Ziel verhängt werden, den Schüler in seiner sozialen Verantwortung zu stärken, sodass eine losgelöste Anwendung vom Erziehungsauftrag der Schule und ihrer pädagogischen Verantwortung dem einzelnen Schüler gegenüber vermieden wird. In Hessen wird nach § 82 Abs. 1 S. 1 HSchulG die Erfüllung des Bildungsauftrages der Schule vor allem durch pädagogische Maßnahmen gewährleistet, die die Entwicklung des Lern- und Leistungswillens des Schülers und die Bereitschaft zu verantwortlichem sozialen Handeln nach den Grundsätzen der Toleranz, der Gerechtigkeit und der Solidarität fördern und möglichem Fehlverhalten vorbeugen sollen. Lediglich die Erfüllung des Bildungs- und Erziehungsauftrages der Schule führen Sachsen-Anhalt und Schleswig-Holstein in § 44 Abs. 1 LSASchulG und § 25 Abs. 1 S. 1 SHSchulG an. § 51 Abs. 1 S. 1 ThürSchulG bestimmt daneben als Funktion einzig die Sicherstellung der Entwicklung des Schülers im Sinne des Bildungs- und Erziehungsauftrages.

B. Schutzzwecke

Die Schutzzwecke können aufgrund der dargestellten gesetzlichen Anknüpfungspunkte und der dort gewählten Formulierungen folglich primär in die Verwirklichung des Erziehungs- und Bildungsauftrages, die Erfüllung der Schulbesuchspflicht, die Einhaltung der Schulordnung und den Schutz von Personen und Sachen zusammengefasst werden.[39]

I. Verwirklichung des Erziehungs- und Bildungsauftrages

Nach § 1 Abs. 2 BWSchulG[40] hat die Schule den in der Landesverfassung verankerten Erziehungs- und Bildungsauftrag zu verwirklichen. Dieser ist in Art. 7 Abs. 1 GG und in den meisten Landesverfassungen konkret normiert. Hiernach hat jeder junge Mensch ohne Rücksicht auf seine Herkunft oder wirtschaftliche Lage das Recht auf eine seiner Begabung entsprechenden Erziehung und Ausbildung. Das öffentliche Schulwesen ist nach diesem Grundsatz zu

39 So auch LT-Drs. BW 12/4778, S. 6.

40 Siehe unmittelbare Anknüpfungspunkte in Art. 1 Abs. 1 S. 1 BayEUG; § 3 Abs. 1 S. 1 BbgSchulG; § 3 Abs. 1 BremSchulG; § 2 HmbSchulG; § 2 HSchulG; § 2 Abs. 1 S. 1 MVSchulG; § 2 NSchulG; § 2 Abs. 1 NRWSchulG; § 2 Abs. 2 S. 1 RLPSchulG; § 1 Abs. 2 lit. b) SchoG; § 1 SächsSchulG; § 1 LSASchulG; § 4 Abs. 2 S. 2 SHSchulG; § 2 Abs. 1 S. 1 ThürSchulG.

gestalten, Art. 11 Abs. 1, Abs. 2 LV BW.[41] Den Schülern kommt ein Bildungsanspruch zu, dessen Realisierung die Schule gewährleisten muss. Im Rahmen der praktischen Verwirklichung dieses Rechts muss insbesondere darauf geachtet werden, den Schülern die Möglichkeit zu geben, ungestört dem Unterricht folgen zu können und nicht durch das Fehlverhalten anderer Schüler in ihrer Aufmerksamkeit beeinträchtigt zu werden. Im Unterricht steht die Vermittlung von Wissen, Kompetenzen und Werten im Vordergrund,[42] die durch ein friedliches Miteinander zwischen den am Schulleben beteiligten Personen bedingt wird.[43] Die Umsetzung des Lehrplans, als didaktischer Weg zur Erfüllung des gesetzten pädagogischen Programms[44], ist primäres Erfüllungsziel. Die hierzu erforderliche Disziplin der Schüler wird daher nicht um ihrer selbst willen gefordert, sondern stellt die Bedingung für einen reibungslosen Unterricht dar.[45] Durch Störungen würde der Bildungsanspruch der lernwilligen Mitschüler beschränkt werden und ebenso bei etwaig vorhandenem Gewaltpotenzial eines Schülers eine Gefährdung der körperlichen und seelischen Unversehrtheit der Mitschüler und Lehrkräfte eintreten können, welche verhindert werden soll.[46] Daneben kommt der Schule als Baustein der staatlichen Infrastruktur für eine funktionsfähige Gesellschaft[47] ein Erziehungsauftrag zu, die Schüler zu einem verantwortungsvollen Mitglied der Gesellschaft heranzubilden und sie in ihrer geistigen und sozialen Entwicklung zu unterstützen[48]. Der Erziehungsauftrag und der Bildungsauftrag stehen folglich in gegenseitiger Abhängigkeit[49] zueinander und werden in zwei Richtungen verwirklicht. Die Erziehung und Bildung der unauffälligen Schüler muss gewährleistet werden als auch die Umsetzung dieser

41 Vgl. hierzu ebenfalls Art. 128 Abs. 1 LV BY; Art. 20 Abs. 1 S. 1 LV BE; Art. 29 Abs. 1 LV BB; Art. 27 Abs. 1 LV BR; Art. 8 S. 1 LV MV; Art. 4 Abs. 1 LV NI; Art. 8 Abs. 1 S. 1 LV NRW; Art. 31 S. 1 LV RLP; Art. 24a Abs. 1 LV SL; Art. 7 Abs. 1 LV SN; Art. 25 Abs. 1 LV ST; Art. 10 Abs. 3 S. 2 LV SH; Art. 20 S. 1 LV TH.

42 *Keller*, Disziplinmanagement in der Schulklasse, S. 19.

43 *Anger*, KritV 2005, 52; *Jeske*, Konfliktfeld Schule, S. 48; *Korte*, Disziplinprobleme im Schullalltag, S. 30.

44 *Hennecke*, Staat und Unterricht, S. 31.

45 *Rauschenberger*, Pädagogische Beiträge 1976, 665 (670); *Barczak* spricht von einem „Anforderungsprofil" an den Schüler, durch welches der Bildungsauftrag zur Geltung komme, siehe *Barczak*, Der Übergang von der Grundschule, S. 149.

46 LT-Drs. BY 15/5674, S. 2, 19.

47 *Bothe*, VVDStRL 54 (1994), 7 (18).

48 *Langenfeld*, Integration und kulturelle Identität zugewanderter Minderheiten, S. 213.

49 *Just*, Handbuch Schulsozialarbeit, S. 27.

Ansprüche im Hinblick auf die verhaltensgestörten Kinder, um diese wiederum in die Schulgemeinschaft einzugliedern und für die Zukunft störendes Verhalten zu vermeiden.[50]

II. Erfüllung der Schulbesuchspflicht

Die Erfüllung der Schulbesuchspflicht knüpft an das dem Schüler zuzurechnende Wegbleiben von der Schule (sogenannte Schulmüdigkeit, Schulverdrossenheit, Schulaversion etc.[51]) an, welches mit Maßnahmen aus dem Katalog der Erziehungs- und Ordnungsmaßnahmen sanktioniert werden kann[52]. Daneben wird zur Bekämpfung des Fernbleibens von der Schule zu vielfältigen pädagogischen Möglichkeiten gegriffen, wie Gespräche mit den abwesenden Schülern und deren Eltern, persönliche Beratungen und die Einbeziehung des Jugendamtes.[53] Daher ist der Ansicht zu widersprechen, dass zwingend bei Verstößen gegen die Schulbesuchspflicht Erziehungs- und Ordnungsmaßnahmen zu verhängen sind.[54] Die Voraussetzungen müssen vielmehr im jeweiligen Einzelfall entsprechend geprüft werden.[55] Soweit für das Fernbleiben von der Schule bei minderjährigen Schülern die Eltern verantwortlich sind, scheiden Erziehungs- und Ordnungsmaßnahmen aus, da es an der Vorwerfbarkeit des Fehlverhaltens seitens des Schülers mangelt.[56] In diesen Fällen sollte jedoch – zur Sicherstellung des Kindeswohls – eine Kontaktaufnahme der Schule mit dem zuständigen Jugendamt erfolgen.[57]

---

50 Vgl. *Hoegg*, RdJB 1998, 352.

51 *Michel/Schreiber*, RdJB 2006, 79 (80).

52 Siehe hierzu LT-Drs. BW 13/1533, S. 3; LT-Drs. TH 6/6338, S. 2; a. A. LT-Drs. HE 19/4288, S. 3, wonach lediglich bei nicht mehr vollzeitschulpflichtigen Schülern, die eine weiterführende Schule besuchen, nach § 82 Abs. 8 HSchulG unter bestimmten Bedingungen ein Schulverweis als zulässig erachtet wird.

53 LT-Drs. TH 6/6338, S. 2.

54 So *Falkenbach*, in: Wörz/von Alberti/Falkenbach, Schulgesetz für Baden-Württemberg, § 90 Ziff. 2.2.

55 So auch *Bräth*, RdJB 2007, 317 (318); zum Nutzen von Ordnungsmaßnahmen bei Schulschwänzern siehe *Brückner*, FPR 2007, 470 (471) und *Korte*, Disziplinprobleme im Schullalltag, S. 80; zum Schulabsentismus *aufgrund* der Verhängung von Ordnungsmaßnahmen vgl. *Ricking*, Schulabsentismus als Forschungsgegenstand, S. 79.

56 *Eckhold*, in: Johlen/Oerder, Münchener Anwaltshandbuch Verwaltungsrecht, § 15 Rn. 82.

57 In diesen Fällen liegt zudem eine Ordnungswidrigkeit nach § 92 Abs. 1 Nr. 1 i. V. m. § 85 Abs. 1 S. 1 BWSchulG vor, die nach § 92 Abs. 2 BWSchulG mit einer Geldbuße oder gemäß § 86 Abs. 1 BWSchulG mit einem Zwangsgeld geahndet werden kann.

III. Einhaltung der Schulordnung

Die Ergreifung von Erziehungs- und Ordnungsmaßnahmen dient zudem der Einhaltung der Schul- und Hausordnung, welche rechtlich auf der jeweiligen schulischen Generalklausel fußt. Nach § 23 Abs. 2 S. 1 BWSchulG ist die Schule unter anderem dazu berechtigt, die zur Aufrechterhaltung der Ordnung des Schulbetriebs und zur Erfüllung der ihr übertragenen unterrichtlichen und erzieherischen Aufgaben erforderlichen Maßnahmen zu treffen und örtliche Schulordnungen, allgemeine Anordnungen und Einzelanordnungen zu erlassen. Insbesondere durch die Schulordnung wird der Pflichtenkreis der Schüler konkretisiert, sodass dieser eine pädagogische und psychologische Funktion beizumessen ist.[58] Die für die Schüler maßgeblichen Verhaltensregeln werden festgelegt, an denen diese sich zu orientieren haben und anhand derer Lehrkräfte Anweisungen erteilen können. Die einzelnen Schüler sollen dazu ermutigt werden, sich an die Schul- und Hausordnung zu halten, um die Funktionsfähigkeit des generellen Schulbetriebs zu stärken.[59]

IV. Schutz von Personen und Sachen

Auch der Schutz von Personen und Sachen ist durch die Anwendung von Erziehungs- und Ordnungsmaßnahmen zu gewährleisten.[60] Für die Schule besteht die Verpflichtung, Schüler vor Schäden zu bewahren, sodass diesen innerhalb der Schule ein Gefühl der Sicherheit präsent sein muss.[61] Während das baden-württembergische Schulgesetz in § 90 Abs. 1 BWSchulG den Schutz von Personen und Sachen „innerhalb“ der Schule benennt, führen andere Schulgesetze lediglich den Schutz von Personen und Sachen in einem generellen Sinne an.[62] Das Schulgesetz in Mecklenburg-Vorpommern knüpft in § 60 Abs. 1 S. 1 MVSchulG an den Schutz von Personen und Sachen „an der Schule“ an. Richtigerweise stellt der Schutz von Personen und Sachen ein ortsbegrenzendes und kein personenbegrenzendes Kriterium dar. Ein relevantes Bildungsziel für die Schüler besteht darin, sich in eine Gemeinschaft einzuordnen und Konflikte zu bewältigen.[63]

58 *Weber*, Das Ordnungsrecht der Schule, S. 192.
59 LT-Drs. NI 16/4557, S. 2.
60 LT-Drs. BY 18/1481, S. 1.
61 LT-Drs. MV 5/4376, S. 3.
62 Beispielsweise Art. 86 Abs. 1 S. 1 BayEUG und § 39 Abs. 1 S. 1 SächsSchulG.
63 *Stein/Roell*, Handbuch des Schulrechts, S. 80.

Der Erziehungsauftrag der Schule beinhaltet nach § 1 Abs. 2 S. 2 BWSchulG[64] insbesondere über „die Vermittlung von Wissen, Fähigkeiten und Fertigkeiten hinaus [...] die Schüler [...] zur Achtung der Würde und der Überzeugung anderer“ zu erziehen, sodass hierbei nicht nur der Schutz der Schulangehörigen in Form der anderen Schüler und Lehrkräfte gemeint sein kann, sondern auch das Schulträgerpersonal, Eltern und Gäste der Schule (zum Beispiel Schulaufsicht, Fachberater). Ergänzend führt Art. 12 Abs. 1 LV BW den Erziehungsauftrag „zur Brüderlichkeit aller Menschen“ an. Diese Formulierung spricht wiederum dafür den Personenkreis weit zu fassen. Der Schutzumfang hinsichtlich der erfassten Personen und Sachen ist ebenfalls nicht begrenzt. Inkludiert sind das Recht auf körperliche Unversehrtheit sowie auf sexuelle und informationelle Selbstbestimmung, die Ehre und das Eigentum aller am Schulleben Beteiligten. Dazu treten das Recht der Schüler auf Erziehung und Ausbildung, ferner der Schutz jeglichen Eigentums des Schulträgers und der in zulässiger Weise mitgebrachten Sachen.[65]

C. Funktionen

Im Rahmen ihres Ermessens bestimmt die Schule, ob und welche Erziehungs- und Ordnungsmaßnahmen zu ergreifen sind. Sie stützt sich hierbei sowohl auf spezialpräventive als auch generalpräventive Gesichtspunkte, welche der ausgewählten Maßnahme zugrunde liegen. Insbesondere die dargestellten Schutzzwecke und die in den Gesetzen formulierten Ziele sprechen neben der spezialpräventiven Wirkung, die auf den Schüler selbst abzielt, für eine generalpräventive Gewichtung.

I. Spezialpräventive und generalpräventive Zielrichtung

Erziehungs- und Ordnungsmaßnahmen können die Verhinderung von künftigem Fehlverhalten bei dem betroffenen Schüler anstreben oder aber die Verhaltensanforderungen bei anderen Schülern absichern.[66] Neben die spezialpräventive Funktion

64 Ähnlich Art. 2 Abs. 1 BayEUG; § 3 Abs. 3 Nr. 1 BerlSchulG; § 4 Abs. 5 Nr. 7 BbgSchulG; § 5 Abs. 3 S. 2 Nr. 3 BremSchulG; § 2 Abs. 1 HmbSchulG; § 2 Abs. 2 Nr. 1 HSchulG; § 3 Nr. 11 MVSchulG; § 2 Abs. 1 S. 3 NSchulG; § 2 Abs. 2 S. 2 NRWSchulG; § 1 Abs. 2 S. 1 RLPSchulG, § 1 Abs. 2 S. 2 SchoG; § 1 Abs. 3 S. 2 SächsSchulG; § 1 Abs. 2 Nr. 1 LSA-SchulG; § 4 Abs. 2 S. 2 SHSchulG; § 2 Abs. 1 S. 5 ThürSchulG.

65 *Falkenbach*, in: Wörz/von Alberti/Falkenbach, Schulgesetz für Baden-Württemberg, § 90, Ziff. 2.4.

66 *Bertram/Horn/Link/Schulte/Wolfrum*, Sächsisches Schulgesetz, § 39, S. 198; *Galas/Krömer/Nolte/Ulrich*, Niedersächsisches Schulgesetz, Kommentar, S. 531.

der Maßnahmen tritt somit der Gedanke der Generalprävention.[67] Je schwerer die Pflichtverletzung wiegt, desto mehr treten die individuellen pädagogischen Zwecke hinter der Sicherstellung der Funktionsfähigkeit der Schule zurück und in den Schwerpunkt der Zielsetzung rückt die Vermeidung weiterer Beeinträchtigungen der Unterrichts- und Erziehungsarbeit.[68] Der Präventivcharakter einer Maßnahme besteht darin, einem Nachahmungseffekt vorzubeugen oder diesen gänzlich zu verhindern. Die Mitschüler müssen im Hinblick auf den Erziehungszweck die Einsicht erlangen, dass ein bestimmtes Verhalten in der Schule nicht geduldet, sondern mit schwerwiegenden Maßnahmen geahndet werden kann.[69] Der verhaltensauffällige Schüler soll dazu aufgefordert werden, sein Fehlverhalten nicht zu wiederholen und seinen schulischen Pflichten ordnungsgemäß nachzukommen (Spezialprävention)[70], während parallel auf die Mitschüler eingewirkt wird (Generalprävention)[71].

II. Repressive Wirkung

Bei Erziehungs- und Ordnungsmaßnahmen handelt es sich nicht um Strafen, da der Gedanke der Spezial- und Generalprävention im Vordergrund steht und die Aspekte der Vergeltung und Sühne ausgeklammert werden.[72] Insbesondere wurde in den Schulgesetzen der Begriff der „Strafe" nicht normiert, da Erziehungs- und Ordnungsmaßnahmen vor dem Hintergrund pädagogischer Gesichtspunkte verhängt werden[73] und trotz disziplinarischer Probleme der betroffene Schüler im Sinne des Bildungs- und Erziehungsauftrages bestmöglich gefördert werden soll[74].

---

67 VGH Baden-Württemberg, Beschl. v. 12.07.2017 – 9 S 1374/17, Rn. 18, *Hürlimann*, Für die Schule nicht mehr zumutbar, S. 94; a. A. *Reip*, in: Ebert, Schulrecht Baden-Württemberg, Kommentar, § 90 Rn. 4; zu generalpräventiven Erwägungen im Rahmen des thematisch verwandten Disziplinarrechts siehe *Fliedner*, Die Zumessung der Disziplinarmaßnahmen, S. 93 f.

68 *Böhm*, Grundkurs Schulrecht II, S. 42.

69 Bayerischer VGH, Beschl. v. 03.06.2002 – 7 CS 02.875, NJW 2002, 3044 (3045).

70 Für einen primär spezialpräventiven Zweck spricht sich *Hanschmann* aus, vgl. RdJB 2010, 445 (451).

71 OVG Münster, Beschl. v. 17.09.2014 – 19 B 985/14, NVwZ-RR 2015, 34 (35).

72 *Böhm*, Grundkurs Schulrecht II, S. 37; *Dirnaichner*, in: Dirnaichner/Wachsmuth, Bayerisches Gesetz über das Erziehungs- und Unterrichtswesen, Art. 86 BayEUG, Ziff. 4; *Hage/Staupe*, Schulrecht von A - Z, S. 137; *Roberg*, in: Boelmann/Roberg/Sawatzki/Schlechter/Schneider, Erziehungs- und Ordnungsmaßnahmen Praxisbuch, S. 36; *Schröder*, Handbuch Schulrecht Niedersachsen, S. 92; *Schwind/Roitsch/Ahlborn/Gielen*, Gewalt in der Schule, S. 211; *Stein/Roell*, Handbuch des Schulrechts, S. 81; *Weber*, Das Ordnungsrecht der Schule, S. 3; LT-Drs. BY 9/9803, S. 37; LT-Drs. BB 2/1675, S. 175.

73 LT-Drs. BW 14/7274, S. 17.

74 LT-Drs. TH 3/900, S. 2.

Die Bezeichnung der Schulstrafen ist folglich überholt.[75] An das Fehlverhalten des Schülers werden keine repressiven Sanktionen geknüpft, sondern vielmehr stellt die verhängte Maßnahme die von dem Schüler gestörte Erziehungs- und Unterrichtsarbeit in der Schule sicher.[76] Es soll das unangemessene Verhalten des Schülers korrigiert und sein künftiges Benehmen positiv beeinflusst werden.[77] Die Maßnahmen haben sich daher an schulischen und erzieherischen Zwecken zu orientieren.[78]

Neben die Verhängung einer schulrechtlichen Erziehungs- oder Ordnungsmaßnahme kann ein Hausverbot oder eine strafrechtliche Sanktion hinzutreten. Eine Ausschlussfunktion tritt im Verhältnis zu schulischen Maßnahmen nicht ein. Insbesondere muss bis zur Anordnung einer Maßnahme nicht das Ergebnis der strafrechtlichen Ermittlungen abgewartet werden.[79] Im Gegenteil kann die erzieherische Maßnahme auch das strafrechtliche Verfahren beeinflussen. So sieht nach § 45 Abs. 2 S. 1 JGG die Staatsanwaltschaft von der Verfolgung ab, wenn eine erzieherische Maßnahme bereits durchgeführt oder eingeleitet worden ist und weder eine Beteiligung des Richters noch die Erhebung der Anklage für erforderlich gehalten wird. Damit ergibt sich in der Konsequenz die Folge, dass selbst das Absehen von der Verfolgung eines strafrechtlich relevanten Verhaltens eines Schülers durch die Staatsanwaltschaft nicht die Rechtmäßigkeit der auf generalpräventiven Überlegungen gestützten Maßnahme der Schule berührt.[80] Auch der Richter kann das Verfahren einstellen, soweit eine erzieherische Maßnahme, die eine Entscheidung durch Urteil entbehrlich macht, bereits durchgeführt oder eingeleitet ist, vgl. § 47 Abs. 1 Nr. 2 JGG. Einer parallelen pädagogischen und strafrechtlichen Sanktion steht dabei das Doppelbestrafungsgebot nach Art. 103 Abs. 3 GG nicht entgegen. Hiernach kann niemand wegen derselben Tat aufgrund der allgemeinen Strafgesetze mehrmals bestraft werden. Dieses Verbot bezieht sich jedoch nur auf die wiederholte Sanktion durch eine Strafmaßnahme nach dem Strafgesetzbuch. Bei Erziehungs- und Ordnungsmaßnahmen sind pädagogische Aspekte zu beachten, sodass sich deren Zielrichtung gravierend von der strafrechtlich gewollten Wirkung unterscheidet.

---

75 Siehe hierzu *Hoegg*, RdJB 1987, 298 (298).

76 *Avenarius/Hanschmann*, Schulrecht, S. 479.

77 *Hanschmann*, NVwZ 2008, 1295 (1297); so auch *Böhm/Seichter*, Wörterbuch der Pädagogik, S. 454 f.

78 So auch *Steenhoff*, NVwZ 2013, 1190 (1194).

79 Für eine Berücksichtigung der Entscheidung eines Strafgerichts sprechen sich *Stein/Roell* aus, siehe *Stein/Roell*, Handbuch des Schulrechts, S. 127.

80 Siehe hierzu Bayerischer VGH, Beschl. v. 06.04.2018 – AN 2 S 18.404, Rn. 3 zit. nach juris.

Kapitel 2: Pädagogische Maßnahmen

Nachfolgend werden die pädagogischen Maßnahmen dargestellt und deren Einsatzbereich aufgezeigt. Daneben werden die Verfahrensvorschriften samt den materiellen Anforderungen, die pädagogischen Maßnahmen zugrunde liegen, erläutert sowie einzelne, in der Praxis relevante Maßnahmen aufgegriffen.

A. Definition

In den Schulgesetzen ist keine explizite Definition des Begriffs der pädagogischen Maßnahmen aufgeführt. Lediglich vereinzelt finden sich nähergehende Bestimmungen, die einen Anhaltspunkt dafür bieten, was konkret unter pädagogischen Maßnahmen zu verstehen ist und wie diese praktisch angewendet werden.

I. Anknüpfungspunkte in den Schulgesetzen

Eine flächendeckende, einheitliche Verwendung des Begriffs der pädagogischen Maßnahmen fehlt in den Schulgesetzen. In Baden-Württemberg werden die Bezeichnungen „pädagogische Maßnahmen" und „Erziehungs- und Ordnungsmaßnahmen" gebraucht, vgl. § 90 Abs. 2 S. 1 BWSchulG.[81] Im bayerischen Schulgesetz finden sich „Erziehungsmaßnahmen" und „Ordnungs- und Sicherungsmaßnahmen" nach Art. 86 Abs. 1 S. 1, 3 BayEUG, in Berlin „erzieherische Mittel" gemäß § 62 Abs. 1 S. 1 BerlSchulG, in Hamburg und Sachsen „Erziehungsmaßnahmen", siehe § 49 Abs. 1 S. 1 HmbSchulG und § 39 Abs. 1 S. 1 SächsSchulG. In Rheinland-Pfalz ist nach § 96 Abs. 1 S. 1 SchulORLP von „erzieherischen Einwirkungen" die Rede. In Bremen wird lediglich zwischen „Ordnungsmaßnahmen" und „Maßnahmen zur Sicherheit der Schule" unterschieden. Es unterbleibt gänzlich eine Nennung der pädagogischen Maßnahmen. Es wird in diesem Sinne hinsichtlich der Maßnahmen und deren Eingriffsintensität nur von „Ordnungsmaßnahmen" gesprochen, vgl. §§ 47, 47a BremSchulG.

Eine finale und verbindliche Trennung und Abgrenzung zwischen pädagogischen Maßnahmen und Ordnungsmaßnahmen ist nicht möglich.[82] Die weitgehend von den Schulgesetzen gewählte Formulierung, Erziehungs- und

81 Ähnlich Sachsen und Thüringen nach § 44 LSASchulG und § 51 ThürSchulG.

82 *Rux*, Schulrecht, § 2 Rn. 426.

Ordnungsmaßnahmen kämen nur in Betracht, soweit pädagogische Erziehungsmaßnahmen nicht ausreichen,[83] bietet einen Hinweis auf die vorrangige Heranziehung von pädagogischen Maßnahmen im Vergleich zu Ordnungsmaßnahmen. Letztere gelangen daher subsidiär zur Anwendung. Im Rahmen von pädagogischen Maßnahmen erfolgt in der Vielzahl der Fälle kein nennenswerter Eingriff in Grundrechte, sodass die Eingriffsqualität als verhältnismäßig gering zu bewerten ist, da der Schüler lediglich dazu angehalten werden soll, sich schulordnungskonform zu verhalten.[84] Sollten die Schutzziele der Erziehungs- und Ordnungsmaßnahmen[85] somit nicht durch das Ergreifen von pädagogischen Maßnahmen erreicht werden, besteht die Möglichkeit der Verhängung von Ordnungsmaßnahmen. Für die Bestimmung des rechtlichen Charakters einer Maßnahme ist nicht die Terminologie entscheidend, sondern das Gewicht des Eingriffs. Ob eine Maßnahme folglich im Gesetz als pädagogische Maßnahme oder Ordnungsmaßnahme deklariert ist, ist damit nur für die Frage nach der gesetzlichen Ermächtigung entscheidend und betrifft nicht deren rechtliche Einordnung.

II. Ansätze der Literatur

Falkenbach versteht unter pädagogischen Maßnahmen „allgemeine Anordnungen und Einzelanordnungen, die zur Aufrechterhaltung der Ordnung des Schulbetriebs und zur Erfüllung der der Schule übertragenen unterrichtlichen und erzieherischen Aufgaben erlassen werden".[86] Unter pädagogischen Maßnahmen werden ferner innerschulische Organisationsakte gefasst, die der Durchsetzung des schulischen Erziehungsauftrages dienen[87] und den Willen der Schüler in eine positive Richtung lenken[88]. Sie können als Maßnahmen und Situationen begriffen werden, die auf die Heranwachsenden in einer Weise einwirken sollen, deren Verhalten, Einstellungen und Motive zu verändern oder zu festigen.[89]

83 Vgl. § 90 Abs. 1 BWSchulG.

84 *Avenarius/Hanschmann*, Schulrecht, S. 478.

85 Siehe Erster Teil Kap. 1 B.

86 *Falkenbach*, in: Wörz/von Alberti/Falkenbach, Schulgesetz für Baden-Württemberg, § 90, Ziff. 3.

87 *Wieland*, in: Eiding/Hofmann-Hoeppel, Verwaltungsrecht, § 57 Rn. 44.

88 *Dinkelmann*, Die Rechtsstellung des Schülers im Schülerdisziplinarrecht, S. 26.

89 *Geissler*, Erziehungsmittel, S. 22.

B. Rechtliche Grundlagen

Die Rechtsgrundlage der pädagogischen Maßnahmen ist in der jeweiligen schulgesetzlichen Generalklausel zu finden, vgl. § 23 Abs. 2 BWSchulG in Baden-Württemberg. Demgegenüber ist § 90 BWSchulG als speziellere Norm für Ordnungsmaßnahmen anzusehen. Die Generalklausel fungiert als Rechtsgrundlage für nicht abschließend normierte schulische Einzelmaßnahmen, wie beispielsweise allgemeine Ordnungsregeln oder pädagogische Maßnahmen. Eine ausdrückliche Normierung und Aufzählung aller in Betracht kommenden pädagogischen Maßnahmen ist aufgrund des geringen Eingriffscharakters nicht notwendig, da der Bildungs- und Erziehungsauftrag als Ermächtigungsgrundlage ausreichend ist.[90] Pädagogische Maßnahmen können von jeder Lehrkraft getroffen werden, während bei Ordnungsmaßnahmen die vorgegebene Zuständigkeitsregelung einzuhalten ist. Weitgehend ist die Zuständigkeit der Lehrkraft, die das Fehlverhalten wahrnimmt, auch explizit gesetzlich geregelt.[91]

C. Materielle Anforderungen

Die Entscheidung, ob und welche pädagogische Maßnahme Anwendung findet, unterliegt dem Ermessen der Lehrkraft und ist am Gesetzeszweck auszurichten. Nach Art. 86 Abs. 1 S. 1 BayEUG können Erziehungsmaßnahmen „zur Sicherung des Bildungs- und Erziehungsauftrags oder zum Schutz von Personen und Sachen" verhängt werden. Nach § 62 Abs. 1 S. 1 BerlSchulG sollen die Maßnahmen bei „Konflikten und Störungen in der Unterrichts- und Erziehungsarbeit" ergriffen werden, während ebenso die „Erfüllung des Bildungsauftrages der Schule" sichergestellt werden soll, vgl. § 25 Abs. 1 S. 1 SHSchulG.[92] § 63 Abs. 2 BbgSchulG verweist auf die Konfliktschlichtung und auf den Verzicht von Erziehungs- und Ordnungsmaßnahmen, wenn das Fehlverhalten eines Schülers auf einem Konflikt mit anderen Schülern, Lehrkräften oder anderen an der Schule tätigen Personen beruht. Gemäß § 1 Abs. 2 S. 1 BbgVO ist bei gewalttätigem oder auf kulturelle, ethnische oder religiöse Anschauungen oder Gruppenzugehörigkeit zielendem Fehlverhalten neben den zu ergreifenden Ordnungsmaßnahmen in besonderem Maße erzieherisch zu handeln. § 3 Abs. 1 S. 1 BbgVO bestimmt die Notwendigkeit von pädagogischen Maßnahmen Einsicht des Schülers zu

---

90 *Avenarius/Hanschmann*, Schulrecht, S. 478.

91 Siehe beispielsweise § 62 Abs. 3 S. 1 BerlSchulG; § 3 Abs. 1 S. 2 BbgVO; § 60 Abs. 1 S. 3 MVSchulG.

92 Ebenso § 61 Abs. 1 S. 2 NSchulG.

dem Fehlverhalten herzustellen und nach Möglichkeit die unmittelbare Wiedergutmachung zu fördern. In Hessen wird in § 82 Abs. 1 S. 1 HSchulG die Kausalität von pädagogischen Maßnahmen zur Erfüllung des Bildungsauftrages der Schule angeführt sowie die Möglichkeit der Hilfestellung zur Entwicklung des Lern- und Leistungswillens des Schülers und der Bereitschaft zu verantwortlichem sozialen Handeln nach den Grundsätzen der Toleranz, der Gerechtigkeit und der Solidarität.

Grundsätzlich möglich ist eine Aufnahme der bei Verhaltensstörungen in Betracht kommenden pädagogischen Maßnahmen in der Schul- und Hausordnung. Diese können sich insbesondere als Anregung an die Lehrkräfte verstehen, eine möglichst weite Bandbreite an pädagogischen Maßnahmen einzusetzen. Zudem kann hierdurch eine Abstimmung der Lehrkräfte und damit insgesamt eine größere Anerkennung und Wirkung der in der Schul- oder Hausordnung aufgeführten Maßnahmen gegenüber der Schülerschaft bewirkt werden. Es sollte in diesem Zusammenhang darauf geachtet werden, die Verhaltensstörungen nicht abschließend anzugeben und insbesondere eine bestimmte Maßnahme nicht starr an eine konkrete Rechtsfolge, im Sinne einer „Wenn dann"-Beziehung, zu knüpfen.[93]

D. Übersicht über einzelne pädagogische Maßnahmen

Die pädagogischen Maßnahmen sind vielfältiger Natur und im Gegensatz zu den Ordnungsmaßnahmen nicht abschließend normiert, wobei meist Beispiele in den Schulgesetzen genannt sind. So führt das Berliner Schulgesetz das erzieherische Gespräch mit dem Schüler, gemeinsame Absprachen, den mündlichen Tadel, den Eintrag in das Klassenbuch, die Wiedergutmachung angerichteten Schadens und die vorübergehende Einziehung von Gegenständen auf, § 62 Abs. 2 BerlSchulG.[94] Das Thüringer Schulgesetz benennt des Weiteren gemäß § 51 Abs. 1 S. 2 ThürSchulG das Lob[95] und die Ermahnung, die formlose Missbilligung des Fehlverhaltens, die Beauftragung mit Aufgaben, die geeignet sind, den Schüler sein Fehlverhalten erkennen zu lassen sowie das Nachholen

93 Vgl. *Böhm*, Grundkurs Schulrecht II, S. 39; a. A. *Weßling*, Erziehen im Konsens, S. 224, der durch den Gebrauch von Erziehungsvereinbarungen und der vorherigen Festlegung der jeweiligen Rechtsfolge für ein bestimmtes Fehlverhalten eine größere Wirkungsweise der Maßnahmen erreicht sieht.

94 Weitere Beispiele finden sich bei *Schröder*, Handbuch Schulrecht Niedersachsen, S. 90.

95 Zur Verhängung von positiven Maßnahmen als Reaktion auf ein Fehlverhalten siehe *Dinkelmann*, Die Rechtsstellung des Schülers im Schülerdisziplinarrecht, S. 21.

schuldhaft versäumten Unterrichts. Auch andere, nicht explizit gesetzlich normierte, pädagogische Maßnahmen sind denkbar, soweit deren Eingriffsqualität als niederschwellig einzustufen ist und sie den Schüler zur Einsicht seines Verhaltens bewegen.[96] Mögliche pädagogische Maßnahmen könnten ferner die Thematisierung der Verhaltensstörung im Unterricht oder ein klärendes Gespräch mit dem Schüler und seinen Erziehungsberechtigten sein.[97] Nachfolgend wird der Regelungsgehalt der im Schulalltag relevantesten pädagogischen Maßnahmen skizziert.

I. Eintrag in das Klassenbuch

Durch den Eintrag in das Klassenbuch wird die genaue Dokumentation von Fehlverhalten ermöglicht.[98] Oftmals werden in der Praxis Leitlinien aufgestellt, die an das Erreichen einer konkreten Anzahl von Einträgen bestimmte Maßnahmen knüpfen. Eine derart starre Verbindung zwischen Fehlverhalten und Sanktion trägt weder dem Verhältnismäßigkeitsgrundsatz Rechnung noch wird eine einzelfallgerechte Entscheidung erzielt. Die pädagogische Eignung des Eintrags in das Klassenbuch ist zudem umstritten.[99] Insbesondere werden hierbei datenschutzrechtliche Bedenken angeführt.[100]

II. Hinausstellen vor die Tür

Durch das Ausschließen des Schülers von der laufenden Unterrichtsstunde, meist verbunden mit der Anweisung, vor der Tür zu warten, soll ein störungsfreier Unterricht gewährleistet werden. Insbesondere bei jüngeren Schülern ist die Anwendung dieser Maßnahme jedoch mit Skepsis zu betrachten, da oftmals keine Aufsicht abseits der Unterrichtsräume zu Unterrichtszeiten anwesend ist und die Schüler folglich unbeaufsichtigt im Schulgang warten.

---

96 *Reip*, in: Ebert, Schulrecht Baden-Württemberg, Kommentar, § 90 Rn. 2.

97 *Stein/Roell*, Handbuch des Schulrechts, S. 81.

98 Siehe ausdrückliche Nennung in § 62 Abs. 2 Nr. 4 BerlSchulG; § 3 Abs. 2 Nr. 4 BbgVO; § 60 Abs. 2 Nr. 4 MVSchulG.

99 Siehe *Kommission Schulrecht des Deutschen Juristentages*, Schule im Rechtsstaat, Band I, S. 291; ebenso *Schwind/Roitsch/Ahlborn/Gielen*, Gewalt in der Schule, S. 225, wonach 59,8 % der befragten Lehrkräfte den Klassenbucheintrag als pädagogisch nicht wirksam einschätzten.

100 *Galas/Krömer/Nolte/Ulrich*, Niedersächsisches Schulgesetz, Kommentar, S. 536.

III. Nachsitzen

Das sogenannte „Nachsitzen“ stellt die Verpflichtung des Schülers zur Teilnahme am Unterricht oder an sonstigen schulischen Veranstaltungen außerhalb der regulären Unterrichtszeiten dar.[101] *Avenarius/Hanschmann* beurteilen das Erfordernis einer spezialgesetzlichen Ermächtigungsgrundlage für diese Maßnahme nach dem Zweck, zu dem das Nachsitzen angeordnet wurde. Soll es dazu dienen, einen Lernrückstand nachzuarbeiten, zum Beispiel wegen Zuspätkommens des Schülers, soll als Rechtfertigung der Bildungs- und Erziehungsauftrag der Schule ausreichen und eine spezialgesetzliche Rechtsgrundlage nicht nötig sein. Wird die Maßnahme nicht zu rein erzieherischen Zwecken verwendet, bedürfe es einer ausdrücklichen Normierung im Gesetz.[102] Dass die Maßnahme teilweise[103] zu den Ordnungsmaßnahmen gezählt und in diesem Rahmen im baden-württembergischen Gesetz aufgeführt wird, ist für die rechtliche Einstufung irrelevant.

§ 90 Abs. 7 S. 1 BWSchulG normiert explizit, dass vor der Verhängung die Anhörung des Schülers ausreichend ist. Mit Blick auf § 55 BWSchulG und der dort benannten Erziehungsgemeinschaft von Eltern und Schule, welche die Verpflichtung zu einer vertrauensvollen Zusammenarbeit umfasst, sollte eine Information der Eltern dennoch geboten sein, soweit sich das Nachsitzen wiederholt. In der Regel wird dem Schüler während des Nachsitzens die Bearbeitung einer schriftlichen, schulbezogenen Arbeit aufgegeben, es besteht jedoch ebenfalls die Möglichkeit zur Auseinandersetzung mit einer praktischen Aufgabe, die geeignet ist, das Fehlverhalten zu kompensieren.[104] Im Rahmen des Nachsitzens können daher auch Maßnahmen zur Schadenswiedergutmachung und aus dem Fehlverhalten hergeleitete Tätigkeiten angeordnet werden.[105] Es muss jedoch zwischen dem Fehlverhalten und der Aufgabe zur Schadenswiedergutmachung ein inhaltlicher Zusammenhang bestehen.[106] Unzulässig wäre folglich die Anweisung,

---

101 Siehe ausdrücklich in Art. 86 Abs. 1 S. 2 BayEUG; § 3 Abs. 3 S. 1 BbgVO; § 49 Abs. 2 S. 1 HmbSchulG; § 88 Abs. 1 S. 2 HSchulG; § 60 Abs. 2 Nr. 6 MVSchulG; § 53 Abs. 2 S. 1 NRWSchulG; § 96 Abs. 1 S. 2 SchulORLP; § 25 Abs. 1 S. 3 SHSchulG; § 51 Abs. 1 S. 2 ThürSchulG.

102 *Avenarius/Hanschmann*, Schulrecht, S. 489.

103 Siehe § 90 Abs. 3 Nr. 2 lit. a), b) BWSchulG.

104 LT-Drs. BW 14/7118, S. 5.

105 *Keller*, Disziplinmanagement in der Schulklasse, S. 43.

106 Als Beispiel bietet sich die Reinigung eines durch den Schüler beschmutzten Gegenstandes an.

eine längere oder sich wiederholende Textpassage abzuschreiben, welche sich im Hinblick auf die Förderung der Einsicht des betroffenen Schülers nicht als pädagogisch wertvoll erweist.[107]

IV. Schriftliche Mitteilung an die Eltern

Die schriftliche Missbilligung[108] stellt eine Eintragung in schulische Dokumente oder eine Mitteilung an die Erziehungsberechtigten dar.[109] Sie darf nicht mit dem Verweis verwechselt werden, da sie einen geringeren Grad der Missbilligung enthält und darüber hinaus auch nicht der Beteiligung eines schulischen Gremiums bedarf.[110]

V. Schriftlicher Verweis

Der schriftliche Verweis[111] soll dem Schüler sein Fehlverhalten vor Augen führen und ihm die Geeignetheit seines Verhaltens aufzeigen die Unterrichts- und Erziehungsarbeit zu stören. Die Maßnahme wird relativ häufig an den Schulen verhängt. Eine Schulabfrage in Hamburg im Schuljahr 2014/2015 an 122 Schulen ergab einen Gebrauch im Zusammenhang mit 1 414 Schülern an Grundschulen, Gymnasien und Stadtteilschulen[112], die einen schriftlichen Verweis nach § 49 Abs. 4 S. 1 Nr. 1 HmbSchulG erhalten hatten.[113] Teilweise wird darüber hinaus zwischen dem schriftlichen und dem verschärften, beziehungsweise strengen, Verweis differenziert.[114]

---

107 *Böhm*, Grundkurs Schulrecht II, S. 41; *Wißmann*, RdJB 2003, 179 (184).

108 Gebräuchlich ist ebenfalls die Verwendung des Begriffs „Tadel".

109 Die pädagogische Eignung der Maßnahme unter Verweis auf eine „Meldementalität" ablehnend *Korte*, Disziplinprobleme im Schullalltag, S. 46 ff.

110 *Böhm*, Grundkurs Schulrecht II, S. 40.

111 Siehe Art. 86 Abs. 2 Nr. 1, 2 BayEUG; 63 Abs. 2 S. 1 Nr. 1 BerlSchulG; § 64 Abs. 2 Nr. 1 BbgSchulG; § 47 Abs. 1 Nr. 4 BremSchulG; § 49 Abs. 4 S. 1 Nr. 1 HmbSchulG; § 60a Abs. 1 S. 2 Nr. 1 MVSchulG; § 53 Abs. 3 Nr. 1 NRWSchulG; § 97 Abs. 1 Nr. 2 SchulORLP; § 32 Abs. 2 S. 1 Nr. 1 SchoG; § 39 Abs. 2 S. 1 Nr. 1 SächsSchulG; § 44 Abs. 4 Nr. 1 LSASchulG; § 25 Abs. 3 S. 1 Nr. 1 SHSchulG; § 51 Abs. 3 Nr. 1, 3 ThürSchulG.

112 Die Stadtteilschule ist eine Schulform des Stadtstaats Hamburgs, an welcher verschiedene Schulabschlüsse bis hin zum Abitur erworben werden können.

113 Drs. Bürgerschaft HH 21/1599, S. 29 ff.

114 Siehe Art. 86 Abs. 2 Nr. 1, 2 BayEUG; § 51 Abs. 3 Nr. 1, 3 ThürSchulG.

VI. Sitzplatzänderung

Aufgrund des geringen Eingriffscharakters stellt die Änderung der Sitzordnung und die Versetzung des Schülers an einen anderen Platz im Klassenzimmer lediglich eine pädagogische Maßnahme dar. Diese Einstufung ist auf die geringfügige Beeinträchtigung des Schülers in seinen Rechten zurückzuführen.[115]

VII. Soziale Dienste

Die Zulässigkeit des Ableistens sozialer Dienste[116] richtet sich nach dem Zusammenhang mit dem zugrunde liegenden Fehlverhalten. Liegt eine Kausalität zwischen Arbeit und Widergutmachung vor, können soziale Dienste angeordnet werden. Darüber hinaus muss das Einverständnis des Schülers und seiner Erziehungsberechtigten erteilt werden, da der Schule die rechtlichen Möglichkeiten zur zwangsweisen Durchsetzung fehlen. Es verbleibt als Alternative die Option eine Zielvereinbarung zwischen dem betroffenen Schüler und der Schule zu schließen, wonach der Schüler auf freiwilliger Basis Wiedergutmachung leistet.[117] Durch die verpflichtende Wirkung, die der Schüler durch die Vereinbarung selbst herbeiführt, wird die Bedeutung des Übereinkommens und das Ziel, die beschlossenen Verhaltensweisen auch für die Zukunft in die Tat umzusetzen, noch höher gewichtet.[118]

---

115 VG Braunschweig, Beschl. v. 05.01.1989 – 6 D 96/88, NVwZ-RR 1989, 549.

116 Hierzu sind beispielsweise Reinigungs- und Hilfsarbeiten zu zählen.

117 LT-Drs. BW 14/7118, S. 5; grundlegend zur Thematik der Zielvereinbarungen im Schulwesen *Thym*, RdJB 2009, 278.

118 *Füssel/Kretschmann*, RdJB 2005, 56 (61); so auch *Weßling*, Erziehen im Konsens, S. 44; zur positiven Wirkung von Verhaltensverträgen siehe auch *Galas/Krömer/Nolte/Ulrich*, Niedersächsisches Schulgesetz, Kommentar, S. 531 und *Hennemann/Hövel/Casale/Hagen/Fitting-Dahlmann*, Schulische Prävention im Bereich Verhalten, S. 81.

Kapitel 3: Ordnungsmaßnahmen

Ordnungsmaßnahmen weisen aufgrund ihrer besonderen Intensität gesetzlich geregelte Verfahrensvorgaben auf und sind als Instrument der schulischen Eingriffsverwaltung Gegenstand von zahlreichen Widerspruchs- und Klageverfahren. Sie bedürfen aufgrund ihrer Grundrechtsrelevanz einer gesetzlichen Regelung und unterliegen einer engen rechtlichen Bindung.[119] Die Schulgesetze der Länder führen vor diesem Hintergrund verschiedene Ordnungsmaßnahmen auf.

A. Definition

Nach *Böhm* sind unter Ordnungsmaßnahmen pädagogische Maßnahmen zu fassen, die durch ihre Beeinflussung des Verhaltens des Schülers auch erzieherische Zwecke verfolgen sollen.[120] Ferner werden Ordnungsmaßnahmen als „Handlungsformen mit Sanktionscharakter verstanden, also das Zufügen von Nachteilen mit dem Ziel, dem Schüler die Untragbarkeit seines Verhaltens vor Augen zu führen und ihn von einer Wiederholung abzuhalten".[121] Ordnungsmaßnahmen stellen die gesteigerte Form der erzieherischen Einwirkungen dar und werden nach der Schwere des Fehlverhaltens unterschieden.[122] Es soll durch die Anwendung das unangemessene Verhalten des Schülers korrigiert und auf sein künftiges Verhalten eingewirkt werden.[123] Nach *Avenarius/Hanschmann* sind sie primar als Reaktion auf schwerwiegende Pflichtverletzungen und Beeinträchtigungen der Unterrichts- und Erziehungsarbeit der Schule gedacht und tragen dazu bei, weitere Störungen zu verhindern.[124] Der Vollzug von Ordnungsmaßnahmen tangiert das Grundverhältnis des Schülers, da sich hierdurch Auswirkungen auf die Schulpflicht oder Einflüsse auf die Art und Weise des Schulbesuchs ergeben.[125]

---

119 *Kommission Schulrecht des Deutschen Juristentages*, Schule im Rechtsstaat, Band I, S. 290.

120 *Böhm*, Grundkurs Schulrecht II, S. 42.

121 *Stein/Roell*, Handbuch des Schulrechts, S. 79.

122 *Wieland*, in: Eiding/Hofmann-Hoeppel, Verwaltungsrecht, § 57 Rn. 44.

123 *Hanschmann*, NVwZ 2008, 1295 (1297).

124 *Avenarius/Hanschmann*, Schulrecht, S. 479.

125 OVG Lüneburg, Beschl. v. 23.07.2020 – 2 PA 245/20, NVwZ-RR 2021, 160.

B. Rechtliche Grundlagen

Da bei der Verhängung maßgeblich situations- und persönlichkeitsbedingte pädagogische Überlegungen in die Abwägung eingestellt werden müssen, können die tatbestandlichen Anforderungen lediglich mit einer gewissen Bestimmtheit gefasst werden,[126] auf die noch näher im dritten und vierten Teil dieser Arbeit einzugehen sein wird. Die Regelungen des Verfahrens sollen daher „einer rechtsstaatlich notwendigen Kompensation“ der Unbestimmtheit der gesetzlichen Tatbestände dienen[127] sowie die Beachtung aller im Einzelfall maßgeblichen Umstände, die Einbindung aller Beteiligten und die Kontrolle beziehungsweise Beschränkung der Autorität sicherstellen[128]. Um den Mangel an Bestimmtheit der Normen auszugleichen, wurde daher das Verfahren einschließlich der Zuständigkeiten in den gesetzlichen Vorschriften sehr detailliert geregelt.

I. Geltung des Landesverfahrensgesetzes

Die Verfahrensgrundsätze ergeben sich durch das jeweils geltende LVwVfG.[129] Nach § 24 LVwVfG BW erfolgt die Ermittlung des Sachverhalts von Amts wegen durch die Schule und gleichsam die Berücksichtigung aller für den Einzelfall bedeutsamen, auch die für die Beteiligten günstigen, Umstände, vgl. § 24 Abs. 1, 2 LVwVfG BW. Das Verfahren ist nach § 10 S. 2 VwVfG einfach, zweckmäßig und zügig durchzuführen. Bei unbedeutenden Verstößen erscheint eine Aktennotiz der beobachtenden Lehrkraft sachdienlich, während bei Befragungen ein Protokoll erstellt werden sollte, welches den wesentlichen Inhalt wiedergibt. Im Rahmen der Ermittlung müssen sowohl datenschutzrechtliche Grundsätze eingehalten als auch die Persönlichkeitsrechte des betroffenen Schülers respektiert werden. Ein Beweisverwertungsverbot würde beispielsweise in Betracht kommen, soweit sich eine Lehrkraft inkognito Zutritt zu geschlossenen Chats oder Gruppen in sozialen Netzwerken verschaffen würde, um auf diesem Wege Informationen zu gewinnen.[130] Eine Anhörung von Schülern als Zeugen bedarf keiner Einwilligung der Erziehungsberechtigten.[131] Es besteht jedoch im Gegenzug auch keine Pflicht der Zeugen eine Aussage zu tätigen, da die

126 BVerfG, Beschl. v. 27.01.1976 – 1 BvR 2325/73, NJW 1976, 1309 (1310).
127 VGH Baden-Württemberg, Beschl. v. 10.10.1991 – 9 S 1523/91, Rn. 3 zit. nach juris.
128 *Böhm*, Grundkurs Schulrecht II, S. 45.
129 Ausführlich hierzu § 10 Abs. 1 S. 1 BbgVO.
130 So *Steenhoff*, NVwZ 2013, 1190 (1193).
131 *Reip*, in: Ebert, Schulrecht Baden-Württemberg, Kommentar, § 90 Rn. 25.

Mitwirkungspflichten in den Schulgesetzen keine Rechtsvorschriften im Sinne des § 26 Abs. 2 S. 3 LVwVfG BW darstellen.[132]

II. Zuständigkeit

Die Zuständigkeit für die Maßnahmen ist in den Schulgesetzen höchst unterschiedlich geregelt. Den Vorreiter hinsichtlich der Systematisierung der Zuständigkeit und des Verfahrens bildet das Schulgesetz Bayerns. Die explizite Beschreibung in Art. 88 Abs. 1, 2 BayEUG differenziert zwischen der Zuständigkeit der Lehrkraft beziehungsweise Förderlehrkraft, der Schulleitung, der Lehrerkonferenz[133], der Schulaufsichtsbehörde und des zuständigen Staatsministeriums[134], sodass alle am Schulleben Beteiligten einbezogen werden.

1. Lehrkräfte

Im Grundsatz ist für die weniger gewichtigen und mit geringer Eingriffsintensität verbundenen Ordnungsmaßnahmen meist die einzelne Lehrkraft verantwortlich.[135]

2. Schulleiter

Für schwerwiegendere Maßnahmen ergibt sich vorwiegend die Zuständigkeit des Schulleiters. Infolge des Gesetzes zur Änderung des Schulgesetzes vom 11.12.2002[136] wurde in Baden-Württemberg das Verfahren für Erziehungs- und Ordnungsmaßnahmen vereinfacht. Das Verfahren wurde hierdurch gestrafft und zeitlich verkürzt. Maßgeblich wurde die Zuständigkeit des Schulleiters auf die schwerwiegenden Erziehungs- und Ordnungsmaßnahmen erweitert.[137] Zuvor wurde das Verfahren insgesamt oftmals verzögert, da bei einer Ausschöpfung aller rechtlichen Möglichkeiten durch die Betroffenen die Klassen- oder Jahrgangsstufenkonferenz insgesamt dreimal zusammenkommen musste

---

132 *Reip*, in: Ebert, Schulrecht Baden-Württemberg, Kommentar, § 90 Rn. 25; a. A. *Böhm*, Grundkurs Schulrecht II, S. 47, 49.

133 Diese bestimmt teilweise unter Abstimmung mit dem örtlichen Träger der öffentlichen Jugendhilfe und der zuständigen Schulaufsichtsbehörde die Maßnahme.

134 Ähnlich §§ 3, 4, 5, 6, 7 BremVO.

135 Siehe § 90 Abs. 3 Nr. 1 BWSchulG, wonach beim Nachsitzen bis zu zwei Stunden die unterrichtende Lehrkraft oder die Klassenlehrkraft die Maßnahme verhängen kann.

136 GBl. BW v. 27.12.2002, S. 476.

137 LT-Drs. BW 13/1424, S. 1.

(Anhörung des Betroffenen, Entscheidungsfindung, Abhilfe des Widerspruchs), wodurch ein enormer Zeitaufwand verursacht wurde.[138]

III. Verfahren

Im Rahmen des Verfahrens müssen die allgemeinen Verfahrensanforderungen zum Erlass eines Verwaltungsakts nach §§ 9 ff. LVwVfG BW, insbesondere die Anhörung nach § 28 Abs. 1 LVwVfG BW und die Beachtung der besonderen Verfahrensvorschriften in den Schulgesetzen, eingehalten werden.

1. Anhörungen

Das Verfahren besteht aus der zwingend durchzuführenden Anhörung des betroffenen Schülers. Weitgehend regeln die Schulgesetze ebenfalls das Anhörungsrecht der Erziehungsberechtigten. Wiederum verpflichtend sind bei den gewichtigeren Maßnahmen die Voten der Schulgremien in die Entscheidung einzubeziehen.

a) Anhörung des Schülers

Dem Schüler ist nach dem Grundsatz des § 28 Abs. 1 LVwVfG BW die Gelegenheit zur Aussprache zu geben. Diese Anhörung ist oftmals in den Schulgesetzen zusätzlich ausdrücklich geregelt.[139] In Bremen kann sich der Schüler teilweise durch einen Schüler seines Vertrauens unterstützen lassen.[140] Inwiefern der Betroffene seine Aussage verweigern kann, ist nicht expressis verbis normiert. Ein Aussageverweigerungsrecht ist aufgrund des Vorliegens eines schulischen Verwaltungsverfahrens zu verneinen, sodass die Schule in der Konsequenz ebenfalls nicht auf ein solches Recht hinweisen muss. Um den Bildungs- und Erziehungsauftrag zu gewährleisten, sind Schüler prinzipiell verpflichtet, die Wahrheit gegenüber den Lehrkräften zu sagen. Eine Ausnahme gilt nur, wenn der Schüler sich selbst der Begehung einer Straftat bezichtigen müsste.[141] Hierbei besteht ein vergleichbares Aussageverweigerungsrecht wie im Strafverfahren

---

138 LT-Drs. BW 13/1424, S. 7.

139 § 90 Abs. 7 S. 1 BWSchulG; Art. 88 Abs. 3 S. 1 Nr. 1 BayEUG; § 63 Abs. 4 BerlSchulG; § 64 Abs. 5 S. 1 BbgSchulG; § 14 S. 1 BremVO; § 49 Abs. 5 S. 1 HmbSchulG; § 92 Abs. 9 S. 3 HSchulG; § 53 Abs. 6 S. 1 NRWSchulG; § 98 Abs. 2 S. 1 SchulORLP; § 32 Abs. 5 S. 1 SchoG; § 44 Abs. 5 S. 1 LSASchulG; § 25 Abs. 4 S. 2 SHSchulG; § 51 Abs. 4 S. 2 ThürSchulG.

140 § 14 S. 2 BremVO.

141 *Böhm*, Grundkurs Schulrecht II, S. 47.

nach § 136 Abs. 1 S. 1 StPO, sodass es ihm freistehen sollte, zur Sache auszusagen. Daran anschließend stellt sich die Frage, wie mit Falschaussagen des Betroffenen umzugehen ist und inwieweit an diese wiederum als Pflichtverletzung eine Erziehungs- und Ordnungsmaßnahme geknüpft werden kann. Zu berücksichtigen ist die Ausnahmesituation, in der sich der Schüler befindet, sodass von der Verhängung einer weiteren Erziehungs- und Ordnungsmaßnahme im Ergebnis wohl abgesehen werden sollte.[142] Im Rahmen des Ermessens kann jedoch eine vorsätzliche Lüge oder der Versuch, die Aufklärung des Sachverhalts zu behindern, bei der Maßnahmenwahl noch Beachtung finden.

b) Anhörung der Erziehungsberechtigten

Nach § 90 Abs. 7 S. 2 BWSchulG[143] ist der Schulleiter in Baden-Württemberg dazu verpflichtet, dem Schüler, bei Minderjährigkeit auch den Erziehungsberechtigten, vor Erlass der Maßnahme Gelegenheit zur Anhörung zu geben.[144] In Bremen wird hinsichtlich der Anhörung der Erziehungsberechtigten differenziert. Teilweise sind diese bei Ordnungsmaßnahmen soweit wie möglich einzubinden, vereinzelt sind bestimmte Maßnahmen nach Möglichkeit vor der Entscheidung mit den Erziehungsberechtigten zu besprechen oder es muss zwingend vor der Entscheidung mit den Eltern ein Gespräch geführt werden.[145] In Hamburg sind die Erziehungsberechtigten in jedem Fall anzuhören,[146] in Hessen, Rheinland-Pfalz, dem Saarland und Thüringen nur bei schwereren Ordnungsmaßnahmen[147]. In Sachsen-Anhalt sind bei der Lösung von Konflikten die beteiligten Personen sowie die Erziehungsberechtigten einzubeziehen, wobei diesen bei schweren Maßnahmen die Gelegenheit zur Anhörung zu geben ist.[148]

c) Anhörung der zu beteiligenden Gremien

Den betroffenen Schülern kommt nach den Schulgesetzen regelmäßig das Recht zu, eine Anhörung der Konferenzen zu beantragen. Die endgültige Entscheidung

142 *Böhm*, Grundkurs Schulrecht II, S. 50.

143 Siehe ebenso Art. 88 Abs. 3 S. 1 Nr. 2 BayEUG.

144 So auch § 64 Abs. 5 S. 2 BbgSchulG; § 60a Abs. 5 S. 1 MVSchulG; § 53 Abs. 6 S. 3 NRWSchulG; § 25 Abs. 4 S. 2 SHSchulG.

145 § 15 Abs. 1 BremVO; § 15 Abs. 2 S. 1 BremVO; § 15 Abs. 3 S. 1 BremVO.

146 § 49 Abs. 5 S. 1 HmbSchulG.

147 § 92 Abs. 9 S. 3 HSchulG; §§ 98 Abs. 3 S. 1, 99 Abs. 3 S. 1 SchulORLP; § 32 Abs. 5 S. 1 SchoG; § 51 Abs. 4 S. 4 ThürSchulG.

148 § 44 Abs. 1 S. 2 LSASchulG.

obliegt jedoch allein dem Schulleiter. Die Schulkonferenz ist aufgrund ihrer Zusammensetzung aus verschiedenen Personengruppen ein Schulorgan, welches infolgedessen die vielfältigen Interessen innerhalb der Schulgemeinschaft erfolgreich wahren und ausgleichen kann.[149] Durch die Beteiligung der Gremien soll eine pädagogisch angemessene Entscheidung gefunden[150] und ein System der verwaltungsinternen Kontrolle etabliert werden[151]. In einer gemeinsamen Diskussion können somit alternative und kollidierende Vorstellungen hinsichtlich einer im Interesse des Schülers und des Gesamtinteresses der Schule liegenden Lösung hervorgebracht werden.[152] Hierdurch wird nicht nur willkürlichen Entscheidungen vorgebeugt, sondern für den Bereich der Ordnungsmaßnahmen eine Einbeziehung der Standpunkte aller Lehrkräfte erreicht, die den Schüler aus dem Unterricht oder sonstigen schulischen Veranstaltungen kennen und daher einschätzen können, welche Maßnahme am besten geeignet erscheint. In Nordrhein-Westfalen entscheidet beispielsweise über die Anordnung der Entlassung aus der Schule eine von der Lehrerkonferenz berufene Teilkonferenz. Dieser gehören ein Mitglied der Schulleitung, der Klassenlehrer- oder Jahrgangsstufenleiter, drei Lehrkräfte und ein Vertreter der Schulpflegschaft und des Schülerrates als ständige Mitglieder an, vgl. § 53 Abs. 7 NRWSchulG. Durch die Festlegung der konstanten Mitglieder dieses Gremiums hatte der Gesetzgeber eine Entlastung der zuvor zuständigen Lehrer- oder Klassenkonferenz sowie den Aufbau von Kompetenzen innerhalb des Gremiums im Sinne, welches wiederum durch die personelle Kontinuität für eine möglichst gleichmäßige Ermessenausübung und damit Anwendung der Ordnungsmaßnahmen Sorge trägt.[153]

2. *Hinzuziehung eines Beistands*

Teilweise ist es gestattet, einen Beistand im Rahmen der Anhörung einzubeziehen, vgl. § 90 Abs. 7 S. 2 BWSchulG. Eine vollumfassende Vertretung und ein Nichterscheinen des Schülers sind jedoch nicht möglich, da die Anhörung ein höchstpersönliches und damit vertretungsfeindliches Recht darstellt.[154]

149 *Bertram/Horn/Link/Schulte/Wolfrum*, Sächsisches Schulgesetz, § 43, S. 237.
150 LT-Drs. BW 13/1424, S. 6.
151 *Rux*, Die pädagogische Freiheit des Lehrers, S. 240.
152 *Heck/Tschampa*, Konfliktregelung in der Schule, S. 78.
153 LT-Drs. NRW 13/5394, S. 102.
154 *Eckhold*, in: Johlen/Oerder, Münchener Anwaltshandbuch Verwaltungsrecht, § 15 Rn. 98.

Kapitel 4: Materielle Voraussetzungen von Erziehungs- und Ordnungsmaßnahmen

Nachdem der Sinn und Zweck von pädagogischen Maßnahmen und Ordnungsmaßnahmen sowie selbige betrachtet wurden, wendet sich die Darstellung nun den materiellen Voraussetzungen der Maßnahmen zu. Den Schwerpunkt bilden dabei die Anforderungen, die an das Fehlverhalten zu stellen sind, und die Prüfung der Verhältnismäßigkeit.

A. Schuldhaftes Fehlverhalten

Der Gebrauch von Erziehungs- und Ordnungsmaßnahmen ist bedingt durch ein schuldhaftes – vorsätzliches oder fahrlässiges – Fehlverhalten des Schülers.[155] Das schuldhafte Fehlverhalten muss sowohl für die Eröffnung des Anwendungsbereichs von pädagogischen Maßnahmen als auch von Ordnungsmaßnahmen vorliegen, da nur dann von einem Bezugspunkt zu dem Fehlverhalten ausgegangen werden kann.[156] Die Verhängung einer Ordnungsmaßnahme zugunsten des Schülers kommt dabei nicht in Betracht. Zu Recht negierte daher das Verwaltungsgericht Aachen die Rechtmäßigkeit eines Bescheides über die Verweisung in eine Parallelklasse und begründete die Entscheidung anhand der fehlenden Kausalität zwischen dem vorgeworfenen Verhalten der Antragstellerin und einem Konflikt in der Klasse.[157] Nach den Ausführungen des Gerichts war für die Überweisung in die parallele Lerngruppe der schädliche Einfluss anderer beschuldigter Klassenkameraden auf die Antragstellerin ausschlaggebend. Die Maßnahme hatte folglich nicht der Sanktion, sondern vorrangig dem Schutz der Antragstellerin gedient, um ihr ein für sie günstiges Lernumfeld zu bieten.

---

155 A. A. LT-Drs. SN 5/7399, S. 2, wonach die eingeschränkte Steuerungsfähigkeit oder psychische Störungen lediglich im Rahmen der Ermessenserwägungen berücksichtigt werden sollen.

156 A. A. *Bertram/Horn/Link/Schulte/Wolfrum*, Sächsisches Schulgesetz, § 39, S. 200.

157 VG Aachen, Beschl. v. 30.03.2010 – 9 L 80/10, zit. nach juris.

I. Zeitlicher Bezugspunkt

Den maßgeblichen zeitlichen Bezugspunkt, an den bei der Verhängung der Maßnahme angeknüpft werden muss, bildet das gegenwärtige Fehlverhalten unter Berücksichtigung bereits vollzogener Ordnungsmaßnahmen. Die Kommission Schulrecht des 51. Deutschen Juristentages unterbreitete in Anlehnung an diesen Grundsatz den Vorschlag, die Einbeziehung vergangenen Fehlverhaltens im Rahmen der Entscheidung über die Erteilung einer aktuellen Maßnahme zeitlich zu begrenzen.[158] Soweit ein Schüler im Laufe der vergangenen Schuljahre mehrere Verhaltensverstöße begangen hat, würden diese ab einem bestimmten Zeitpunkt abgetrennt und nicht mehr bei der Auswahl einer erneuten Maßnahme in die Abwägung eingestellt werden dürfen. Hierdurch sollte verändernden Phasen der Entwicklung der Schüler Rechnung getragen werden, sodass von einer Anknüpfung an ein Verhalten, welches in einer anderen Entwicklungsphase stattfand, abgesehen werden konnte. Dem Vorschlag ist dennoch nicht zuzustimmen. Jegliche zeitliche Einschränkung wäre im Ergebnis willkürlich, da je nach Alter der Schüler und individuellem Entwicklungsstand eine differenzierte Zeitspanne gewählt werden müsste, sodass eine starre Begrenzung sich nicht als praxistauglich erweisen würde. Mittelbar kann dieser Faktor bei der Prüfung der Verhältnismäßigkeit Berücksichtigung finden. Sollte dem Fehlverhalten eines Schülers eine anderweitige Handlung vorausgegangen sein, die durch spezifische soziale Faktoren bedingt war, wäre es ratsam, die gegenwärtige Maßnahme nach anderen Kriterien auszuwählen als bei weitgehend gleichförmigem und unabhängig von der sozialen Situation verursachtem Fehlverhalten.

II. Sachlicher Bezugspunkt

Daneben muss bei jedem Fehlverhalten ein schulischer Bezug vorhanden sein. Nur bei einer kausalen Verknüpfung des Verhaltens mit dem Bereich der Schule und einer daraus resultierenden Einwirkung auf die schulischen Schutzzwecke können Erziehungs- und Ordnungsmaßnahmen verhängt werden. Vor dem Hintergrund der Zwecke von schulordnungsrechtlichen Maßnahmen muss das Verhalten unmittelbar störende Auswirkungen auf den Schulbetrieb und einen schulischen Anlass aufweisen.[159] Dies umfasst Verhaltensstörungen in der

---

158 *Kommission Schulrecht des Deutschen Juristentages*, Schule im Rechtsstaat, Band I, S. 97, 296.

159 *Böhm*, Grundkurs Schulrecht II, S. 43; *Fehrmann*, Schulgesetz Nordrhein-Westfalen, S. 27.

Schule und bei sonstigen schulischen Veranstaltungen (zum Beispiel außerunterrichtliche Veranstaltungen) außerhalb des schulischen Grundstücks.[160] Eine Anwendung scheidet bei rein privaten Handlungen aus, welche vollumfänglich dem Verantwortungsbereich und Erziehungsauftrag der Erziehungsberechtigten unterfallen.[161] Ein schulischer Bezug erfordert hierbei nicht, dass das beanstandete Verhalten unmittelbar innerhalb der Räumlichkeiten der Schule stattfinden muss. Vielmehr ist ausreichend, dass das Verhalten sowohl zeitlich als auch räumlich im Zusammenhang mit der Schule steht.[162] Der Erziehungsauftrag der Schule besitzt insofern keine geographischen Grenzen.[163] Schulordnungsrechtliche Maßnahmen sind in diesem Zusammenhang funktional zu verstehen.[164] Zu beachten ist zudem der Grad der konkret feststellbaren negativen Auswirkungen auf den Schulbetrieb, wovon wiederum das rechtlich vertretbare Maß der Ordnungsmaßnahme abhängig ist.[165]

1. *Anknüpfungspunkte in den Schulgesetzen*

Die Schulgesetze der Länder bestimmen den Anwendungsbereich von Erziehungs- und Ordnungsmaßnahmen nicht unmittelbar. Lediglich gelegentlich finden sich Bestimmungen, die den Bezugspunkt ansatzweise definieren. Ausgeschlossen sind Ordnungsmaßnahmen nach Art. 86 Abs. 3 Nr. 5 BayEUG aufgrund außerschulischer Verhaltensstörungen, soweit diese nicht die Verwirklichung der Aufgaben der Schule gefährden. Nach § 64 Abs. 1 S. 3 BbgSchulG darf außerschulisches Fehlverhalten nur bewertet werden, wenn der Unterrichts- und Erziehungsauftrag der Schule oder der Schutz anderer erheblich beeinträchtigt wird. § 82 Abs. 6 S. 3 HmbSchulG normiert die Möglichkeit, an außerschulisches Verhalten des Schülers anzuknüpfen, soweit es sich auf den Schul- und Unterrichtsbetrieb unmittelbar störend auswirkt.[166] In Anlehnung an das Bestreben auch im Gesetzeswortlaut zu verdeutlichen, dass das Vertrauensverhältnis zwischen Lehrkräften und Schülern auch durch außerschulisches Verhalten gestört werden kann, wurde im niedersächsischen Schulgesetz der Wortlaut „Unterricht"

---

160 *Stein/Roell*, Handbuch des Schulrechts, S. 130.

161 *Falkenbach*, in: Wörz/von Alberti/Falkenbach, Schulgesetz für Baden-Württemberg, § 90 Ziff. 8.

162 *Theuersbacher*, NVwZ 1999, 838 (842).

163 VGH Baden-Württemberg, Beschl. v. 10.10.1991 – 9 S 1523/91, Rn. 4 zit. nach juris.

164 *Weber*, Das Ordnungsrecht der Schule, S. 151.

165 VGH Baden-Württemberg, Beschl. v. 10.06.1992 – 9 S 1303/92, Rn. 8 zit. nach juris.

166 So auch inhaltlich § 60a Abs. 4 S. 3 MVSchulG; § 51 Abs. 5 S. 3 ThürSchulG.

durch „Schulbetrieb“ geändert, vgl. § 61 Abs. 4 S. 1 NSchulG.[167] Es muss daher dem Wortlaut der Vorschriften folgend eine unmittelbare Störung des Schul- und Unterrichtsbetriebs, eine erhebliche Beeinträchtigung des Unterrichts- und Erziehungsauftrages oder eine Gefährdung der Aufgaben der Schule vorliegen.

2. *Außerschulisches Verhalten*

Die Bestimmung des räumlichen Zusammenhangs mit der Schule bereitet insbesondere bei Verhaltensweisen außerhalb des Schulgeländes und im Internet (zum Beispiel Beleidigungen und Mobbing in Foren oder Chats) Probleme.[168] Die Verhängung von Ordnungsmaßnahmen erfolgt hierbei oftmals durch die Lehrkräfte intuitiv, sodass die Vorhersehbarkeit der drohenden Konsequenzen für den Schüler nicht gegeben ist.[169] Sofern *Weßling* den Einsatz von Erziehungsvereinbarungen für Fehlverhalten anregt, dessen schulischer Bezug[170] unklar ist und durch die Erziehungsvereinbarung erstmalig begründet werden soll,[171] widerspricht diese Vorgehensweise dem Demokratieprinzip und unterläuft der Befugnis des Gesetzgebers zur Festlegung des Anwendungsrahmens von Ordnungsmaßnahmen.

a) *Verhaltensstörungen gegenüber Lehrkräften und Mitschülern*

Eine extensive Auslegungsvariante könnte vor dem Hintergrund erfolgen, dass Gewalt und Beleidigungen auch außerhalb der Schule Furcht und psychischen Druck innerhalb der Schule auslösen. Problematisch ist dabei die immense Ausweitung des Anwendungsbereichs, welcher keine sinnvolle Begrenzung erhält. Geeignet erscheint die Anknüpfung an die Personeneigenschaft der Handelnden als Lehrer oder Schüler. Einen hinreichenden Zusammenhang zu den von § 90 Abs. 1 BWSchulG geregelten schulischen Schutzgütern weist der Schutz des Persönlichkeitsrechts und der Ehre auf. Bei einer Herabsetzung, Bedrohung oder Beleidigung von Lehrern durch Schüler ist somit oftmals ein schulischer Bezug anzunehmen. Während dem Schüler grundsätzlich das Recht auf freie Meinungsäußerung nach Art. 5 Abs. 1 S. 1 1. Fall GG zugestanden werden muss,

---

167 LT-Drs. NI 16/3155, S. 14.

168 Zu den auffällig häufig vorkommenden Verhaltensstörungen im Bereich der neuen Medien siehe *Roberg*, in: Boelmann/Roberg/Sawatzki/Schlechter/Schneider, Erziehungs- und Ordnungsmaßnahmen Praxisbuch, S. 40 f.

169 *Seitz*, Verhaltenspflichten in Online-Welten, S. 52.

170 Siehe hierzu Erster Teil Kap. 4 A. II.

171 *Weßling*, Erziehen im Konsens, S. 223.

sind Lehrkräfte jedoch nicht als „Freiwild" im Internet anzusehen.[172] Falls eine Lehrkraft nicht exklusiv als Privatperson gefährdet wird, weisen diese Angriffe meist einen schulischen Kontext auf, da der Schüler die Lehrkraft aus dem Unterricht kennt und derartige Angriffe folglich aus Konflikten stammen, die ihren Ursprung in der Schule haben.[173]

In der Konsequenz muss die Personeneigenschaft der Störer auch bei Handlungen zwischen Mitschülern aufgegriffen werden, die außerhalb der Schule stattfinden. Das Verwaltungsgericht Hannover bestätigte beispielsweise den Schulbezug bei einer Schlägerei zwischen Mitschülern an einer der Schule nahe gelegenen Bushaltestelle.[174] Der schulische Zusammenhang sei auch dann gegeben, wenn sich Fehlverhalten außerhalb der Schule auf die Unterrichts- oder Erziehungsarbeit in der Schule auswirke. Entscheidend für die Zulässigkeit des verhängten Unterrichtsausschlusses sei, dass das Fehlverhalten auf dem Schulweg entweder den Schutz von Lehrkräften oder Mitschülern ernsthaft gefährdet oder die Unterrichts- oder Erziehungsarbeit andauernd beeinträchtigt, wofür indiziell die Fortsetzung von Auseinandersetzungen zwischen Schülern auf dem Schulweg nach Hause spreche.[175]

b) *Fehlverhalten im Internet*

Problemlos kann bei Verhaltensstörungen im Internet einem schulischen Zusammenhang zugestimmt werden, sofern ein Computer in der Schule genutzt wird. Insbesondere beim sogenannten „Cyber-Mobbing", der Beleidigung, Bedrohung, Bloßstellung oder Belästigung von Personen durch die Nutzung von Medien, wie E-Mails, Websites oder Foren,[176] wird jedoch meist ein privater Computer verwendet[177]. Bei außerschulischem Verhalten könnte ein Vergleich zum Arbeitsrecht angeführt werden. Wenn dem Arbeitgeber nicht die Möglichkeit zukommt, seinen Mitarbeitern die private Meinungsäußerung im Internet zu untersagen, dürfe ebenso nicht die Schule ihren Schülern

---

172 VG Hannover, Urt. v. 30.05.2007 – 6 A 3372/06, NVwZ-RR 2008, 35 (36).

173 *Steenhoff*, NVwZ 2013, 1190, (1192).

174 VG Hannover, Beschl. v. 30.06.2004 – 6 B 3071/04, NVwZ-RR 2004, 852.

175 VG Hannover, Beschl. v. 30.06.2004 – 6 B 3071/04, NVwZ-RR 2004, 852 (853).

176 *Glaser*, NVwZ 2012, 1432 (1432); im Unterschied zum „Cyber-Mobbing" bezieht sich „Mobbing" lediglich auf ein länger andauerndes, herabsetzendes Verhalten gegenüber einer anderen Person, welches unabhängig von einem bestimmten Kommunikationsmedium erfolgt, vgl. *Matt*, in: Amos/Cremer-Schäfer, Saubere Schulen, S. 127.

177 Zu den räumlichen und zeitlichen Aspekten im Bereich der Nutzung von Aufzeichnungs- und Kommunikationstechniken siehe *Hanschmann*, RdJB 2010, 445 (456 ff.).

derartige außerschulische Aktivitäten verbieten.[178] Abgestellt werden könnte ferner auf die Öffentlichkeit des genutzten Mediums. Äußerungen in sozialen Netzwerken, wie Facebook, müsste mithin ein gewisser Vertraulichkeitscharakter zukommen, um nicht als Anknüpfungspunkt für Ordnungsmaßnahmen zu dienen. Dieser wird auch im Rahmen von strafrechtlichen Beleidigungen nach § 185 Abs. 1 StGB dem Täter zugestanden.[179] In der Folge müssten konsequent weitere Abstufungen hinsichtlich der Geschlossenheit des Mediums (zum Beispiel Anzahl der Facebook-Freunde, Äußerung in offenen oder geschlossenen Facebook-Gruppen) vorgenommen werden, welche in der Praxis zu enormer Unsicherheit und Beweisproblemen führen würden.

Richtigerweise ist darauf abzustellen, ob die schulischen Schutzzwecke durch das Verhalten des Schülers tangiert werden. Der schulische Kontext ergibt sich dabei aus den Umständen des Fehlverhaltens, wenn beispielsweise Äußerungen im Klassenchat getätigt oder Fotos in den Räumlichkeiten der Schule aufgenommen wurden.[180] Auch das Beschaffen von Bildern über ein soziales Netzwerk unterbricht nicht den schulischen Zusammenhang. So wurde der Schulbezug bei einem Fehlverhalten festgestellt, im Rahmen dessen ein Schüler Oben-ohne-Bilder einer Mitschülerin auf sozialen Netzwerken verbreitet hatte, welche er sich zuvor auf der Plattform Instagram erschlichen hatte.[181] Durch das Versenden der Bilder habe er bewusst die unkontrollierte Verbreitung der Bilder in sozialen Netzwerken in Kauf genommen.

III. Verletzung einer Verhaltenspflicht

Der Schüler muss eine eigene Verhaltenspflicht verletzt haben, auf deren Basis die Ordnungsmaßnahme ergriffen werden kann. Soweit Krankheiten oder Geistesstörungen vorliegen, können sich Schwierigkeiten ergeben, ob und in welchem Umfang diese bei der Anwendung oder Auswahl von Ordnungsmaßnahmen zu berücksichtigen sind.

---

178 *Steenhoff*, NVwZ, 2013, 1190 (1192).

179 *Kühl*, in: Lackner/Kühl, Strafgesetzbuch Kommentar, § 185 StGB Rn. 9.

180 *Jülicher*, NJW 2019, 2801 (2804).

181 VG Regensburg, Beschl. v. 04.02.2020 – RO 3 S 20.11, zit. nach juris; zur Zulässigkeit von personenbezogenen Bewertungsplattformen durch Schüler siehe *Jäger*, jurisPR-ITR 10/2011, Anm. 6.

1. Eigenes Fehlverhalten

Das schuldhafte Verhalten kann nicht pauschal für Gruppen angenommen werden, sondern muss für jeden Schüler einzeln festgestellt werden.[182] Eine Ausnahme besteht bei Taten in der Gruppe, wenn durch die Tatausführung in der Gemeinschaft die Einschüchterung und das Bedrohungspotenzial gegenüber dem Opfer stark ins Gewicht fallen, der Schüler von der Tatsache profitieren würde, dass sich der Einzelne in der Gruppe generell überlegen fühlt oder sich hierdurch die Wahrscheinlichkeit des Aufdeckens seiner Tatbeiträge verringert.[183] Ferner scheidet eine Zurechnung des Verhaltens der Erziehungsberechtigten aus.[184] So stößt eine Entscheidung des Oberverwaltungsgerichts der Freien Hansestadt Bremen auf Unverständnis, im Rahmen derer die Rechtmäßigkeit der Zuweisung einer Schülerin in die Parallelklasse aufgrund der zerrütteten Beziehung zwischen den Eltern und der Klassenlehrerin bestätigt wurde.[185] Die Schülerin hatte sich kein eigenes Fehlverhalten zuschulden kommen lassen. Aus den Ausführungen im Widerspruchsbescheid ergab sich als Zweck der Maßnahme die Aufrechterhaltung des Schulfriedens an der Grundschule, wobei offengelassen wurde, wer für den Zustand verantwortlich war. Formal wurde die Maßnahme nicht auf den Regelungskatalog der Erziehungs- und Ordnungsmaßnahmen gestützt, sondern auf § 12 Abs. 3 Nr. 5 BremSchVwG a. F., wonach der Fachaufsicht in einem schulinternen Schlichtungsverfahren die Möglichkeit eingeräumt wurde in den Schulbetrieb einzugreifen. Der Anwendungsbereich der Ordnungsmaßnahmen wurde daher bewusst untergraben, da für diesen Sachverhalt die materiellen Anforderungen einer Ordnungsmaßnahme nicht vorlagen. Allein durch die massive Kritik der Eltern an einer Lehrkraft oder starken Spannungen zwischen den Beteiligten wird jedoch keine Ordnungsmaßnahme gegen einen Schüler selbst gerechtfertigt, der sich kein eigenes Fehlverhalten zurechnen lassen muss.[186]

---

182 Siehe ausdrücklich Art. 86 Abs. 3 Nr. 2 BayEUG; ebenso *Fehrmann*, Schulgesetz Nordrhein-Westfalen, S. 26; *Schröder*, Handbuch Schulrecht Niedersachsen, S. 89.

183 VG Stuttgart, Beschl. v. 13.01.2009 – 10 K 4801/08, zit. nach juris.

184 So auch *Kommission Schulrecht des Deutschen Juristentages*, Schule im Rechtsstaat, Band I, S. 295; *Stein/Roell*, Handbuch des Schulrechts, S. 81.

185 OVG Bremen, Beschl. v. 10.09.2002 – 2 B 305/02, NJW 2003, 1962.

186 Bei einem Fehlverhalten der Erziehungsberechtigten ist vielmehr an die Einleitung eines Bußgeldverfahrens (z. B. bei einem Verstoß gegen die Einhaltung der Schulpflicht) oder, bei schweren Pflichtverletzungen, an die Information des Jugendamtes zu denken.

2. *Verhaltensstörung bei Krankheiten*

Problematisch sind die Maßstäbe des vorwerfbaren Verhaltens, die an Schüler mit gesundheitlichen Problemen angelegt werden müssen. Maßgeblich fallen in der Schulpraxis hierunter das Aufmerksamkeitsdefizit-/Hyperaktivität-Syndrom (ADHS)[187] und die Autismus-Spektrum-Störung (ASS)[188]. Hinsichtlich der Fähigkeit des Schülers sein Verhalten an der hieraus folgenden Sanktion auszurichten, bedarf es keines strikten Erfolgsnachweises im Sinne einer vollumfassenden Sicherheit der Verhinderung künftiger Verfehlungen. Voraussetzung ist vielmehr dessen Bewusstsein, sein Verhalten zu steuern und den Zusammenhang zwischen seinem Tun und der daraus folgenden Konsequenz in Form einer Lehre zu erkennen.[189] Der Schüler muss das Sozial- oder Pflichtwidrige im Rahmen seiner Verhaltensstörung vorhersehen können.[190] Bei Kindern mit ADHS-Erkrankung kann grundsätzlich angenommen werden, dass diese bei Anwendung grundlegender Erziehungsregeln ihr Verhalten lenken, also auch durch pädagogische Maßnahmen oder durch Ordnungsmaßnahmen beeinflussbar sein können,[191] sodass die Erkrankung nicht als „Freibrief" für jegliches schulische Fehlverhalten angesehen werden kann[192]. Auch eine Hochbegabung rechtfertigt kein dauerhaftes Absehen von der Anwendung von Ordnungsmaßnahmen.[193] Ferner müsste eine verminderte Wahrnehmung substantiiert dargelegt werden, beispielsweise durch fachärztliche Atteste oder Gutachten.[194] Sollte keinerlei Einsichtsfähigkeit aufgrund eines schwerwiegenden Krankheitsbildes vorliegen, ist nicht von einem schuldhaften Fehlverhalten auszugehen. Folglich scheidet die Anwendung von Erziehungs- und Ordnungsmaßnahmen aus.

---

187 Unter ADHS wird begrifflich eine neurologisch bedingte Erkrankung verstanden, die Verhaltensstörungen auslöst, vgl. *Böhm/Seichter*, Wörterbuch der Pädagogik, S. 15.

188 Die ASS umfasst tiefgreifende Entwicklungsstörungen, wie den frühkindlichen Autismus, das Asperger-Syndrom und den atypischen Autismus, *Girsberger*, Autismus, S. 38.

189 VGH Baden-Württemberg, Beschl. v. 12.07.2017 – 9 S 1374/17, Rn. 17; *Reip*, in: Ebert, Schulrecht Baden-Württemberg, Kommentar, § 90 Rn. 10.

190 *Falkenbach*, in: Wörz/von Alberti/Falkenbach, Schulgesetz für Baden-Württemberg, § 90 Ziff. 7.

191 OVG Münster, Beschl. v. 28.10.2009 – 19 B 1530/09, Rn. 21 zit. nach juris; siehe hierzu auch die Ausführungen zur positiven Beeinflussung der erkrankten Schüler durch die Unterrichtsgestaltung in *Mackowiak/Satyam*, ADHS und Schule, S. 124 f.

192 VG Augsburg, Urt. v. 28.06.2011 – Au 3 K 10.1927, Rn. 24 zit. nach juris.

193 VG Ansbach, Urt. v. 23.10.2008 – AN 2 K 08.01422, Rn. 43 zit. nach juris.

194 OVG Münster, Beschl. v. 28.10.2009 – 19 B 1530/09, Rn. 18 zit. nach juris.

Wenn jedoch der Schulbetrieb weiterhin massiv gestört wird, muss eine Prüfung der Befähigung für den Schulbesuch erfolgen.

B. Wahrung des Verhältnismäßigkeitsgrundsatzes

Schulordnungsrechtliche Normen sind als Ermessensnormen ausgestaltet. Im Ermessen der zuständigen Person steht zum einen die Entscheidung, ob sie tätig werden möchte (Entschließungsermessen) als auch wie sie tätig werden möchte (Auswahlermessen). Es müssen im Rahmen der Ermessensausübung die Umstände des Einzelfalls sowie die den Schüler belastenden und entlastenden Tatsachen berücksichtigt werden. Die Anordnung von Ordnungsmaßnahmen muss sowohl dem Grundsatz der Verhältnismäßigkeit als auch dem Schuldprinzip Rechnung tragen, sodass eine am jeweiligen Einzelfall ausgerichtete Reaktion auf das konkrete Fehlverhalten des Schülers getroffen werden muss. Hiermit wäre es nicht vereinbar, wenn von vornherein bestimmte Arten von Erziehungs- und Ordnungsmaßnahmen ausgeschlossen werden würden.[195] § 4 Abs. 1 S. 1 LSAVO benennt als weitere verwertbare Kriterien das Gesamtverhalten des Schülers einschließlich dessen Alter, Reife und persönlichen Verhältnisse. In die Abwägung müssen ebenfalls die für den Schüler aus der jeweiligen Maßnahme folgenden Konsequenzen eingestellt werden, wie der Verlust von emotionalen Bezugspersonen bei einem Schulausschluss.[196] In der pädagogischen Didaktik wird vereinzelt auf sechs Fallgruppen des Fehlverhaltens (äußere Anlässe, Fahrlässigkeit, fehlende Kinderstube, psychosoziale Probleme, Grenzen austesten, Grenzen verletzen) verwiesen, die als Anknüpfungspunkte für die Verhängung von schulordnungsrechtlichen Maßnahmen dienen sollen, wobei innerhalb der Konstellationen punktuell-situatives und erziehungs- und beziehungsbedingtes Fehlverhalten unterschieden wird.[197] Durch die Zuordnung eines Fehlverhaltens zu einer Fallgruppe soll es der jeweiligen Lehrkraft im Einzelfall gelingen, eine verhältnismäßige Maßnahme zu ergreifen.

---

195 LT-Drs. BW 16/1847, S. 4.

196 *Reip*, in: Ebert, Schulrecht Baden-Württemberg, Kommentar, § 90 Rn. 37.

197 *Schneider*, in: Boelmann/Roberg/Sawatzki/Schlechter/Schneider, Erziehungs- und Ordnungsmaßnahmen Praxisbuch, S. 5 f.; *Keller* benennt in diesem Zusammenhang als Fallgruppen akustische Störungen, motorische Störungen, Aggressionen, geistige Abwesenheit und Verweigerung, *Keller*, Disziplinmanagement in der Schulklasse, S. 21 f.

I. Anforderungen an die Verhältnismäßigkeit

Im Zusammenhang mit förmlichen Ordnungsmaßnahmen kommt insbesondere dem Verhältnismäßigkeitsgrundsatz (Übermaßverbot) gemäß Art. 1 Abs. 3 GG, Art. 20 Abs. 3 GG eine entscheidende Bedeutung zu. Die Verhängung von Maßnahmen steht in der pädagogischen Freiheit der jeweiligen Lehrkraft.[198] Die Maßnahme muss aber in jedem Fall geeignet sein, dem Schüler das eigene Fehlverhalten vor Augen zu führen. Ein Anspruch auf Verhängung einer Ordnungsmaßnahme besteht dabei nicht, es sei denn, das Ermessen der Schule ist ausnahmsweise auf Null reduziert.[199] Dies wäre beispielsweise der Fall, wenn eine erhebliche Beeinträchtigung eines Dritten vorläge und Indizien fehlen, die der Verhängung einer Ordnungsmaßnahme entgegenstehen, oder wenn sich bereits eine Praxis der Behörde bei der Behandlung gleich oder ähnlich gelagerter Fälle herausgebildet hat und sich so aus dem Gebot der Gleichbehandlung bestimmte Handlungspflichten gebildet haben.[200]

1. Geeignetheit

Die Maßnahme muss geeignet sein, die Schutzzwecke der Erziehungs- und Ordnungsmaßnahmen sicherzustellen. Hierzu muss ein zeitlicher Zusammenhang zwischen dem Fehlverhalten und der Anordnung der Maßnahme vorliegen.[201] Vor diesem Hintergrund muss die Maßnahme jedoch nicht unverzüglich nach dem Bekanntwerden der Verhaltensstörung zwingend vollzogen werden. Dem Schüler sollten bei der Entdeckung die möglichen schulrechtlichen Folgen dargelegt werden, sodass dieser bereits mit der Verhängung einer Ordnungsmaßnahme rechnen muss.[202] Es bedarf hinsichtlich der Geeignetheit keines stringenten Erfolgsnachweises im Sinne der sicheren Verhinderung zukünftiger Verhaltensstörungen. Es genügt insofern die erzieherische Einwirkung der Maßnahme auf den Schüler.[203] Zudem muss das gesamte bisherige Verhalten des Schülers bei der Auswahl der Maßnahme beachtet werden.[204] Eine Maßnahme kann sich dabei auf verschiedene Schüler unterschiedlich auswirken,

198 So auch OVG Münster, Beschl. v. 10.05.1994 – 19 B 1056/94, Rn. 3 zit. nach juris.
199 *Galas/Krömer/Nolte/Ulrich*, Niedersächsisches Schulgesetz, Kommentar, S. 532.
200 *Wolff*, in: Sodan/Ziekow, Verwaltungsgerichtsordnung, § 114 Rn. 132, 134.
201 VG Stuttgart, Beschl. v. 13.01.2009 – 10 K 4801/08, Rn. 14 zit. nach juris.
202 VGH Baden-Württemberg, Beschl. v. 12.05.2011 – 9 S 1056/11, Rn. 8.
203 VGH Baden-Württemberg, Beschl. v. 12.07.2017 – 9 S 1374/17, Rn. 17.
204 *Eckhold*, in: Johlen/Oerder, Münchener Anwaltshandbuch Verwaltungsrecht, § 15 Rn. 94.

wobei selbst beim gleichen Schüler dieselbe Maßnahme zu einem anderen Zeitpunkt einen abweichenden Effekt entfalten kann.[205] Daneben müssen die Konsequenzen der Verhängung oder Unterlassung einer Ordnungsmaßnahme auf den Schüler und sein Verhalten in der Zukunft, aber auch die Wirkung auf die Klassengemeinschaft, in die Bewertung einbezogen werden.[206]

2. *Erforderlichkeit und Angemessenheit im engeren Sinne*

Der Vollzug der Maßnahme muss sich im Vergleich zu anderen möglichen Reaktionen der Schule als erforderlich darstellen und darf keinen Eingriff in die Rechte des Schülers begründen, der außer Verhältnis zum angestrebten Zweck steht. Eine mildere, den Schüler weniger belastende Maßnahme, darf nicht möglich sein, aus der eine ähnliche pädagogische Einflussnahme resultiert und die ebenso geeignet ist, den Schulfrieden wiederherzustellen.[207] Die Anwendung des Ordnungsmittels muss notwendig sein, um auf den Schüler nachhaltig einzuwirken und in ihm die Einsicht zu wecken, sein Verhalten zu bessern.[208]

II. Hierarchie der Maßnahmen

Im Rahmen der Anwendung der Maßnahmen ist zu prüfen, ob im jeweiligen Schulgesetz eine (mittelbare) Rangfolge der Maßnahmen angeordnet ist oder die Auswahl vollumfänglich in das Ermessen der zuständigen Person gestellt wird.

1. *Anknüpfungspunkte in den Schulgesetzen*

Der Umfang der Entscheidungsfreiheit ist abhängig von den gesetzlichen Regelungen und den dort enthaltenen Vorgaben. Die Schulgesetze unterscheiden eine mittelbare Bindung an die gesetzliche Reihenfolge, sodass zunächst eine mildere vor einer schwereren Maßnahme ergriffen werden sollte, oder gehen vollumfänglich von der Aufhebung einer strikten Stufenfolge aus.

---

205 *Krampen-Lietzke*, Der Dispens vom Schulunterricht aus religiösen Gründen, S. 29.

206 OVG Münster, Beschl. v. 10.05.1994 – 19 B 1056/94, Rn. 3 zit. nach juris.

207 Hierzu *Wittig*, JA 2012, 543 (544).

208 VGH Baden-Württemberg, Beschl. v. 12.07.2017 – 9 S 1374/17, Rn. 16.

a) Mittelbare Bindung an die Stufenfolge

In den meisten Bundesländern ist der Grundsatz der Verhältnismäßigkeit in Bezug auf die Maßnahmenauswahl explizit geregelt.[209] § 49 Abs. 1 S. 3 HmbSchulG fordert ein angemessenes Verhältnis jeder Maßnahme zum Fehlverhalten des Schülers. § 65 Abs. 4 S. 1 HVO bestimmt die Beachtung des Verhältnismäßigkeitsprinzips bei allen pädagogischen Maßnahmen. In Konkretisierung hierzu fordert § 65 Abs. 4 S. 2 HVO die vorrangige Anwendung einer weniger belastenden Maßnahme, welche im Verhältnis zum Fehlverhalten angemessen sein muss. Nach § 2 Abs. 1 LSAVO ist von den Ordnungsmaßnahmen jeweils diejenige auszuwählen, die geeignet erscheint, einer Wiederholung des Fehlverhaltens entgegenzuwirken. Von einer schwereren Maßnahme darf nur dann Gebrauch gemacht werden, wenn die Wirkung einer weniger eingreifenden Maßnahme mit hoher Wahrscheinlichkeit nicht ausreicht, um der Gefahr von künftigem Fehlverhalten erfolgreich zu begegnen.

Im Ergebnis wird in den meisten Schulgesetzen keine verbindliche Regelung dahingehend getroffen, zwingend die mildeste Maßnahme zu wählen. Es bleibt im Grundsatz bei einer Verhältnismäßigkeitsprüfung. Dennoch folgt aus den Formulierungen die Notwendigkeit einer genauen Betrachtung der Erforderlichkeit und bei gleicher Geeignetheit und Erforderlichkeit die Wahl der niederschwelligen Maßnahme. Insgesamt – insbesondere im Vergleich zu den abweichenden Regelungen in Brandenburg und Thüringen – könnte der Eindruck beim Rechtsanwender entstehen, es sei die gesetzliche Stufenfolge abzuarbeiten, bevor eine Maßnahme mit höherer Eingriffsintensität gewählt werden darf. In Niedersachsen beispielsweise wurde der Katalog der Ordnungsmaßnahmen von den Schulen weitgehend als „Rangliste" verstanden, sodass die Aufzählung der Ordnungsmaßnahmen aufgrund dieses Verständnisses entsprechend angepasst wurde.[210] Auch in der Literatur wird von einer grundsätzlichen Bindung an die gesetzlich vorgegebene Reihenfolge ausgegangen, wenn in diesem Rahmen von der Einhaltung der Stufenleiter gesprochen wird.[211]

---

209 Siehe Baden-Württemberg, § 90 Abs. 2 S. 2 BWSchulG; Bayern, Art. 86 Abs. 1 S. 5 BayEUG; Berlin, § 63 Abs. 1 BerlSchulG; Mecklenburg-Vorpommern, § 60a Abs. 1 S. 1 MVSchulG; Nordrhein-Westfalen, § 53 Abs. 1 S. 3 NRWSchulG; Sachsen, § 39 Abs. 1 S. 1 SächsSchulG.

210 LT-Drs. NI 16/3155, S. 14.

211 *Galas/Krömer/Nolte/Ulrich*, Niedersächsisches Schulgesetz, Kommentar, S. 538; *Hage/Staupe*, Schulrecht von A-Z, S. 139; *Heck/Tschampa*, Konfliktregelung in der Schule, S. 80; *Schneider*, in: Boelmann/Roberg/Sawatzki/Schlechter/Schneider, Erziehungs- und Ordnungsmaßnahmen, Praxisbuch, S. 7; a. A. *Hanschmann*, RdJB 2010, 445

b) Aufhebung der Rangfolge

Lediglich Brandenburg und Thüringen haben ausdrücklich keine Bindung an die gesetzlich vorgegebene Reihenfolge der Maßnahmen festgelegt. § 1 Abs. 1 S. 2 BbgVO bestimmt die Notwendigkeit der Verhältnismäßigkeit der Ordnungsmaßnahmen. Nach § 4 Abs. 1 S. 2 BbgVO besteht dabei jedoch keine Bindung an die gesetzliche Aufzählung. Gemäß § 51 Abs. 4 S. 1 ThürSchulG ist ebenfalls keine Rangfolge bezüglich der Ordnungsmaßnahmen nach § 51 Abs. 3 Nr. 1 bis 4 ThürSchulG einzuhalten. Diese Regelung bezieht sich auf den schriftlichen Verweis durch die Klassenlehrer, den Ausschluss von besonderen Klassen- oder Schulveranstaltungen, den strengen Verweis und die Versetzung in eine Parallelklasse der gleichen Schule.

2. Rechtsprechung

Die in den Schulgesetzen normierten Ordnungsmaßnahmen, welche meist im Schweregrad eines Verweises beginnen und sich oftmals bis hin zum Ausschluss aus allen Schulen des Landes steigern, sollen auch nach der mehrheitlichen Rechtsprechung keiner Stufenfolge unterliegen.[212] Teilweise wird hiervon abweichend vertreten, dass sie dem Grundsatz der Verhältnismäßigkeit folgend in ihrer gesetzlich aufgeführten Reihenfolge angewendet werden sollen, soweit die niederschwellige Maßnahme geeignet ist, die den Ordnungsmaßnahmen zugrundeliegenden Zwecke zu erfüllen. Die Schule soll im Rahmen der ihr obliegenden Ermessensentscheidung zunächst die mildere Ordnungsmaßnahme ergreifen und diese lediglich in Ausnahmefällen überspringen, wobei das Fehlverhalten des Schülers und seine Einsichtsfähigkeit zu berücksichtigen sind.[213]

3. Regelungsvorschlag

Es ergeben sich in den Schulgesetzen und der Rechtsprechung – wie oben aufgezeigt – verschiedene Formulierungen, Auslegungen und damit Handlungsanweisungen zur Fragestellung, ob die vorgegebene Rangfolge der Maßnahmen einzuhalten ist. Während in einigen Ländern nur Ordnungsmaßnahmen in Betracht kommen, die als erforderlich und damit verhältnismäßig anzusehen

---

(453); *Schröder*, Handbuch Schulrecht Niedersachsen, S. 96; *Weber*, Das Ordnungsrecht der Schule, S. 200; *Wieland*, in: Eiding/Hofmann-Hoeppel, Verwaltungsrecht, § 57 Rn. 49.

212 Bayerischer VGH, Beschl. v. 05.09.2018 – 7 CS 18.869, Rn. 5.

213 VGH Hessen, Beschl. v. 21.06.2019 – 7 B 790/19.

sind und somit eine mittelbare Bindung an die Rangfolge indiziert wird, erfolgt teilweise keine weitergehende Normierung der Anwendungsreihenfolge. Es ist mithin keine starre Stufenfolge der Maßnahmen in einer Weise vorgegeben, welche die zwingende Anwendung einer leichteren vor einer schwereren Ordnungsmaßnahme bedingt. Die Auswahl der Maßnahme orientiert sich an der Erforderlichkeit auf der Basis des konkreten Sachverhalts.

Eine ausdrückliche Normierung eines grundsätzlich gebotenen stufenweisen Vorgehens würde zwar einerseits zu einer Einschränkung des Auswahlermessens führen, andererseits aber eine gleichmäßige Auswahl der Maßnahmen bewirken. Hieraus würde wiederum die Förderung einer einheitlichen Rechtsanwendung resultieren. Dieses Ergebnis ergibt sich jedoch auch aus einer Normierung, in der eine Bindung an die Stufenfolge aufgehoben wird. Oftmals sind Schulen verunsichert, ob eine im Schweregrad stärkere Maßnahme als die mildeste bei einem zuvor unauffälligen Schüler ergriffen werden kann. Insbesondere in Kombination mit der Problematik der mangelnden Bestimmtheit der tatbestandlichen Voraussetzungen, wird die Komplexität der Anwendung und Auswahl von Ordnungsmaßnahmen verstärkt, sodass eine erhebliche Rechtsunsicherheit für alle beteiligten Personen, insbesondere für den betroffenen Schüler, dessen Eltern und den Rechtsanwender, ausgelöst wird. Anrufe bei der Schulaufsicht von spürbar ängstlichen Eltern, die einen schulordnungsrechtlich relevanten Sachverhalt schildern, den sie keiner Maßnahme zuordnen können, stellen somit keine Seltenheit dar. Teilweise besteht selbst bei einem „Ersttäter“ die Notwendigkeit und Erforderlichkeit mit einer schwerwiegenden Maßnahme auf ihn einzuwirken, die den Umständen der Tat entspricht und sich unter Gesamtwürdigung der Tatumstände als verhältnismäßig erweist. In Brandenburg und Thüringen sind diesbezüglich ausdrückliche gesetzliche Vorgaben erfolgt. Auch in den anderen schulgesetzlichen Regelungen muss die Auswahl der Maßnahme nach dem Grundsatz der Verhältnismäßigkeit erfolgen, wodurch die Geeignetheit und Erforderlichkeit impliziert werden. Eine gesetzliche Klarstellung dahingehend, dass keine Bindung an die in den Schulgesetzen aufgeführte Reihenfolge der Maßnahmen besteht, ist daher nicht zwingend notwendig, wenn auch sicher aber wünschenswert im Sinne einer Klarstellung für den Rechtsanwender.

Erster Teil Ergebnis

Die bisherigen Erkenntnisse betreffen die Fragestellung, unter welchen Voraussetzungen pädagogische Maßnahmen und Ordnungsmaßnahmen verhängt werden können. Es wurden die Grundlagen schulordnungsrechtlicher Maßnahmen und die Fallstricke in der praktischen Anwendung dargestellt. Sowohl die pädagogischen Maßnahmen als auch Ordnungsmaßnahmen wurden genauer beleuchtet und die mitunter schwierige Abgrenzung skizziert, die sich nach der Eingriffsintensität richtet. Insbesondere wurde auf die Schutzzwecke eingegangen, die den Maßnahmen zugrunde liegen und die die Zielvorstellungen des Gesetzgebers im Rahmen der Anwendung von Erziehungs- und Ordnungsmaßnahmen wiedergeben. Vor diesem Hintergrund müssen die Schutzzwecke bei der Auswahl und Anwendung zwingend abgedeckt und berücksichtigt werden. Weiterhin wurden die Anforderungen an die Verhängung von Ordnungsmaßnahmen beschrieben und der zeitliche und sachliche Bezugspunkt des Fehlverhaltens konkretisiert. Abschließend wurde die Problematik aufgeworfen, inwieweit eine mittelbare Bindung an die gesetzlich vorgegebenen Stufenfolgen besteht und ein Regelungsvorschlag dahingehend unterbreitet, dass eine gesetzliche Klarstellung unter diesem Aspekt von hohem praktischem Nutzen wäre.

Zweiter Teil: Das Recht auf Bildung und das Grundrecht der Berufsfreiheit

Die nachfolgenden zwei Kapitel stellen das Recht auf Bildung und die verfassungsrechtlichen Hintergründe des Grundrechts der Berufsfreiheit dar. Diese orientieren sich an den thematisch im Hinblick auf die schulordnungsrechtlichen Maßnahmen unmittelbar relevanten Grundzügen. Eine konkrete Betrachtung der Vereinbarkeit der einzelnen Ordnungsmaßnahmen mit dem Recht auf Bildung und dem Grundrecht der Berufsfreiheit erfolgt im vierten Teil dieser Arbeit. Zu prüfen wird insbesondere sein, ob bei Bestehen einer verfassungskonformen Ermächtigungsgrundlage die Eingriffe als verhältnismäßig anzusehen sind oder infolge des Übermaßverbotes keine verfassungsrechtliche Legitimation genießen.

Kapitel 1: Das Recht auf Bildung

Aus der Bindung des Staates an die Grundrechte ergibt sich die parallele Verpflichtung, dem Bürger eine seiner Begabung entsprechende Bildung und Ausbildung zu ermöglichen, damit dieser seine Grundrechte auch praktisch wahrnehmen kann.[214] Bildung wird in diesem Sinne als Selbstbestimmung des Menschen aufgefasst, die zur Entfaltung als Subjekt und zum aktiven Freiheitsgebrauch notwendig ist und die die Grundlage für die Würde des Menschen bildet.[215] Zudem wird die Entfaltung des Kindes durch Bildung in erheblicher Weise berührt und mitgestaltet.[216] Als unbestritten wird vor diesem Hintergrund der Anspruch des Kindes auf Erziehung und Bildung durch Einrichtungen der staatlichen Gemeinschaft anerkannt.[217]

A. Rechtsquellen des Rechts auf Bildung

Im Folgenden werden die rechtlichen Ausgangspunkte des Rechts auf Bildung aufgezeigt, die sich maßgeblich in völkervertragsrechtlichen Pflichten, der Verfassung und im einfachgesetzlichen Recht wiederfinden.

I. Völkervertragsrechtliche Verpflichtungen

Als Rechtsquellen des Rechts auf Bildung dienen primär völker- und europarechtliche Vorgaben, deren inhaltliche Ausgestaltung sich höchst unterschiedlich darstellt. Die hierdurch garantierten Rechte sind insbesondere für ausländische Schüler von Bedeutung, die sich nicht auf die grundrechtliche Gewährleistung der Berufsfreiheit stützen können.

1. Bindungswirkung für die nationale Rechtsordnung

Eine unmittelbare Wirkung für die nationale Rechtsordnung entfalten die Europäische Konvention zum Schutz der Menschenrechte und Grundfreiheiten,

---

214 *Lohse*, Verwaltungsrechtliche Steuerung von schulischem Bildungserwerb, S. 104; *Rux*, Die pädagogische Freiheit des Lehrers, S. 26.

215 *Kunze*, Das Recht auf Bildung, S. 17.

216 *Gast*, Das Grundrecht auf Bildung, S. 2 f.

217 BVerfG, Beschl. v. 19.11.2021 – 1 BvR 971/21, 1 BvR 1069/21, NJW 2022, 167; so auch *Rux*, Schulrecht, § 2 Rn. 184.

die Charta der Grundrechte der Europäischen Union, der Internationale Pakt über wirtschaftliche, soziale und kulturelle Rechte, das Übereinkommen über die Rechte des Kindes und das Übereinkommen gegen Diskriminierung im Unterrichtswesen. Daneben gewährleistet das Übereinkommen über die Rechte von Menschen mit Behinderungen Bildungsrechte für Personen mit Behinderungen.[218]

a) Europäische Menschenrechtskonvention

Die Konvention zum Schutze der Menschenrechte und Grundfreiheiten (EMRK)[219] bildet einen europäischen Standard der Gewährleistung von Grundrechten und stellt somit das Minimum des Grundrechtsschutzes auf Unionsebene dar.[220] Seit der Ratifizierung am 07.08.1952 kommt ihr nach der Transformation der Rang eines einfachen Bundesgesetzes zu.[221] Das Recht auf Bildung ist in Art. 2 S. 1 des 1. Zusatzprotokolls[222] zur EMRK normiert. Art. 2 S. 1 lautet: „Niemandem darf das Recht auf Bildung verwehrt werden. Der Staat hat bei Ausübung der von ihm auf dem Gebiet der Erziehung und des Unterrichts übernommenen Aufgaben das Recht der Eltern zu achten, die Erziehung und den Unterricht entsprechend ihren eigenen religiösen und weltanschaulichen Überzeugungen sicherzustellen." Art. 2 wird maßgeblich von seinem ersten Satz bestimmt, der die Vertragsstaaten dazu verpflichtet, das Recht auf Bildung jedermann zukommen zu lassen und somit allen Bürgern in ihrem Hoheitsbereich den Zugang zu bestehenden Bildungseinrichtungen zu gewähren.[223] Auch wenn der Wortlaut das höhere Unterrichtswesen nicht explizit aufführt, gilt die Norm für alle Bereiche der Bildung und deckt damit den Zugang zu Grundschulen und weiterführenden Schulen ab.[224] Die EMRK gewährleistet ein primäres

---

218 Gesetz zu dem Übereinkommen der Vereinten Nationen v. 13.12.2006 über die Rechte von Menschen mit Behinderungen v. 21.12.2008, BGBl. II 2008 S. 1419.

219 Zusatzprotokoll zur Konvention zum Schutz der Menschenrechte und Grundfreiheiten i. d. F. der Bekanntmachung v. 22.10.2010, BGBl. II 2010 S. 1198.

220 *Borowski*, Die Glaubens- und Gewissensfreiheit des Grundgesetzes, S. 157.

221 Gesetz über die Konvention zum Schutze der Menschenrechte und Grundfreiheiten v. 07.08.1952, BGBl. II 1952 S. 685.

222 Gesetz über das Zusatzprotokoll v. 20.03.1952 zur Konvention zum Schutze der Menschenrechte und Grundfreiheiten v. 20.12.1956, BGBl. II 1956 S. 1879.

223 EGMR, Urt. v. 29.06.2007 – 15472/02, NVwZ 2008, 1217.

224 EGMR, Entsch. v. 27.8.2013 – 61145/09, NVwZ 2014, 1293 (1293).

Abwehrrecht[225] sowie ein Recht auf Teilhabe, welches den Bürgern eine Garantie zur Nutzung der vorhandenen Bildungseinrichtungen einräumt. Darüber hinausgehend werden jedoch keine weiteren Leistungsansprüche begründet.[226]

b) Charta der Grundrechte der Europäischen Union

Nach Art. 14 Abs. 1 GRCh kommt jeder Person das Recht auf Bildung sowie zur Teilnahme an beruflicher Aus- und Weiterbildung zu.[227] Formuliert wird konkret in Art. 14 Abs. 1, 2: „Jede Person hat das Recht auf Bildung sowie auf Zugang zur beruflichen Ausbildung und Weiterbildung. Dieses Recht umfasst die Möglichkeit, unentgeltlich am Pflichtschulunterricht teilzunehmen." Gemäß Art. 51 S. 1 GRCh werden die Organe, Einrichtungen und sonstigen Stellen der Union bei der Durchführung des Rechts der Union verpflichtet. Eine Anwendung der Charta auf rein nationale Sachverhalte scheidet mithin aus. Art. 14 GRCh lehnt sich inhaltlich an Art. 2 des Zusatzprotokolls der EMRK an.[228] In Abs. 2 ist dieses Recht dahingehend konkretisiert, dass die Option eröffnet sein muss, unentgeltlich dem Pflichtschulunterricht beizuwohnen. Schutzgut von Art. 14 GRCh ist die allgemeine wie berufliche Bildung sowie der Anspruch auf Teilhabe an den Bildungseinrichtungen.[229] Unter „Bildung" ist dabei vorrangig die Bildung im Schulbereich erfasst, sodass der Zugang zu Primarschulen und Sekundarschulen gewährleistet wird.[230] Es wird dennoch kein Recht auf Nutzung einer bestimmten Schule vermittelt.[231] Vorausgesetzt wird ein schulisches Bildungswesen, welches quantitative und qualitative Anforderungen erfüllen muss. Art. 14 GRCh ist folglich im Vergleich zu Art. 2 des Zusatzprotokolls zur EMRK positiv formuliert.[232]

225 *Bitter*, in: Karpenstein/Mayer, Konvention zum Schutz der Menschenrechte und Grundfreiheiten, Art. 2 ZP Rn. 1.

226 *Hanschmann*, in: Meyer-Ladewig, Europäische Menschenrechtskonvention Kommentar, Art. 2 ZP Rn. 8; *Langenfeld*, RdJB 2007, 412 (415).

227 Charta der Grundrechte der Europäischen Union v. 14.12.2007, ABl 2007 C 303/1 i. d. F. v. 07.06.2016, ABl 2016 C 202/389.

228 Siehe die Erläuterungen des Präsidiums in EuGRZ 2000, 559.

229 *Jarass*, in: Jarass, Charta der Grundrechte der EU, Art. 14 Rn. 3; Langenfeld, in: *Dörr/Grote/Marauhn*, EMRK/GG Konkordanz-Kommentar, S. 1635.

230 *Jarass*, in: Jarass, Charta der Grundrechte der EU, Art. 14 Rn. 6.

231 *Kingreen*, in: Calliess/Ruffert, EUV/AEUV, Art. 14 GRCh Rn. 5.

232 *Bernsdorff*, in: Meyer/Hölscheidt, Charta der Grundrechte der Europäischen Union, Art. 14 GRCh Rn. 12.

Der Besuch einer Bildungseinrichtung darf nicht ohne berechtigten Grund verweigert werden.[233] Nach Art. 52 GRCh ist eine Einschränkung möglich, wenn sie gesetzlich vorgesehen ist und den Wesensgehalt des Rechts achtet. Die Beeinträchtigung hat den von der Union anerkannten, dem Gemeinwohl dienenden, Zielsetzungen oder den Erfordernissen des Schutzes der Rechte und Freiheiten anderer zu entsprechen sowie die Verhältnismäßigkeit zu wahren. Darüber hinaus muss sie die von Art. 52 Abs. 3 S. 1 GRCh durch die Europäische Konvention zum Schutz der Menschenrechte und Grundfreiheiten vorgegebenen Grenzen für Einschränkungen wahren.[234]

c) Internationaler Pakt über wirtschaftliche, soziale und kulturelle Rechte

Das Recht auf Bildung wird zudem durch den ICESCR (sogenannter UN-Sozialpakt) vom 16.12.1966 garantiert.[235] Nach Art. 2 Abs. 1 ICESCR werden die Mitgliedstaaten ausdrücklich verpflichtet, im Rahmen der Umsetzung alle möglichen Maßnahmen zu treffen, um die volle Verwirklichung der im ICESCR anerkannten Rechte zu erreichen. Art. 13 Abs. 1, 2 ICESCR formuliert zum Recht auf Bildung: „Die Vertragsstaaten erkennen das Recht eines jeden auf Bildung an. Sie stimmen überein, dass die Bildung auf die volle Entfaltung der menschlichen Persönlichkeit und des Bewusstseins ihrer Würde gerichtet sein und die Achtung vor den Menschenrechten und Grundfreiheiten stärken muss. […] Die Vertragsstaaten erkennen an, dass im Hinblick auf die volle Verwirklichung dieses Rechts a) der Grundschulunterricht für jedermann Pflicht und allen unentgeltlich zugänglich sein muss; b) die verschiedenen Formen des höheren Schulwesens einschließlich des höheren Fach- und Berufsschulwesens auf jede geeignete Weise, insbesondere durch allmähliche Einführung der Unentgeltlichkeit, allgemein verfügbar und jedermann zugänglich gemacht werden müssen." Art. 13 Abs. 2 lit. b) ICESCR bestimmt, dass die verschiedenen Formen des höheren Schulwesens einschließlich des höheren Fach- und Berufsschulwesens auf jede geeignete Weise, insbesondere durch allmähliche Einführung der Unentgeltlichkeit, allgemein verfügbar und jedermann zugänglich gemacht werden müssen.

---

233 Vgl. die in Art. 21 der GRCh aufgeführten Diskriminierungsverbote.

234 *Simm*, in: Schwarze/Becker/Hatje/Schoo, EU-Kommentar, Art. 14 GRCh Rn. 5.

235 Internationaler Pakt über wirtschaftliche, soziale und kulturelle Rechte v. 19.12.1966, BGBl. II 1973 S. 1569.

d) *Übereinkommen über die Rechte des Kindes*

Durch das Gesetz vom 17.02.1992 hat der Deutsche Bundestag dem Übereinkommen über die Rechte des Kindes zugestimmt,[236] sodass die Konvention am 05.04.1992 in der Bundesrepublik Deutschland in Kraft getreten ist[237] und damit den Rang eines einfachen Bundesgesetzes nach Art. 59 Abs. 2 GG besitzt. Art. 28 Abs. 1 lit. b) normiert die Verpflichtung der Vertragsstaaten das Recht des Kindes auf Bildung anzuerkennen. Zudem werden sie „die Entwicklung verschiedener Formen der weiterführenden Schulen allgemeinbildender und berufsbildender Art fördern, sie allen Kindern verfügbar und zugänglich machen und geeignete Maßnahmen wie die Einführung der Unentgeltlichkeit und die Bereitstellung finanzieller Unterstützung bei Bedürftigkeit treffen". Nach Art. 28 Abs. 2 führen die Vertragsstaaten ebenso alle geeigneten Maßnahmen durch, um sicherzustellen, dass die Disziplin in der Schule in einer Weise gewahrt wird, die der Menschenwürde des Kindes entspricht und im Einklang mit dem Übereinkommen steht. Diese Formulierung begründet folglich die Möglichkeit der Einschränkung der Gewährleistung aus Art. 28 Abs. 1 lit. b) aus disziplinarischen Gründen.

e) *Übereinkommen gegen Diskriminierung im Unterrichtswesen*

Hinsichtlich des Zugangs zu Bildungseinrichtungen enthält das Übereinkommen gegen die Diskriminierung im Unterrichtswesen Diskriminierungsverbote.[238] Nach Art. 3 lit. e) des Übereinkommens werden die Vertragsstaaten verpflichtet, ausländischen Staatsangehörigen, die in ihrem Hoheitsgebiet ansässig sind, denselben Zugang zum Unterricht zu gewähren wie ihren eigenen Staatsangehörigen. Daneben umfasst Art. 4 lit. a) den Auftrag zur Bereitstellung von Unterrichtsmöglichkeiten in weiterführenden Schulen jeglicher Art.

2. *Ausstrahlungswirkung auf die nationale Rechtsordnung*

Die Allgemeine Erklärung der Menschenrechte weist keine Bindungswirkung für die nationale Rechtsordnung auf. Dieser kommt lediglich eine mittelbare

---

236 Gesetz zu dem Übereinkommen über die Rechte des Kindes v. 20.11.1989, BGBl. II 1992 S. 122.

237 Bekanntmachung über das Inkrafttreten des Übereinkommens über die Rechte des Kindes v. 10.07.1992, BGBl. II 1992 S. 990.

238 Gesetz zu dem Übereinkommen gegen Diskriminierung im Unterrichtswesen v. 15.12.1960, BGBl. II 1968 S. 385.

Ausstrahlungswirkung zu. Als im Rahmen einer Resolution der Generalversammlung der Vereinten Nationen verabschiedete Erklärung ist sie nicht unmittelbar völkerrechtlich verbindlich, sodass sie nur als Empfehlung aufzufassen ist.[239] Die Allgemeine Erklärung der Menschenrechte normiert in Art. 26 das Recht auf Bildung und beschreibt deren Unentgeltlichkeit (Abs. 1), die Bildungsziele (Abs. 2) und das vorrangige Recht der Eltern auf Wahl der Art der Bildung (Abs. 3).[240] Art. 26 bestimmt in diesem Zusammenhang auch die allgemeine Verfügbarkeit des Fach- und Berufsschulunterrichts.

II. Verfassung

Sowohl das Grundgesetz als auch die Landesverfassungen enthalten differenzierte Ansätze und inhaltliche Ausgestaltungen des Rechts auf Bildung.

1. Grundgesetz

Das Grundgesetz beinhaltet keine explizite Garantie des Rechts auf Bildung. Den grundgesetzlichen Gewährleistungen können jedoch Ausgangspunkte dieses Rechts entnommen werden.[241] Noch in seiner „Oberstufenreform-Entscheidung" ließ das Bundesverfassungsgericht ausdrücklich offen, welchen konkreten Inhalt das „kindliche Entfaltungsrecht" aufweist und inwieweit ein Recht auf Bildung aus Art. 2 Abs. 1 GG resultiert.[242] Der Anspruch auf Bildung wird als ein Recht auf Teilhabe an den öffentlichen Bildungseinrichtungen im Rahmen des Gleichbehandlungsgebotes nach Art. 3 Abs. 1 GG verstanden. Hiernach ist dem Kind eine staatliche Bildung und Erziehung zukommen zu lassen, welche der Staat durch seine Bildungseinrichtungen bereitstellen muss.[243] Art. 7 Abs. 1 GG i. V. m. Art. 3 Abs. 1 GG umfasst dabei eine besondere Ausprägung der Chancengleichheit, die den Zugang der Schüler zu Schulen unabhängig von der wirtschaftlichen und sozialen Stellung der Eltern sicherstellen soll.[244]

Zudem steht Art. 12 Abs. 1 GG in enger Verbindung zum Recht auf Bildung. Für viele Berufe ist eine Hochschulbildung notwendig, welche wiederum den

239 *Poschner/Rux/Langer*, Das Recht auf Bildung, S. 17.

240 Allgemeine Erklärung der Menschenrechte v. 10.12.1948, A/RES/217 A (III).

241 *Gast*, Das Grundrecht auf Bildung, S. 149.

242 BVerfG, Beschl. v. 22.06.1977 – 1 BvR 799/76, NJW 1977, 1723 (1724); BVerfG, Beschl. v. 06.08.1996 – 1 BvR 1600/96, NVwZ 1997, 781 (782).

243 OVG Münster, Urt. v. 09.07.1976 – V A 869/75, VerwRspr 1977, 773.

244 *Ennuschat*, RdJB 2007, 271 (275 f.); *Langenfeld*, Integration und kulturelle Identität zugewanderter Minderheiten, S. 223; *Stein/Roell*, Handbuch des Schulrechts, S. 270.

vorherigen Erwerb eines Schulabschlusses voraussetzt. Durch dieses zwingende Erfordernis müssen die schulischen Bildungseinrichtungen auch faktisch in Anspruch genommen werden können.[245] Insofern soll die Gleichheit der beruflichen Aufstiegschancen durch die Möglichkeit, eine Schulausbildung genießen zu können, untermauert werden.[246] Art. 12 Abs. 1 GG vermittelt i. V. m. dem Gleichheitssatz und Sozialstaatsprinzip ein derivatives Teilhalberecht an staatlichen Ausbildungseinrichtungen, wobei ein originäres Teilhaberecht aufgrund der Haushaltshoheit der öffentlichen Hand abzulehnen ist.[247] Das Sozialstaatsprinzip kann daneben als eine „verfassungsrechtliche Bestandsgarantie" im Schulwesen aufgefasst werden, welche den Bürgern Bildungschancen einräumt.[248]

2. *Landesverfassungen*

Das Recht auf Bildung ist im Grundgesetz nicht expressis verbis normiert, jedoch in den Verfassungen der Länder teilweise ausdrücklich benannt oder – dem Wesensgehalt ähnlich – beschrieben.[249] Art. 11 Abs. 1 LV BW bestimmt das Recht eines jeden jungen Menschen auf eine seiner Begabung entsprechende Erziehung und Ausbildung ohne Rücksicht auf dessen Herkunft oder wirtschaftliche Lage. Es wird in diesem Zusammenhang das Menschenbild der Landesverfassung Baden-Württemberg wiedergegeben, welches den Menschen zugleich als Individuum als auch auf die Gemeinschaft bezogen begreift,[250] sich jedoch nicht ausdrücklich auf ein Recht auf Bildung bezieht[251]. Lediglich den Landesverfassungen von Hamburg und Hessen sind keine das Recht auf Bildung betreffenden Garantien zu entnehmen.

245 *Lohse*, Verwaltungsrechtliche Steuerung von schulischem Bildungserwerb, S. 90.

246 *Heymann/Stein*, in: Nevermann/Richter, Verfassung und Verwaltung der Schule, S. 399.

247 *Mann*, in: Sachs, Grundgesetz, Art. 12 Rn. 18 f.

248 *Oppermann*, Gutachten C für den 51. Deutschen Juristentag, C 19, 23.

249 Siehe Art. 11 Abs. 1 LV BW; Art. 128 Abs. 1 LV BY; Art. 20 Abs. 1 LV BE; Art. 29 Abs. 1 LV BB; Art. 27 LV BR; Art. 8 S. 1 LV MV; Art. 4 Abs. 1 LV NI; Art. 8 Abs. 1 S. 1 LV NRW; Art. 31 S. 1 LV RLP; Art. 24a Abs. 1 LV SL; Art. 7 Abs. 1, 29, 102 Abs. 1 S. 1 LV SN; Art. 25 Abs. 1 LV LSA; Art. 10 Abs. 3 S. 2 LV SH; Art. 20 LV TH.

250 *Burk*, in: Ebert, Schulrecht Baden-Württemberg, Kommentar, § 1 Rn. 10.

251 Siehe hierzu auch *Hennecke*, Staat und Unterricht, S. 52.

3. *„Bundesnotbremse II"-Rechtsprechung*

In der im November 2021 ergangenen Entscheidung „Bundesnotbremse II", welche sich mit der Rechtmäßigkeit der Schulschließungen im Rahmen der infolge der COVID-19-Pandemie beschlossenen Bundesnotbremse auseinandersetzte, erkannte das Bundesverfassungsgericht erstmals ein auf Art. 2 Abs. 1 GG i. V. m. Art. 7 Abs. 1 GG fußendes Recht auf schulische Bildung von Kindern und Jugendlichen an und betonte insbesondere den Stellenwert schulischer Bildung für die Entfaltung der Persönlichkeit der Schüler. Sie seien in ihrer „Entwicklung zu einer eigenverantwortlichen Persönlichkeit auch in der Gemeinschaft durch schulische Bildung gemäß dem Bildungsauftrag nach Art. 7 Abs. 1GG zu unterstützen und zu fördern".[252]

III. Einfachgesetzliches Recht

§ 1 Abs. 1 BWSchulG[253] normiert den Auftrag der Schule, der sich aus der durch das Grundgesetz der Bundesrepublik Deutschland und der Verfassung des Landes Baden-Württemberg gesetzten Ordnung bestimmt und wiederholt hierbei den Regelungsgehalt aus Art. 11 Abs. 1 LV BW.

B. Reichweite des Rechts auf Bildung

Sowohl der rechtliche Charakter des Rechts auf Bildung als auch die daraus folgenden Gewährleistungen für den Bürger sind näher zu umreißen.

I. Rechtscharakter

Die Rechtsqualität des Rechts auf Bildung – subjektives Recht, objektive Gewährleistung oder reiner Programmsatz – ist nicht gesetzlich verankert. Weder in den Landesverfassungen noch in den Schulgesetzen der Länder ist konkret bestimmt, welcher Inhalt und welches verbindliche Maß an schulischer Bildung gewährleistet werden muss. Das Bundesverwaltungsgericht stellte fest, dass die Funktion der staatlichen Schule darin bestehe, jungen Menschen die

---

252 BVerfG, Beschl. v. 19.11.2021 – 1 BvR 971/21, 1 BvR 1069/21, NJW 2022, 167 (170).

253 Siehe hierzu ebenfalls Art. 56 Abs. 1 S. 2 BayEUG; § 2 BerlSchulG; § 3 BbgSchulG; § 4 Abs. 1 BremSchulG; § 1 Abs. 1 HSchulG; § 1 HmbSchulG; § 1 MVSchulG; § 54 Abs. 1 NSchulG; § 1 NRWSchulG; § 3 Abs. 1 RLPSchulG; § 1 Abs. 1 SchoG; § 1 Abs. 2 SächsSchulG; § 33 Abs. 1 LSASchulG; § 4 Abs. 7 SHSchulG; § 1 Abs. 1 ThürSchulG.

ihren Fähigkeiten und dem heutigen gesellschaftlichen Leben entsprechenden Bildungsmöglichkeiten zu eröffnen und damit der Verwirklichung des Rechts auf Bildung zu dienen.[254] Der Bayerische Verwaltungsgerichtshof ließ offen, ob Art. 128 Abs. 1 LV BY ein Recht auf Bildung beinhalte oder lediglich objektiv geltendes Recht darstelle, welches dem Gesetzgeber Handlungsbeschränkungen setzt.[255] Das Recht auf Bildung wird in diesem Sinne als Programmsatz verstanden, der einen Hinweis für die Auslegung anderer schulgesetzlicher Normen bietet.[256] Es handelt sich hierbei um Zielbestimmungen der Verfassung, die nicht individuell einklagbar sind.[257]

Teilweise werden die Formulierungen in den Landesverfassungen jedoch nicht nur als bloße objektive Vorgaben verstanden, sondern als subjektive und justitiable Rechte, deren Konkretisierung dem Gesetzgeber und der Verwaltung obliegt.[258] Anzunehmen sei ein Gebot der Exekutive, jungen Menschen eine ihren Fähigkeiten und Kompetenzen gerechte Bildung zu ermöglichen.[259] Durch das Aufgreifen des Wortlautes von Art. 11 Abs. 1 LV BW in § 1 Abs. 1 BWSchulG und die Klarstellung in Art. 11 Abs. 2 LV BW, das öffentliche Schulwesen nach diesem Grundsatz zu gestalten, wird ein verbindliches Gebot aufgestellt. Das Recht auf Bildung stellt damit nicht nur einen unverbindlichen Programmsatz dar, sondern ein verpflichtend zu beachtendes Verfassungsgebot für die drei Staatsgewalten.[260] Auch das Bundesverfassungsgericht sieht im Recht auf schulische Bildung ein subjektives Recht verankert, indem es das durch Art. 2 Abs. 1 GG geschützte Recht der Kinder und Jugendlichen als das „subjektiv-rechtliche Gegenstück zur objektiv-rechtlichen Pflicht des Staates aus Art. 7 Abs. 1 GG" hervorhebt.[261]

---

254 BVerwG, Urt. v. 15.11.1974 – VII C 12.74, NJW 1975, 1182; BVerwG, Urt. v. 14.07.1978 – 7 C 11/76, NJW 1979, 229.

255 Bayerischer VGH, Entsch. v. 28.05.2009 – Vf. 4-VII/07, Rn. 124 zit. nach juris.

256 *Cremer/Füssel*, in: Institut für Bildungsforschung und Bildungsrecht e. V./Deutsches Institut für Internationale Pädagogische Forschung, Zur Rechtsstellung der Schülerinnen und Schüler – heute, S. 37; *Galas/Krömer/Nolte/Ulrich*, Niedersächsisches Schulgesetz, Kommentar, S. 440; *Hage/Staupe*, Schulrecht von A-Z, S. 154.

257 *Oppermann*, Gutachten C für den 51. Deutschen Juristentag, C 91.

258 *Bothe*, VVDStRL 54 (1994), 7 (20); *Poschner/Rux/Langer*, Das Recht auf Bildung, S. 107; *Rux*, Schulrecht, § 2 Rn. 187.

259 *Bertram/Horn/Link/Schulte/Wolfrum*, Sächsisches Schulgesetz, § 1, S. 14.

260 *Burk*, in: Ebert, Schulrecht Baden-Württemberg, Kommentar, § 1 Rn. 11.

261 BVerfG, Beschl. v. 19.11.2021 – 1 BvR 971/21, 1 BvR 1069/21, NJW 2022, 167 (170).

II. Regelungsgehalt

Aus den Landesverfassungen kann ein Anspruch auf Zugang zu den vorhandenen Bildungseinrichtungen abgeleitet werden.[262] Gewährleistet werden muss die Teilnahme der Schüler am Schulunterricht. Hieraus ergibt sich wiederum ein Anwesenheitsrecht für die Schüler und das Verbot unberechtigterweise ausgeschlossen zu werden. Begründet wird ein auf Art. 2 Abs. 1 GG beziehungsweise Art. 12 Abs. 1 GG i. V. m. Art. 3 Abs. 1 GG und Art. 20 Abs. 1 GG fußender Anspruch auf gleiche Teilhabe an den Bildungseinrichtungen, sodass von einem Nutzungsrecht der öffentlichen Ausbildungseinrichtungen gesprochen werden kann.[263] Der Grundrechtsschutz im Bereich des Ausbildungswesens und der freien Wahl der Ausbildungsstätte wäre ohne die tatsächliche Möglichkeit, die Einrichtungen in Anspruch nehmen zu können, wertlos.[264]

Gefordert werden kann zudem im Hinblick auf die schulische Bildung die Bereitstellung eines Schulsystems, welches Kindern und Jugendlichen die Gelegenheit zur Entwicklung einer eigenverantwortlichen Persönlichkeit durch Bildungsangebote, die deren Fähigkeiten entsprechen, bietet.[265] Hiervon umfasst ist insbesondere die Erteilung von Präsenzunterricht als maßgebliches Grundelement schulischer Bildung.[266] Ein abwehrrechtlicher Gehalt des Rechts auf schulische Bildung besteht dahingehend, dass die Schüler sich gegen staatliche Maßnahmen wenden können, sofern ihre Bildungsmöglichkeiten an der Schule beschränkt werden, ohne dass das Schulsystem im Generellen abgeändert wird. Es besteht dennoch kein unmittelbarer Anspruch auf eine bestimmte Gestaltung staatlicher Schulen, sondern es kann lediglich ein Mindeststandard der schulischen Bildung erwartet werden, der „unter dem Vorbehalt des Möglichen" steht.[267] Negiert wird folglich ein Anspruch auf Erweiterung einer Realschule

---

262 Das Bundesverfassungsgericht betont in seiner „Bundesnotbremse II" Entscheidung zudem, dass die Zugangsvoraussetzungen zu schulischer Bildung weder willkürlich noch diskriminierend gestaltet sein dürfen, siehe BVerfG, Beschl. v. 19.11.2021 – 1 BvR 971/21, 1 BvR 1069/21, NJW 2022, 167 (171).

263 *Barczak*, Der Übergang von der Grundschule, S. 138; *Kunze*, Das Recht auf Bildung, S. 18; *Langenfeld*, in: Dörr/Grote/Marauhn, EMRK/GG, Konkordanz-Kommentar, S. 1619; *Nevermann/Richter*, Rechte der Lehrer, Rechte der Schüler, Rechte der Eltern, S. 20; *Stein*, Das Recht des Kindes auf Selbstentfaltung in der Schule, S. 39.

264 BVerfG, Urt. v. 18.07.1972 – 1 BvL 32/70, NJW 1972, 1561 (1564); *Borrmann*, Der Schutz der Berufsfreiheit, S. 96.

265 BVerfG, Beschl. v. 19.11.2021 – 1 BvR 971/21, 1 BvR 1069/21, NJW 2022, 167 (170).

266 BVerfG, Beschl. v. 19.11.2021 – 1 BvR 971/21, 1 BvR 1069/21, NJW 2022, 167 (183 f.).

267 BVerfG, Beschl. v. 19.11.2021 – 1 BvR 971/21, 1 BvR 1069/21, NJW 2022, 167 (170).

um ein gymnasiales Unterrichtsangebot.[268] Ebenso kommt den Bürgern weder ein Recht zu auf Beibehaltung einer spezifischen Schulform an einem gesonderten Standort[269] noch wird eine, dem Schüler- oder Elternwunsch entsprechende, konkrete Schule zur Verfügung gestellt. Es kann lediglich ein Anspruch auf eine ermessensfehlerfreie Entscheidung über den Zugang zu der Schulart angenommen werden, die der Begabung und Neigung des Schülers entspricht.[270] Eine individuelle Anpassung des Bildungsangebotes würde auch deshalb ausscheiden, da das Bildungssystem Flexibilität zeigen muss, um eine Vielzahl von Erwartungen zu erfüllen.[271]

C. Schranken des Rechts auf Bildung

Das Recht auf Bildung enthält keinen expliziten Gesetzesvorbehalt, jedoch sind verhältnismäßige und vorhersehbare Einschränkungen möglich, die dessen Kernbereich unangetastet lassen.[272] Die gesetzlichen Grundlagen müssen sich als „verhältnismäßige Ausgestaltungen der staatlichen Bildungs- und Erziehungsarbeit in ihrem letzten Zweck als Dienst an der Entfaltung des konkreten Schülers" darstellen.[273] Ein Eingriff könnte auf der Basis der vorhandenen Kapazität[274], der Eignung des Schülers zur Teilnahme oder aufgrund der Gefahrenabwehr vorgenommen werden.[275] Ein Ausschluss eines Schülers aufgrund von Disziplinarmaßnahmen ist folglich grundsätzlich denkbar. In Betracht kommen beispielsweise Maßnahmen des zeitweiligen oder endgültigen Ausschlusses aus einer Unterrichtseinrichtung, die es den Schulen ermöglichen,

268 BVerwG, Beschl. v. 02.07.1979 – 7 B 139/79, VerwRspr 1980, 644 (645); *Stein/Roell*, Handbuch des Schulrechts, S. 270.

269 VGH Baden-Württemberg, Beschl. v. 06.09.1995 – 9 S 2352/95, NVwZ-RR 1996, 89; OVG Münster, Urt. v. 31.03.1995 – 15 A 900/90, NVwZ-RR 1996, 90 (92).

270 *Lohse*, Verwaltungsrechtliche Steuerung von schulischem Bildungserwerb, S. 99; *Rux*, Schulrecht, § 2 Rn. 190.

271 *Kunze*, Das Recht auf Bildung, S. 33.

272 *Gast*, Das Grundrecht auf Bildung, S. 215; *Hanschmann*, in: Meyer-Ladewig/Nettesheim/von Raumer, Europäische Menschenrechtskonvention Kommentar, Art. 2 ZP Rn. 13.

273 *Langenfeld*, RdJB 2007, 412 (429).

274 Das Bundesverfassungsgericht spricht in diesem Zusammenhang von „einem Vorbehalt des Möglichen", vgl. BVerfG, Beschl. v. 19.11.2021 – 1 BvR 971/21, 1 BvR 1069/21, NJW 2022, 167 (171).

275 *Burk*, in: Ebert, Schulrecht Baden-Württemberg, Kommentar, § 1 Rn. 19.

ihrem Bildungs- und Erziehungsauftrag ungehindert nachzukommen.[276] Ein Ausschluss aus dem Unterricht oder sonstigen, dem Erziehungs- und Bildungsauftrag der Schule dienenden, Veranstaltungen der Schule darf somit nicht ohne rechtfertigenden Grund vorgenommen werden.

276 EGMR, Urt. v. 10.11.2005 – 44774/98, NVwZ 2006, 1389 (1395).

Kapitel 2: Das Grundrecht der Berufsfreiheit

Art. 12 GG ist als besondere Ausprägung der in Art. 2 Abs. 1 GG verankerten freien Entfaltung der Persönlichkeit anzusehen und umfasst den Schutz der beruflichen Betätigung sowie das Recht, grundsätzlich jede Tätigkeit als Grundlage der eigenen Lebensführung heranzuziehen.[277] Aufgrund der engen Verbindung mit dem Grundrecht auf freie Entfaltung der Persönlichkeit eines Menschen kommt der Berufsfreiheit nicht nur ein wichtiger Stellenwert zu,[278] sondern sie verkörpert darüber hinausgehend eine „Wertentscheidung“[279]. Durch die Bedeutung der täglichen Arbeit für den Menschen kann damit ein Rückschluss auf das qualitative Gewicht der Berufsfreiheit gezogen werden, der hierdurch eine hervorgehobene Bedeutung beizumessen ist.[280]

A. Schutzbereich

Art. 12 Abs. 1 GG enthält eine einheitliche Garantie der Gewährleistung der Berufsfreiheit[281], die alle Aspekte der beruflichen Betätigung – Wahl der Ausbildungsstätte, der Berufsausbildung und des Berufs sowie die Freiheit in der Berufsausübung – umfasst.[282]

I. Grundrechtsberechtigung

Das Grundrecht schützt neben den geschäftsfähigen auch die nicht geschäftsfähigen Personen und knüpft folglich nicht an das Lebensalter des Grundrechtsträgers an. Es sind daher ebenso Minderjährige, wie beispielsweise Schüler, vom Schutzbereich umfasst.[283] Zu beachten ist, dass es sich um ein Grundrecht handelt, auf welches sich lediglich Personen mit deutscher Staatsangehörigkeit nach Art. 116 GG berufen können. Eine Schutzwirkung, die sich inhaltlich an Art. 12 Abs. 1 GG orientiert, aber auf Art. 2 Abs. 1 GG basiert, ist für Ausländer

277 BVerfG, Beschl. v. 30.10.1961 – 1 BvR 833/59, NJW 1961, 2299.
278 BVerfG, Beschl. v. 08.03.1983 – 1 BvR 1078/80, NJW 1983, 1535 (1536).
279 BVerfG, Beschl. v. 11.06.1963 – 1 BvR 156/63, NJW 1963, 1771 (1772).
280 *Borrmann*, Der Schutz der Berufsfreiheit, S. 18.
281 BVerfG, Urt. v. 11.06.1958 – 1 BvR 596/56, NJW 1958, 1035 (1037).
282 *Scholz*, in: Maunz/Dürig, Grundgesetz, Art. 12 GG Rn. 25.
283 *Scholz*, in: Maunz/Dürig, Grundgesetz, Art. 12 GG Rn. 117.

und Staatenlose jedoch abzulehnen, da insoweit das Spezialitätsverhältnis zwischen den Grundrechten keine ausreichende Beachtung finde würde.[284]

II. Sachlicher Schutzbereich

Im Rahmen der Bestimmung des sachlichen Schutzbereichs ist zwischen der Freiheit zur Berufswahl und der Freiheit zur Wahl der Ausbildungsstätte zu differenzieren.

1. Freiheit der Wahl des Berufs

Als Beruf ist jede auf Dauer angelegte Tätigkeit anzusehen, die der Schaffung oder Erhaltung einer Lebensgrundlage dient. Geschützt ist primär der Zugang zum Beruf.[285] Schüler in der Schule bereiten durch den Schulbesuch keine Lebensgrundlage vor oder erhalten diese. Einen Beruf stellt demnach der Schulbesuch selbst nicht dar. Im Rahmen des Schutzes der Berufswahl wird jedoch auch die Wahrnehmung von Chancen im Berufsleben gewährleistet, wenn sie die betroffene Person dem gewünschten Berufsziel erkennbar näherbringen.[286] Eine wichtige berufliche Qualifizierung stellt der Erwerb eines Schulabschlusses dar, da dieser das Fundament für die weiteren beruflichen Optionen bildet. In Betracht kommt eine Schmälerung der beruflichen Möglichkeiten insbesondere beim Ausschluss aus der Schule oder von allen öffentlichen Schulen des Landes.

2. Freiheit zur Wahl der Ausbildungsstätte

In Bezug auf die schulordnungsrechtlichen Maßnahmen besonders relevant ist die Freiheit zur Wahl der Ausbildungsstätte. Umstritten ist hierbei die Frage, ob Schulen generell als Ausbildungsstätten im Sinne von Art. 12 Abs. 1 S. 1 GG anzusehen sind oder einzelne Schularten vom Schutzbereich ausgeklammert werden müssen. Originär betrachtet, vermittelt die Ausbildungsstätte über die allgemeine Schulbildung hinausgehend berufliche Kenntnisse und Fähigkeiten.[287] Als Ausbildung wird unter Zugrundelegung des Wortlautes die „Vermittlung

---

284 BVerfG, Beschl. v. 10.05.1988 - 1 BvR 482/84, 1166/85, NJW 1988, 2290 (2291); so auch *Jarass*, in: Jarass/Pieroth, Grundgesetz für die Bundesrepublik Deutschland, Art. 12 GG Rn. 12; *Mann*, in: Sachs, Grundgesetz, Art. 12 GG Rn. 33; a. A. *Borrmann*, Der Schutz der Berufsfreiheit, S. 51.

285 BVerfG, Beschl. v. 16.06.2011 - 1 BvR 2394/10, NJW 2011, 2782.

286 *Mann*, in: Sachs, Grundgesetz, Art. 12 GG Rn. 78.

287 *Antoni*, in: Hömig/Wolff, Grundgesetz, Art. 12 GG Rn. 10.

der auf spezielle Berufe oder Verrichtungen ausgerichteten Fähigkeiten und Fertigkeiten“ bezeichnet,[288] sodass vor dem Hintergrund der sprachlichen Fassung Zweifel bestehen, ob alle weiterführenden Schulen als Ausbildungsstätten anzusehen sind.

Inwieweit Versetzungsentscheidungen im Grundschulbereich Auswirkungen auf das Grundrecht der Berufsfreiheit haben, wurde vom Bundesverwaltungsgericht offengelassen.[289] Die zwangsweise Entlassung eines Schülers vom Gymnasium wurde hingegen als Eingriff in Art. 12 Abs. 1 GG gewertet, da das Gymnasium eine Spezialisierung für den zukünftigen Beruf enthalte und durch den Ausschluss der weitere Bildungs- und Lebensweg des Schülers stark beeinflusst werde. Hierdurch könne der Schüler bestimmte Berufe nicht mehr ergreifen, wodurch seine Berufswahl erheblich eingeschränkt werde.[290] Ob alle weiterführenden Schulen Ausbildungsstätten im Sinne von Art. 12 Abs. S. 1 GG darstellen, blieb daneben teilweise unentschieden.[291] Für Einrichtungen des zweiten Bildungsweges wurde diese Frage bejaht,[292] da die Absolvierung einer berufsspezifischen Ausbildung einen unmittelbaren Zusammenhang mit der späteren Berufstätigkeit aufweise. Die Ausbildung müsse keine unmittelbare Voraussetzung für den Zugang zu einem bestimmten Beruf darstellen, da sonst die Entstehung von neuartigen Berufen beeinträchtigt werden würde.[293]

Der Erwerb eines Schulabschlusses ist als notwendige Bedingung zum Beginn einer Berufsausbildung oder eines Studiums anzusehen und verzeichnet daher maßgeblichen Einfluss auf die Berufstätigkeit. Dem Abschluss kommt eine Signalwirkung für den späteren Arbeitgeber zu, da dieser auf der Grundlage des Zeugnisses Erkenntnisse im Hinblick auf die Leistungsfähigkeit seines Arbeitnehmers gewinnen kann.[294] Das Kriterium eines notwendigen „Durchgangsstadiums“ auf dem Weg zum späteren Beruf ist folglich erfüllt.[295] Im Vergleich

288 *Böhm/Seichter*, Wörterbuch der Pädagogik, S. 46.

289 BVerwG, Urt. v. 14.07.1978 – 7 C 11/76, NJW 1979, 229; ablehnend BVerfG, Beschl. v. 20.10.1981 – 1 BvR 640/80, NJW 1982, 921 (923).

290 BVerfG, Beschl. v. 20.10.1981 – 1 BvR 640/80, NJW 1982, 921 (923); *Hufen*, RdJB 2003, 58 (64).

291 BVerfG, Urt. v. 06.12.1972 – 1 BvR 230/70 u. 95/71, NJW 1973, 133 (137).

292 BVerfG, Beschl. v. 27.01.1976 – 1 BvR 2325/73, NJW 1976, 1309; *Hage/Staupe* sehen alle weiterführenden Schulen ab Sekundarstufe I als vom Schutzbereich umfasst an, vgl. *Hage/Staupe*, Schulrecht von A-Z, S. 153.

293 *Borrmann*, Der Schutz der Berufsfreiheit, S. 73.

294 *Giesecke/Ebner/Oberschachtsiek*, in: Quenzel/Hurrelmann, Bildungsverlierer, S. 423.

295 BVerwG, Urt. v. 22.06.1994 – 6 C 40/92, NVwZ 1995, 489 (490).

zur Grundschule, die rudimentäre Fähigkeiten vermittelt und das Recht auf Zugang richtigerweise nur dem Schutzbereich von Art. 2 Abs. 1 GG zuzuordnen ist, bereiten die weiterführenden Schulen umfassend auf die spätere berufliche Beschäftigung vor, sodass diese als Ausbildungsstätten im Sinne der Berufsfreiheit zu zählen sind.[296] Gewährleistet wird ein umfassendes „Abwehrrecht gegen Freiheitsbeschränkungen im Ausbildungswesen".[297] Vom Schutzbereich umfasst sind folglich der Zugang zur Ausbildungsstätte – konkret zur weiterführenden Schule – sowie alle im Rahmen der Ausbildung notwendigen und zugehörigen Handlungen.[298]

B. Eingriff

Ein Eingriff ist in jedem staatlichen Handeln zu sehen, dass dem Einzelnen ein Verhalten, das in den Schutzbereich eines Grundrechts fällt, ganz oder teilweise unmöglich macht.[299]

I. Freiheit der Wahl des Berufs

Die Freiheit der Wahl des Berufs wird beschränkt, wenn der Zugang zu einem Beruf geregelt wird.[300] Vorschriften, die einen unmittelbaren Zusammenhang mit der Berufsfreiheit aufweisen, sich auf einen oder eine Mehrzahl von Berufen beziehen und hierbei verbindlich zu beachtende Vorgaben in Bezug auf die Art und Weise der beruflichen Tätigkeit aufstellen, sind folglich als Eingriffe einzustufen.[301] Die Eingriffsschranken finden dabei jedoch nicht nur auf unmittelbare Eingriffe Anwendung, sondern anerkennen, dass der freiheitssichernde Charakter des Grundrechts ebenso mittelbar beeinträchtigt werden kann.[302]

---

296 So auch OVG Berlin, Beschl. v. 22.02.2002 – 8 SN 164/01, NVwZ-RR 2002, 577; *Kingreen/Poscher*, Grundrechte, Staatsrecht II, § 21 Rn. 949; *Peters*, Erziehungs- und Ordnungsmaßnahmen im Schulrecht, S. 52; *Stein*, Das Recht des Kindes auf Selbstentfaltung in der Schule, S. 39; ablehnend in Bezug auf die Hauptschulen OVG Koblenz, Beschl. v. 14.09.1978 – 2 B 198/78, NJW 1979, 941.

297 BVerfG, Urt. v. 18.07.1972 – 1 BvL 32/70 und 25/71, NJW 1972, 1561 (1563).

298 *Tettinger*, AöR 108 (1983), 92 (114).

299 VG Berlin, Urt. v. 05.07.2010 – 1 K 905/09, NVwZ 2010, 1442.

300 *Jarass*, in: Jarass/Pieroth, Grundgesetz für die Bundesrepublik Deutschland, Art. 12 GG Rn. 37.

301 *Jarass*, in: Jarass/Pieroth, Grundgesetz für die Bundesrepublik Deutschland, Art. 12 GG Rn. 14.

302 BVerfG, Beschl. v. 30.10.1961 – 1 BvR 833/59, NJW 1961, 2299; *Mann*, in: Sachs, Grundgesetz, Art. 12 GG Rn. 94.

Um eine Prüfung von Regelungen am Maßstab von Art. 12 Abs. 1 GG auszuschließen, die die Berufsfreiheit nur ganz allgemein oder hypothetisch berühren, muss die Norm nach überwiegender Ansicht eine objektiv berufsregelnde Tendenz aufweisen[303] und durch ihre Entstehungsgeschichte und ihren Inhalt im Schwerpunkt typische, beruflich ausgeübte Tätigkeiten regeln[304]. Eine bloße Fernwirkung auf die Berufsfreiheit ist nicht ausreichend, sondern es müssen die grundsätzlichen Rahmenbedingungen für den Betroffenen verändert werden.[305] Es würde sonst zu einer nicht gewollten und wenig sinnvollen Verlagerung der Prüfung vom Eingriff auf die Rechtfertigungsebene kommen, die keinen rechtsdogmatischen Mehrwert verspricht.[306] Soweit formal kein Eingriff in die Berufsfreiheit vorliegt, wird die mittelbare Ausstrahlungswirkung der Regelung auf die Berufsfreiheit sodann im Rahmen der Prüfung des einschlägigen Grundrechts berücksichtigt.[307]

II. Freiheit zur Wahl der Ausbildungsstätte

Die Freiheit der Wahl der Ausbildungsstätte kann durch schulordnungsrechtliche Maßnahmen beeinträchtigt werden. Hierbei kommen, ebenso wie bei einem Eingriff in die Freiheit der Berufswahl, als Anknüpfungspunkte die Maßnahmen des Ausschlusses aus der Schule[308] oder von allen öffentlichen Schulen des Landes in Betracht. Das Grundrecht beinhaltet sowohl eine abwehrrechtliche Funktion als auch ein Teilhabrecht.[309] Soweit keine Zulassung oder eine Entfernung aus Kapazitätsgründen vorliegt und damit die Teilhabefunktion betroffen ist, ist das Grundrecht als Abwehrrecht einschlägig.

C. Rechtfertigung

Es muss eine, dem Vorbehalt des Gesetzes entsprechende Ermächtigungsgrundlage vorliegen. Jeder Eingriff in die Freiheit der Berufswahl muss zudem dem Verhältnismäßigkeitsgrundsatz Rechnung tragen. Die Verhältnismäßigkeitsprüfung

303 BVerfG, Beschl. v. 30.10.1961 – 1 BvR 833/59, NJW 1961, 2299; BVerfG, Urt. v. 14.07.1998 – 1 BvR 1640–97, NJW 1998, 2515 (2522).

304 BVerfG, Urt. v. 17.02.1998 – 1 BvF 1–91, NJW 1998, 1627 (1628).

305 BVerfG, Beschl. v. 13.07.2004 – 1 BvR 1298/94 u.a., NJW 2005, 45 (46).

306 *Borrmann*, Der Schutz der Berufsfreiheit, S. 76.

307 BVerfG, Beschl. v. 12.04.2005 – 2 BvR 1027/02, NJW 2005, 1917 (1919).

308 Vgl. BVerfG, Beschl. v. 20.10.1981 – 1 BvR 640/80, NJW 1982, 921.

309 Vgl. BVerfG, Urt. v. 18.07.1972 – 1 BvL 32/70 und 25/71, NJW 1972, 1561 (1564).

wird hierbei durch die sogenannte Stufentheorie des Bundesverfassungsgerichts konkretisiert. Diese findet auch bei Eingriffen in die Freiheit der Wahl der Ausbildungsstätte Anwendung.[310]

I. Regelungsvorbehalt

Nach Art. 12 Abs. 1 S. 2 GG kann die Berufsausübung durch Gesetz oder aufgrund eines Gesetzes geregelt werden. Dieser Regelungsvorbehalt umfasst – trotz des klaren und entgegenstehenden Wortlautes – alle Schutzaspekte der Berufsfreiheit als einheitlichem Grundrecht.[311] Die Berufsfreiheit ist folglich nicht vorbehaltlos gewährleistet, sondern unterliegt gesetzlichen Beschränkungen, deren Umfang durch den Bezug zur Berufswahl oder Berufsausübung bedingt wird. Je weitgehender eine Regelung dabei auf die Berufswahl einwirkt, desto strengere Anforderungen sind an die Verhältnismäßigkeitsprüfung zu stellen.[312]

II. Drei-Stufen-Theorie

Die sogenannte Drei-Stufen-Theorie als das Ergebnis der strikten Anwendung des Prinzips der Verhältnismäßigkeit,[313] wurde vom Bundesverfassungsgericht in seiner Entscheidung über das Bayerische Apothekengesetz hergeleitet[314]. Im Rahmen der Drei-Stufen-Theorie wird zwischen einem Eingriff in die reine Berufsausübung und in die Berufswahl beziehungsweise die Wahl der Ausbildungsstätte differenziert. Bei den Berufswahlbeschränkungen werden subjektive und objektive Zulassungsvoraussetzungen unterschieden. Subjektive Zulassungsvoraussetzung knüpfen an Eigenschaften oder Qualifikationen einer Person an, während sich objektive Zulassungsvoraussetzungen auf Zulassungsbedingungen innerhalb des angestrebten Berufs selbst beziehen.[315] Es ist im Rahmen der Prüfung zu entscheiden, ob es sich um eine Berufsausübungsregelung, um eine subjektive Berufszulassungsregelung oder sogar um eine objektive Berufszulassungsregelung handelt. Für schulordnungsrechtliche Maßnahmen sind die subjektiven Zulassungsvoraussetzungen von besonderem Interesse, da

310 *Jarass*, in: Jarass/Pieroth, Grundgesetz für die Bundesrepublik Deutschland, Art. 12 GG Rn. 104.

311 *Tettinger*, AöR 108 (1983), 92 (105).

312 BVerfG, Beschl. v. 14.01.2015 – 1 BvR 931/12, NVwZ 2015, 582 (586).

313 BVerfG, Beschl. v. 17.07.1961 – 1 BvL 44/55, NJW 1961, 2011 (2012).

314 BVerfG, Urt. v. 11.06.1958 – 1 BvR 596/56, NJW 1958, 1035.

315 *Scholz*, in: Maunz/Dürig, Grundgesetz, Art. 12 GG Rn. 351.

die Anwendung von Ordnungsmaßnahmen primär bedingt wird durch die persönlichen Eigenschaften des Schülers sowie sein Verhalten.[316]

III. Verhältnismäßigkeitsprüfung

Durch die Prüfung der Verhältnismäßigkeit erfolgt eine Untersuchung, ob der gesetzlichen Grundlage ein legitimer Zweck zugrunde liegt, diese zur Zweckerreichung geeignet und erforderlich ist sowie im Verhältnis zum Grundrechtseingriff angemessen erscheint. Insbesondere die Anforderungen an den Nachweis der Geeignetheit sind in diesem Zusammenhang näher zu analysieren.

1. Legitime Zwecksetzung

Ein legitimer Zweck liegt vor, wenn dieser generell als tauglicher Grund für die Einschränkung der Berufsfreiheit gewertet werden kann und der jeweiligen Stufe der Drei-Stufen-Theorie entspricht. Für die hierbei maßgeblich in Betracht kommenden subjektiven Zulassungsvoraussetzungen muss der Eingriff nach der Stufentheorie durch den Schutz besonders wichtiger Gemeinschaftsgüter gerechtfertigt werden.[317] Die durch die schulordnungsrechtlichen Maßnahmen zu erfüllenden Zwecke in Form der Verwirklichung des Erziehungs- und Bildungsauftrages der Schule, der Gewährleistung der Erfüllung der Schulbesuchspflicht sowie der Einhaltung der Schulordnung und der Sicherstellung des Schutzes von Personen und Sachen innerhalb der Schule stellen besonders schützenswerte Gemeinschaftsgüter dar, die eine Beschränkung der Berufsfreiheit durch subjektive Zulassungsvoraussetzungen im Grundsatz rechtfertigen können.

2. Geeignetheit

Die Beeinträchtigung muss geeignet sein den verfolgten Zweck sicherzustellen. Eine Regelung kann ungeeignet sein, wenn sie den gesetzlichen Schutzzweck nicht unterstützt oder unterläuft. Durch die Vorschrift müssen die Ziele gefördert werden sowie die Möglichkeit der Zweckerreichung bestehen,[318] wobei nicht das effektivste Mittel ergriffen werden muss[319]. Der staatliche Eingriff muss

---

316 *Bulla*, Freiheit der Berufswahl, S. 179; *Kingreen/Poscher*, Grundrechte. Staatsrecht II, § 21 Rn. 968.

317 BVerfG, Beschl. v. 17.07.1961 – 1 BvL 44/55, NJW 1961, 2011 (2012).

318 BVerfG, Urt. v. 28.03.2006 – 1 BvR 1054/01, NJW 2006, 1261 (1264).

319 *Jarass*, in: Jarass/Pieroth, Grundgesetz für die Bundesrepublik Deutschland, Art. 12 GG Rn. 42.

sich als hilfreich darstellen, den beabsichtigen Zweck zu erzielen oder wenigstens zu seiner Unterstützung beizutragen.[320] Das Kriterium der Geeignetheit wird insgesamt sehr einschränkend in der Rechtsprechung geprüft, lediglich im Falle einer objektiven Untauglichkeit[321], Ungeeignetheit[322] oder wenn die Maßnahme schlechthin ungeeignet wäre,[323] müsste dieses Erfordernis abgelehnt werden. Ebenso können pauschale Argumente und unbelegte Hypothesen keine Beschränkung von Grundrechten legitimieren.[324] In einer Entscheidung aus dem Jahr 1971 hat sich das Bundesverfassungsgericht mit der Geeignetheit einer Regelung näher auseinandergesetzt.[325] Diese bestimme sich danach, dass ihr eine politische, sei es wirtschafts-, gesellschafts- oder rechtspolitische, Entscheidung vorausgehe, die der Gesetzgeber auf der Grundlage seiner Einschätzung der tatsächlichen Verhältnisse zum Erlass des Gesetzes treffe. Durch die Unvorhersehbarkeit der weiteren Entwicklung müsse der erwartete Geschehensablauf nicht zwangsweise eintreten. Irrtümer seien für die Beurteilung der Geeignetheit insofern unschädlich. Maßgeblich sei, ob der Gesetzgeber zum Zeitpunkt des Erlasses die Geeignetheit der Maßnahmen zur Erreichung des gesetzten Ziels annehmen durfte und diesem in der Konsequenz auch ein gewisser Zeitraum zugestanden werden müsse, in dem er die Wirkungen der Vorschriften erst einmal abwarten dürfe.[326]

Die Prognosen des Gesetzgebers verlieren jedoch dann ihre Gültigkeit, wenn sie mit einer erhöhten Wahrscheinlichkeit den Grundsätzen von wirtschaftlichen Gesetzen oder praktischen Erfahrungssätzen widersprechen, sodass sie nicht als vernünftige Grundlage für Maßnahmen des Gesetzgebers angesehen werden können.[327] Der Gesetzgeber ist verpflichtet, die beschlossenen Vorgaben nach Kenntnis der tatsächlichen Untauglichkeit durch die reale Entwicklung entsprechend aufzuheben oder zu ändern.[328] Durch eine Evaluation von Vorschriften und in Gang gesetzten Prozessen muss geprüft werden, ob die gewonnenen

---

320 *Grzeszick*, in: Maunz/Dürig, Grundgesetz, Art. 20 GG Rn. 112.
321 BVerfG, Urt. v. 22.05.1963 – 1 BvR 78/56, NJW 1963, 1243 (1246).
322 BVerfG, Beschl. v. 07.04.1964 – 1 BvL 12/63, NJW 1964, 1219 (1221).
323 BVerfG, Beschl. v. 24.09.1965 – 1 BvR 228/65, NJW 1965, 2247 (2248).
324 *Bulla*, Freiheit der Berufswahl, S. 204.
325 BVerfG, Beschl. v. 09.03.1971 – 2 BvR 326/69, zit. nach juris.
326 Vgl. BVerfG, Urt. v. 22.05.1963 – 1 BvR 78/56, NJW 1963, 1243 (1247).
327 BVerfG, Beschl. v. 08.06.2010 – 1 BvR 2011, 2959/07, NVwZ 2010, 1212 (1216).
328 BVerfG, Beschl. v. 18.12.1968 – 1 BvL 5/64, VerwRspr 1969, 535 (539); so auch *Bulla*, Freiheit der Berufswahl, S. 176 f.

empirischen Ergebnisse den gewünschten Erfolg erzielen.[329] Soweit sich anhand eingeholter Erkenntnisse die Annahme des Gesetzgebers über die Folgen und Wirkungen des Gesetzes als falsch erweist und sich die Regelung nicht mehr als verhältnismäßig darstellt, muss zur Herstellung eines verfassungskonformen Rechtszustandes eine Korrektur erfolgen.[330]

a) Erkenntnisse der Bildungsforschung und der Schulpraxis

Maßgeblich sind im Bereich der schulordnungsrechtlichen Maßnahmen die erziehungswissenschaftlichen Erkenntnisse und die Erfahrungen der Rechtsanwender an der Schule – der Lehrkräfte und der Schulleitung sowie der zuständigen und beratenden Personen in der Schulaufsicht – in die Entscheidung durch den Gesetzgeber einzubeziehen. *Weber* spricht von einem solch großen Ausmaß, in dem schulordnungsrechtliche Maßnahmen angewendet werden, dass von regelrechten „Massenverfahren" die Rede sei.[331] Dennoch sind die im Hinblick auf Art, Häufigkeit und Wirksamkeit der verwendeten Maßnahmen durchgeführten Studien, fachwissenschaftlichen Arbeiten und bislang gewonnenen Erkenntnisse als äußerst spärlich anzusehen.[332] Die den einzelnen Bundesländern zur Verfügung stehenden Daten sind bezüglich der Quantität und der im Einzelfall angewendeten Erziehungs- und Ordnungsmaßnahmen dabei denkbar verschieden.

Beispielsweise wurden zur Anzahl der Fälle von verbaler und körperlicher Gewalt und Cybermobbing gegen Lehrkräfte in Baden-Württemberg, der hierzu angeordneten Maßnahmen und des Einsatzes der aktuell zur Disziplinierung von Schülern zur Verfügung stehenden Erziehungs- und Ordnungsmaßnahmen, in den vergangenen Jahren keine Daten gesammelt und ausgewertet.[333] Es kann somit auf keine amtliche Statistik zurückgegriffen werden. Im Rahmen einer Kleinen Anfrage vom 31.03.2000 im Landtag von Baden-Württemberg zur Häufigkeit von Gewaltanwendung oder Bedrohungen seitens Schülern gegenüber Lehrkräften im Kreis Esslingen hat das Ministerium für Kultus, Jugend und

---

329 *Lohse*, Verwaltungsrechtliche Steuerung von schulischem Bildungserwerb, S. 96.

330 *Hömig*, in: Maunz/Schmidt-Bleibtreu/Klein/Bethge, Bundesverfassungsgerichtsgesetz, Kommentar, § 95 Rn. 73; *Bulla* spricht hierbei von einer Haftung aus „Ingerenz", vgl. *Bulla*, Freiheit der Berufswahl, S. 210.

331 *Weber*, Das Ordnungsrecht der Schule, S. 2.

332 Zu den ebenso mangelnden Erkenntnissen im deutschsprachigen Raum der Schweiz siehe *Hürlimann*, Für die Schule nicht mehr zumutbar, S. 13.

333 LT-Drs. BW 16/1847, S. 3.

Sport durch das Staatliche Schulamt Nürtingen sowie das Oberschulamt Stuttgart Schulen befragt. Insgesamt erfolgte die Auswertung der Ergebnisse von 187 Schulen, von denen 168 Schulen (89,8 %) keine Vorkommnisse innerhalb des einschlägigen Zeitraums meldeten.[334] An den Gymnasien und beruflichen Schulen wurde insgesamt von 29 Taten berichtet, von denen 27 durch Erziehungs- und Ordnungsmaßnahmen geregelt wurden.[335] Die Auswertung einer weiteren Kleinen Anfrage vom 18.01.2019 ergab, dass seit Einführung der Meldepflicht für antisemitische und andere religiös oder ethnisch motivierte Diskriminierungsvorfälle an Schulen in Baden-Württemberg zum Stichtag am 11.04.2018 insgesamt 13 Schulen benannt wurden. Hierbei kam es zu weniger schwerwiegendem Fehlverhalten bis hin zu tiefgreifenden Verhaltensstörungen. In drei der 13 Fälle wurden Erziehungs- und Ordnungsmaßnahmen von der Schule ergriffen.[336] Laut einer Kleinen Anfrage vom 06.10.2005 kam es im Berufsvorbereitungsjahr überdurchschnittlich oft zur Anwendung von Erziehungs- und Ordnungsmaßnahmen gemäß § 90 BWSchulG. Der Grund hierfür sei der relativ hohe Anteil an schulmüden Jugendlichen, denen unterschiedlichste Problemlagen anhaften und die aus schwierigen sozialen Verhältnissen stammen. Es wurde ausgeführt, dass üblicherweise die Schulen im Berufsvorbereitungsjahr auf entsprechendes Fehlverhalten der Schüler sehr konsequent reagieren, da fehlende Handlungsstärke das falsche Signal an die gesamte Klasse und damit pädagogisch wenig wertvoll sei.[337]

Nur vereinzelt liegen folglich Daten vor, die im Rahmen dieser Arbeit verwendet und ausgewertet werden können. Der Inhalt der gegenwärtigen Norm, die die Anwendung von Ordnungsmaßnahmen in Baden-Württemberg regelt, § 90 BWSchulG, findet sich bereits in der Fassung der Vorschrift vom 01.08.1983[338] und benannte schon damals die aktuell zulässigen Maßnahmen, vgl. § 90 Abs. 3 BWSchulG a. F. Eine Erziehungs- und Ordnungsmaßnahme in Form der Androhung des zeitweiligen Ausschlusses vom Unterricht, des Ausschlusses vom Unterricht und der Androhung des Ausschlusses aus der Schule war nach § 90 Abs. 6 S. 1 BWSchulG a. F. zulässig, „wenn ein Schüler durch schweres oder wiederholtes Fehlverhalten seine Pflichten verletzt und dadurch die Erfüllung der Aufgabe der Schule oder die Rechte anderer gefährdet". Der

334 LT-Drs. BW 12/5039, S. 1.
335 LT-Drs. BW 12/5039, S. 5.
336 LT-Drs. BW 16/5562, S. 2 f.
337 LT-Drs. BW 13/4705, S. 2.
338 GBl. BW v. 01.08.1983, S. 397.

Ausschluss aus der Schule und von allen öffentlichen Schulen bedurfte zudem im alten Schulgesetz neben dem Vorliegen der genannten Voraussetzungen, dass „das Verbleiben des Schülers in der Schule eine Gefahr für die Erziehung und Unterrichtung, die sittliche Entwicklung, Gesundheit oder Sicherheit der Mitschüler befürchten" ließ, vgl. § 90 Abs. 6 S. 2 BWSchulG a. F. Dies gibt exakt denselben Wortlaut wieder, wie er in der derzeit gültigen Norm aufgeführt ist.

Die Regelung hat sich folglich seit dem Jahr 1983 kaum verändert und ist teilweise wortgleich geblieben. Daher ist die berechtigte Frage aufzuwerfen, ob sich seither keine berücksichtigenswerten Entwicklungen in den Erziehungswissenschaften ergeben haben. Der Gesetzgeber ist dazu angehalten sich mit aktuellen Ergebnissen und Entwicklungen der Pädagogik zu beschäftigen und diese in seine Bewertung einzubeziehen, ob die Gesetzesfassung an neue Erkenntnisse anzupassen ist. Die zur Überprüfung der vorhandenen Vorschriften und Feststellung ihrer Wirkung erforderlichen Untersuchungen und Studien sind regelmäßig durchzuführen. In Anbetracht der möglichen Auswirkungen der Maßnahmen auf Grundrechte und das Recht auf schulische Bildung, ist es höchst fraglich, warum die Landesgesetzgeber noch keine weiteren Resonanzen eingeholt haben und hierzu auch keine Absicht erkennbar ist.

b) *Zeitliche Wirkung der Maßnahmen*

Im Rahmen der Prüfung, ob eine Maßnahme im Hinblick auf die Erfüllung der gesetzlichen Schutzzwecke als geeignet angesehen werden kann, spielt deren zeitlicher Faktor eine erhebliche Rolle und ist vor diesem Hintergrund näher zu untersuchen. Die Geeignetheit während der Vollziehung der Maßnahme wird weitgehend zu bejahen sein. Ein temporärer Ausschluss, der auf der Grundlage einer vorausgehenden Störung des Unterrichts durch den Schüler verhängt wurde, wird die Erfüllung des Bildungs- und Erziehungsauftrages der Schule im Zeitraum des Ausschlusses wieder ermöglichen. Ebenso ist der Schutz von Personen und Sachen gewährleistet, wenn ein gefahrträchtiger Schüler zeitweilig der Schule verwiesen und der Kontakt hierdurch zu den am Schulleben Beteiligten unterbunden wird. Die Einflussnahme der Maßnahmen endet jedoch mit dem Vollzug und der Rückkehr des Schülers an die Schule, wo sich die Störungen dann unter Umständen fortsetzen können. Ein Mindestmaß der zeitlichen Wirkung der Maßnahmen ist den gesetzlichen Vorschriften nicht zu entnehmen. Der Sinn und Zweck der Regelungen kann jedoch nur dahingehend interpretiert werden, dass neben der Verhinderung von akuten Störungen oder Gefahren durch den Schüler nach Beendigung der Maßnahme eine Wiedereingliederung in den Schulbetrieb und die Schulgemeinschaft erfolgen und damit eine langfristige Nachwirkung erreicht werden soll.[339] Die Maßnahmen müssen daher einen Inhalt vorgeben, der geeignet ist, sowohl der kurzfristigen als auch langfristigen zeitlichen Komponente gerecht zu werden.

3. Erforderlichkeit und Angemessenheit

Die Erforderlichkeit würde entfallen, soweit alternative Beschränkungen die gleiche Wirksamkeit aufweisen und die betroffenen Schüler weniger belasten, wobei dem Gesetzgeber bei dieser Abwägung ebenso ein Beurteilungs- und Prognosespielraum einzuräumen ist.[340] Bei der Betrachtung ist zudem die Notwendigkeit zusätzlicher öffentlicher Mittel einzustellen.[341] Daneben darf der Eingriff nicht außer Verhältnis zum angestrebten Zweck stehen. Die öffentliche Schule steht im Spannungsfeld zwischen individuellen Interessen und dem Allgemeinwohl.[342] Daher muss ein Interessensausgleich erfolgen. Je intensiver die Maßnahme sich auf die Betroffenen auswirkt, umso schwerer müssen die gesetzgeberischen Ziele wiegen, um eine Rechtfertigung herbeizuführen.

---

339 So auch *Rückriem*, Disziplin in der Schule, S. 116, der die Funktion der Ordnungsmaßnahmen nicht im Sinne einer Sanktion des Schülers verstanden wissen will, sondern in der Optimierung von Lernprozessen.

340 BVerfG, Urt. v. 28.03.2006 – 1 BvR 1054/01, NJW 2006, 1261 (1264); *Bulla*, Freiheit der Berufswahl, S. 180.

341 BVerfG, Beschl. v. 06.10.1987 – 1 BvR 1086/82 u. a., NJW 1988, 1195 (1197).

342 *Hennecke*, Staat und Unterricht, S. 34.

Zweiter Teil Ergebnis

Das Recht auf (schulische) Bildung wird sowohl in den völker- und europarechtlichen Normen als auch auf der Ebene des Grundgesetzes, der Landesverfassungen und im einfachgesetzlichen Recht gewährleistet. Es garantiert den Anspruch des Bürgers, auf Schulebene des Schülers, auf Zutritt zu allgemein zugänglichen Bildungseinrichtungen und deckt somit eine quantitative Grundversorgung der Bevölkerung im Bildungsbereich ab. Es wird ein Mindeststandard des Bildungsangebots anerkannt und ein Recht auf Teilhabe entsprechend der individuellen Befähigungen des Schülers abgesichert. Es werden in diesem Zusammenhang keine durchsetzbaren Ansprüche auf Erfüllung individueller Interessen verankert, sondern der Schüler ist lediglich berechtigt, bei der Verteilung der sachlichen, personellen und inhaltlichen Leistungen schulischer Bildung mit anderen Schülern gleichbehandelt zu werden. Es besteht mithin ein Anspruch auf chancengleichen Zugang zu bereits vorhandenen Bildungseinrichtungen, jedoch werden keine weiteren Leistungsansprüche begründet. Der Bildungsanspruch fordert nicht die Verwirklichung eines bestimmten Bildungserfolges. Um seinem Erziehungsauftrag nachzukommen, hat der Staat jungen Menschen die nötigen Startchancen zu eröffnen, welche ein Schulsystem voraussetzen, das den Schülern gemäß ihren Fähigkeiten ausreichend Bildungsmöglichkeiten bereitstellt.

In Bezug auf schulordnungsrechtliche Maßnahmen ist neben dem Recht auf schulische Bildung das Grundrecht der Berufsfreiheit von besonderer Bedeutung, dessen Ausstrahlungswirkung im Rahmen der gesetzlichen Ausgestaltung der Erziehungs- und Ordnungsmaßnahmen berücksichtigt werden muss. Es kommen Grundrechtsbeschränkungen im Hinblick auf die Berufswahlfreiheit und die Freiheit zur Wahl der Ausbildungsstätte in Betracht. Eine konkrete Analyse möglicher Eingriffe und Rechtsverletzungen durch die gegenwärtigen gesetzlichen Vorgaben wird im vierten Teil dieser Arbeit durchgeführt. Vorwiegend die Eröffnung des Schutzbereiches und das Vorliegen eines Eingriffes sowie die Untersuchung der Verhältnismäßigkeit werden vor diesem Hintergrund die primären Prüfungspunkte darstellen.

Dritter Teil: Ausprägungen des Vorbehalts des Gesetzes im Bereich der Erziehungs- und Ordnungsmaßnahmen

Im dritten Teil dieser Arbeit werden die inhaltlichen Grundsätze des Vorbehalts des Gesetzes aufgeführt und dessen Auswirkungen im Schulwesen, insbesondere auf die schulordnungsrechtlichen Maßnahmen, skizziert. Es wird in diesem Zusammenhang der Frage nachgegangen, ob der Bereich der Ordnungsmaßnahmen vom Vorbehalt des Gesetzes umfasst wird und wie weit dessen Ausprägungen in Bezug zu dieser konkreten Sachmaterie reichen. Zudem wird die Regelungsdichte zu definieren sein und ein Abgleich des gesetzlichen Ist-Zustandes mit dem Soll-Zustand durchgeführt.

Kapitel 1: Der Vorbehalt des Gesetzes

Nachfolgend werden die verschiedenen begrifflichen Definitionen des Vorbehalts des Gesetzes aufgegriffen und abweichende Termini hiervon abgegrenzt. Ergänzend erfolgt eine Erläuterung der Konsequenzen des Vorbehalts des Gesetzes und dessen rechtlicher Grundlagen.

A. Vorrang und Vorbehalt des Gesetzes

Der Vorrang und Vorbehalt des Gesetzes stellen zusammen den Grundsatz der Gesetzmäßigkeit der Verwaltung dar, welcher zu den grundlegenden Prinzipien der rechtsstaatlichen und demokratischen Ordnung des Grundgesetzes zählt.[343] Der Begriff des Vorbehalts des Gesetzes stammt ursprünglich von *Mayer*, der hierunter die Abhängigkeit der Verwaltungstätigkeit vom Bestehen eines Gesetzes auf bestimmten Gebieten fasste.[344] Während sich der Vorrang des Gesetzes auf das Konkurrenzverhältnis eines Gesetzes gegenüber einer anderen Form der staatlichen Willensäußerung bezieht, bestimmt der Vorbehalt des Gesetzes, ob überhaupt eine Materie vom Gesetzgeber geregelt werden muss. Es handelt sich einer Ansicht nach um die Zuweisung der Handlungskompetenz an das Parlament, welches sich jedoch nicht zwingend der Gesetzesform bedienen muss, sondern ebenfalls andere Regelungsformen nutzen darf.[345] Richtigerweise wird der Begriff im Sinne von Entscheidungen verwendet, die vom Gesetzgeber durch Parlamentsgesetz beschlossen werden müssen.[346] Aus dem Vorbehalt des Gesetzes ergibt sich demnach die Frage, ob die Verwaltung in Fällen agieren darf, für die noch keine gesetzliche Regelung existiert. Der Vorbehalt des Gesetzes ist folglich als „Chiffre“ anzusehen, die die Grenzen der Ausübung von Staatsgewalt festlegt.[347]

---

343 *Sachs*, in: Stelkens/Bonk/Sachs, Verwaltungsverfahrensgesetz, § 44 Rn. 47; *Voßkuhle*, JuS 2007, 118.

344 *Mayer*, Deutsches Verwaltungsrecht, Band 1, S. 69, 72.

345 So auch BVerfG, Urt. v. 12.07.1994 – 2 BvE 3/92, NJW 1994, 2207.

346 *Ossenbühl*, in: Isensee/Kirchhof, Handbuch des Staatsrechts, Band V, § 101 Rn. 11 ff.

347 *Wimmer*, RdJB 1997, 15 (18).

I. Differenzierung zwischen Parlamentsvorbehalt und Rechtssatzvorbehalt

Zunächst muss eine begriffliche Klärung vorgenommen werden, welcher Inhalt den in diesem Kontext verwendeten Begriffen zugeordnet wird. Der Parlamentsvorbehalt wird oftmals auch als Vorbehalt des Parlaments, Vorbehalt der Legislative, Vorbehalt des Gesetzgebers oder Vorbehalt des Parlamentsgesetzes bezeichnet, wobei die Begriffe teilweise als Synonyme oder mit unterschiedlicher Bedeutung verwendet werden.[348] Dieser verlangt im Gegensatz zum allgemeinen Rechtssatzvorbehalt, der lediglich eine materiell-gesetzliche Ermächtigungsgrundlage für Eingriffe der Verwaltung in die Rechtssphäre der Bürger fordert, sowohl eine Regelung durch parlamentarisches Gesetz als auch einen gewissen Bestimmtheitsgrad dieser Normierung. Teilweise wird der Begriff des „Vorbehalt des Gesetzes" als Oberbegriff des Parlamentsvorbehalts und des Rechtssatzvorbehalts verstanden, wonach dieser auf das allgemeine Vorbehaltsprinzip Bezug nimmt.[349] Abweichend hiervon wird unter dem „Gesetzesvorbehalt" oder „Vorbehalt des Gesetzes" ein Parlamentsgesetzvorbehalt gefasst, der die Zuständigkeit des Gesetzgebers und die Regelungsform durch das Gesetz vorgibt, während der Begriff des „Parlamentsvorbehalts" nur die Organkompetenz regelt, jedoch nicht die Handlungsform.[350] Zu untersuchen wird sein, ob die zu prüfenden Ordnungsmaßnahmen vom parlamentarischen Gesetzgeber durch Gesetz, im Sinne des „Parlamentsgesetzvorbehalts", beschlossen und festgelegt werden müssen. Es wird daher vor diesem inhaltlichen Hintergrund im Folgenden der Begriff des „Vorbehalts des Gesetzes" gebraucht.

II. Abgrenzung zu anderen gesetzlichen Vorbehalten

Der Vorbehalt des Gesetzes darf nicht verwechselt werden mit den Gesetzesvorbehalten[351] der Grundrechte. Während Letztere an sich nicht erlaubtes Handeln des Staates rechtfertigen, stellt der rechtsstaatliche Vorbehalt des Gesetzes

---

348 *Staupe*, Parlamentsvorbehalt und Delegationsbefugnis, S. 29.

349 *Staupe*, Parlamentsvorbehalt und Delegationsbefugnis, S. 32.

350 *Reimer*, in: Hoffmann-Riem/Schmidt-Aßmann/Voßkuhle, Grundlagen des Verwaltungsrechts, Band I, S. 554; a. A. *Busch*, Das Verhältnis des Art. 80 Abs. 1 S. 2 GG zum Gesetzes- und Parlamentsvorbehalt, S. 16, der von diesem Begriff ebenso die Ausgestaltung durch förmliches Gesetz umfasst sieht.

351 Für die spezifische Verwendung des Begriffs „Gesetzesvorbehalt" in Bezug auf die Spezialvorbehalte spricht sich *Löhning aus*, vgl. Löhning, Der Vorbehalt des Gesetzes, S. 16; siehe hierzu auch *Krebs*, Vorbehalt des Gesetzes und Grundrechte, S. 11.

das verfassungsrechtliche Verbot für die vollziehende Gewalt dar, ohne wirksam gewordene gesetzliche Grundlage tätig zu werden.[352] Eingriffe in Grundrechte sind nur „durch" oder „aufgrund" eines Gesetzes zulässig.[353] Der Normadressat und die normative Grundaussage sind hinsichtlich des Vorbehalts des Gesetzes und der Gesetzesvorbehalte der Grundrechte daher verschieden.[354] Den beiden Termini ist lediglich gemein, dass staatliche Eingriffe nicht ohne gesetzliche Grundlage vorgenommen werden dürfen, wobei dies „durch den Vorbehalt des Gesetzes und trotz der Gesetzesvorbehalte" der Grundrechte der Fall ist.[355] Der Gesetzesvorbehalt der Grundrechte kann insofern als Sonderfall des generellen Vorbehalts des Gesetzes angesehen werden.[356]

B. Vorbehaltswirkung

Durch den Vorbehalt des Gesetzes ergibt sich zum einen die Zuweisung der Zuständigkeit und Regelungsform an den parlamentarischen Gesetzgeber als auch das Verbot der Verwaltung in diesem Sachbereich eigenständig tätig zu werden.

I. Zuweisung der Organzuständigkeit und Rechtssetzungsform an den Gesetzgeber

Durch den Vorbehalt des Gesetzes ist staatliches Handeln bei bestimmten Materien nur durch ein förmliches Gesetz des Gesetzgebers legitimiert.[357] Regelungen in Form von Parlamentsbeschlüssen oder Geschäftsordnungsregeln sind daher nicht zulässig. Die vom Gesetzgeber festgelegten Regelungen definieren den Gestaltungsspielraum der Verwaltung, den diese bei ihren Entscheidungen gegenüber den anderen staatlichen Gewalten beanspruchen darf.[358]

---

352 *Sachs*, in: Sachs, Grundgesetz, Art. 20 GG Rn. 5.

353 Siehe beispielsweise Art. 2 Abs. 2 S. 3 GG; Art. 3 GG; Art. 8 Abs. 2 GG.

354 *Sachs*, in: Sachs, Grundgesetz, Art. 20 GG Rn. 113.

355 *Sachs*, in: Sachs, Grundgesetz, Art. 20 GG Rn. 113.

356 *Jarass*, in: Jarass/Pieroth, Grundgesetz für die Bundesrepublik Deutschland, Art. 20 GG Rn. 70.

357 BVerfG, Beschl. v. 11.07.2013 – 2 BvR 2302/11, BVerfGE 134, 33, Rn. 129.

358 *Gerlach*, Entscheidungsspielräume der Verwaltung, S. 19.

II. Handlungssperre der Verwaltung

Das Gesetz stellt sich für die Verwaltung in diesen Bereichen damit nicht nur als Schranke, sondern als Handlungsgrundlage dar.[359] Es wird eine Zuordnung zum parlamentarischen Gesetzgeber geschaffen und eine Delegation auf die Verwaltung verhindert.[360] Auch untergesetzliche Normen der Exekutive sind ausgeschlossen. Nach diesem Grundsatz ist ein Tätigwerden der Verwaltung in bestimmten Konstellationen nur auf einer parlamentsgesetzlichen Grundlage möglich und damit der Entscheidung durch ein parlamentarisches Gesetz vorbehalten,[361] sodass dem Handlungsspielraum der Exekutive vollumfassend durch die Verantwortung des parlamentarischen Gesetzgebers Grenzen aufgezeigt werden.

C. Rechtliche Grundlagen

Die Rechtsgrundlagen und Ansätze zur Herleitung des Vorbehalts des Gesetzes ergeben sich aus dem Grundgesetz und den Landesverfassungen der Länder.

I. Grundgesetz

Vorrangig aus Art. 20 Abs. 3 GG wird der Grundsatz des Vorbehalts des Gesetzes abgeleitet,[362] jedoch wird teilweise auch die Zuweisung zu einem ungeschriebenen Verfassungsgrundsatz vorgenommen[363]. Gemäß Art. 20 Abs. 3 GG ist die Gesetzgebung an die verfassungsmäßige Ordnung, die vollziehende Gewalt und die Rechtsprechung an Gesetz und Recht, gebunden. Unter die Bezeichnung der vollziehenden Gewalt ist jegliches staatliche Handeln zu fassen, welches nicht als Gesetzgebung oder Rechtsprechung anzusehen ist. Der Begriff dient folglich als Auffangtatbestand und zählt zur vollziehenden Gewalt Handlungen, die keine Gesetzgebung oder Rechtsprechung darstellen.[364] Die gesamte Staatsgewalt ist vollumfassend dem Recht unterworfen, welches den Kern des Rechtsstaatsprinzips bildet, das als „eines der elementaren Prinzipien des Grundgesetzes" gilt.[365]

---

359 *Starck*, Der Gesetzesbegriff des Grundgesetzes, S. 273.

360 *Döhler*, Die politische Steuerung der Verwaltung, S. 111 f.; *Grzeszick*, in: Maunz/Dürig, Grundgesetz, Art. 20 GG Rn. 75.

361 BVerfG, Urt. v. 14.07.1998 – 1 BvR 1640/97, BVerfGE 98, 218, Rn. 136.

362 BVerfG, Beschl. v. 28.10.1975 – 2 BvR 883/73, NJW 1976, 34 (35); *Clement*, Der Vorbehalt des Gesetzes, S. 18.

363 *Wolff*, Ungeschriebenes Verfassungsrecht unter dem Grundgesetz, S. 263 f.

364 *Hoffmann*, Das Verhältnis von Gesetz und Recht, S. 116 ff.

365 BVerfG, Beschl. v. 25.10.1966 – 2 BvR 506/63, GRUR 1967, 213 (215).

Das Rechtsstaatsprinzip gewährleistet den Schutz und die Sicherheit der Rechtssphäre des Bürgers vor der Staatsgewalt. Art. 20 GG enthält die grundlegenden Vorgaben, auf welche Art und Weise der Staat die ihm zugewiesenen Aufgaben wahrnehmen muss und zählt die Grundstrukturen der Staatsorganisation auf, um zur Verwirklichung der in Art. 1 GG genannten Verfassungsziele sowie der Grundrechte beizutragen. Art. 20 Abs. 1 GG wird im Hinblick auf die Länder durch Art. 28 Abs. 1 S. 1 GG verdrängt, während Art. 20 Abs. 2, 3 GG als eine Durchgriffsnorm für die Landesebene anzusehen ist.[366]

II. Landesverfassungen

Der Vorbehalt des Gesetzes wird auf landesverfassungsrechtlicher Ebene in Art. 58 LV BW verortet.[367] Hiernach kann niemand zu einer Handlung, Unterlassung oder Duldung gezwungen werden, wenn nicht ein Gesetz oder eine auf Gesetz beruhende Bestimmung es verlangt oder zulässt. An der Formulierung wird die Ausgrenzung des Aspekts der Leistungsgewährung vom Regelungsgehalt deutlich, da die Vorschrift lediglich auf belastende Maßnahmen abzielt. Die Auslegung von Art. 58 LV BW orientiert sich maßgeblich an der Rechtsprechung des Bundesverfassungsgerichts.[368]

---

366 BVerfG, Beschl. v. 21.12.1977 – 1 BvL 1/75, NJW 1978, 807 (811); *Sachs*, in: Sachs, Grundgesetz, Art. 20 GG Rn. 5; a. A. *Kersten*, Homogenitätsgebot und Landesverfassungsrecht, DÖV 1993, 896 (901).

367 Siehe ebenso beispielsweise Art. 70 Abs. 1 LV BY, Art. 2 Abs. 2 LV HE, Art. 2 LV RLP.

368 *Winkler*, in: Haug, Art. 58 LV BW Rn. 6.

Kapitel 2: Bestimmung der Reichweite des Vorbehalts des Gesetzes bei schulordnungsrechtlichen Maßnahmen

Bevor auf den Abgleich des gesetzlichen Ist-Zustandes zum Soll-Zustand einzugehen sein wird, ist Letzterer zunächst zu bestimmen. In diesem Rahmen sind die Regelungsebene festzulegen und die Anforderungen an die Regelungsdichte zu konkretisieren.

A. Justitiabilität von Grundrechtseinschränkungen im Schulwesen

Die rechtliche Beziehung zwischen Schülern und Schule wurde in der Vergangenheit als sogenanntes besonderes Gewaltverhältnis eingestuft, wonach der Bereich der Schule als weitgehend rechtsfreier Raum verstanden wurde. Die Begriffe des besonderen Gewaltverhältnisses oder des Sonderstatusverhältnisses[369] bezeichneten vormals öffentlich-rechtliche Sonderverhältnisse, in denen Eingriffe in die Grundrechte auch ohne gesetzliche Grundlage als rechtlich zulässig angesehen wurden.[370] Das Schulverhältnis sollte nicht dem Vorbehalt des Gesetzes unterliegen, sodass die inneren Bedingungen des Schulwesens eigenständig durch die Exekutive geregelt werden konnten.[371] Umfasst waren von dieser Konstellation Personengruppen wie Beamte, Richter, Soldaten, Strafgefangene und Schüler, die eine spezifische Beziehung zur Staatsgewalt verbindet. Daneben wurden hierzu andere zwangsweise in Anstalten eingewiesene Personen sowie die Nutzungsverhältnisse der daseinsvorsorgenden öffentlichen Anstalten gezählt.[372] Endgültig wurde das besondere Gewaltverhältnis durch die „Strafvollzugsentscheidung“ des Bundesverfassungsgerichts aufgegeben, wonach die Beeinträchtigung von Grundrechten von Strafgefangenen eine Beschränkung durch Gesetz

---

369 *Schmidt-Aßmann*, in: Maunz/Dürig, Grundgesetz, Art. 19 Abs. 4 GG Rn. 84.

370 *Weber*, Creifelds kompakt, Rechtswörterbuch, Gewaltverhältnis, öffentlich-rechtliches.

371 *Nevermann/Richter*, in: Nevermann/Richter, Verfassung und Verwaltung der Schule, S. 264.

372 *Schmidt-Aßmann*, in: Maunz/Dürig, Grundgesetz, Art. 19 Abs. 4 GG Rn. 84.

oder aufgrund eines Gesetzes erforderte.[373] Zwar bezog sich die Rechtsprechung des Bundesverfassungsgerichts explizit auf Strafgefangene, dennoch entzog sie im Ergebnis allen besonderen Gewaltverhältnissen die Berechtigung und drückte gleichfalls eine veränderte Einstellung der Gesellschaft zu politischen Herrschaftsbeziehungen aus.[374]

Trotz der Abkehr von der Rechtsfigur des besonderen Gewaltverhältnisses im Schulwesen, zeichnet sich dieses noch immer durch eine enorme Anzahl administrativer Regelungen aus.[375] Die Geschichte des deutschen Schulwesens ist durch eine „fortschreitende Verweltlichung und Verstaatlichung" gekennzeichnet.[376] Durch Veränderungen in allen Lebensbereichen und Reformen im Bildungswesen hat sich ebenso die Rolle der Schule in der Gesellschaft und insbesondere die Stellung des Schülers zur Schule verändert.[377] Die prozessuale und materielle Begrenzung des Rechtsschutzes im Bildungsbereich findet Anwendung bei Maßnahmen mit geringem Eingriffscharakter (zum Beispiel der Bearbeitung von Schulaufgaben), die keinen eigenen Verletzungsgehalt aufweisen, und bei Prüfungsentscheidungen, bei denen die nachträgliche gerichtliche Kontrolle der Entscheidung eingeschränkt ist.[378] Der Gefahr einer etwaigen Prozessüberflutung wird somit durch verschiedene Mechanismen vorgebeugt und entgegengewirkt. Im Schulwesen besteht daher kein eingeschränkter Grundrechtsschutz der Schüler. Grundrechte gelten universell,[379] folglich auch im Rahmen der besonderen Beziehung von Schülern zum Staat. Der grundrechtliche Status von Schülern gewährleistet gegen jede Art ungesetzlichen Zwanges einen Unterlassungs- und Beseitigungsanspruch, der gerichtlich überprüft werden kann.[380]

Auch durch Art. 7 Abs. 1 GG kann die in Art. 1 Abs. 3 GG ausdrücklich normierte Bindung der Verwaltung an die Grundrechte nicht ausgehebelt werden.[381]

---

373 BVerfG, Beschl. v. 14.03.1972 – 2 BvR 41/71, NJW 1972, 811 (812).

374 *Abeldt*, Erziehung – Moral – Recht, S. 203.

375 *Oeter/Boysen*, RdJB 2005, 296 (302).

376 *Paulsen*, Das Deutsche Bildungswesen in seiner geschichtlichen Entwicklung, S. 171.

377 *KMK*, Zur Stellung des Schülers in der Schule, Beschl. v. 25.05.1973, S. 1; zum Rechtscharakter der Beschlüsse der KMK siehe *Langenfeld*, Integration und kulturelle Identität zugewanderter Minderheiten, S. 28 f.

378 BVerwG, Beschl. v. 05.03.2018 – 6 B 71/17, NJW 2018, 2142 (2143 f.); *Rennert*, in: Eyermann, Verwaltungsgerichtsordnung Kommentar, § 114 Rn. 68.

379 So auch *Oppermann*, Gutachten C für den 51. Deutschen Juristentag, C 14.

380 *Schmidt-Aßmann*, in: Maunz/Dürig, Grundgesetz, Art. 19 Abs. 4 GG Rn. 86.

381 *Rathke*, Öffentliches Schulwesen und religiöse Vielfalt, S. 89.

Art. 7 Abs. 1 GG kann eine institutionelle Garantie der staatlichen Aufsicht über das gesamte Schulwesen entnommen werden.[382] Zwar wird in Art. 7 Abs. 1 GG ausgeführt, dass das gesamte Schulwesen unter der Aufsicht des Staates steht. Aus dem Begriff der „Aufsicht“ folgt jedoch keine Zuweisung von umfassenden Befugnissen und Organisationsaufgaben an die Exekutive. Unter diesem Stichwort wird die „Gesamtheit der staatlichen Befugnisse zur Organisation, Planung, Leitung und Beaufsichtigung des Schulwesens“ verstanden.[383] Hieraus ergibt sich keine Übertragung dieser Aufgaben auf die Exekutive ohne jegliche Beteiligung des demokratisch legitimierten Gesetzgebers. Die Exekutive soll nicht über eine absolutistische Kompetenz zu rechtsfreien und gerichtlich nicht nachprüfbaren Entscheidungen verfügen, sondern Art. 7 GG verbürgt aufgrund der Einordnung als Grundrecht die Gewährleistung grundrechtlicher Ansprüche des Einzelnen auch im Schulwesen.[384]

B. Regelungsebene

Um die Reichweite des Vorbehalts des Gesetzes auf die schulischen Ordnungsmaßnahmen darzustellen, ist es zunächst notwendig, auf die Ausstrahlungswirkung des Vorbehalts des Gesetzes im Allgemeinen einzugehen. Den Auswirkungen der mit dem Grundgesetz verbundenen grundlegenden Änderungen der rechtsstaatlich-liberalen und demokratischen Verfassungsstrukturen kommt ein entscheidender Gehalt bei der Bestimmung der inhaltlichen Maßstäbe des Vorbehalts des Gesetzes zu.[385] Dieser erweist sich in diesem Sinne als ein wandelbarer rechtsdogmatischer Begriff, der der Anpassung an den Rahmen des Grundgesetzes bedarf.[386] Die Ausdehnung des Vorbehalts des Gesetzes ist primär vom verfassungsrechtlichen Gesamtkontext abhängig, sodass eine auf einzelne Regelungen beschränkte Argumentation nicht sachdienlich ist.

---

382 *Ennuschat*, RdJB 2007, 271 (275).

383 BVerwG, Beschl. v. 28.12.1957 – VII B 9.57, zit. nach juris; ähnlich *Hopf/Nevermann/Richter*, Schulaufsicht und Schule, S. 44; *Lerche*, Bayerisches Schulrecht und Gesetzesvorbehalt, S. 13.

384 *Galas/Krömer/Nolte/Ulrich*, Niedersächsisches Schulgesetz, Kommentar, S. 440, 468; *Heck/Tschampa*, Konfliktregelung in der Schule, S. 45.

385 *Kloepfer*, Der Vorbehalt des Gesetzes im Wandel, JZ 1984, 685 (686).

386 *Ossenbühl*, in: Isensee/Kirchhof, Handbuch des Staatsrechts, Band V, § 101 Rn. 19.

I. Funktionen des Vorbehalts des Gesetzes

Insbesondere der Schutz von Grundrechten und die Gewährleistung von subjektiven öffentlichen Rechten stellen die relevanten Zielsetzungen des Vorbehalts des Gesetzes dar. Daneben sind das Demokratie- und Rechtsstaatsprinzip als tragende Säulen des Vorbehalts des Gesetzes anzusehen.

1. Gewährleistung subjektiver öffentlicher Rechte

Primär dient der Vorbehalt des Gesetzes der Sicherung und Gewährleistung von Grundrechten als Grundentscheidungen politischer Natur, die das Verhältnis des Einzelnen zur Gemeinschaft regeln.[387] Der Schutz der Grundrechtsträger wird dadurch garantiert, dass bestimmte staatliche Handlungen, die auf Grundrechte einwirken, einer parlamentsgesetzlichen Grundlage bedürfen und ein Handeln der Verwaltung nicht als ausreichend anzusehen ist.[388] Im Laufe des 19. Jahrhunderts entwickelte sich der Vorbehalt des Gesetzes als Element der konstitutionellen Monarchie[389] und bot den Bürgern durch die Volksvertretung Schutz vor willkürlichen Entscheidungen der damals unabhängigen Exekutive.[390] Ursprünglich war dieser Rückhalt jedoch auf die Bereiche „Freiheit und Eigentum" eingegrenzt,[391] wobei die Einschränkung später aufgegeben wurde[392]. Aufgrund der modernen Bedeutung des Rechtsstaatsprinzips wird Freiheit in diesem Sinne vorrangig durch Gesetz und Recht erzeugt.[393] Infolge des gewandelten Freiheitsverständnisses kommt neben dem Schutz des Bürgers vor staatlichen Einwirkungen ebenso dessen Leistungsanspruch eine besondere Bedeutung zu. Da seine Freiheit in gleicher Weise durch die Gewährung von staatlichen Leistungen bedingt ist, kommt für die Frage der Geltung des

387 *Borrmann*, Der Schutz der Berufsfreiheit, S. 17.

388 *Abeldt*, Erziehung – Moral – Recht, S. 194; *Galas/Krömer/Nolte/Ulrich*, Niedersächsisches Schulgesetz, Kommentar, S. 468; *Hoffmann-Riem*, AöR 130 (2005), 5 (10), (42).

389 *Rathke*, Öffentliches Schulwesen und religiöse Vielfalt, S. 68.

390 *Kisker*, in: Kisker/Scholz/Bismark/Avenarius, Schule im Rechtsstaat, Band II, S. 48.

391 *Clement*, Der Vorbehalt des Gesetzes, S. 8; *Jesch*, Gesetz und Verwaltung, S. 102 ff.; *Nevermann/Richter*, Rechte der Lehrer, Rechte der Schüler, Rechte der Eltern, S. 12.

392 Siehe BVerfG, Beschl. v. 21.12.1977 – 1 BvL 1/75; 1 BvR 147/75, NJW 1978, 807 (810).

393 *Clement*, Der Vorbehalt des Gesetzes, S. 25; *Rupp*, Grundfragen der heutigen Verwaltungsrechtslehre, S. 142 ff.; auf den Schutz der Bürger abstellend *Wimmer*, RdJB 1997, 15 (18).

Vorbehalts des Gesetzes der Unterscheidung zwischen Eingriffs- und Leistungsverwaltung somit keine tragende Rolle mehr zu.[394]

Es wird in diesem Zusammenhang vereinzelt vorgetragen, die Spezialvorbehalte der Grundrechte würden einen allgemeinen Gesetzesvorbehalt für staatliches Handeln mit Eingriffscharakter in die Freiheit der Bürger rechtfertigen.[395] Dem in den Grundrechtsvorschriften enthaltenen Gesetzesvorbehalt kommt sowohl eine Schutzfunktion für die Bürger als auch ein kompetenzrechtlicher Inhalt zu, da die Regelung der Einschränkung von Grundrechten nur vom Gesetzgeber selbst gestaltet werden kann.[396] Ein darüber hinausgehender Vorbehalt des Gesetzes ist jedoch bereits aufgrund des Auffanggrundrechts des Art. 2 Abs. 1 GG nicht erforderlich. Maßnahmen des Staates, die den Bürger belasten, beeinträchtigen fast immer die allgemeine Handlungsfreiheit, sodass der Schutzbereich der Grundrechte fortdauernd eröffnet wäre. Ebenso ist der normative Grundgehalt der grundrechtlichen Gesetzesvorbehalte mit dem Vorbehalt des Gesetzes nicht deckungsgleich.[397]

2. *Demokratische Legitimationskette*

Ein weiterer Ansatz besteht darin, einen allgemeinen Vorbehalt des Gesetzes unmittelbar aus dem Demokratieprinzip herzuleiten.[398] Nach Art. 20 Abs. 2 GG geht jegliche Staatsgewalt vom Volk aus, welchem insofern eine Souveränität zukommt. Hinsichtlich der Legitimationsformen wird die institutionelle, funktionelle, sachlich-inhaltliche und personelle Legitimation unterschieden, wobei nicht an die Legitimationsform, sondern an das Legitimationsniveau angeknüpft wird.[399] Zu berücksichtigen ist die Erwähnung aller drei Staatsgewalten in Art. 20 Abs. 2 GG, denen eine demokratische Legitimation zugewiesen wird. Die Verwaltung ist im Falle einer Untätigkeit des Gesetzgebers zwar grundsätzlich frei in ihrer Entscheidung, ob und wie sie aktiv wird, dennoch ist sie verpflichtet

---

394 *Busch*, Das Verhältnis des Art. 80 Abs. 1 S. 2 GG zum Gesetzes- und Parlamentsvorbehalt, S. 27 f.

395 *Ossenbühl*, in: Isensee/Kirchhof, Handbuch des Staatsrechts, Band V, § 101 Rn. 21; ablehnend *Busch*, Das Verhältnis des Art. 80 Abs. 1 S. 2 GG zum Gesetzes- und Parlamentsvorbehalt, S. 33.

396 *Krebs*, Vorbehalt des Gesetzes und Grundrechte, S. 102; *Rux*, Schulrecht, § 1 Rn. 28.

397 Siehe hierzu Dritter Teil Kap. 1 A. I. 2.

398 *Antoni*, in: Hömig/Wolff, Grundgesetz, Art. 20 GG Rn. 15; *Jesch*, Gesetz und Verwaltung, S. 171 ff.; *Seiler*, Der einheitliche Parlamentsvorbehalt, S. 83 ff.

399 BVerfG, Urt. v. 31.10.1990 – 2 BvF 3/89, NJW 1991, 159 (160).

die Zuständigkeit, das Verfahren und die Grundrechte der Betroffenen zu achten.[400] Die Exekutive ist zudem durch die Parlamentswahl des Bundeskanzlers demokratisch legitimiert, da der Bundeskanzler die Regierung bildet, welche die jeweiligen Personalentscheidungen trifft.[401] Durch die eingeschränkte Möglichkeit der Regierung, die einzelnen untergeordneten Beamten in der Verwaltung zu einer ordnungsgemäßen Aufgabenerfüllung anzuweisen und diesbezüglich effektive Kontrollen einzurichten, dürfte jedoch das Legitimationsniveau im Ergebnis abgeschwächt werden.

Als Komponente des Demokratieprinzips legt der Vorbehalt des Gesetzes die Steuerung und Ausgestaltung der Staatsgewalt in die Hände des demokratischen Gesetzgebers.[402] Begründet wird diese Auffassung damit, dass das beschlossene Gesetz aus einer unmittelbaren Entscheidung des Parlaments hervorgeht, welches wiederum aus den vom Volk als ihre Vertreter gewählten Abgeordneten besteht. Dem Parlament und seinen Abgeordneten kommt aufgrund ihrer Wahl eine direkte personelle demokratische Legitimation für die wahrzunehmenden Aufgaben zu.[403] Ebenso findet eine Rückkoppelung zwischen dem Volk und seinen Repräsentanten in Form des konstruktiven Misstrauensvotums, der Vertrauensfrage sowie der periodischen Wahlen statt.[404] Die Nähe zum Volk ist beim parlamentarischen Gesetzgeber somit größer als die der nur mittelbar legitimierten Exekutive, die zudem ihre Absichten nicht unter Einschluss der Öffentlichkeit diskutieren muss.[405] Indem das Grundgesetz die Einschränkung von grundrechtlichen Freiheiten und den Ausgleich zwischen kollidierenden Grundrechten dem Gesetzgeber vorbehält, will es damit sichern, dass Entscheidungen von gewisser Tragweite aus einem Verfahren hervorgehen, welches der Öffentlichkeit Gelegenheit bietet, ihre Auffassungen auszubilden und zu vertreten. Das Parlament wird hierdurch dazu angehalten, Notwendigkeit und Ausmaß von Grundrechtseingriffen in einer gemeinschaftlichen Debatte zu klären.[406] Dem Gesetzgeber kommt vor diesem Hintergrund

---

400 *Rux*, Die pädagogische Freiheit des Lehrers, S. 46.

401 Siehe hierzu *Schmidt-Aßmann*, AöR 116 (1991), 329 ff.

402 *Winkler*, in: Haug, Art. 58 LV Rn. 3.

403 *Nevermann/Richter*, Rechte der Lehrer, Rechte der Schüler, Rechte der Eltern, S. 12; *Sachs*, in: Sachs, Grundgesetz, Art. 20 GG Rn. 36.

404 *Busch*, Das Verhältnis des Art. 80 Abs. 1 S. 2 GG zum Gesetzes- und Parlamentsvorbehalt, S. 36 f.

405 *Kisker*, in: Kisker/Scholz/Bismark/Avenarius, Schule im Rechtsstaat, Band II, S. 47.

406 BVerfG, Beschl. v. 25.03.1992 – 1 BvR 1430/88, Rn. 66.

eine Interessenintegration zu.[407] Nicht zuzustimmen ist *Nevermann*, soweit von diesem angeführt wird, ein Tätigwerden des Gesetzgebers sei bereits nicht angezeigt, soweit die zu beratende Materie einen politisch kontroversen Gegenstand darstelle und die Öffentlichkeit ausgleichend politisch agiere.[408] Es soll vielmehr ein Verfahren durchgeführt werden, welches durch Transparenz und die Beteiligung der parlamentarischen Opposition gekennzeichnet ist.[409] Der konkrete Inhalt des Gemeinwohls und abstrakte Vorgaben für einen Interessensausgleich in einer pluralistischen Gesellschaft muss maßgeblich durch den Gesetzgeber bestimmt werden, da nur dieser über die unmittelbare demokratische Legitimation verfügt.[410]

Wenn der Verwaltung keine gesetzlichen Entscheidungskriterien zur Verfügung gestellt werden, muss diese den Sachverhalt anhand der gegebenen gesetzlichen Grundlage beurteilen, womit der Exekutive damit systemwidrig auch die Rechte und Pflichten einer weitgehend politischen Wertung zukommen, da das politische Verständnis in diesem Zusammenhang eine maßgebliche Rolle spielt.[411] Indem über gesetzliche Änderungen im Wege des Gesetzgebungsverfahrens entschieden wird, wird hierdurch die Gefahr der Instrumentalisierung von Themenbereichen durch (tages-)aktuelle politische Ansichten reduziert.[412] Soweit *Hufen* den Inhalt einer Norm an den bürokratischen Bauch eines jeden Ministeriums bindet und diesem die Verantwortung für die tangierten Grundrechte und damit die Steuerungsfunktion für das Gesetz zuordnet,[413] stellt diese Vorgehensweise wohl den gängigen praktischen Verfahrensablauf dar. Eine Entbindung von der Erörterung der Gesetzesvorlage in der öffentlichen parlamentarischen Mitte – dem Kern des Demokratieprinzips – findet jedoch gleichwohl nicht statt.

---

407 So *Clement*, Der Vorbehalt des Gesetzes, S. 31; *Häberle*, DVBl. 1972, 909 (913).

408 *Nevermann*, VerwArch 71, 241 (247).

409 BVerfG, Urt. v. 08.04.1997 – 1 BvR 48/94, BVerfGE 95, 267, Rn. 157.

410 *Clement*, Der Vorbehalt des Gesetzes, S. 119; *Niehues/Rux*, Schul- und Prüfungsrecht, Band I, S. 8, Rn. 29.

411 *Dreier*, Die Verwaltung 25 (1992), S. 137, 152; *Rux*, Die pädagogische Freiheit des Lehrers, S. 49.

412 *Hennecke*, Staat und Unterricht, S. 195.

413 *Hufen*, in: Grimm, Wachsende Staatsaufgaben – sinkende Steuerungsfähigkeit des Rechts, S. 281.

3. *Rechtsstaatsprinzip*

Ebenso ist die verfassungsrechtliche Bedeutung des Vorbehalts des Gesetzes immens für den Grundsatz der Gewaltenteilung, da sich dieser für die vollziehende Gewalt als Verbot mit Erlaubnisvorbehalt darstellt.[414] Die im Grundsatz geregelte organisatorisch-funktionelle Unterscheidung und Trennung der Gewalten soll dabei zunächst der ausgeglichenen Verteilung der Staatsgewalt und der gegenseitigen Kontrolle dienen. Aus dem Rechtstaatsprinzip folgt der Grundsatz der Bindung der öffentlichen Gewalt und ihrer Äußerungen an eine „klare Kompetenzordnung und Funktionentrennung", die zur Verhinderung eines Machtmissbrauchs beiträgt.[415] Zudem sollen staatliche Entscheidungen möglichst unter Aufbringung von großem Sachverstand getroffen werden, wodurch eine Entscheidung von den Organen impliziert wird, die hinsichtlich der Organisation, Zusammensetzung, Funktion und Verfahrensweise über die bestmögliche Fachkenntnis verfügen.[416] Daneben soll das Rechtsstaatsprinzip ein im Einzelfall eindeutiges, kontrollierbares und damit vorhersehbares Handeln der Verwaltung für den Bürger sicherstellen. Dieses Ergebnis wird primär durch die Festlegung von abstrakt-generellen Regelungen in Form von Gesetzen erreicht. Diesen kommt durch das qualifizierte Verfahren ihres Zustandekommens (und ihrer Aufhebung) eine Dauerhaftigkeit zu,[417] die einen wesentlichen Beitrag zur Rechtssicherheit leistet. Das Rechtsstaatsprinzip verhindert mithin durch seinen „Formenrespekt" eine Umgehung relevanter und bedeutsamer Verfassungswerte.[418]

Aufgrund des verfassungsrechtlichen Wandels muss auch die Veränderung der Rolle des Vorbehalts des Gesetzes als Element der Gewaltenteilung berücksichtigt werden. Sowohl Exekutive als auch Legislative sind unmittelbar an Grundrechte gebunden, sodass die Funktion des Vorbehalts des Gesetzes zur Gewährleistung der parlamentarisch-demokratischen Legitimation erheblich an Bedeutung verloren hat.[419] Soweit sich keine klare Trennung der Befugnisse ergibt, kann die Verwaltung verstärkten Einfluss im Schulbereich ausüben.[420]

---

414 So auch *Waldhoff*, Der positive und der negative Verfassungsvorbehalt, S. 14.

415 BVerfG, Beschl. v. 09.05.1972 – 1 BvR 518/62 u. 308/64, NJW 1972, 1504 (1506).

416 BVerfG, Urt. v. 18.12.1984 – 2 BvE 13/83, NJW 1985, 603 (605); BVerfG, Urt. v. 24.05.2006 – 2 BvR 669/04, BVerfGE 116, 24, Rn. 85; *Windoffer*, in: Brocker/Droege/Jutzi, Verfassung für Rheinland-Pfalz Handkommentar, Art. 2 Rn. 3.

417 *Starck*, Der Gesetzesbegriff des Grundgesetzes, S. 170.

418 *Oppermann*, Gutachten C für den 51. Deutschen Juristentag, C 46.

419 *Grzeszick*, in: Maunz/Dürig, Grundgesetz, Art. 20 GG Rn. 86.

420 *Rathke*, Öffentliches Schulwesen und religiöse Vielfalt, S. 70.

Das Gewaltenteilungsprinzip ist nicht durch eine konkrete Kompetenzzuordnung geprägt. Auszugehen ist jedoch von Kernbereichen, die der Exekutive oder Legislative zustehen und von dieser wahrgenommen werden müssen. In diesem Zusammenhang wird teilweise die originäre Zuständigkeit der Exekutive für das Schulwesen als „metajuristischer Verantwortungsbereich“ angeführt.[421]

II. Kriterien der Rechtsprechung

Das Grundgesetz zeigt dem Vorbehalt des Gesetzes durch die gewaltenteilende Kompetenzzuordnung Grenzen auf. Eine unmittelbare Priorität der parlamentarischen Entscheidungen kann gegenüber den anderen Staatsgewalten dennoch nicht hergeleitet werden. Ebenso zu berücksichtigen ist die fehlende gesetzliche Rechtfertigung für eine Monopolisierung der politischen Staatsleitung beim parlamentarischen Gesetzgeber, da auch der Exekutive eine mittelbare demokratische Legitimation zukommt und für das Parlament darüber hinaus die Möglichkeit besteht, nachträglich durch den Erlass eines Gesetzes eine Korrektur vorzunehmen.[422] Daher ist ein genereller Vorbehalt des Gesetzes für alle Bereiche – das Schulwesen eingeschlossen – abzulehnen.

1. Wesentlichkeitstheorie

Die Rechtsprechung bestimmt im Wege der vom Bundesverfassungsgericht entwickelten sogenannten Wesentlichkeitstheorie die Reichweite des Vorbehalts des Gesetzes und setzte somit zu einer neuen Bestimmung der „Stoßrichtung“ der Problematik an.[423]

a) Inhalt der Wesentlichkeitstheorie

Da die vollziehende Gewalt an Recht und Gesetz nach Art. 20 Abs. 3 GG gebunden ist, folgt hieraus die Konsequenz, wesentliche Entscheidungen der Verwaltung an eine gesetzliche Grundlage zu knüpfen.[424] Danach hat der Gesetzgeber in allen wichtigen Lebensbereichen unter Heranziehung des Rechtsstaatsprinzips

---

421 *Scholz/Bismark*, in: Kisker/Scholz/Bismark/Avenarius, Schule im Rechtsstaat, Band II, S. 99.

422 *Seiler*, Der einheitliche Parlamentsvorbehalt, S. 83 ff.; *Staupe*, Parlamentsvorbehalt und Delegationsbefugnis, S. 167 ff.

423 *Busch*, Das Verhältnis des Art. 80 Abs. 1 S. 2 GG zum Gesetzes- und Parlamentsvorbehalt, S. 23.

424 BVerfG, Urt. v. 14.07.1998 – 1 BvR 1640/97, BVerfGE 98, 218, Rn. 136.

und des Demokratieprinzips, insbesondere in Materien, die die Grundrechte der Bürger tangieren, grundlegende Entscheidungen selbst zu treffen.[425] Ein vorhandenes Regelungsdefizit im Gesetz kann in diesem Fall nicht durch präzise Maßgaben in einer Rechtsverordnung oder in Verwaltungsvorschriften ausgeglichen werden, vielmehr muss der Gesetzgeber die Leitentscheidungen vorgeben. Neben der Zuordnung der Entscheidung zum parlamentarischen Gesetzgeber, wird von der Wesentlichkeit auch die Regelungsdichte bestimmt.[426]

Die Wesentlichkeitstheorie kann dabei als „das Gelenk, welches die materiellen Verfassungsprinzipien mit der Staatsorganisation verknüpft", begriffen werden.[427] Eine pauschale Einordnung, ob eine Materie für die Ausübung der Grundrechte als relevant einzustufen ist, verbietet sich dennoch. In welchen Bereichen staatliches Handeln einer Rechtsgrundlage im förmlichen Gesetz bedarf, lässt sich nur anhand des jeweiligen Sachbereiches und der Intensität der geplanten oder getroffenen Regelung ermitteln. Die verfassungsrechtlichen Wertungskriterien sind dabei vorrangig den tragenden Prinzipien des Grundgesetzes, insbesondere den vom Grundgesetz anerkannten und verbürgten Grundrechten, zu entnehmen.[428] Das Bundesverfassungsgericht sieht in diesem Zusammenhang im Schutz der Grundrechte „einen wichtigen Gesichtspunkt. Die meisten Grundrechtsartikel sehen ohnehin vor, „daß [sic!] Eingriffe nur durch Gesetz oder aufgrund eines Gesetzes zulässig sind. […] Im grundrechtsrelevanten Bereich bedeutet somit ‚wesentlich' in der Regel wesentlich für die Verwirklichung der Grundrechte"[429]. Die Wesentlichkeit eines Bereichs kann zudem durch die Größe des Betroffenenkreises, die Dauer einer Regelung, deren Auswirkungen auf das Staatsgefüge sowie gegebenenfalls durch deren politische Relevanz begründet werden,[430] wobei allein der Umstand der politischen Vielseitigkeit nicht zwingend den Wesentlichkeitscharakter prägen muss[431].

---

425 BVerfG, Beschl. v. 28.10.1975 – 2 BvR 883/73, 379/74, 497/74, 526/74, NJW 1976, 34; BVerfG, Beschl. v. 08.08.1978 – 2 BvL 8/77, NJW 1979, 359; BVerfG, Beschl. v. 27.11.1990 – 1 BvR 402/87, NJW 1991, 1471.

426 BVerfG, Beschl. v. 21.12.1977 – 1 BvL 1/75, NJW 1978, 807 (810 f.); BVerfG, Urt. v. 06.07.1999 – 2 BvF 3/90, BVerfGE 101, 1, Rn. 125.

427 *Von Bogdandy*, Gubernative Rechtsetzung, S. 186.

428 BVerfG, Beschl. v. 08.08.1978 – 2 BvL 8/77, NJW 1979, 359 (360); BVerfG, Urt. v. 08.04.1997 – 1 BvR 48/94, BVerfGE 95, 267, Rn. 158.

429 BVerfG, Beschl. v. 21.12.1977 – 1 BvL 1/75; 1 BvR 147/75, NJW 1978, 807 (810).

430 *Grzeszick*, in: Maunz/Dürig, Grundgesetz, Art. 20 GG Rn. 107.

431 Auf den bedeutenden Einfluss der parlamentarisch-demokratischen Volkssouveränität in Bezug auf politische Entscheidungen hinweisend *Oppermann*, Gutachten C für den 51. Deutschen Juristentag, C 54.

b) Die Wesentlichkeitstheorie in der Rechtsprechung

Das Urteil des Bundesverfassungsgerichts aus dem Jahr 1972 zur Förderstufe, welches sich mit der Einführung einer verpflichtenden Förderstufe in den Klassenstufen 5 und 6 auseinandersetzte, führte erstmalig wichtige Grundsätze zum Vorbehalt des Gesetzes für den Schulbereich auf.[432] Es stelle ein Gebot der Rechtsstaatlichkeit dar, dass die gesetzlichen Vorschriften für die Einführung einer obligatorischen Förderstufe auch deren wesentliche Merkmale festlegen.[433] Dies folge aus dem Grundsatz der Rechtsstaatlichkeit und der Normklarheit sowie dem Prinzip der Gesetzmäßigkeit der Verwaltung. Das Bundesverfassungsgericht nahm jedoch auf die erwähnten „wesentlichen" Merkmale nicht weiter Bezug, sodass eine Konkretisierung ausblieb. Relevante und richtungsweisende Entscheidungen zur Reichweite des Vorbehalts des Gesetzes im Schulwesen stellen darüber hinaus die „Speyer-Kolleg"-Entscheidung, die „Oberstufenreform"-Entscheidung, die „Sexualkundeunterricht"-Entscheidung, die „Schulentlassung"-Entscheidung und die „Rechtschreibreform"-Entscheidung des Bundesverfassungsgerichts dar, auf die im Folgenden näher einzugehen sein wird.

aa) „Speyer-Kolleg"-Entscheidung

Einen weiteren Meilenstein auf dem Weg zur grundrechtlichen Durchdringung des Bildungswesens bildete die Entscheidung des Bundesverfassungsgerichts aus dem Jahr 1976.[434] Die Verfassungsbeschwerde eines Schülers richtete sich gegen dessen Ausschluss von einer Einrichtung des zweiten Bildungswegs wegen Verstößen gegen die Schulordnung. Der Verweis beruhte auf der Kollegordnung der Schule, deren Ermächtigungsgrundlage § 3 des Landesgesetzes über die öffentlichen höheren Schulen vom 25.11.1958 darstellte. Hiernach wurde dem Kultusminister die Zuständigkeit für die im Einzelnen erforderlichen Richtlinien zugewiesen. Das Bundesverfassungsgericht führte im Rahmen seiner Entscheidung aus, dass die Voraussetzungen, nach denen ein Schüler von der Schule verwiesen oder von allen höheren Schulen des Landes ausgeschlossen werden kann, vom Gesetzgeber zu regeln sind.[435] Als wesentliche Maßnahme – und damit durch den Gesetzgeber zu bestimmen – rechne gerade der Schulausschluss, der zum Abbruch des Schulverhältnisses führt. Aufgrund der ernsten

432 BVerfG, Urt. v. 06.12.1972 – 1 BvR 230/70, NJW 1973, 133.
433 BVerfG, Urt. v. 06.12.1972 – 1 BvR 230/70, NJW 1973, 133 (136).
434 BVerfG, Beschl. v. 27.01.1976 – 1 BvR 2325/73, NJW 1976, 1309.
435 BVerfG, Beschl. v. 27.01.1976 – 1 BvR 2325/73, NJW 1976, 1309.

Konsequenzen für den betroffenen Schüler im Rahmen eines Ausschlusses sei für die größtmögliche Klarheit über „Tatbestand, Dauer, Rechtsfolgen, Zuständigkeit und Verfahren“ zu sorgen,[436] wobei nicht notwendigerweise der Gesetzgeber alle Einzelheiten selbst festlegen müsse. Aus der Vorschrift müsse sich jedoch der konkrete Anwendungsbereich der Norm ergeben.

bb) „Oberstufenreform“-Entscheidung

In der „Oberstufenreform“-Entscheidung hatte sich das Bundesverfassungsgericht mit zwei Verfassungsbeschwerden zu befassen, die die Frage betrafen, inwieweit die Regelungen des hessischen Gesetzes über die Neuordnung der gymnasialen Oberstufe vom 26.10.1976 den Anforderungen der Regelungsdichte des Vorbehalts des Gesetzes genügten.[437] Das Gesetz beruhte auf der Vereinbarung zur Neugestaltung der gymnasialen Oberstufe in der Sekundarstufe II vom 07.07.1972 der ständigen Konferenz der Kultusminister in der Bundesrepublik Deutschland. Geplant war eine Abkehr vom bisherigen Universalabitur hin zu verschiedenen Ausbildungsgängen in der Oberstufe mit Schwerpunktbereichen. Zugleich sollte die Unterrichtsform geändert werden und an die Stelle des Klassenverbands das Kurssystem treten. Die Beschwerdeführer rügten insbesondere die mangelnde inhaltliche Konkretisierung aufgrund der Verwendung von unbestimmten Begriffen und fehlenden Unterscheidungskriterien. Nach § 1 Abs. 2 S. 1 des Vorschaltgesetzes gliederte sich die gymnasiale Oberstufe in eine Einführungsphase und das ihr folgende Kurssystem. Diese Vorgabe hat das Bundesverfassungsgericht als substanziell ausreichend angesehen.[438] Der Gesetzgeber habe damit die Grundentscheidung der Auflösung des Klassenverbandes nach einer Übergangsstufe und der Erteilung des Unterrichts in einzelnen Kursen getroffen. Lediglich vor dem Hintergrund der Festlegung des Fächerkatalogs in den Erlassen des Hessischen Kultusministeriums, ließ das Gericht offen, ob hierbei nicht ein rechtsstaatliches Regelungsdefizit bestehen könnte. Auch die verwendeten Bezeichnungen „Einführungsphase“ und „Kurssystem“ würden nicht gegen das Gebot der Normklarheit verstoßen, da diesbezüglich die Möglichkeit der Auslegung bestehe.

---

436 BVerfG, Beschl. v. 27.01.1976 – 1 BvR 2325/73, NJW 1976, 1309.
437 BVerfG, Beschl. v. 22.06.1977 – 1 BvR 799/76, NJW 1977, 1723.
438 BVerfG, Beschl. v. 22.06.1977 – 1 BvR 799/76, NJW 1977, 1723 (1724).

cc) „Sexualkundeunterricht"-Entscheidung

Die „Sexualkundeunterricht"-Entscheidung des Bundesverfassungsgerichts aus dem Jahr 1977 bestimmte als maßgebendes Kriterium, an welches der Vorbehalt des Gesetzes anknüpfe, die Grundrechtsrelevanz einer Fragestellung.[439] Das Bundesverfassungsgericht musste im Rahmen eines Normenkontrollverfahrens beurteilen, ob § 28 HmbSchulG i. d. F. v. 09.12.1966 und § 2 Abs. 1 S. 1, 2 des Hamburgischen Schulverfassungsgesetzes i. d. F. v. 12.04.1973 als verfassungskonform anzusehen waren. Die genannten Regelungen überließen die Bestimmung über die Einführung der Sexualerziehung den Richtlinien für die Sexualerziehung in den Schulen der Freien und Hansestadt Hamburg vom Jahr 1970, welche Angaben zum Lehrstoff für die einzelnen Klassenstufen und Schularten sowie Hinweise zur Didaktik und Methodik der Sexualerziehung in der Schule enthielten. Die Klage der Eltern eines Kindes vor dem Verwaltungsgericht Hamburg, die den auf der Grundlage der Richtlinien durchgeführten Sexualkundeunterricht mangels einer gesetzlichen Grundlage als rechtswidrig und damit unzulässigen Eingriff in ihr Elternrecht ansahen, war erfolgreich,[440] wobei das Urteil durch das Hamburgische Oberverwaltungsgericht auf die Berufung der Beklagten hin aufgehoben wurde[441]. Gegen die Entscheidung des Oberverwaltungsgerichts legten die Eltern Revision zum Bundesverwaltungsgericht ein, welches wiederum dem Bundesverfassungsgericht die Rechtsfrage vorlegte. Die Abwägung zwischen den verschiedenen, tangierten Grundrechten – im zugrunde liegenden Fall zwischen dem staatlichen Erziehungsauftrag (Art. 7 Abs. 1 GG) und dem Elternrecht (Art. 6 Abs. 2 GG) sowie den Persönlichkeitsrechten des Kindes (Art. 2 Abs. 1 GG) – sei für deren Ausübung von maßgebender Bedeutung und stelle damit eine Aufgabe des Gesetzgebers dar.[442] Im Rahmen der Aufstellung von Vorschriften müsse jedoch immer berücksichtigt werden, ob der Lehrkraft durch die Regelungen im Unterricht noch ausreichend pädagogische Freiheit verbleibe, um ihrer pädagogischen Verantwortung gerecht werden zu können. Regelungsbedürftig durch den Gesetzgeber waren laut Bundesverfassungsgericht „die Festlegung der Erziehungsziele in den Grundzügen („Groblernziele"), die Frage, ob Sexualerziehung als fächerübergreifendes Unterrichtsprinzip oder als besonderes Unterrichtsfach mit etwaigen Wahl- oder Befreiungsmöglichkeiten durchgeführt werden soll, das Gebot der Zurückhaltung und Toleranz sowie

439 BVerfG, Beschl. v. 21.12.1977 – 1 BvL 1/75; 1 BvR 147/75, NJW 1978, 807.
440 VG Hamburg, Urt. v. 25.04.1972 – V 165/71, FHOeffR 24 Nr. 6345.
441 OVG Hamburg, Entsch. v. 03.01.1973 – Bf III 5/72, FHOeffR 24 Nr. 2687.
442 BVerfG, Beschl. v. 21.12.1977 – 1 BvL 1/75; 1 BvR 147/75, NJW 1978, 807 (811).

der Offenheit für die vielfachen im sexuellen Bereich möglichen Wertungen und das Verbot der Indoktrinierung der Schüler".[443] In seiner Entscheidung ordnete das Bundesverfassungsgericht daher den Themenbereich der Erziehung, in Form der Vermittlung ethischer und moralischer Werte, dem parlamentarischen Gesetzgeber zu und trennte diesen Bereich von der Aufgabe der bloßen informatorischen Darstellung von Fakten ab, welche der Delegation auf die Verwaltung zugänglich sei.[444]

dd) „Schulentlassung"-Entscheidung

In einem Beschluss aus dem Jahr 1981 befasste sich das Bundesverfassungsgericht mit der Notwendigkeit einer gesetzlichen Grundlage für die Entlassung eines Schülers aus der Schule wegen unzureichender Leistungen.[445] Bei dem Beschwerdeführer handelte es sich um einen Schüler, der ein Gymnasium besuchte und infolge mangelhafter Leistungen und der mehrfachen Nichtversetzung die Schule verlassen sollte. Die streitgegenständliche Entscheidung beruhte auf der Verordnung des Hessischen Kultusministers über Versetzungen in den allgemeinbildenden Schulen bis zur Jahrgangsstufe/Klasse 10 vom 30.03.1977, welche wiederum auf der Ermächtigung des § 44 des hessischen Gesetzes über die Unterhaltung und Verwaltung der öffentlichen Schulen und der Schulaufsicht basierte. Das Bundesverfassungsgericht sah die vorhandenen Regelungen als unzureichend an, da aufgrund der Grundrechtsrelevanz der Schulentlassung nicht die Anforderungen einer hinreichenden gesetzlichen Ausgestaltung erfüllt worden seien.[446] Im Vergleich zur Nichtversetzung sei die Maßnahme der Schulentlassung als grundrechtsintensiver einzustufen, sodass der Gesetzgeber die Voraussetzungen für diesen Fall selbst festlegen müsse und diese nicht wie die Regelungen zur Nichtversetzung delegieren könne.[447]

ee) „Rechtschreibreform"-Entscheidung

In der „Rechtschreibreform"-Entscheidung aus dem Jahr 1998 setzte sich das Bundesverfassungsgericht mit der Frage auseinander, ob und inwieweit die Voraussetzungen und inhaltlichen Züge der Rechtschreibreform in den Schulen vom Gesetzgeber selbst geregelt werden mussten.[448] Die Beschwerdeführer,

443 BVerfG, Beschl. v. 21.12.1977 – 1 BvL 1/75; 1 BvR 147/75, NJW 1978, 807 (810).
444 *Engelbrecht*, RdJB 2006, 362 (375).
445 BVerfG, Beschl. v. 20.10.1981 – 1 BvR 640/80, NJW 1982, 921.
446 BVerfG, Beschl. v. 20.10.1981 – 1 BvR 640/80, NJW 1982, 921 (924).
447 Kritisch hinsichtlich dieser Differenzierung *Bryde*, DÖV 1982, 243 f.
448 BVerfG, Urt. v. 14.07.1998 – 1 BvR 1640–97, NJW 1998, 2515.

Eltern von zwei schulpflichtigen Kindern in Schleswig-Holstein, die die Grundschule besuchten, wendeten sich mit ihrer Verfassungsbeschwerde gegen die Entscheidungen des Verwaltungsgerichts und des Oberverwaltungsgerichts, indem sie eine Verletzung des allgemeinen Persönlichkeitsrechts ihrer Kinder und ihrer eigenen Rechte aus Art. 2 Abs. 1 GG i. V. m. dem Rechtsstaatsprinzip und Art. 1 Abs. 1 GG sowie aus Art. 6 Abs. 2 S. 1 GG und Art. 103 Abs. 1 GG geltend machten. Die Rechtsgrundlagen für die Umsetzung der Rechtschreibreform an den Schulen des Landes, §§ 4, 11 SHSchulG, seien zu unbestimmt für die geplanten Neuregelungen zur Rechtschreibung, die keine Feinlernziele mehr darstellen, sondern die Rechtschreibung umfassend verändern und neu aufsetzen würden. Das Gericht führte hierzu aus, dass sich die Notwendigkeit einer Regelung durch den parlamentarischen Gesetzgeber nach der Grundrechtsintensität richte, welche sich beispielsweise durch eine Verschiebung des Spannungsfeldes zwischen verschiedenen Grundrechten zusätzlich erhöhen könne.[449] Auch in diesem Kontext wurde folglich wiederum auf die Grundrechtsrelevanz der Vorschriften abgestellt und das Kriterium einbezogen, inwieweit durch diese grundrechtliche Kontroversen hervorgerufen und tangiert werden.

c) Fazit

Eine vorrangige Orientierung an der bisher ergangenen schulrechtlichen Rechtsprechung ist nicht möglich und zielführend, um weitere Faktoren bestimmen zu können, bei welchen Regelungen der Vorbehalt des Gesetzes und damit die Zuständigkeit des Gesetzgebers zu begründen ist. Inzwischen bestehen einige Leiturteile für Teilbereiche des Schulrechts, vergleichbare Entscheidungen für die spezielle Materie der schulordnungsrechtlichen Maßnahmen können jedoch nicht bei der Auswertung berücksichtigt werden. Die wegweisenden Urteile der Rechtsprechung zur Reichweite des Vorbehalts des Gesetzes im Schulwesen führen zwar einzelne, exemplarische Bereiche und Sachmaterien an und bewerten diese verbindlich. Letztendlich lässt sich den Ausführungen dennoch nur eine vage, indizielle Wirkung entnehmen.

Während in der „Speyer-Kolleg"-Entscheidung in Bezug auf den Schulausschluss eine Regelung des Gesetzgebers für notwendig erachtet wurde und für die Betroffenen insbesondere der Tatbestand und seine Rechtsfolgen normiert werden mussten, war zwar eine gerichtliche Klarstellung diesbezüglich sinnvoll, dennoch hilft sie bei der Bestimmung des Vorbehalts des Gesetzes im Bereich der Ordnungsmaßnahmen nur bedingt dahingehend weiter, dass eine Festlegung

---

449 BVerfG, Urt. v. 14.07.1998 – 1 BvR 1640–97, NJW 1998, 2515 (2520).

des Tatbestandes erforderlich ist. Soweit nach dem Bundesverfassungsgericht die „Dauer“ angegeben werden muss,[450] wird hieraus nicht ersichtlich, ob dabei an die Dauer der Beeinträchtigung des Fehlverhaltens oder der Ordnungsmaßnahme selbst angeknüpft wird. Insbesondere bei der letzteren Auslegungsvariante würde sich der Aussagegehalt bei einer permanenten Maßnahme, wie dem Schulausschluss, als gänzlich nutzlos erweisen. Wie detailliert die Norm formuliert sein muss, um den Anforderungen des Vorbehalts des Gesetzes zu genügen, wird nicht ersichtlich. Laut dem Bundesverfassungsgericht muss der Gesetzgeber die erforderlichen Regelungen nicht in allen Einzelheiten selbst treffen, es ist in diesem Sinne ausreichend, wenn die gesetzliche Ermächtigung nach Inhalt, Zweck und Ausmaß näher konkretisiert ist.[451] Diese „nähere“ Bestimmung wird nicht inhaltlich unterlegt. Es wird zwar angeführt, dass eine solche Ordnungsmaßahme bei „schwerwiegenden, anders nicht zu behebenden Störungen“[452] des Schulfriedens in Betracht komme, jedoch besteht offenbar hierdurch nicht die Obliegenheit einer tatbestandlichen Fixierung dieser Voraussetzung.

Durch die Entlassung aus dem Gymnasium wird das Grundrecht der Berufsfreiheit des betroffenen Schülers maßgeblich beeinträchtigt, da ein erheblicher Eingriff in den regulären Bildungsverlauf erfolgt und der Zugang zu bestimmten Berufsgruppen verhindert oder zumindest geschmälert wird. Der Rückschluss des Bundesverfassungsgerichts in der „Schulentlassung“-Entscheidung auf die Reichweite des Vorbehalts des Gesetzes fällt jedoch plakativ und mehrdeutig aus. Durch den Verweis auf die Intensität, mit der die Grundrechte beschränkt werden, und der Schlussfolgerung einer „Prüfung anhand der von der Rechtsprechung entwickelten Wesentlichkeitsmerkmale“[453], ergibt sich lediglich ein Zirkelschluss. Regelungsbedürftig sind nach dem Bundesverfassungsgericht – anlehnend an die „Speyer-Kolleg“-Entscheidung – die Bedingungen für die zwangsweise Entlassung aus der Schule und des Ausschlusses eines Schülers von allen Schulen einer bestimmten Schulart sowie die Zuständigkeit und die Verfahrensgrundsätze für diese Maßnahmen.[454] Auch in diesem Zusammenhang bleibt der notwendige Normierungsgrad der jeweiligen Voraussetzungen unklar.

An das Kriterium der Regelungsintensität knüpft das Bundesverfassungsgericht ebenso in seiner „Rechtschreibreform“-Entscheidung an. Da durch die

450 Siehe BVerfG, Beschl. v. 27.01.1976 – 1 BvR 2325/73, NJW 1976, 1309.
451 Siehe BVerfG, Beschl. v. 27.01.1976 – 1 BvR 2325/73, NJW 1976, 1309 (1310).
452 Siehe BVerfG, Beschl. v. 27.01.1976 – 1 BvR 2325/73, NJW 1976, 1309.
453 BVerfG, Beschl. v. 20.10.1981 – 1 BvR 640/80, NJW 1982, 921 (923).
454 BVerfG, Beschl. v. 20.10.1981 – 1 BvR 640/80, NJW 1982, 921 (923).

Rechtschreibreform weder eine Berührung des schulrechtlichen Grundstatus des Schülers noch eine besondere Wertbezogenheit oder eine bedeutende Veränderung der Schularten hervorgerufen wird, wurde richtigerweise die Wesentlichkeit dieser Thematik verneint.[455] Eine Fernwirkung der Rechtschreibreform auf die Berufsfreiheit der Schüler hielt das Bundesverfassungsgericht für nicht ausreichend, um eine Grundrechtsrelevanz zu begründen, die den Vorbehalt des Gesetzes auslösen würde.[456] Anhand dieser Entscheidung wird ebenfalls die Abhängigkeit des Umfangs des Vorbehalts des Gesetzes von der Reichweite des materiellen Grundrechtsschutzes deutlich, welcher insofern konstitutiv wirkt. Im Ergebnis ergibt sich jedoch auch aus diesen gerichtlichen Ausführungen keine spezifische – und vor allem abschließende – Bestimmung des Wesentlichkeitscharakters einer Norm, sodass die Vorgabe hinreichender Konturen ausbleibt.

Zu den Ausführungen des Bundesverfassungsgerichts im Rahmen der „Sexualkundeunterricht"-Entscheidung ist anzumerken, dass Details der Lehr- und Lernmethoden nicht in konkretisierter gesetzlicher Form festgelegt werden können. Einer starren gesetzlichen Fixierung steht bereits die Notwendigkeit einer flexiblen Handhabung durch die Lehrkräfte im Unterricht entgegen. Da Lehr- und Lernmethoden der fortwährenden inhaltlichen Anpassung an die Wissenschaft unterliegen und die Inhalte aufgrund ihrer Fülle und Themenvielfalt nicht in gesetzlicher Form darstellbar sind, entschied das Bundesverfassungsgericht zu Recht, dass die Festlegung der Grundzüge der Erziehungsziele ausreichend ist. Die präzisen Unterrichtsziele- und Unterrichtsinhalte können ebenso von der Schulbehörde definiert werden, sofern die entscheidenden Parameter durch den Gesetzgeber vorab bestimmt wurden. Sofern folglich ein regelungsbedürftiger Bereich vorliegt, der einer ständigen Adaption an erziehungswissenschaftliche Theorien und Module bedarf, ergibt sich damit eine deutlich eingeschränkte Reichweite des Vorbehalts des Gesetzes.

2. *Kritik an der Wesentlichkeitstheorie*

Durch die Wesentlichkeitstheorie wird zunächst nicht festgelegt, wann überhaupt von einer Berührung der Grundrechte auszugehen ist, die den Vorbehalt des Gesetzes begründen würde.[457] Sicher lösen bloße Fernwirkungen kein Tätigwerden des Gesetzgebers aus, eine positive, konkrete Umschreibung fehlt

455 In Anlehnung an die Aufteilung von *Hufen*, RdJB 1998, 472 (480).
456 BVerfG, Urt. v. 14.07.1998 – 1 BvR 1640–97, NJW 1998, 2515 (2522).
457 Siehe hierzu *Orth*, NVwZ 2011, 14 (18).

jedoch.[458] Insbesondere ist unklar, welches Maß der Intensität der Grundrechtsbeeinträchtigung überschritten sein muss. Die Abgrenzung anhand dieses Kriteriums ist damit relativ unbestimmt,[459] sodass die mit ihr verbundene Verteilung der Zuständigkeiten zwischen dem parlamentarischen Gesetzgeber und der Exekutive als problematisch anzusehen ist.[460] Inzwischen warnt selbst das Bundesverfassungsgericht vor der Gefahr eines Gewaltenmonismus in Form eines zu umfassenden Parlamentsvorbehalts.[461] Auch der Beschluss der Abteilung Schule im Rechtsstaat des 51. Deutschen Juristentages von 1976, der eine umso bestimmtere normative Aussage des Gesetzgebers forderte, je „wesentlicher" die schulische Angelegenheit ist, führt nicht zu einem ergänzenden Aussagegehalt der Wesentlichkeitstheorie.[462] Der Bericht, welcher vom Bundesverfassungsgericht als „Orientierungsrahmen für weitere zukünftige Lösungsansätze" angesehen wurde,[463] gibt lediglich wieder, dass für jeden einzelnen Bereich des Schulrechts unter Berücksichtigung der jeweiligen Besonderheiten festgelegt werden müsse, ob es einer gesetzlichen Regelung bedarf.[464] Die Wesentlichkeitstheorie gibt dabei die Voraussetzungen des Vorbehalts des Gesetzes nicht in einer subsumtionsfähigen Form vor, sondern bietet Ansatzpunkte, um selbst Kriterien zu entwickeln.[465]

Der Begriff der „Wesentlichkeit" kann nur anhand verschiedener gerichtlicher Entscheidungen konkretisiert werden, welche als Denkanstöße für gesetzliche Regelungen dienen können.[466] Aufgrund des teilweise schwankenden Gebrauchs der Begrifflichkeiten[467] durch die Rechtsprechung, ist von einem allzu starren Festhalten am Wortlaut abzuweichen. Die Wesentlichkeitstheorie mitsamt ihrem inhaltlichen Aussagegehalt und der Verwendung des Adjektivs „wesentlich" kommt durch ihre semantische Offenheit naturgemäß an ihre Grenzen. Der Begriff ist dahingehend zu interpretieren, dass „wesentlich" im

---

458 *Lerche*, Bayerisches Schulrecht und Gesetzesvorbehalt, S. 15.
459 *Oppermann*, Gutachten C für den 51. Deutschen Juristentag, C 52.
460 *Herzog*, NJW 1999, 25 (26).
461 BVerfG, Urt. v. 14.07.1998 – 1 BvR 1640/97, BVerfGE 98, 218, Rn. 132.
462 *Kommission Schulrecht des Deutschen Juristentages*, Schule im Rechtsstaat, Band I, S. 409.
463 BVerfG, Beschl. v. 20.10.1981 – 1 BvR 640/80, NJW 1982, 921 (922).
464 *Kommission Schulrecht des Deutschen Juristentages*, Schule im Rechtsstaat, Band I, Bericht, S. 47.
465 *Rux*, Schulrecht, § 1 Rn. 37.
466 *Kisker*, NJW 1977, 1313; zur Rechtsprechungsanalyse siehe Dritter Teil Kap. 2 B. II.
467 Siehe hierzu *Bauer*, DÖV 1983, 53 (54).

Sinne von „wichtig“ oder „relevant“ verstanden werden kann. Durch die zwar verschiedenen, jedoch inhaltsgleichen Termini, ergibt sich folglich keine Abwertung oder Verwerfung des Grundgedankens der Wesentlichkeitstheorie. Die verfassungsrechtlichen Funktionen des Vorbehalts des Gesetzes werden vielmehr bei der Prüfung, ob ein Bereich vom Vorbehalt des Gesetzes erfasst und hierdurch ein Handeln des Gesetzgebers erforderlich ist, einbezogen und dienen zusätzlich als Grundlage der Entscheidung.[468]

C. Folgerungen für den Bereich der schulordnungsrechtlichen Maßnahmen

Für die Materie der schulischen Ordnungsmaßnahmen ist unklar, welche Maßnahmen durch den Gesetzgeber normiert werden müssen. Im Hinblick auf die vom Bundesverfassungsgericht verwendete Wesentlichkeitstheorie und die Funktionen des Vorbehalts des Gesetzes können verschiedene Ansatzpunkte und Kriterien ermittelt werden, die Rückschlüsse auf den Zuständigkeitsbereich des Gesetzgebers zulassen. Insbesondere sollen dem Vorbehalt des Gesetzes danach Sachbereiche unterliegen, denen eine hohe Intensität für die Grundrechtsausübung zukommt und die verschiedene grundgesetzliche Gewährleistungen miteinander in Ausgleich bringen müssen. Zudem ist es anhand der unmittelbaren demokratischen Legitimation des Gesetzgebers geboten, diesem Entscheidungen von großer Bedeutung für die Gemeinschaft zuzuweisen. Zu berücksichtigen ist jedoch die indizielle Wirkung, die den genannten Aspekten zukommt, sodass ein abschließendes Urteil nicht starr durch die Anknüpfung an ein Merkmal getroffen werden kann, sondern im Wege einer Gesamtbetrachtung gefunden werden muss.

I. Grundrechtsrelevanz für den Schüler

Sofern Grundrechte tangiert werden, ist das Attribut „wesentlich“ im Sinne der Relevanz der Thematik für die Verwirklichung der Grundrechte auszulegen. Diese Entscheidungen sind gekennzeichnet durch eine sachliche Bedeutung für das individuelle und öffentliche Leben der Gegenwart. Zu berücksichtigen sind hierbei vorrangig die Intensität der Betroffenheit des Einzelnen und inwieweit dessen Individualsphäre durch die Regelung zugunsten der Allgemeinheit

468 *Staupe*, Parlamentsvorbehalt und Delegationsbefugnis, S. 111.

eingeschränkt wird.[469] Dabei ist die Frage der Grundrechtsrelevanz nicht abstrakt, sondern auf den Einzelfall bezogen, durch eine Abwägung zu beantworten.[470]

1. Bedeutung des Schulverhältnisses

Insbesondere im Hinblick auf die Bedeutung und die Auswirkungen des Schulverhältnisses auf das Grundrecht der Berufsfreiheit, ergibt sich eine starke Grundrechtsrelevanz des Schulwesens bereits im Allgemeinen. Die schulordnungsrechtlichen Maßnahmen weisen eine grundlegende Bedeutung für den Schüler auf. Durch die Anwendung schwerwiegender Maßnahmen wird massiv – teilweise unmittelbar, final und dauerhaft – in die grundrechtlich geschützte Sphäre der Schüler eingegriffen, woraus eine erhebliche Beeinträchtigung des weiteren Bildungsverlaufs resultieren kann. Zu großen Teilen entscheidet die Schullaufbahn, ob ein bestimmtes Studium oder eine Ausbildung ergriffen werden kann, sodass die Voraussetzungen des Erwerbs eines Schulabschlusses und des Ausschlusses von Bildungseinrichtungen daher sachgerecht und gleichförmig in den Ländern ausgestaltet werden müssen. Daneben ist die jeweilige Sachverhaltskonstellation zu beachten, die durch das Alter des betroffenen Schülers[471] und dessen soziales Umfeld[472] Einfluss auf das Gewicht der Grundrechtspositionen haben kann. Bereits der Bericht der Kommission Schulrecht des Deutschen Juristentages hielt Einzelfallregelungen für schulische Ordnungsmaßnahmen für notwendig, da es sich hierbei um grundrechtsrelevante Bereiche handele.[473]

In Betracht kommen vorrangig aufseiten des störenden Schülers dessen allgemeines Persönlichkeitsrecht nach Art. 2 Abs. 1 i. V. m. Art. 1 Abs. 1 GG sowie dessen Recht auf Berufsfreiheit nach Art. 12 Abs. 1 S. 1 GG. Daneben ist ebenfalls das Recht auf schulische Bildung betroffen.[474] Durch die Beeinträchtigung

---

469 *Clement*, Der Vorbehalt des Gesetzes, S. 195; *Niehues/Rux*, Schul- und Prüfungsrecht, Band I, S. 9, Rn. 38.

470 *Busch,* Das Verhältnis des Art. 80 Abs. 1 S. 2 GG zum Gesetzes- und Parlamentsvorbehalt, S. 43.

471 Beispielsweise gelingt es einem älteren Schüler im Rahmen eines zeitweiligen Schulausschlusses besser, seine Aufgaben eigenständig zu lösen, als einem jüngeren Schüler.

472 Insbesondere ist hierbei das Elternhaus des Schülers zu betrachten und zu prüfen, inwieweit dem Schüler während eines Ausschlusses eine Hilfestellung durch die Eltern zukommt.

473 *Kommission Schulrecht des Deutschen Juristentages*, Schule im Rechtsstaat, Band I, S. 43, 48.

474 Vgl. BVerfG, Beschl. v. 19.11.2021 – 1 BvR 971/21, 1 BvR 1069/21, NJW 2022, 167.

von Mitschülern auf Grundlage des Verhaltens eines störenden Schülers könnten wiederum deren Rechte negativ beeinflusst werden. Der Bildungs- und Erziehungsauftrag kann nur dann für die gesamte Klasse gewährleistet werden, wenn der Unterricht ordnungsgemäß stattfinden kann und Störungen von Schülern vermieden werden. Voraussetzung hierfür ist ein „unterrichtliches Ordnungssystem"[475], welches zu seiner Umsetzung eine Einordnung der verhaltensauffälligen Schüler in die Klassen- bzw. Schulgemeinschaft erfordert.

Darüber hinaus sind auch verfassungskräftige Positionen betroffen. Der Bildungs- und Erziehungsauftrag nach Art. 7 Abs. 1 GG verleiht dem Staat die Befugnis zur organisatorischen Einrichtung des Schulwesens und das Recht zur Ausgestaltung der Unterrichtsziele. Der Auftrag der Schule bestimmt sich dabei insbesondere daraus, die Schüler auf die Wahrnehmung von Verantwortung, Rechten und Pflichten in Staat und Gesellschaft sowie in der sie umgebenden Gemeinschaft vorzubereiten.[476] Der Bildungs- und Erziehungsauftrag bezieht sich folglich auf die Vermittlung von Wissen, Fertigkeiten und sozialintegrativen Leistungen[477] und erfasst zusätzlich die pädagogisch-soziale Prägung der Schüler im Sinne einer Förderung der Persönlichkeitsentwicklung und des sozialen Miteinanders. Die Anwendung von Erziehungs- und Ordnungsmaßnahmen trägt zur Erfüllung dieser Zielrichtungen maßgeblich bei. Diese Aspekte sprechen für die Zuständigkeit des demokratisch gewählten Gesetzgebers zur Bestimmung des Ausmaßes und Inhalts des staatlichen Handelns im Bereich der schulordnungsrechtlichen Maßnahmen.[478]

2. *Quantitatives Ausmaß*

Ebenso wird ein großer Personenkreis von den gesetzlichen Regelungen angesprochen. Im Schuljahr 2019/2020 besuchten insgesamt 8 300 280 Schüler allgemeinbildende Schulen[479] in Deutschland.[480] Die Anzahl der betroffenen Erziehungsberechtigten beträgt ausgehend von dieser Grundlage ein Vielfaches.

---

475 *Jeske*, Konfliktfeld Schule, S. 48.

476 Vgl. § 1 Abs. 1 BWSchulG.

477 *Thiel*, in: Sachs, Grundgesetz, Art. 7 GG Rn. 24.

478 So auch BVerfG, Beschl. v. 25.03.1992 – 1 BvR 1430/88, Rn. 66; BVerfG, Urt. v. 08.04.1997 – 1 BvR 48/94, BVerfGE 95, 267, Rn. 157.

479 Die Gesamtzahl umfasst hierbei Schulen im Primarbereich I, Sekundarbereich I, Sekundarbereich II und Förderschulen.

480 *Statistisches Bundesamt*, Fachserie 11, Reihe 1, Tabelle 1.1.

Es wurden von staatlicher Seite im Jahr 2016 in Deutschland 7.700,00 Euro[481] pro Schüler an den öffentlichen Schulen investiert.[482] Diese signifikanten Investitionen spiegeln die Relevanz des Bildungswesens in Zahlen wider. Damit ergibt sich eine immense Auswirkung schulrechtlicher Regelungen auf einen erheblichen Personenkreis, aus der wiederum eine weitreichende allgemeinpolitische Bedeutsamkeit dieses Bereiches geschlussfolgert werden kann.

II. Konkurrenz grundgesetzlicher Gewährleistungen

Auch bei einem notwendigen Ausgleich zwischen grundgesetzlichen Rechten ist ein Handeln des parlamentarischen Gesetzgebers angezeigt. Bestimmte Vorgaben durch den Gesetzgeber können hierbei im Hinblick auf die Auflösung von häufig entstehenden Konfliktfällen in der Schule in Bezug auf die Abwägung konkurrierender Grundrechte geboten sein.[483] Die Obliegenheit parlamentarischer Entscheidungen wurde beispielsweise im Falle der substanziellen Verschiebung des Spannungsfeldes zwischen Art. 6 Abs. 2 S. 1 GG und dem in Art. 7 Abs. 1 GG vorausgesetzten Bildungs- und Erziehungsauftrag des Staates festgestellt.[484] Zu den wesentlichen Themenbereichen, die dem parlamentarischen Gesetzgeber zugewiesen sind, sind nach *Badura* maßgeblich die staatliche Schulaufsicht im Verhältnis zu den Grundrechten der Eltern, Schüler und Lehrkräfte und der Religions- und Weltanschauungsfreiheit sowie die Kollision der Grundrechte der Beteiligten untereinander zu zählen.[485] Nach *Badura* sollen dabei alle spürbar grundrechtsberührenden Vorgaben und Maßnahmen oder auftretende Grundrechtskollisionen, die einen Ausgleich erfordern, durch den parlamentarischen Gesetzgeber geregelt werden.[486] Durch die frühzeitige Anhörung Betroffener, die Einholung von Fachwissen und einer öffentlichen Debatte kommt dabei dem Gesetz als „Koordinationsmittel" eine konfliktvorbeugende und ausgleichende Wirkung zu.[487] Indem die Lehrkraft Fehlverhalten

---

481 Dieser Betrag inkludiert Personalausgaben für Schulen und Schulverwaltung einschließlich der geschätzten Sozialbeiträge für verbeamtete Lehrkräfte sowie Beihilfeaufwendungen, stetigen Sachaufwand und Investitionskosten.

482 *Statistisches Bundesamt*, Statistisches Jahrbuch 2019. Bildung, S. 111.

483 *Niehues/Rux*, Schul- und Prüfungsrecht, Band I, S. 13, Rn. 54.

484 BVerfG, Urt. v. 14.07.1998 – 1 BvR 1640/97, BVerfGE 98, 218, Rn. 137.

485 *Badura*, in: Maunz/Dürig, Grundgesetz, Art. 7 GG Rn. 50.

486 *Badura*, in: Maunz/Dürig, Grundgesetz, Art. 7 GG Rn. 9.

487 *Reimer*, in: Hoffmann-Riem/Schmidt-Aßmann/Voßkuhle, Grundlagen des Verwaltungsrechts, Band I, S. 537, 543.

im Unterricht begegnen muss, wird die Unterrichtung der Mitschüler faktisch verkürzt und deren Recht auf schulische Bildung tangiert. Es liegt folglich sowohl eine eindimensionale als auch komplexe Grundrechtsregelung vor, deren Widerspruch aufzulösen ist. Es muss eine Annäherung zwischen den berechtigten Interessen des Einzelnen und dem Gemeinwohl hergestellt werden. Die Einschränkung von grundrechtlichen Freiheiten und der Ausgleich zwischen aufeinanderprallenden Grundrechten sind allein dem Parlament vorbehalten. Der Gesetzgeber muss der Exekutive inhaltliche Kriterien aufzeigen, wie die jeweilige Kollision von Grundrechten und anderen Rechtspositionen geschlichtet werden soll.[488]

III. Fundamentale Entscheidungen

Auch bei Sachbereichen mit einer weitreichenden Bedeutung für die Gemeinschaft muss aufgrund des Rechtsstaats- und Demokratieprinzips eine Regelung vom Gesetzgeber geschaffen werden. Nach *Sachs* sind als relevante Entscheidungen im Schulwesen die Grundlagen für signifikante Änderungen der Schulorganisation und deren inhaltliche Ausgestaltung sowie die Voraussetzungen des Zugangs und der Entlassung aus der Schule durch den Parlamentsgesetzgeber zu regeln.[489] Insbesondere die Ordnung des Schulwesens bringe eine gewisse politische Brisanz mit sich, welche bildungspolitische Kontroversen hervorrufen kann, die wiederum politische Weichenstellungen erfordern.[490] *Buschmann* führt in diesem Sinne zutreffend aus: „Wer die Macht über die Schule hat, hat die Macht über die Bildung und mit dieser die Macht über die Menschen".[491] Schon dem Schulwesen im generellen[492] kommt eine hohe Relevanz für die Allgemeinheit zu, den Erziehungs- und Ordnungsmaßnahmen jedoch in verstärktem Maße.

1. *Auswirkungen der Schullaufbahn auf den weiteren Berufsweg*

Primär im Schulalter und durch den weiteren Werdegang in der Schule werden die Weichen für das gesamte Leben der Schüler gestellt. Dabei ist der Bildungsabschluss besonders relevant, da hierdurch die formalen Grundbedingungen

488 *Lerche*, Bayerisches Schulrecht und Gesetzesvorbehalt, S. 31.

489 *Thiel*, in: Sachs, Grundgesetz, Art. 7 GG Rn. 6.

490 *Lerche*, Bayerisches Schulrecht und Gesetzesvorbehalt, S. 19.

491 *Buschmann*, RdJB 2012, 432; ähnlich *Ossenbühl*, in: Habscheid, Festschrift, S. 751 ff.

492 Auf die herausragende Bedeutung des Schulwesens für die Allgemeinheit hinweisend *Avenarius*, RdJB 2005, 423 (428); anders fragt *Fauser* „Wem gehört die Schule?", vgl. Pädagogische Freiheit in Schule und Recht, S. 131.

für den Beginn einer Berufsausbildung oder eines Studiums fixiert werden. Bildungspolitik wird in diesem Zusammenhang als Versuch verstanden, den jeweiligen und individuellen Bildungsprozess als Vorbereitung auf den Beruf zu begreifen.[493] Den Voraussetzungen, unter denen in den Bildungsverlauf eines Schülers eingegriffen werden darf – sei es durch zeitweilige oder dauerhafte Maßnahmen –, kommt somit eine essenzielle Bedeutung zu.

2. *Erziehungsauftrag der Schule*

Daneben erfüllt die Schule keinen Selbstzweck, sondern soll die Schüler auf ihr späteres Leben vorbereiten.[494] Diese sollen dahingehend erzogen werden, sich in persönlicher, gesellschaftlicher, politischer und beruflicher Hinsicht zu bewähren.[495] Vor diesem Hintergrund wird eine Entwicklung zu mündigen Staatsbürgern und das Erlernen eines Sozialverhaltens von ihnen erwartet.[496] Hierzu gehört es ebenfalls sich in eine Gemeinschaft einordnen zu können[497] und eine tolerante und respektvolle Umgangsweise mit den Mitmenschen zu erproben.[498] Die Austragung von zwischenmenschlichen Konflikten soll auf eine sinnvolle und der Altersstufe entsprechenden Art erfolgen.[499] Zudem sollen die Schüler im Hinblick auf ein solidarisches Verhalten gegenüber den sozial benachteiligten Menschen geschult werden.[500] Zu den wesentlichen Aufgaben der Schule gehört somit neben der Vermittlung von Wissen auch die Erziehung der Schüler zu selbstverantwortlichen Personen.

Fehlverhalten und Verhaltensstörungen müssen durch erzieherisches Einwirken der Lehrkräfte reduziert und beseitigt werden.[501] Verhaltensauffälligkeiten können nur am Maßstab gesellschaftlicher Normen beurteilt werden, sodass sich die Notwendigkeit ergibt, die Voraussetzungen der schulordnungsrechtlichen Vorschriften in einer parlamentarischen Debatte zu klären, in der das Erlaubte

---

493 *Altvater/Huisken*, in: Nevermann/Richter, Verfassung und Verwaltung der Schule, S. 229; *Dreeben*, Was wir in der Schule lernen, S. 59.
494 *Rückriem*, Disziplin in der Schule, S. 12.
495 *Bothe*, VVDStRL 54 (1994), 7 (9).
496 *Bertram/Horn/Link/Schulte/Wolfrum*, Sächsisches Schulgesetz, § 1, S. 14.
497 *Amos/Cremer-Schäfer*, in: Amos/Cremer-Schäfer, Saubere Schulen, S. 7.
498 *Ennuschat*, RdJB 2007, 271 (277).
499 *Bertram/Horn/Link/Schulte/Wolfrum*, Sächsisches Schulgesetz, § 1, S. 15.
500 *Langenfeld*, Integration und kulturelle Identität zugewanderter Minderheiten, S. 218 f.
501 *Walter*, in: Ipfling, Die emotionale Dimension in Unterricht und Erziehung, S. 17.

vom Nicht-Erlaubten abgegrenzt wird.[502] Welches Handeln des Schülers als Abweichung von Werten und Normen angesehen werden soll und die Art und Weise, wie mit Schülern verfahren wird, die ein solches Verhalten zeigen, lassen ebenso einen Rückschluss auf die Einstellung der gesamten Gesellschaft, ausgeformt durch staatliches Handeln, zu dieser Thematik zu.[503] Erziehung wird neben der sozialen Zielsetzung primär von politischen und ideologischen Aspekten bestimmt.[504] Die „Geschäftsgrundlage“[505], die als Maßstab für das ordnungsgemäße Verhalten der Schüler zugrunde gelegt und den Schülern und deren Eltern bekanntgegeben wird, muss vom Gesetzgeber definiert werden. Zielführend ist eine Übereinstimmung dieser Grundlagen in Familie, Schule und der Gesellschaft im generellen, sodass eine durchgängige Ordnung für die Schüler ersichtlich wird.[506] Soweit verbindliche Normen fehlen, besteht für die Schüler eine Ungewissheit in Bezug auf die Voraussetzungen, die an das Fehlverhalten gestellt werden, und die daraus folgenden Konsequenzen.[507] Es ergeben sich aufgrund des erheblichen Interpretationsrahmens der Normen sonst Unterschiede in der Auslegung, welches Verhalten in der Schule erwartet wird, sodass Schüler stets prüfen müssten, wie die gegenwärtigen Anforderungen ausgestaltet sind.[508]

3. *Volkswirtschaftliche Relevanz*

Zudem sind die Auswirkungen einer gescheiterten Schulkarriere auf die Gemeinschaft zu berücksichtigen. Soweit Schüler keinen Bildungsabschluss erreichen[509] und somit später keiner Erwerbstätigkeit nachgehen können, hat dies Einfluss auf die volkswirtschaftlichen Kosten der Allgemeinheit, wodurch

502 *Abeldt*, Erziehung - Moral - Recht, S. 179, 274 f.; *Hennecke*, Staat und Unterricht, S. 154.

503 So auch *Korte*, Disziplinprobleme im Schullalltag, S. 10; *Mutzeck/Pallasch*, Integration von Schülern mit Verhaltensstörungen, S. 17.

504 *Hopf/Nevermann/Richter*, Schulaufsicht und Schule, S. 4.

505 *Minelli*, Endstation Schulausschluss?, S. 81.

506 *Rückriem*, Disziplin in der Schule, S. 78.

507 *Rückriem*, Disziplin in der Schule, S. 36.

508 *Jürgens*, Schwierige Schüler? Disziplinkonflikte in der Schule, S. 46.

509 Im Jahr 2015 verließen insgesamt 5,9 % der Schüler an allgemeinbildenden Schulen die Schule ohne Schulabschluss, vgl. *Autorengruppe Bildungsberichterstattung*, Bildung in Deutschland 2018, S. 122. Daneben verfügten rund 17,4 % der im Jahr 2020 als arbeitslos gemeldeten Personen über keinen Schulabschluss, siehe *Bundesagentur für Arbeit*, Arbeitsmarkt nach Qualifikation, Jahreswerte 2020, Ziff. 1.1.

enorme finanzielle Lasten hervorgerufen werden können[510]. Eine Studie der Bertelsmann Stiftung ergab eine Summe von 1,5 Milliarden Euro pro Altersjahrgang an Jugendlichen ohne Schulabschluss, die auf die Gemeinschaft an zusätzlichen Kosten[511] zukommen.[512] Daneben besteht die Gefahr diese jungen Menschen nicht mehr vollständig sozial integrieren zu können.[513] Der Staat darf sich nicht derart seiner Gesamtverantwortung für das Schulwesen entledigen, dass sich in der Folge das Schulwesen in politisch nicht mehr und schlecht beeinflussbare Subsysteme mit desintegrativen Wirkungen für die Gesellschaft entwickelt.[514]

D. Regelungsdichte

Im Folgenden wird aufzuzeigen sein, welche Anforderungen sich für den Gesetzgeber im Hinblick auf die Formulierung und Gestaltung schulordnungsrechtlicher Normen ergeben. Insbesondere stellt sich in diesem Zusammenhang die Frage, wie engmaschig die Vorschriften gefasst sein müssen.

I. Grundsätze

Die Regelungsdichte gibt vor, wie konkret der Gesetzgeber eine Norm regeln muss, um eine „Vorprogrammierung" der Exekutive zu erreichen.[515] Soweit dieser aufgrund des Vorbehalts des Gesetzes eine Materie zwingend selbst vorgeben muss, ergibt sich damit einhergehend nicht nur der Auftrag, eine Regelung zu

---

510 Eine Kalkulation der ineffektiven Unterrichtsstunden, die jedes Schuljahr durch Verhaltensstörungen von Schülern entstehen und somit zu den nutzlosen volkswirtschaftlichen Aufwendungen zu zählen sind, nimmt *Keller* vor, *Keller*, Disziplinmanagement in der Schulklasse, S. 28.

511 Die Gesamtkosten setzen sich aus den der öffentlichen Hand entgangenen Einnahmen (Lohnsteuern und Beiträge zur Arbeitslosenversicherung) sowie der Ausgaben für Sozialausgaben zusammen und bilden damit bei einer geschätzten Erwerbsbiografie von 35 Jahren die Differenz zwischen der Referenzsituation und der hypothetischen Situation bei Vorliegen einer besseren Bildungsverteilung, vgl. *Allmendinger/Giesecke/Oberschachtsiek*, Unzureichende Bildung, S. 10.

512 *Allmendinger/Giesecke/Oberschachtsiek*, Unzureichende Bildung, S. 9 f.; die volkswirtschaftlichen Auswirkungen des Erwerbs von Grundkompetenzen eines jeden Bürgers untersuchen *Hanushek/Wößmann*, in: Quenzel/Hurrelmann, Handbuch Bildungsarmut, S. 549.

513 Die weitreichende Bedeutung für die Allgemeinheit ablehnend, *Weber*, Das Ordnungsrecht der Schule, S. 65.

514 *Avenarius*, RdJB 1994, 256 (263).

515 *Kisker*, in: Scholz/Bismark/Avenarius, Schule im Rechtsstaat, Band II, S. 15.

schaffen, sondern diese auch ausreichend inhaltlich zu unterlegen. Der Exekutive dürfen nicht nur fragmentarische Gesetze vorgegeben werden, sondern „Elemente der Handlungsanleitung".[516] Hierdurch sollen insbesondere die Rechte des Parlaments abgesichert werden, welchem eine unmittelbare demokratische Legitimation zukommt. Daneben werden die Handlungsmaßstäbe der Verwaltung begrenzt sowie eine wirksame Rechtskontrolle durch die Gerichte ermöglicht.[517] Bereits aus Art. 80 Abs. 1 S. 2 GG ergibt sich beim Erlass von Rechtsverordnungen die Verpflichtung des Gesetzgebers, Inhalt, Zweck und Ausmaß der Ermächtigung im parlamentarischen Gesetz zu bestimmen. Das vom Vorbehalt des Gesetzes umfasste Bestimmtheitsgebot ist inhaltlich vergleichbar mit dem rechtsstaatlichen Bestimmtheitsgebot, welches jedoch auch für Normen außerhalb des Anwendungsbereichs des Vorbehalts des Gesetzes gilt und diesen ein Mindestmaß substanzieller Konkretisierung zuschreibt.[518] Das Bestimmtheitsgebot ist als Element des Rechtsstaatsprinzips anzusehen, worunter insbesondere die Rechtssicherheit zu zählen ist, die die Verlässlichkeit des Rechts gewährleisten und Unsicherheiten bezüglich der Rechtslage beim Rechtsanwender und Rechtsadressaten verhindern soll.[519]

Mithilfe der Regelungsdichte soll eine verdeckte Delegation der Legislative an die Exekutive ausgeschlossen werden.[520] Durch eine Delegation würde der zuständige Inhaber einer Kompetenz diese ganz oder teilweise auf ein anderes Subjekt übertragen und damit eine verfassungsrechtlich nicht gebotene Kompetenzverschiebung herbeiführen können.[521] Sofern die Normierungen durch die Verwendung von Generalklauseln und unbestimmten Begriffen zu offen gestaltet sind, ergibt sich im Ergebnis eine verdeckte delegationsähnliche Kompetenzzuweisung an die Verwaltung, da deren Ermächtigung zur Rechtssetzung zwar nicht explizit ausgesprochen wird, die Exekutive aber dennoch inhaltlich über die Materie entscheidet. Die verdeckte Delegation stellt insbesondere durch ihre fehlende Kennzeichnung eine Gefahr für die verfassungsmäßige Kompetenzzuordnung dar.[522]

---

516 *Unruh*, RdJB 2003, 466 (741).

517 BVerfG, Beschl. v. 03.03.2004 – 1 BvF 3/92, BVerfGE 110, 33, Rn. 109; *Jarass*, in: Jarass/Pieroth, Grundgesetz für die Bundesrepublik Deutschland, Art. 20 GG Rn. 79.

518 *Staupe*, Parlamentsvorbehalt und Delegationsbefugnis, S. 141.

519 *Sachs*, in: Sachs, Grundgesetz, Art. 20 GG Rn. 122.

520 *Döhler*, Die politische Steuerung der Verwaltung, S. 114 f.

521 Vgl. *Triepel*, Delegation und Mandat im öffentlichen Recht, S. 23.

522 *Busch*, Das Verhältnis des Art. 80 Abs. 1 S. 2 GG zum Gesetzes- und Parlamentsvorbehalt, S. 62; *Oppermann*, Gutachten C für den 51. Deutschen Juristentag, C 51.

II. Kriterien zur Bestimmung der Regelungsdichte

Die Kriterien, die den Vorbehalt des Gesetzes auf der Regelungsebene auslösen, kommen ebenfalls im Zuge der Festlegung der Regelungsdichte der Norm zur Anwendung, sodass hierbei von einer „Doppelfunktion" gesprochen werden kann.[523] Notwendig ist eine inhaltlich hinreichende Vorgabe, welche umso konkreter sein muss, je schwerwiegender der Inhalt der Regelung sich auf den Adressaten auswirken kann.[524] Der Grad, den die Regelungen an Bestimmtheit aufweisen müssen, kann nicht generell für alle Bereiche abstrakt festgelegt werden, sondern ist wiederum abhängig von der Eigenart der geregelten Materie und dem Ausmaß, in dem in die Grundrechte eingegriffen wird, beispielsweise ob eine Eingriffsermächtigung oder Leistungsermächtigung vorliegt.[525] Die Bedeutung und die Eingriffsintensität der Norm sowie die sachlichen Eigenarten des Regelungsgegenstandes sind daher im Rahmen der Bestimmtheit maßgeblich zu berücksichtigen.[526] Ergänzend ist auf die Besonderheiten der festzulegenden Lebenssachverhalte und auf den Regelungszweck zu achten.[527] Beispielsweise kann bei Materien, die schnellen oder unvorhersehbaren Änderungen unterliegen, eine lediglich grobe Normierung oder die Verwendung von unbestimmten Rechtsbegriffen denkbar sein.[528]

1. Normklarheit und Normbestimmtheit

In den schulgesetzlichen Regelungen für Ordnungsmaßnahmen werden oftmals unbestimmte Rechtsbegriffe gebraucht, die einen mehrdeutigen oder schwer erschließbaren Inhalt aufweisen. Der Bedeutungsgehalt von unbestimmten Begriffen lässt sich dabei nur über eine rechtliche Bewertung ermitteln.[529] Durch die Präzisionsgrenzen der natürlichen Sprache und der Notwendigkeit eine Flexibilität für die Handhabe von unabgeschlossenen und von Entwicklungen bedingten Vorgängen zu erhalten, ergibt sich oftmals eine gewisse sprachliche Mehrdeutigkeit.[530] Das Bestimmtheitsgebot ist hierbei verletzt, wenn eine

---

523 *Staupe*, Parlamentsvorbehalt und Delegationsbefugnis, S. 129.
524 BVerfG, Urt. v. 16.01.2003 - 2 BvR 716/01, BVerfGE 107, 104, Rn. 67.
525 BVerfG, Beschl. v. 19.04.1978 - 2 BvL 2/75, NJW 1978, 2143.
526 *Grzeszick*, in: Maunz/Dürig, Grundgesetz, Art. 20 GG Rn. 60.
527 BVerfG, Beschl. v. 26.09.1978 - 1 BvR 525/77, NJW 1978, 2446 (2447).
528 *Papier/Möller*, AöR 122, 177 (185).
529 *Papier/Möller*, AöR 122 (1997), 177 (185).
530 *Busch*, Das Verhältnis des Art. 80 Abs. 1 S. 2 GG zum Gesetzes- und Parlamentsvorbehalt, S. 59 f.

willkürliche Verfahrensweise durch die Exekutive ermöglicht wird.[531] Grundsätzlich wurde die Zulässigkeit der Verwendung unbestimmter Begriffe zwar bereits gerichtlich bestätigt, das Erfordernis der Bestimmtheit gibt jedoch ebenso vor, dass die Regelungen so formuliert werden müssen, dass die rechtsstaatlichen Grundsätze der Normklarheit und Justitiabilität eingehalten werden.[532]

Die Norm muss in einer Präzision dahingehend gefasst sein, dass die Betroffenen die Rechtslage erkennen, ihr Verhalten danach ausrichten können und die Gerichte in der Lage sind, die gesetzgeberische Entscheidung zu konkretisieren.[533] Rechtsnormen müssen für die Normadressaten und Anwender der Vorschriften verständlich sein und praktikable Inhalte aufweisen.[534] Das Bundesverfassungsgericht spricht in diesem Zusammenhang von den Anforderungen an die „Bestimmtheit“ und „Klarheit“ der Norm.[535] Der Normadressat muss zudem vorhersehen können welche Eingriffsbefugnisse sein Handeln im Hinblick auf die Vorschrift auslösen könnte.[536] Dem Recht kommt dabei die Funktion zu durch Tatbestände in subsumierbarer Form und der Festlegung sich hieraus ergebender Konsequenzen zu einer Verminderung von Komplexität beizutragen und Entscheidungsprozesse zu vereinheitlichen.[537]

Auch im Sinne einer Normenakzeptanz ist eine prägnant formulierte und ausreichend bestimmte Vorschrift wünschenswert.[538] Anhand der normativen Orientierung wird die Vorgehensweise einer Person festgelegt das eigene Verhalten nach äußerlichen oder innerlichen Standards einzuordnen und zu bewerten.[539] Genaue Regelungen geben dem Rechtsadressaten verbindlich vor, wie ein bestimmtes Handeln bewertet wird, was diesem wiederum dabei hilft, sein Verhalten danach auszurichten. Hierdurch wird Vertrauen in die Normen hervorgerufen und die Einhaltung der Vorschriften gefördert.[540] Es wurde in diesem Zusammenhang beobachtet, dass oftmals Lehrkräfte im Hinblick auf

531 *Antoni*, in: Hömig/Wolff, Grundgesetz für die Bundesrepublik Deutschland, Art. 20 GG Rn. 12.
532 BVerfG, Beschl. v. 07.07.1971 – 1 BvR 775/66, GRUR 1972, 488 (490).
533 BVerfG, Beschl. v. 07.07.1971 – 1 BvR 775/66, GRUR 1972, 488 (490).
534 *Sachs*, in: Sachs, Grundgesetz, Art. 20 GG Rn. 125.
535 BVerfG, Beschl. v. 03.03.2004 – 1 BvF 3/92, BVerfGE 110, 33, Rn. 109.
536 *Pietzcker*, JuS 1979, 710 (712).
537 *Lohse*, Verwaltungsrechtliche Steuerung von schulischem Bildungserwerb, S. 64.
538 *Hennemann/Hövel/Casale/Hagen/Fitting-Dahlmann*, Schulische Prävention im Bereich Verhalten, S. 85.
539 *Walter*, in: Ipfling, Die emotionale Dimension in Unterricht und Erziehung, S. 26.
540 *Dinkelmann*, Die Rechtsstellung des Schülers im Schülerdisziplinarrecht, S. 19.

den theoretischen und praktischen Gebrauch von Ordnungsmaßnahmen sehr unterschiedlich handeln. Insbesondere in anstrengenden Situationen wich die praktizierte Maßnahme von den vorherigen Überlegungen zu einer didaktisch sinnvollen Reaktion auf das jeweilige Fehlverhalten ab.[541] Infolge zusätzlicher Konkretisierungen kommt damit auch dem Anwender der Rechtsnorm eine größere Rechtssicherheit zu.

2. *Konkretisierung durch Rechtsprechung und Auslegungsmethoden*

Den Rechtsanwendungsorganen obliegt die Deutung der Normen mithilfe der geltenden Auslegungsmethoden, um hierbei Zweifelsfragen zu klären.[542] Im Rahmen der Auslegung können sodann andere Regelungen desselben Gesetzes unter Heranziehung des Normzusammenhangs oder gefestigter Rechtsprechung berücksichtigt werden.[543] Unbestimmte Rechtsbegriffe können sich so in ihrem Bedeutungsgehalt konkretisiert haben[544] oder durch herkömmliche Auslegungsmethoden erschließbar sein.[545] Damit kann nach Einführung einer Vorschrift, die unbestimmte Begriffe oder Generalklauseln enthält, zunächst abzuwarten sein, ob eine Spezifizierung durch die Rechtsprechung eintritt. Soweit diese nicht stattfindet, ist der Gesetzgeber dazu aufgerufen die Norm entsprechend nachzurüsten und selbst die Regelungsdichte anzupassen.[546]

Die Möglichkeit der signifikanten Konkretisierung durch die Rechtsprechung ruft im Hinblick auf das Gewaltenteilungsprinzip und Demokratieprinzip Bedenken hervor. Insbesondere würde hierdurch die vollumfassende Wirkung des Gewaltenteilungsprinzip Einschränkungen unterliegen. Durch den Vorbehalt des Gesetzes soll eine Festlegung des Inhalts durch den Gesetzgeber erreicht werden. Nach der Verkündung des Gesetzes erfolgt sodann im Rahmen der Rechtsanwendung durch die Exekutive und Judikative eine Fortentwicklung des Gesetzes. Dies impliziert jedoch gerade ein abgeschlossenes Gesetz, dessen Inhalt nicht erst durch Verwaltung und Rechtsprechung festgelegt und geschaffen wird. Es muss daher beachtet werden, dass die Notwendigkeit einer starken

541 *Jürgens*, Schwierige Schüler? Disziplinkonflikte in der Schule, S. 68.

542 BVerfG, Beschl. v. 04.06.2012 – 2 BvL 9/08, BVerfGE 131, 88, Rn. 91.

543 BVerfG, Beschl. v. 04.06.2012 – 2 BvL 9/08, BVerfGE 131, 88, Rn. 58.

544 Beispielsweise bei der Auslegung der polizeilichen Generalklausel, vgl. *Jarass*, in: Jarass/Pieroth, Grundgesetz für die Bundesrepublik Deutschland, Art. 20 GG Rn. 84; BVerfG, Beschl. v. 23.05.1980 – 2 BvR 854/79, NJW 1980, 2572.

545 *Papier/Möller*, AöR 122 (1997), 177 (189).

546 Siehe BVerfG, Beschl. v. 09.03.1994 – 2 BvL 43/92, BVerfGE 90, 145, Rn. 168.

Konkretisierung einer Regelung durch die Rechtsprechung den „trügerischen Eindruck des Wohlgeordnetseins“ erwecken kann.[547] Unerlässlich bleibt folglich die Vorsteuerung der Gesetze durch den Gesetzgeber, sodass eine zielgerichtete nachträgliche Kontrolle durch die Gerichte überhaupt ermöglicht wird.[548]

III. Berücksichtigung schulischer Eigengesetzlichkeiten

Aus Praktikabilitätsgründen oder unter dem Aspekt eines wirksameren Grundrechtsschutzes kann von einer zu engmaschigen gesetzlichen Normierung abzusehen sein. Gegen die Annahme eines zu hohen Bestimmtheitsgrades können das Erfordernis flexibler Regelungen, das Vorliegen entwicklungsoffener Sachverhalte sowie die Entlastung und Grenzen des Sachverstands des Parlaments sprechen. Teilweise werden diese Besonderheiten der schulischen Materie unmittelbar aus der vormaligen Einordnung als Sonderstatusverhältnis abgeleitet.[549] Insbesondere im Bereich der Ordnungsmaßnahmen könnten ein dynamischer Grundrechtsschutz, die pädagogische Freiheit und die Vielseitigkeit der Sachverhalte bei der Schaffung gesetzlicher Regelungen einen relevanten Orientierungsrahmen für den Bestimmtheitsgrad vorgeben.

1. Dynamischer Grundrechtsschutz

Es könnten sich Schwierigkeiten bei der Gestaltung rechtlicher Vorschriften ergeben, die in der Natur des Regelungsgegenstandes begründet sind.

a) Wissenschaftliche und technische Entwicklungen

Bei der Festlegung von sicherheitstechnischen Anforderungen ist es meist nicht möglich im Detail die technischen Fragen und Verfahren zu reglementieren, da der diesbezügliche Erkenntnis- und Entwicklungsstand nie vollumfänglich abgeschlossen sein wird. In Bereichen, bei denen durch einen schnellen wissenschaftlichen Fortschritt stetig mit Neuerungen zu rechnen ist, würde dies für den Gesetzgeber die ständige Aktualisierung einer geschaffenen Norm bedeuten.[550] Geregelt werden können naturgemäß nur Materien, die mit einem typischen und vorhersehbaren Ablauf einhergehen. Einen wesentlichen Ausgangspunkt für die Entwicklung der Wesentlichkeitstheorie der Rechtsprechung bildete die

---

547 *Evers*, VVDStRL 23 (1966), 147 (166).
548 *Von Beyme*, Der Gesetzgeber, S. 361.
549 Siehe *von Kielmansegg*, JA 2012, 881 (885).
550 BVerfG, Beschl. v. 08.08.1978 – 2 BvL 8/77, NJW 1979, 359 (362).

„Kalkar I"-Entscheidung des Bundesverfassungsgerichts aus dem Jahr 1978,[551] die primär das Bestimmtheitsgebot konkretisierte. Das Bundesverfassungsgericht hatte über die vom Oberverwaltungsgericht Nordrhein-Westfalen im Rahmen eines Normenkontrollverfahrens nach Art. 100 Abs. 1 GG vorgelegte Frage zu entscheiden, ob § 7 des Gesetzes über die friedliche Verwendung der Kernenergie und den Schutz gegen ihre Gefahren vom 23.12.1959 als verfassungskonform anzusehen war, soweit er die Genehmigung von Kernkraftwerken des Typs des sogenannten „Schnellen Brüters" ermöglichte. Das Bundesverfassungsgericht führte aus, der Gesetzgeber sei verpflichtet, in grundlegenden normativen Bereichen, insbesondere im Bereich der Grundrechtsausübung, alle wesentlichen Entscheidungen selbst zu treffen. Die „gesetzliche Fixierung eines bestimmten Sicherheitsstandards durch die Aufstellung starrer Regeln würde demgegenüber, wenn sie sich überhaupt bewerkstelligen ließe, die technische Weiterentwicklung wie die ihr jeweils angemessene Sicherung der Grundrechte eher hemmen als fördern. Sie wäre ein Rückschritt auf Kosten der Sicherheit".[552] Der Verweis auf den jeweiligen Stand von Wissenschaft und Technik trage zur Wahrung der Sicherheitsstandards von Atomanlagen im Sinne eines dynamischen Grundrechtsschutzes und damit zur Gewährleistung des Fortschritts bei. Durch eine weitere Konkretisierung der gesetzlichen Anforderungen könnte die grundsätzlich freiheitsfördernde Wirkung eines förmlichen Gesetzes gegebenenfalls den gebotenen Grundrechtsschutz verkürzen, da einzelfallorientierte Maßnahmen durch eine detaillierte Reglementierung erschwert wären.[553] Es kann folglich gerade im Interesse eines dynamischen Grundrechtsschutzes liegen, wenn der Gesetzgeber bei sich schnell verändernden Sachverhalten von einer zu präzisen gesetzlichen Regelung absieht.

b) Dynamik der schulordnungsrechtlichen Maßnahmen

Lediglich im Falle eines wirksameren Grundrechtsschutzes oder soweit ein Sachverhalt vorliegt, der nicht in die abstrakte Form eines Gesetzes gegossen werden kann, ist die Verwendung offener Tatbestände oder Generalklauseln unbedenklich. Im Rahmen der Generalklauseln wird es dann der Verwaltung ermöglicht, ihren Sachverstand bei der Anwendung der Regelung einfließen zu

---

551 BVerfG, Beschl. v. 08.08.1978 – 2 BvL 8/77, NJW 1979, 359.

552 BVerfG, Beschl. v. 08.08.1978 – 2 BvL 8/77, NJW 1979, 359 (362).

553 *Bayerischer Lehrer- und Lehrerinnenverband e. V.*, Verrechtlichung der Schule, S. 14; *Hufen*, in: Grimm, Wachsende Staatsaufgaben – sinkende Steuerungsfähigkeit des Rechts, S. 281; *Niehues/Rux*, Schul- und Prüfungsrecht, Band I, S. 11, Rn. 43.

lassen. Die Grundsätze der „Kalkar-Rechtsprechung" sind auf den Umfang des Vorbehalts des Gesetzes bei schulischen Ordnungsmaßnahmen nicht übertragbar, da bei schulordnungsrechtlichen Normen nicht die Festlegung von dynamischen, sicherheitstechnischen Anforderungen im Vordergrund steht und es keiner ständigen Erneuerung der einmal festgelegten Reglementierungen bedarf. Zudem wurde der grundrechtliche Schutz in der „Kalkar"-Entscheidung gerade durch die Verwendung offener oder unbestimmter Tatbestände erreicht, sodass ein Verzicht auf die Normierung substanzieller tatbestandlicher Voraussetzungen erfolgte. Soweit die Inhalte der Entscheidung auf den schulischen Sachbereich Anwendung finden würden, kämen primär die Ziele und Inhalte von Erziehung und Unterricht und die Bestimmung von Unterrichtsfächern, Stundentafeln und Lehrplänen in Betracht. Diese Themen unterliegen einer ständigen „Wechselbezüglichkeit".[554] Bei der Erstellung von Lehrplänen muss der Exekutive ein ausreichender Handlungsspielraum für die Festlegung und Ausgestaltung der Lernziele verbleiben.[555] Diese pädagogische Materie ist jedoch unter dem Aspekt des Anpassungsbedarfes und der Bedeutung für die Schüler nicht vergleichbar mit schulordnungsrechtlichen Maßnahmen. Sowohl Lehrpläne als auch Ordnungsmaßnahmen weisen eine große Relevanz für den weiteren Bildungsverlauf der Schüler auf, wobei Ordnungsmaßnahmen diesen durch Maßnahmen wie den Schulausschluss oder die Verweisung von allen öffentlichen Schulen erheblich tangieren oder sogar beenden können. Durch eine andere Gewichtung der Themen kommt dem Lehrplan durchaus eine Wirkung auf den Schulerfolg zu, dennoch sind die daraus folgenden Konsequenzen als verhältnismäßig gering einzustufen.

Bereits in der Gesetzesfassung in Baden-Württemberg vom 23.03.1976 erfolgte in § 90 Abs. 1 S. 1 BWSchulG in Bezug auf die Voraussetzungen des Schulausschlusses die Normierung: „Ein Schüler, dessen Verbleiben in der Schule eine Gefahr für die Erziehung und Unterrichtung, die sittliche Entwicklung, Gesundheit oder Sicherheit seiner Mitschüler befürchten läßt [sic!]".[556] In nun mehr mittlerweile 45 Jahren hat sich die Regelung nicht verändert. Es kann folglich nicht argumentiert werden, dass der pädagogische Charakter der schulordnungsrechtlichen Vorschriften lediglich einen niedrigen Normierungsgrad aufgrund der stetigen wissenschaftlichen Neuerungen und Entwicklungen

554 *Kommission Schulrecht des Deutschen Juristentages*, Schule im Rechtsstaat, Band I, S. 47.
555 So auch *Avenarius/Heckel*, Schulrechtskunde, S. 240; *Lerche*, Bayerisches Schulrecht und Gesetzesvorbehalt, S. 39.
556 GBl. BW v. 23.03.1976, S. 410.

dieses Sachbereiches erlaube. Es gab entweder keine didaktischen Entwicklungen in diesem pädagogischen Themenfeld oder diese wiesen eine untergeordnete Relevanz auf, sodass sie vom Gesetzgeber nicht berücksichtigt wurden. Der – mehr oder weniger vorhandene – erziehungswissenschaftliche Fortschritt bei den Ordnungsmaßnahmen wirkt sich damit nicht erheblich auf die Regelungsdichte aus oder schränkt diese maßgeblich ein.

2. Pädagogische Freiheit und Flexibilität

Die Wesentlichkeitstheorie fordert im Rahmen der Prüfung, ob und wie detailreich eine Materie durch den Gesetzgeber geregelt werden muss, einen Blick auf den jeweiligen Sachbereich.[557] Es kann hierdurch sowohl zu einer Verdichtung der Regelungsvoraussetzungen als auch, infolge der Vermeidung einer „Versteinerung" des Rechts, zu einer Absenkung der Regelungsdichte kommen.[558] Im Falle der Erziehungs- und Ordnungsmaßnahmen könnte der Schulbereich durch die den Lehrkräften zukommende pädagogische Freiheit[559] eine solche inhaltliche Thematik darstellen, bei der der Vorbehalt des Gesetzes nur limitiert oder gar keine Anwendung findet.

a) Begriff der pädagogischen Freiheit

Die pädagogische Freiheit bezeichnet den Gestaltungsspielraum der Lehrkraft, der notwendig ist, um eine sachgerechte Erfüllung des Bildungs- und Erziehungsauftrages der Schule zu ermöglichen und stellt den Komplementärbegriff zum staatlichen Erziehungsauftrag dar.[560] Die Lehrkraft benötigt diesen Freiraum, um ihre pädagogische Verantwortung auszuüben, welche ihre verfassungsrechtlichen Ursprünge in der vorwiegend durch den Lehrer wahrzunehmenden Aufgabe findet, Schulunterricht durchzuführen (Art. 7 Abs. 1, 20, 28 GG).[561] Die

---

557 BVerfG, Beschl. v. 08.08.1978 – 2 BvL 8/77, NJW 1979, 359 (360).

558 *Lerche*, Bayerisches Schulrecht und Gesetzesvorbehalt, S. 17.

559 Eine gesetzliche Normierung findet sich in § 38 Abs. 6 S. 1 BWSchulG; Art. 59 Abs. 1 S. 1 BayEUG; § 67 Abs. 2 S. 2 BerlSchulG; § 67 Abs. 2 S. 1 BbgSchulG; § 59 Abs. 1 S. 1 BremSchulG; § 88 Abs. 2 HmbSchulG; § 86 Abs. 2 HSchulG; § 100 Abs. 2 S. 1 MVSchulG; § 50 Abs. 1 S. 1 NSchulG; § 57 Abs. 1 NRWSchulG; § 25 Abs. 1 S. 1 RLPSchulG; § 28 Abs. 1 S. 1 SchoG; § 40 Abs. 2 S. 1 SächsSchulG; § 30 Abs. 1 S. 1 LSASchulG; § 34 Abs. 1 S. 1 SHSchulG; § 34 Abs. 2 S. 1 ThürSchulG.

560 *Hage/Staupe*, Schulrecht von A-Z, S. 141; *Stein/Roell*, Handbuch des Schulrechts, S. 42; *Wißmann*, Pädagogische Freiheit als Rechtsbegriff, S. 163.

561 OVG Schleswig, Urt. v. 05.11.1992 – 3 L 36/92, NJW 1993, 952 (953).

pädagogische Freiheit erlaubt der Lehrkraft unter anderem die Gestaltung des Unterrichts in Bezug auf die Methodenauswahl und Schwerpunktsetzung, sowie den Aufbau von Beziehungen zur Schülerschaft.[562] Sie versteht sich als an den Pädagogen gerichtete Weisung, seinen Erziehungsauftrag bestmöglich wahrzunehmen und eine Weiterentwicklung von Unterricht und Schule anzustreben.[563]

b) Funktion der pädagogischen Freiheit

Der pädagogischen Freiheit muss bei der Festlegung der gesetzlichen Regelungen dahingehend Rechnung getragen werden, der Lehrkraft im Unterricht noch ausreichend Handhabe zu ermöglichen, um auf Besonderheiten eingehen und diese berücksichtigen zu können.[564] Ein zu enges Normengeflecht könnte für die Pädagogen den faktischen Verlust ihres Gestaltungsspielraumes bedeuten.[565] Die pädagogische Freiheit der Lehrkraft ist durch die Tatsache bedingt, dass sich diese im Unterricht weitgehend allein in der Klasse mit ihren Schülern aufhält und bestimmte Umstände, die Anlass oder Grund für die Anwendung einer Maßnahme sind, häufig nicht dokumentiert werden.[566] Entsprechend der jeweiligen Neigung und Kompetenz der Lehrkraft ist ihr ein eigener Wirkungskreis eingeräumt, auf welche Art sie den Erziehungs- und Bildungsauftrag umsetzt.[567] Es ist der Selbstentfaltung von Kindern nur zuträglich, wenn den Pädagogen für die Ergreifung von Ordnungsmaßnahmen eine Autonomie dergestalt zusteht, die es ermöglicht, auf individuelle Gegebenheiten Rücksicht zu nehmen.

c) Auswirkungen auf den Vorbehalt des Gesetzes

Nach *Rux* werden der Umfang von Regelungen im Schulbereich und das Ausmaß der pädagogischen Freiheit von der Intensität der jeweiligen Grundrechtsbeeinträchtigung bestimmt. Je intensiver Grundrechte betroffen sind, desto mehr Vorgaben müssen vom Gesetzgeber getroffen werden.[568] Soweit keine

562 *Beaucamp*, RdJB 2015, 149.

563 *Avenarius*, RdJB 2005, 423 (434); *Berkemeyer/Mende*, Bildungswissenschaftliche Handlungsfelder des Lehrkräfteberufs, S. 90.

564 BVerfG, Beschl. v. 21.12.1977 – 1 BvL 1/75, NJW 1978, 807 (811); auf das Spannungsverhältnis zwischen pädagogischer Freiheit und Schulaufsicht verweisen ebenso *Hopf/Nevermann/Richter*, Schulaufsicht und Schule, S. 52; *Peters*, Erziehungs- und Ordnungsmaßnahmen im Schulrecht, S. 36.

565 *Hage/Staupe*, Schulrecht von A-Z, S. 142.

566 *Rux*, Die pädagogische Freiheit des Lehrers, S. 23.

567 OVG Schleswig, Urt. v. 05.11.1992 – 3 L 36/92, NJW 1993, 952 (953).

568 *Rux*, Die pädagogische Freiheit des Lehrers, S. 238.

drastische Grundrechtsbeschränkung vorliegt, müsse den Lehrkräften eine möglichst große Souveränität zur Erfüllung des Bildungs- und Erziehungsauftrages zukommen, da es ihnen nur so ermöglicht werde, eine persönliche Beziehung zu den Schülern aufzubauen und zu unterhalten. Darüber hinaus weist *Rux* in diesem Hinblick auf die Bedrohung der Flexibilität des Schulwesens und eine mögliche Überforderung der Parlamente hin. Eine weitere „Vergesetzlichung" bzw. „Verrechtlichung" stehe nicht im Einklang mit den tatsächlichen Verhältnissen und rechtlichen Gegebenheiten. Durch die Verrechtlichung würden sich die Pädagogen der Gefahr aussetzen, sich zu Marionetten juristischer Vorgaben zu entwickeln, sodass es mitunter zu einer Kollision des Rechts mit dem pädagogischen Handeln komme.[569] Sowohl Demokratie als auch Rechtsstaatlichkeit würden keine absolute Verrechtlichung der Schule erfordern, welche dem Schulwesen die Flexibilität und Anpassungsfähigkeit vollends nehmen würde.[570] Diese sei daher insgesamt als „häßliche [sic!] Sache"[571] und als mit der Pädagogik nicht vereinbar anzusehen[572].

Teilweise wird eine lückenlose Normierung unter Verweis auf das Wesen der Schule als Einrichtung abgelehnt, die durch die pädagogischen und fachlichen Einflüsse einem Entwicklungsprozess unterworfen ist.[573] Durch die Dynamik, welche das Unterrichtsgeschehen prägt und die zu berücksichtigenden situations- und persönlichkeitsbezogenen Kriterien werde eine umfassende Konkretisierung erschwert.[574] Eine Steuerung der schulischen Erziehung erfolge nicht durch Regelungsvorgaben im Gesetz, da diese auf eine enge Beziehung zwischen Lehrkraft und Schüler angewiesen sowie bedingt sei durch die Informationen und Interaktionen, die den Schüler geistig beeinflussen.[575] Engmaschige Regeln würden die im Schulverhältnis erforderliche Kommunikation einschränken und sowohl die Schüler als auch die Lehrkräfte zu „Vollzugsmaschinen" degradieren.[576].

---

569 *Abeldt*, Erziehung – Moral – Recht, S. 186; dagegen *Avenarius*, in: Daschner, Schulautonomie – Chancen und Grenzen, S. 267, der die Schule nicht als „Insel" im Rechtsstaat einordnet.

570 *Niehues/Rux*, Schul- und Prüfungsrecht, Band I, S. 5, Rn. 18.

571 *Teubner*, in: Kübler, Verrechtlichung von Wirtschaft, Arbeit und sozialer Solidarität, S. 290.

572 *Abeldt*, Erziehung – Moral – Recht, S. 187.

573 *KMK*, Zur Stellung des Schülers in der Schule, Beschl. v. 25.05.1973, S. 5.

574 *Hanschmann*, RdJB 2010, 445 (450); *Weber*, Das Ordnungsrecht der Schule, S. 67.

575 *Thym*, RdJB 2009, 278 (279).

576 *Dinkelmann*, Die Rechtsstellung des Schülers im Schülerdisziplinarrecht, S. 102.

Es wird in diesem Rahmen ebenso auf die Eigendynamik im Erziehungswesen verwiesen, die auf Anerkennung und Verständigung basiere und damit eine rechtliche Beziehung faktisch ausschließe.[577] Infolge einer kompetenzgerechten Abgrenzung zwischen Legislative und Exekutive könne die Legislative nur diejenigen Bereiche festsetzen, die einer gesetzlich-normativen Regelung zugänglich sind. Pädagogische Aspekte würden aufgrund ihrer Eigengesetzlichkeiten jedoch teilweise keine legislatorische Regelung ermöglichen.[578] Soweit der Gesetzgeber pädagogische Kernfragen regelt, entziehen diese sich einer Normierung, da sonst der Schul- und Bildungserfolg gefährdet sei.[579] Die Schule, das Schulverhältnis und die schulische Ausbildung sollen in diesem Zusammenhang einen „metajuristischen Ordnungs- und Funktionssachverhalt" darstellen, der sich aufgrund der pädagogischen Entfaltungsmöglichkeiten nicht vollumfassend in eine juristische Form fassen lasse.[580] Das Schulverhältnis werde vorrangig durch die persönliche Beziehung zwischen Lehrkräften und Schülern bestimmt, erst nachrangig bestehe ein Rechtsverhältnis zwischen den am Schulleben Beteiligten, sodass die Betreuung der Schüler in den Bereichen Erziehung und Bildung durch pädagogische Besonderheiten definiert sei, die sich weitgehend vom ordnenden Eingriff des Rechtsstaats abnabeln.[581] Der Normgeber habe bewusst Materien aus der gesetzlichen Regelungsform herausgenommen, um den Lehrkräften an den Schulen einen pädagogischen Freiraum zu erhalten, der elementar für die Erziehung der Schüler sei.[582] Durch die Verrechtlichung der Schule und die Fülle an Vorschriften, die die Lehrkräfte zu beachten haben, sei nicht nur ein Mehraufwand für die Lehrenden zu verzeichnen, sondern ebenso eine Verlagerung der Konzentration vom pädagogischen Auftrag hin zur bürokratischen Abwicklung.[583] Die Lehrkraft solle ein gewisses Einfühlungsvermögen für ihre Schüler entwickeln und möglichst flexibel auf die jeweilige Situation reagieren können. Eine detaillierte gesetzliche Regelung ermögliche diese Garantien nicht.[584]

---

577 *Tenorth*, RdJB 2015, 9 (12).

578 *Korte*, Disziplinprobleme im Schullalltag, S. 113; *Starck*, DÖV 1979, 269 (273 ff.).

579 *Bayerischer Lehrer- und Lehrerinnenverband e. V.*, Verrechtlichung der Schule, S. 29.

580 *Scholz/Bismark*, in: Kisker/Scholz/Bismark/Avenarius, Schule im Rechtsstaat, Band II, S. 77 f.

581 *Niehues/Rux*, Schul- und Prüfungsrecht, Band I, S. 4, Rn. 16.

582 *Niehues/Rux*, Schul- und Prüfungsrecht, Band I, S. 5, Rn. 18.

583 *Bayerischer Lehrer- und Lehrerinnenverband e. V.*, Verrechtlichung der Schule, S. 5.

584 Siehe hierzu *Schmidt*, NVwZ 1997, 456 (458).

d) Vorwand der pädagogischen Eigengesetzlichkeiten

Das regelmäßig angeführte Erfordernis der benötigten pädagogischen Freiheit spricht nicht gegen eine Verdichtung der Regelungen im Bereich der schulordnungsrechtlichen Maßnahmen. Die aufgezeigten Positionen stellen im Ergebnis vorgeschobene Argumente dar, die einer gesetzlichen und konkreten Normierung der Materie grundlos entgegengehalten werden. Infolge weiterer Regelungen in Form eines Parlamentsgesetzes, wird die pädagogische Freiheit der Lehrkräfte nicht eingeschränkt, sondern es kann hierdurch gerade zu einer Gewährleistung und Sicherung dieses Rechts kommen, indem eine Vielzahl von administrativen Detailregelungen durch klare Vorgaben des Gesetzgebers vermieden wird.[585]

aa) Rechtliche Absicherung schulordnungsrechtlicher Maßnahmen

Die Bezeichnung des Schulwesens als „metajuristische" Materie[586] lässt nicht den zwingenden Rückschluss auf einen eingeschränkten Anwendungsbereich des Vorbehalts des Gesetzes im schulischen Bereich zu. Eine Kausalität zwischen der rechtlichen Qualität schulordnungsrechtlicher Maßnahmen und ihrer Zuordnung zum pädagogischen Sachbereich scheidet mithin aus. Die pädagogische Freiheit ist zudem nicht als subjektiv-rechtliche Gewährleistung zu verstehen.[587] Eine parlamentarische Leitentscheidung würde die grundsätzliche Verpflichtung des Gesetzgebers, das Schulverhältnis auszugestalten, auch faktisch untermauern. Ein Missbrauch der pädagogischen Freiheit kann folglich durch gesetzliche Konkretisierungen der Vorschriften minimiert werden.[588] Die Verrechtlichung kann als Einbindung der Schule in die rechtsstaatlich-demokratische Grundordnung angesehen werden, durch die die erzieherische Aufgabe vollumfassend erhalten wird.

Das Gesetz stellt sich als elementares Mittel zur Sicherstellung der Leistungsfähigkeit der Schule selbst und der Rechte der am Schulwesen beteiligten Personen dar.[589] Verrechtlichung sollte als Prozess begriffen werden, der die Schule in die rechtsstaatlich-demokratische Ordnung einfügt und damit die

---

585 *Staupe*, Parlamentsvorbehalt und Delegationsbefugnis, S. 265.

586 *Scholz/Bismark*, in: Kisker/Scholz/Bismark/Avenarius, Schule im Rechtsstaat, Band II, S. 79 f.

587 *Scholz/Bismark*, in: Kisker/Scholz/Bismark/Avenarius, Schule im Rechtsstaat, Band II, S. 78.

588 *Rux*, Die pädagogische Freiheit des Lehrers, S. 240.

589 *Bayerischer Lehrer- und Lehrerinnenverband e. V.*, Verrechtlichung der Schule, S. 6.

Grundbedingungen für die pädagogische Arbeit schafft.[590] Der höchstpersönliche Charakter des Schulverhältnisses schließt eine rechtliche Beziehung zwischen den am Schulleben Beteiligten nicht aus, sondern begründet diese.[591] Der Schule kommt eine Integrationsaufgabe zu,[592] im Rahmen derer ebenfalls die Verhängung von Ordnungsmaßnahmen wesentliche Bedeutung hat, da diese ein wichtiger Bestandteil der Erziehungsaufgabe ist. Die Schulgesetze geben den für die Entscheidung über die Ordnungsmaßnahmen zuständigen Personen eine rechtliche Orientierung vor. Mit einer weiteren Verrechtlichung wird somit eine Verankerung der Rechte der am Schulwesen beteiligten Personen erreicht.[593]

bb) Handlungsanleitung für die Rechtsanwender

Insbesondere den Lehrkräften und Schulleitungen ist es ein Anliegen, sich im Rahmen der Verhängung von schulordnungsrechtlichen Maßnahmen rechtssicher zu verhalten und gleichzeitig durch die gesetzlichen Vorschriften Lösungsansätze zu erhalten. Die Problematik des Fehlverhaltens von Schülern belastet Lehrkräfte nicht nur aufgrund des unklaren Normengefüges, sondern ebenso emotional.[594] Als älterer Vorfall aus dem Jahr 2006 ist in diesem Zusammenhang an den Hilferuf des Schulkollegiums der Berliner Rütli-Schule zu denken.[595] Durch konkrete gesetzliche Vorgaben werden den am Schulwesen beteiligten Personen juristische Handlungshilfen geboten, die deren Entscheidungen massiv erleichtern könnten. Infolge der weitgehenden Auslagerung von elementaren Regelungen im Bereich der schulordnungsrechtlichen Maßnahmen aus parlamentarischen Gesetzen hin zu Verordnungen, wird gerade der Übersichtlichkeit der Materie geschadet und den Rechtsanwendern die Anwendung erheblich erschwert.[596] Soweit den Lehrkräften die notwendigen Orientierungen in Form

---

590 *Avenarius/Hanschmann*, Schulrecht, S. 16.

591 *Barczak*, Der Übergang von der Grundschule, S. 128.

592 *Pieroth*, DVBl. 1994, 949 (951).

593 *Fauser*, Pädagogische Freiheit in Schule und Recht, S. 11; siehe hierzu auch *Galas/Krömer/Nolte/Ulrich*, Niedersächsisches Schulgesetz, Kommentar, S. 43.

594 *Greene*, Verloren in der Schule, S. 11; *Hürlimann*, Für die Schule nicht mehr zumutbar, S. 183; *Keller*, Disziplinmanagement in der Schulklasse, S. 7; *Menzel/Wiater*, Verhaltensauffällige Schüler, S. 38; *Vernooij/Wittrock*, in: Popp/Methner, Schülerinnen und Schüler mit herausforderndem Verhalten, S. 16; auf den enormen Zuwachs von Verhaltensstörungen bei Schülern seit den 1970er Jahren und auf die fehlenden empirischen Studien zu dieser Thematik hinweisend, *Winkel*, Schwierige Kinder, S. 22.

595 *Eggebrecht*, Schulsituation, Schreiben v. 28.02.2006.

596 Die fehlende Übersichtlichkeit beklagen ebenso *Galas/Krömer/Nolte/Ulrich*, Niedersächsisches Schulgesetz, Kommentar, S. 43; zur notwendigen Eindämmung der „Flut

von Gesetzen mit entsprechend konkreter Regelungsdichte zukommen, können diese auf eine eigene Auslegung und Herleitung der Voraussetzungen und Konsequenzen der Vorgaben verzichten und ihren Fokus sogar noch verstärkter als zuvor auf ihren pädagogischen Auftrag legen. Durch das Gesetz erlangt die Lehrkraft folglich weitgehendere Freiheit als durch administrative Detailregelungen oder gänzlich ausbleibende Vorschriften.[597]

3. *Vielseitige Sachverhalte*

Im Bereich der Erziehungs- und Ordnungsmaßnahmen besteht eine Vielzahl denkbarer Arten des Fehlverhaltens von Schülern und daraus resultierender Fallgestaltungen, sodass sich hieraus wiederum eine enorme Komplexität möglicher Regelungsvarianten für den Gesetzgeber ergibt. Eine gesetzliche Normierung erfordert jedoch Sachverhalte, die typisierbar sind, einen vorhersehbaren Ablauf aufweisen und in regelmäßigen Fallkonstellationen auftreten.[598] Der durch den Gesetzgeber in einer Norm festzulegende Sachverhalt muss in einen abstrakt-generellen Rechtssatz gefasst werden und damit verallgemeinert werden können. Rechtsnormen müssten dabei so formuliert werden, dass durch die Verwendung allgemeiner Begriffe bestmöglich alle auftretenden Konstellationen abgedeckt werden können.[599] Insofern könnte es an der „Programmierungstechnik“ fehlen, die aufgrund der pädagogischen Didaktik der Schule nicht umgesetzt werden kann und sich so als Grenze der Verrechtlichung darstellt.[600] Daher wäre es die pragmatischste Option, das Gebiet der Ordnungsmaßnahmen vorrangig mithilfe von Generalklauseln und weit auslegbaren Begriffen zu regeln, um sämtliche Modalitäten mit einer kurzen und einfach verständlichen Norm abzudecken.[601]

a) *Verwendung unbestimmter Rechtsbegriffe*

Es wird in diesem Zusammenhang die Ansicht vertreten, dass die Verwendung unbestimmter Rechtsbegriffe im Schulwesen verfassungsrechtlich unbedenklich sei.[602] Zu viele Detailregelungen würden die Gefahr der Unverständlichkeit

---

von Ministerialerlassen“ siehe der *Bayerische Lehrer- und Lehrerinnenverband e. V.*, Verrechtlichung der Schule, S. 24.

597 *Hennecke*, Staat und Unterricht, S. 196.

598 *Löhning*, Der Vorbehalt des Gesetzes, S. 77.

599 *Avenarius*, Schulrechtskunde, S. 7.

600 *Fauser*, Pädagogische Freiheit in Schule und Recht, S. 77, 103.

601 So auch der Vorschlag von *Weber*, Das Ordnungsrecht der Schule, S. 129.

602 *Theuersbacher*, NVwZ 1988, 886 (887).

erhöhen, sodass der Rechtsanwender den Norminhalt nicht korrekt erfassen könnte.[603] Beispiele für die gebotene Verwendung von unbestimmten Rechtsbegriffen stellen nach *Avenarius/Hanschmann* die administrative Umsetzung der gesetzlich vorgegebenen Bildungs- und Erziehungsziele oder Materien dar, bei denen Entwicklungen noch nicht abgeschlossen sind oder der Ausgang noch offen ist.[604] Ebenso wird die Entlastung des Parlaments gegen eine zu konkrete Normierung eingewendet, welches vielmehr die relevanten und brisanten politischen Entscheidungen treffen und seine Zeit effektiv nutzen solle.[605] In diesem Zusammenhang sei eine Förderung der arbeitsteiligen Kompetenzordnung zwischen Legislative und Exekutive im Zuge des enormen Zuwachses von regelungsbedürftigen Materien sinnvoll.[606]

b) Delegationsähnliche Kompetenzzuweisung an die Exekutive

Allein die Vielgestaltigkeit der Lebensverhältnisse der zu ordnenden Materie bietet noch keinen zwingenden Anlass das Bestimmtheitsniveau herabzusetzen. Das Gesetz soll gerade einen abstrakt-generellen Sachverhalt regeln. Insbesondere bei solchen vielschichtigen und komplexen Sachverhalten kann es zielführend sein durch die Verwendung mehrerer Vorschriften eine gewisse Regelungsdichte der einzelnen Normen sicherzustellen.[607] Sofern die Vorgaben durch die Verwendung von Generalklauseln und unbestimmten Begriffen zu offen gestaltet sind, ergibt sich im Ergebnis eine verdeckte delegationsähnliche Kompetenzzuweisung an die Exekutive, die durch den Vorbehalt des Gesetzes verhindert werden soll und die durch fehlende Kennzeichnung eine Gefahr für die verfassungsmäßige Kompetenzzuordnung darstellt.[608] Der parlamentarische Gesetzgeber darf sich seiner Verantwortung nicht entziehen, indem er zwar ein Gesetz beschließt, dieses aber inhaltlich so vage formuliert, dass die Entscheidung dennoch im Ergebnis den gesetzesanwendenden Gewalten obliegt. Richtigerweise können sich Lockerungen des Bestimmtheitsgrades nur ergeben, soweit eine typisierende Zusammenfassung oder Einteilung von Verhaltensweisen

---

603 *Herzog*, NJW 1999, 25 (26).

604 *Avenarius/Hanschmann*, Schulrecht, S. 39.

605 *Geitmann*, Bundesverfassungsgericht und „offene" Normen, S. 136 ff.

606 *Triepel*, Delegation und Mandat im öffentlichen Recht, S. 119.

607 *Papier/Möller*, AöR 122 (1997), 177 (186).

608 *Busch*, Das Verhältnis des Art. 80 Abs. 1 S. 2 GG zum Gesetzes- und Parlamentsvorbehalt, S. 62; *Oppermann*, Gutachten C für den 51. Deutschen Juristentag, C 51.

nicht in Betracht kommt und es zu einer Häufung von Einzelfällen käme.[609] Der normierbare Bereich muss eine gesetzliche Regelung erhalten, während Generalklauseln Raum für komplexe Sachverhalte einräumen.

c) Vermeidung einer Rechtszersplitterung

Die Schule soll die Schüler in die Lage versetzen, ihre geistigen Fähigkeiten auf bestmögliche Art und Weise zu entfalten und weiterzuentwickeln. Vor diesem Hintergrund ist es elementar allen Schülern die gleichen Grundvoraussetzungen zukommen zu lassen und niemanden zu bevorteilen oder zu benachteiligen. Hieraus ergibt sich die Notwendigkeit konkretisierender gesetzlicher Regelungen für eine einheitliche Rechtsanwendung. Je mehr Entscheidungsräume der Schule in Person der Lehrkraft, der Schulleitung oder des zuständigen Gremiums belassen werden, desto mehr variieren die ordnungsrechtlichen Instrumente der Schulen, die im Zuge eines Fehlverhaltens zur Anwendung kommen, wodurch divergierende Verfahrensweisen entstehen.[610] Welche Maßnahme verhängt wird, kann nicht durch die Auslegungsvariante[611] des zuständigen Personenkreises bedingt sein. Für die Schüler ergibt sich sonst de facto keinerlei Vorhersehbarkeit, an welches Verhalten eine bestimmte Maßnahme geknüpft sein könnte. Zwar sollte lokalen Umständen an den Schulen im Rahmen der Interpretation der Tatbestandsvoraussetzungen Rechnung getragen werden können,[612] eine Unterscheidung darf jedoch nicht so weit gehen, dass bei derselben Verhaltensstörung keine oder komplett unterschiedliche Maßnahmen getroffen werden können. Durch die Kausalität zwischen dem Erfolg im Bildungswesen und dem sozialen Aufstieg in der Gesellschaft würde diese Uneinheitlichkeit im Ergebnis dazu führen, dass ein Schulwechsel über das soziale Schicksal des Schülers entscheiden könnte.[613]

---

609 *Reimer*, in: Hoffmann-Riem/Schmidt-Aßmann/Voßkuhle, Grundlagen des Verwaltungsrechts, Band I, S. 585 f.

610 *Petillon* stellte beispielsweise die Beobachtung auf, dass Strafen besonders oft intuitiv bei unbeliebten Schülern angewendet werden, vgl. *Petillon*, Der unbeliebte Schüler, S. 140, 174, 201.

611 Zur Divergenz der Wahrnehmung gleicher Sachverhalte bei verschiedenen Personen siehe *Palmowski*, Systemische Beratung, S. 23.

612 So auch *Rathke*, Öffentliches Schulwesen und religiöse Vielfalt, S. 340.

613 *Hennecke*, Staat und Unterricht, S. 102.

Dritter Teil Ergebnis

Die Schulgesetze müssen den rechtlichen Rahmen für die Anwendung der Ordnungsmaßnahmen und der hierzu notwendigen tatbestandlichen Voraussetzungen vorgeben. Die Verfassung selbst fordert die Legitimation staatlichen Handelns in bestimmten grundlegenden Bereichen durch förmliches Gesetz. Dem Parlament kommt primär die verfassungsrechtliche Aufgabe der Normsetzung als Legislativgewalt zu, während der Exekutive in Anlehnung an den Wortlaut in Art. 20 Abs. 2 S. 2 GG die Verwaltung und Vollziehung der Gesetze obliegt. Die genauen Regelungsmaterien sind jedoch nicht im Grundgesetz aufgeführt. Um diese zu ermitteln, muss auf tangierte Rechtspositionen des Bürgers sowie die Eigenart der Regelungsgegenstände abgestellt werden. Zusätzliche Indizien sind den Grundrechten zu entnehmen, die mit ihren objektiven Wertentscheidungen weiterführende Anhaltspunkte enthalten. Dass ein Gesetz nur dort erforderlich ist, wo Eingriffe in Freiheit und Eigentum im Raum stehen, trägt dabei dem gegenwärtigen Verfassungsverständnis keine Rechnung, da dieses historisch durch die konstitutionelle, bürgerlich-liberale Staatsauffassung des liberalen Bürgertums geprägt ist.[614] Inzwischen hat eine wesentliche Veränderung des Verhältnisses zwischen Staat und Bürger stattgefunden, welcher ebenfalls eine Auswirkung auf die Definition und Reichweite des Vorbehalts des Gesetzes zuzusprechen ist.

Allein dem durch das Parlament beschlossenen Gesetz kommt die unmittelbarere demokratische Legitimation zu. Zudem gewährleistet das parlamentarische Verfahren ein höheres Maß an Öffentlichkeit und bietet somit auch größere Möglichkeiten eines Ausgleichs gegenläufiger Interessen als ein Handeln durch die Verwaltung. Das Argument der möglichen Entlastung des Parlaments durch eine restriktive Festlegung der Vorbehaltsbereiche ist nicht zielführend. Sofern die Arbeitslast in dieser Hinsicht für den Gesetzgeber reduziert wird, erhöht sich die Aufgabenanzahl und die Belastung der Verwaltung, sodass die Balance des Arbeitsvolumens zwischen den Gewalten nicht vorhanden wäre. Daneben ist ein Verweis auf die enorme Sachkenntnis der Exekutive und die damit einhergehende Notwendigkeit der Zuständigkeitsübertragung nicht sachdienlich. Der Gesetzgeber holt sich vielmehr – soweit erforderlich – das fehlende Wissen selbstständig ein und bewertet es im Rahmen der Gesetzeserörterung.

614 Siehe hierzu *Morgenthaler*, Freiheit durch Gesetz, S. 263.

Die im jeweiligen Fall einzuhaltenden Anforderungen an die Regelungsdichte einer Norm sind abhängig von der Intensität, mit der die Vorschrift auf Grundrechte des Normadressaten einwirkt. Zwar kommt dem Bestimmtheitsgebot bei der Verhängung von schulischen Ordnungsmaßnahmen keine freiheitsgewährleistende Funktion zu, wie beispielsweise Strafgesetzen. Dennoch sind durch die Entscheidung, ob Ordnungsmaßnahmen zum Zuge kommen, gleich mehrere Grundrechtsträger betroffen. Da bei allen gegenwärtig normierten schulordnungsrechtlichen Maßnahmen in Grundrechte eingegriffen wird und damit die Grundrechtsrelevanz als hoch anzusehen ist, sind strenge Maßgaben an die Regelungsdichte zu stellen. Je intensiver die Beeinträchtigung erfolgt, desto engmaschiger muss die gesetzliche Grundlage ausgestaltet und desto weniger darf auf Generalklauseln zurückgegriffen werden.

Ein Ausgleich mangelnder Bestimmtheit durch strikte Verfahrensvorschriften oder die konkrete Zuordnung der Zuständigkeit an Entscheidungsträger ist nicht zielführend und stellt kein entsprechendes Äquivalent dar. Selbst bei einem durchreglementierten Verfahren ist hierdurch die Vorhersehbarkeit der Vorgaben für den Schüler nicht gegeben. Ebenso ist die Bereitstellung eines rechtsstaatlichen Verfahrens in Form einer gerichtlichen Kontrolle nicht geeignet die Nachteile der Unbestimmtheit der gesetzlichen Regelung zu verhindern oder zu verringern.[615] Die Rechtsprechung prüft nachträglich die Entscheidung der Verwaltung. Dies impliziert eine vorherige Auslegung der Vorschrift und Entscheidung durch die Exekutive. Ordnungsmaßnahmen sind als Ermessensentscheidungen ausgestaltet, sodass eine gerichtliche Überprüfung nur dahingehend stattfindet, ob vom richtigen Sachverhalt ausgegangen worden ist, der Gleichheitssatz berücksichtigt, das Ermessen zweckmäßig ausgeübt sowie der Grundsatz der Verhältnismäßigkeit gewahrt wurde. Die Festlegung, wer für die Verhängung der Ordnungsmaßnahmen zuständig sein soll, und die Absicherung durch verschiedene Verfahrensvoraussetzungen dient vorrangig der Wahrung des Rechtsstaatsprinzips, vermag jedoch nicht die fehlende Bestimmtheit der Normen zu beseitigen. Wenn das zuständige Organ aufgrund inhaltlicher Unklarheiten keine rechtssichere Anwendung der Vorschrift gewährleisten kann, ist diese Konstellation genauso als rechtlich nicht hinnehmbares Dilemma anzusehen.

Jeder gesetzliche Begriff muss im Rahmen einer Auslegung interpretiert werden, da sich der konkrete Sinn meist erst aus dem jeweiligen Zusammenhang ergeben wird. Inhaltlich muss der Gesetzgeber die Tätigkeit der Verwaltung normieren und darf sich nicht darauf beschränken, allgemein gehaltene Paradigmen aufzustellen.

615 A. A. BVerfG, Beschl. v. 26.09.1978 – 1 BvR 525/77, NJW 1978, 2446 (2447).

Die gesetzlichen Grundlagen müssen zwar in einer Weise vorgegeben werden, die dem Einzelfall und dessen Umständen Rechnung trägt und auch eine Anpassung und Auslegung an den wissenschaftlichen und technischen Fortschritt ermöglicht. Eine angemessene Würdigung wird dennoch nicht deshalb unmöglich oder behindert, weil eine detailliertere Normierung erfolgt. *Krampen-Lietzke* ist vor diesem Hintergrund in der Aussage, dass zwar die Erziehungsziele regelungsbedürftig sind, aber eine Freiheit hinsichtlich des Weges dahin bestehen muss,[616] nicht zuzustimmen. Eine reine Vorgabe von Regelungszielen und Grenzen der Regelung ist nicht ausreichend, da hierdurch für den Schüler nicht klar wird, wann eine Maßnahme ergriffen wird und wie diese inhaltlich ausgestaltet ist. Durch diese Variante würde kein gewinnbringender Nutzen für den Rechtsanwender erzielt werden, da dieser nicht den Anwendungsbereich der entsprechenden Ordnungsmaßnahmen einschätzen könnte.

Ein Abweichen von einer parlamentarischen Entscheidung kann nicht leichtfertig erfolgen, vielmehr müssen hierfür zwingende Gründe bestehen, die über eine Flexibilität oder Praktikabilität einer Entscheidung durch die Verwaltung hinausgehen. Hinzutreten muss eine Gefährdung oder ein Ausschluss der ordnungsgemäßen Erfüllung der Verwaltungsaufgaben. Die Anpassungen an den erzieherisch wissenschaftlichen Fortschritt im Hinblick auf die Materie der Ordnungsmaßnahmen halten sich enorm in Grenzen. Es gibt Sachbereiche, deren praktische Wirksamkeit und Effektivität durch eine zu konkrete gesetzliche Normierung eingeschränkt würden, hierzu zählen jedoch nicht die schulischen Ordnungsmaßnahmen. Die Schule, die Schulaufsicht und vor allem den betroffenen Schüler darauf zu verweisen, die Voraussetzungen der entsprechenden Normen anhand einer juristischen beziehungsweise laienfreundlichen Auslegung mithilfe der gängigen Auslegungsmethoden rudimentär zu ermitteln, ist im Hinblick auf eine rechtssichere Handhabung der Normen nicht zielführend.

Die Voraussetzungen der Maßnahmen müssen umso konkreter festgelegt werden, je einschneidender diese in die Grundrechte der Schüler eingreifen. Während bei niederschwelligen Maßnahmen, wie der Überweisung in die Parallelklasse oder dem (kurzen) zeitweiligen Ausschluss aus der Schule, Grundbedingungen für die Anwendung vom Gesetzgeber festgelegt werden müssen, verdichtet sich dieser Maßstab beim längeren zeitweiligen Ausschluss sowie dem endgültigen Ausschluss von einer Schule, allen Schularten und allen öffentlichen Schulen des Landes. Soweit

616 *Krampen-Lietzke*, Der Dispens vom Schulunterricht aus religiösen Gründen, S. 29; ähnlich *Busch*, Das Verhältnis des Art. 80 Abs. 1 S. 2 GG zum Gesetzes- und Parlamentsvorbehalt, S. 77.

sich die gesetzliche Ausgestaltung der Ist-Normen nicht deckungsgleich mit den Soll-Normen darstellt und hierdurch die Maßnahmenanwendung und Maßnahmenauswahl in das Belieben des Rechtsanwenders gestellt werden, unterliegt diese Vorgehensweise unter rechtstaatlichen Aspekten enormen Bedenken.

Vierter Teil: Vereinbarkeit der Ordnungsmaßnahmen mit den verfassungsrechtlichen Anforderungen

Nachdem im dritten Teil die Anforderungen im Hinblick auf die Regelungsebene sowie Regelungsdichte bei Ordnungsmaßnahmen definiert und festgelegt wurden, erfolgt im vierten Abschnitt dieser Arbeit eine konkrete Prüfung der schulischen Generalklauseln und der Maßnahmen, die in relevanter Weise auf die Rechtspositionen des Schülers einwirken.

Die zu prüfenden Ordnungsmaßnahmen in Form der Überweisung in die Parallelklasse,[617] des zeitweiligen Ausschlusses vom Unterricht,[618] des Ausschlusses von der Schule,[619] von allen Schulen einer Schulart[620] und von allen öffentlichen Schulen[621] sind mehrheitlich in den Schulgesetzen der Länder normiert. Die Anforderungen, die an die jeweilige Ordnungsmaßnahme gestellt werden, ergeben sich aus dem einschlägigen Schulgesetz und der dort gefassten Regelung. Die Tatbestände der Schulgesetze sind bei näherer Betrachtung äußerst generalklauselartig dargestellt oder beinhalten Formulierungen, die stark auslegungsbedürftig sind. Der Inhalt ist in den gesetzlichen Normen wenig bis kaum konkretisiert und kann somit nur schwer Fallgruppen zugeordnet werden. Die in den Schulgesetzen genannten Voraussetzungen müssen jedoch durch den Bürger in Person des Schülers – mit etwaiger juristischer Hilfestellung – ausgelegt werden können oder bereits durch die Rechtsprechung substantiell inhaltlich unterlegt worden sein, um der geforderten Regelungsdichte Rechnung zu tragen. Die Normen müssen wiederum in ihren einzelnen Regelungsbereichen dahingehend betrachtet werden, ob einzelne Materien formell-gesetzlich geregelt werden müssen. Für die Auslegung von Gesetzen ist der „in der Norm zum Ausdruck kommende objektivierte Wille des Gesetzgebers, wie er sich aus dem Wortlaut der Vorschrift und dem Sinnzusammenhang ergibt“, maßgeblich.[622]

617 Siehe Vierter Teil Kap. 2.
618 Siehe Vierter Teil Kap. 3.
619 Siehe Vierter Teil Kap. 5.
620 Siehe Vierter Teil Kap. 6.
621 Siehe Vierter Teil Kap. 7.
622 BVerfG, Urt. v. 19.03.2013 – 2 BvR 2628/10, BVerfGE 133, 168, Rn. 66.

Dieser wird durch die üblichen anerkannten Methoden der Gesetzesauslegung, der historischen und systematischen Auslegung, ergänzt. Insbesondere durch Letztere soll eine Leseart erreicht werden, im Rahmen derer die einzelnen Rechtsvorschriften, die thematisch miteinander verwandt sind, logisch in ihrer Gesamtdarstellung vereinbar sind.[623] Die Auslegung kommt dann an ihre Grenzen, wenn das gesetzgeberische Ziel in einem wesentlichen Punkt verfehlt oder verfälscht wird, an die Stelle der Gesetzesvorschrift inhaltlich eine andere tritt oder der normative Regelungsinhalt erstmalig geschaffen oder neu bestimmt werden würde.[624] Insoweit ergibt sich die Prüfung, ob der Gesetzgeber die Norm auch alternativ mit einem erhöhten Bestimmtheitsgrad, ohne Verlust von Verständlichkeit hätte fassen können.

623 *Jarass*, in: Jarass/Pieroth, Grundgesetz für die Bundesrepublik Deutschland, Art. 20 GG Rn. 62a.
624 BVerfG, Beschl. v. 09.02.1988 – 1 BvL 23/86, NJW 1988, 1902.

Kapitel 1: Schulische Generalklausel

Die Frage, ob die schulischen Generalklauseln Anknüpfungspunkte für Verbote oder Weisungen an Schüler darstellen können, bedarf der näheren Untersuchung. Insbesondere ist vor dem Hintergrund der Feststellungen zum Vorbehalt des Gesetzes hierbei die Problematik zu betrachten, ob auf dieser Grundlage auch Verhaltensweisen mit Grundrechtsbezug untersagt werden können. Als Beispiel für grundrechtlich geschützte und im praktischen Schulalltag konfliktträchtige Handlungen sollen religiöse Verhaltensweisen dienen. Im öffentlichen Schulwesen ereignen sich in regelmäßigen Zeitabständen Konflikte religiöser Art, welche sich in Form der Einhaltung religiöser Bekleidungsvorschriften, Befreiungen vom Unterricht oder sonstigen religiös bedingten Verhaltensweisen äußern. Zu denken ist in diesem Zusammenhang unter anderem an die ergangene Rechtsprechung zum Schulgebet[625], den Kruzifix-Beschluss[626] oder Befreiungen vom Unterricht[627]. Im Jahr 2006 vollzog die Schulleitung an einer Gesamtschule in Bonn einen Ausschluss vom Unterricht für einen Zeitraum von zwei Wochen, da zwei muslimische Mädchen in einer Burka gekleidet am Unterricht teilnahmen.[628] An einer Düsseldorfer Schule wurde im Jahr 2015 zudem eine Schülerin aufgrund des Tragens eines Kopftuchs suspendiert.[629]

Auf religiöse Handlungen wird nicht selten mit Verboten unter Heranziehung der schulischen Generalklausel reagiert, die oftmals mit einer gerichtlichen Überprüfung enden.[630] Infolge des Aufeinandertreffens verschiedener Religionen und der Auflösung des Spannungsverhältnisses zwischen positiver und negativer Glaubensfreiheit wird durch die Vielfalt in Deutschland im kulturellen, ethnischen und religiösen Sinne damit auch das schulische Leben entscheidend beeinflusst.[631] An den Schulen ist „die spannungsreiche Vielfalt der Gesellschaft wie unter einem Brennglas gebündelt".[632] Dass es derweil in den

625 BVerwG, Urt. v. 30.11.2011 – 6 C 20/10, NVwZ 2012, 162.

626 BVerfG, Beschl. v. 16.05.1995 – 1 BvR 1087/91, BVerfGE 93, 1.

627 BVerwG, Urt. v. 11.09.2013 – 6 C 25/12, NVwZ 2014, 81.

628 *Der Tagesspiegel* v. 28.04.2006, Burka-Trägerinnen von Unterricht suspendiert.

629 *Die Welt* v. 10.11.2015, Auch christliche Schulen müssen Kopftuch erlauben.

630 OVG Hamburg, Beschl. v. 29.01.2020 – 1 Bs 6/20, NVwZ 2020, 489.

631 BVerwG, Urt. v. 04.07.2002 – 2 C 21/01, NJW 2002, 3344 (3345).

632 *Rixen*, NJW 2003, 1712; vgl. auch *Jürgens*, Schwierige Schüler? Disziplinkonflikte in der Schule, S. 2.

meisten schulgesetzlichen Regelungen noch an einer konkreten Ermächtigungsgrundlage für die Einschränkung religiöser Verhaltensweisen in der Schule fehlt, könnte an den bislang ausbleibenden schulischen Konflikten liegen, die sich erst in den letzten Jahren vermehrt bildeten[633] und durch die weitgehend einheitliche konfessionelle Zusammensetzung in der Bundesrepublik Deutschland in den vergangenen Jahrzehnten kaum in Erscheinung traten.[634] Während im Jahr 1991 (Stichtag 31.12.1991) nur insgesamt 6 067 000 Menschen mit Migrationshintergrund[635] in Deutschland lebten, waren es im Jahr 2020 (Stichtag: 31.12.2020) bereits 10 599 249[636], sodass eine deutliche Steigerung der Zuwanderung zu verzeichnen ist.

A. Rechtliche Grundlage

Ein Verbot könnte grundsätzlich auf die schulrechtlichen Generalklauseln gestützt werden, sofern diese im jeweiligen Schulgesetz vorhanden sind. Es ist zwischen den Generalklauseln mit Eingriffsbefugnissen und ohne unmittelbare Eingriffsbefugnisse zu unterscheiden. Daneben bestehen im Schulgesetz Bayern und Niedersachsen explizite gesetzliche Ermächtigungen für die Unterbindung von religiösen Verhaltensweisen in Form der Gesichtsverhüllung von Schülern,[637] welche jedoch vor dem Hintergrund der Wahrung der Grundsätze des Vorbehalts des Gesetzes keinen Bedenken begegnen und daher vorliegend nicht Prüfungsgegenstand sind.

I. Schulische Generalklausel mit Eingriffsbefugnissen

In Baden-Württemberg findet sich eine schulische Generalklausel mit Eingriffsbefugnis. Nach § 23 Abs. 2 BWSchulG ist die Schule berechtigt, die zur Aufrechterhaltung der Ordnung des Schulbetriebs und zur Erfüllung der ihr übertragenen unterrichtlichen und erzieherischen Aufgaben erforderlichen Maßnahmen zu treffen und örtliche Schulordnungen, allgemeine Anordnungen

---

633 Siehe hierzu ausführlich *Langenfeld*, Integration und kulturelle Identität zugewanderter Minderheiten, S. 214.

634 *Anger*, Islam in der Schule, S. 205.

635 Unter dem Begriff werden Ausländerinnen und Ausländer umfasst, folglich alle Personen, die nicht als Deutsche i. S. d. Art. 116 Abs. 1 GG anzusehen sind, vgl. *Statistisches Bundesamt*, Reihe 2, Fachserie 1 Reihe 2, S. 7.

636 *Statistisches Bundesamt*, Reihe 2, Fachserie 1, Reihe 2, S. 18 f.

637 Art. 56 Abs. 4 S. 1, 2 BayEUG; § 58 Abs. 2 S. 1, 2 NSchulG.

und Einzelanordnungen zu erlassen und von Schülern schulordnungswidrig mitgeführte oder verwendete Sachen einzuziehen. Inhalt und Umfang der Regelungen ergeben sich hiernach aus dem Zweck und der Aufgabe der Schule. Die Norm kann als Ermächtigung aufgefasst werden, auf deren Grundlage generelle Anordnungen, beispielsweise in der Schulordnung, sowie einzelne Weisungen an Schüler getroffen werden können.[638]

II. Schulische Generalklausel ohne Eingriffsbefugnisse

Weitgehend finden sich in den schulgesetzlichen Regelungen zwar Gebote für die Schüler, jedoch keine eindeutigen Eingriffsbefugnisse für die Schule, sollte diesen Verpflichtungen nicht entsprochen werden. Oftmals wird die Aufgabe der Schüler normiert, regelmäßig am Unterricht und an den sonstigen verbindlichen Schulveranstaltungen aktiv teilzunehmen, die erforderlichen Arbeiten anzufertigen und die Hausaufgaben zu erledigen.[639] Daneben sind sie an die Vorgaben gebunden, die dazu bestimmt sind, das Bildungs- und Erziehungsziel der Schule zu erreichen sowie das Zusammenleben und die Ordnung in der Schule aufrechtzuerhalten. § 53 Abs. 2 S. 1, 2 MVSchulG bestimmt ergänzend, dass die Schüler die Weisungen der Lehrer zu befolgen haben, um die Ordnung in der Schule aufrechtzuerhalten.[640] Es handelt sich hierbei um generelle Mitwirkungsgrundsätze, aus denen sich Mitwirkungspflichten ergeben, denen die Schüler Folge zu leisten haben.[641] In Bremen, Sachsen und Sachsen-Anhalt bestehen keine ähnlichen konkretisierten Festlegungen für die Schüler.

B. Rechtsprechungsüberblick

Im Rahmen der Betrachtung und Bewertung der relevanten Entscheidungen zu dieser Thematik sind insbesondere die Urteile des Bundesverfassungsgerichts sowie des Bundesverwaltungsgerichts heranzuziehen. Ebenfalls ist die

---

638 *Falkenbach*, in: Wörz/von Alberti/Falkenbach, Schulgesetz für Baden-Württemberg, § 23 Ziff. 4.

639 § 44 Abs. 3 S. 1 BbgSchulG; § 46 Abs. 2 S. 1, 3 BerlSchulG; § 28 Abs. 2 HmbSchulG; § 64 Abs. 1 RLPSchulG; § 30 Abs. 4 SchoG; § 11 Abs. 2 S. 1 SHSchulG; § 23 Abs. 1 ThürSchulG.

640 Ähnlich § 69 Abs. 4 S. 1, 2 HSchulG; § 42 Abs. 3 S. 2, 3 NRWSchulG.

641 Siehe hierzu *Galas/Krömer/Nolte/Ulrich*, Niedersächsisches Schulgesetz, Kommentar, S. 469, und LT-Drs. NI 17/8584, S. 1 für § 58 Abs. 1 NSchulG.

Rechtsprechung des Oberverwaltungsgerichts Hamburg als aktuellere Entscheidung zu beleuchten.

I. Bundesverfassungsgericht

Im Jahr 2003 entschied der Zweite Senat des Bundesverfassungsgerichts, dass ein Verbot für Lehrkräfte in der Schule und im Unterricht ein Kopftuch zu tragen, im geltenden Recht des Landes Baden-Württemberg keine hinreichend bestimmte gesetzliche Grundlage findet.[642] Die Beschwerdeführerin begehrte die Einstellung in den Schuldienst des Landes Baden-Württemberg. Sie wendete sich gegen eine Entscheidung des Oberschulamts Stuttgart, welche wiederum durch das Verwaltungsgericht Stuttgart bestätigt wurde.[643] Das Oberschulamt Stuttgart versagte ihr die Berufung in das Beamtenverhältnis auf Probe als Lehrerin an Grund- und Hauptschulen mit der Begründung, ihr fehle die für das Amt erforderliche Eignung, da die Lehrkraft zuvor erklärte in der Schule und im Unterricht ein Kopftuch tragen zu wollen. Das Kopftuch impliziere eine kulturelle Abgrenzung, sodass dieses nicht nur ein religiöses, sondern auch ein politisches Symbol darstelle. Die hiergegen gerichtete Berufung wies der Verwaltungsgerichtshof Mannheim zurück.[644] Auch die Revision beim Bundesverwaltungsgericht blieb ohne Erfolg.[645]

Das Bundesverfassungsgericht führte in seiner Urteilsbegründung aus, die Exekutive könne keine Entscheidungen über Verhaltensregeln für Lehrer zur Konkretisierung ihrer beamtenrechtlichen Pflichten in Bezug auf Kleidung und sonstiges Auftreten gegenüber den Schulkindern treffen. Es bedürfe hierzu vielmehr einer Vorgabe durch den demokratisch legitimierten Landesgesetzgeber. Von den tatsächlichen Entwicklungen hänge ab, ob die gegenläufigen Grundrechtspositionen von Schülern und Eltern einer Normierung bedürfen, die Lehrkräfte zu äußerster Zurückhaltung in der Verwendung von Kennzeichen mit religiösem Bezug verpflichten. Über diese Einschätzungsprärogative verfüge lediglich der Gesetzgeber. Das Bundesverfassungsgericht folgert schließlich hieraus, dass das Verbot gegenüber einer Lehrkraft im Unterricht ein Kopftuch oder andere Erkennungsmerkmale der religiösen Überzeugung zu tragen, eine wesentliche Regelung im Sinne des Vorbehalts des Gesetzes darstelle. Einer solchen Dienstpflicht komme aufgrund des Gruppenbezuges nicht nur im Hinblick

642 BVerfG, Urt. v. 24.09.2003 – 2 BvR 1436/02, BVerfGE 108, 282.
643 VG Stuttgart, Urt. v. 24.3.2000 – 15 K 532/99, NVwZ 2000, 959.
644 VGH Baden-Württemberg, Urt. v. 26.06.2001 – 4 S 1439/00, NJW 2001, 2899.
645 BVerwG, Urt. v. 04.07.2002 – 2 C 21/01, NJW 2002, 3344.

auf die individuelle Grundrechtsausübung Bedeutung zu, sondern diese entfalte ebenfalls Wirkung für die gesellschaftliche Ordnungsfunktion der Glaubensfreiheit.[646] Nach der Senatsminderheit des Bundesverfassungsgerichts scheide eine offene Abwägungssituation gleichwertiger Rechtsgüter im Rahmen des Zugangs zu einem öffentlichen Amt aus, da das für die Grundrechtsverwirklichung wesentliche Rechtsverhältnis in der Schule vorrangig durch den Schutz der Grundrechte von Schülern und Eltern geprägt sei.[647] Der Wunsch, in das Beamtenverhältnis berufen werden zu wollen, werde folglich in freier Willensentscheidung getroffen.

Die Rechtsprechung des Bundesverfassungsgerichts behandelte zwar die Stellung der Lehrkräfte in der staatlichen Schule, enthält dennoch auch in Bezug auf die Zulässigkeit und Möglichkeit der Unterbindung religiöser Verhaltensweisen von Schülern erkenntnisreiche Aussagen. Die Ausdehnung des Vorbehalts des Gesetzes mithilfe der Wesentlichkeitstheorie im Bereich des Schulwesens erfolgte maßgeblich, um die Rechte der Eltern und der Schülerschaft zu stärken. Durch die Entfaltung der Grundrechte wird der Abstand zwischen dem einzelnen Bürger und der öffentlichen Staatsgewalt gewahrt.[648] Die rechtlichen Verhältnisse des Beamten als Lehrkraft und des Schülers in der Schule sind jedoch nicht vergleichbar. Beim Beamten dominiert bei der Wahrnehmung der Dienstpflichten die persönliche Rechtsstellung, sodass von einer Identifikation mit dem Verfassungsstaat und dessen relevanten Grundsatzfragen auszugehen ist.[649] Die Schülerschaft hingegen ist nicht durch ein besonderes Näheverhältnis zur Staatsgewalt geprägt, sondern vielmehr in diese rechtliche Sonderbeziehung durch die Schulpflicht gezwungen.[650] Die Schaffung von Distanz ist aufgrund der Eingliederung in den Staat im Verhältnis zwischen Beamten und Staat nicht gewollt. Während Schüler die Rechtsbeziehung zum Staat nicht aktiv suchen, streben Beamte die Nähe zum Staat an und begehren ein Handeln in Form der Einstellung. Sofern bereits für die Untersagung des religiösen Bekenntnisses einer dem

646 BVerfG, Urt. v. 24.09.2003 – 2 BvR 1436/02, BVerfGE 108, 282, Rn. 70; zustimmend *Morlok*, RdJB 2003, 381 (390).

647 BVerfG, Senatsminderheit, Urt. v. 24.09.2003 – 2 BvR 1436/02, BVerfGE 108, 282, Rn. 77 f.

648 *Loschelder*, in: Isensee/Kirchhof, Handbuch des Staatsrechts, Band V, § 123 Rn. 16.

649 So auch *von Campenhausen/De Wall*, Staatskirchenrecht, S. 72.

650 *De Maizière*, Religion im öffentlichen Raum, S. 30; *Zimmermann*, LKV 2010, 394 (396).

Staat nahestehenden verbeamteten Lehrkraft[651] eine spezialgesetzliche Grundlage notwendig ist, so wird dieses Erfordernis erst recht für den Schüler präsent.

II. Bundesverwaltungsgericht

In einer weiteren erkenntnisreichen Entscheidung anerkannte der 6. Senat des Bundesverwaltungsgerichts einem Schüler die Freiheit unter Wahrung des Schulfriedens außerhalb der Unterrichtszeiten ein Gebet zu verrichten.[652] Der Schulverwaltung sei es derzeit bei bloßen abstrakten Gefährdungen des Schulfriedens durch religiöse Verhaltensweisen nicht erlaubt, diese im Einzelfall zu unterbinden. Der Kläger war islamischen Glaubens und verrichtete in der Pause zwischen zwei Unterrichtsstunden ein Gebet. Der Schüler wurde sodann darauf hingewiesen, künftig seine Gebete einzustellen, da religiöse Bekundungen nicht erlaubt seien. Das streitgegenständliche Verbot wurde auf die Schulordnung gestützt, welche wiederum auf eine parlamentarische Ermächtigung nach § 76 Abs. 2 Nr. 9 BerlSchulG[653] zurückzuführen war. Das Verwaltungsgericht Berlin sah das Gebet des Schülers als zulässig an. Der Schüler könne sich vollumfänglich auf seine Glaubensfreiheit berufen, da die negative Bekenntnisfreiheit der anderen Schüler und Eltern in Verbindung mit dem elterlichen Erziehungsrecht diesem Grundrecht nicht entgegenstehen würden.[654]

Nach Einlegung der Berufung durch das beklagte Land Berlin hat das Oberverwaltungsgericht Berlin-Brandenburg die Klage abgewiesen.[655] Dem geltend gemachten Anspruch stünden die verfassungsimmanenten Schranken der Religionsfreiheit der anderen Schüler entgegen, sodass das Land berechtigt sei, dem Schüler die Verrichtung seines Gebets auf dem Schulgelände zu verbieten. Das Bundesverwaltungsgericht führte hierzu hingegen aus, der gesellschaftliche Wandel und die damit verbundene wachsende religiöse Pluralität könnten grundsätzlich Anlass geben den Umfang und die Reichweite von religiösen Bezügen auf dem Schulgelände festzulegen.[656] Die Bestimmung der Verhaltensregeln könne jedoch nicht die Exekutive übernehmen, sondern diese Vorgaben

---

651 Siehe zur Verhältnismäßigkeit einer spezialgesetzlichen Ermächtigungsgrundlage bei tarifangestellten Pädagogen in der Schule BVerfG, Beschl. v. 27.01.2015 – 1 BvR 471/10, 1 BvR 1181/10, BVerfGE 138, 296.

652 BVerwG, Urt. v. 30.11.2011 – 6 C 20/10, NVwZ 2012, 162.

653 Schulgesetz für das Land BE v. 26.01.2004, GVBl. 2004 S. 26.

654 VG Berlin, Urt. v. 29.09.2009 – 3 A 984.07, NVwZ-RR 2010, 189.

655 OVG Berlin-Brandenburg, Urt. v. 27.05.2010 – OVG 3 B 29.09, LKV 2010, 422.

656 BVerwG, Urt. v. 30.11.2011 – 6 C 20/10, NVwZ 2012, 162 (165).

müssten durch den demokratisch legitimierten Gesetzgeber getroffen werden. Die Abwägung zwischen den gegenläufigen Grundrechtspositionen von Schülern und Eltern könne nur der Gesetzgeber durchführen, da dieser über eine Einschätzungsprärogative verfüge, die der Exekutive und Legislative nicht zukämen. Die Bewertung, ob die Verrichtung religiöser Handlungen eine abstrakte Gefährdung[657] des Schulfriedens nach sich zieht, obliege allein ihm. Die von der Schule genutzte Ermächtigungsgrundlage stelle daher keine hinreichend bestimmte gesetzliche Grundlage dar, um religiöse Verhaltensweisen von Schülern allein wegen einer abstrakten Gefährdung zu beschränken.

III. Oberverwaltungsgericht Hamburg

Das Hamburgische Oberverwaltungsgericht entschied mit Beschluss vom 29.01.2020 über das Recht einer Schülerin mit Gesichtsschleier am Unterricht in der Schule teilzunehmen. Der Schülerin einer beruflichen Schule sei es zu gestatten, mit einem nur die Augen nicht bedeckenden Niqab dem Unterricht beizuwohnen, sodass ein vorausgehender, auf § 41 Abs. 1 HmbSchulG[658] gestützter Bescheid als rechtswidrig einzustufen sei.[659] Von der Schülerin könne nicht verlangt werden, während des Schulbesuchs auf eine Gesichtsverhüllung zu verzichten, da das Verbot einen wesentlichen Eingriff in ihr Grundrecht auf Glaubensfreiheit darstelle und es hierfür im Hamburgischen Schulgesetz derzeit an einer „über allgemeine Prinzipien hinausreichenden spezialgesetzlichen Ermächtigungsnorm“ fehle.[660] Zur Frage, wie eine mögliche Formulierung einer hinreichend bestimmten gesetzlichen Grundlage aussehen könnte, äußerte sich das Gericht nicht. Es wurde an eine Vorschrift angeknüpft, die lediglich die Verpflichtung der Erziehungsberechtigten zur Wahrung der Teilnahme des Kindes am Unterricht wiedergibt. Vor diesem Hintergrund ist festzustellen, dass diese Norm keinerlei Bezüge zu möglichen Grundrechtseinschränkungen enthält. Soweit die Vorschrift in einer Weise ausgelegt wird, die die Teilnahme auf eine bestimmte Form beschränkt, wird deren Wortlaut überdehnt sowie der

---

657 Kritisch zum Erfordernis der konkreten Gefährdung *De Maizière*, Religion im öffentlichen Raum, S. 27.

658 Der Wortlaut des § 41 Abs. 1 HmbSchulG lautet: „Die Sorgeberechtigten sind dafür verantwortlich, dass die Schulpflichtigen am Unterricht und an den Unterrichtsveranstaltungen der Schule regelmäßig teilnehmen.“

659 OVG Hamburg, Beschl. v. 29.01.2020 – 1 Bs 6/20, NVwZ 2020, 489.

660 OVG Hamburg, Beschl. v. 29.01.2020 – 1 Bs 6/20, NVwZ 2020, 489 (492).

Reichweite des Grundrechts auf Glaubensfreiheit nicht ausreichend Rechnung getragen.

C. Prüfung der Wahrung des Vorbehalts des Gesetzes

Sofern grundrechtlich geschützte Verhaltensweisen verboten werden sollen und hierbei die schulischen Generalklauseln herangezogen werden, ergeben sich insbesondere im Hinblick auf die Grundrechtsrelevanz der Handlungen und der im Rahmen der Gesetzesfassung zu berücksichtigenden gesellschaftlichen Veränderungen Bedenken in Bezug auf eine Anwendung.

I. Grundrechtsrelevanz

In dem von staatlicher Seite gestalteten Lebensbereich der bekenntnisfreien Pflichtschule beinhaltet Art. 4 Abs. 1 GG eine freiheitssichernde Wirkung zugunsten der Schüler und ihrer Erziehungsberechtigter. Die formelle Beziehung zwischen Schule und Schüler muss aufgrund der freiheitlich-demokratischen Grundordnung als Rechtsverhältnis ausgestaltet sein. Diese muss folglich unter Berücksichtigung der Verfassungsprinzipien der Rechts- und Sozialstaatlichkeit, der Grundrechte und der Bildungsziele der Länderverfassungen durch Gesetze geregelt werden.[661] In der Abwägung zwischen dem in Art. 7 Abs. 1 GG normierten Erziehungs- und Bildungsauftrag und der Religionsfreiheit des Schülers übernimmt der Gesetzgeber die Aufgabe der Grenzziehung und Ausbalancierung der Konfliktbereiche. Einen Leitgedanken des Schulwesens stellt die Vermittlung zwischen den verschiedenen Glaubensrichtungen der Schüler dar, um eine Entstehung von Parallelgesellschaften zu vermeiden.[662] Auch das Festhalten an einer nicht gesetzlich festgelegten Regelungssituation kann – als Grundentscheidung durch Unterlassen – einer ausdrücklichen Rechtsgrundlage bedürfen.[663] Der Gesetzgeber muss die Konflikte zwischen den Grundrechtsträgern in Form einer gesetzlichen Grundlage auflösen, die für die Personengruppen als Orientierungshilfe dient.[664]

---

661 *Franke*, Grundrechte des Schülers und Schulverhältnis, S. 27 ff.; *Kell*, Schulverfassung. Thesen, Konzeptionen, Entwürfe, S. 37 ff.

662 *Avenarius*, NZFam 2015, 342 (344).

663 *Lerche*, Bayerisches Schulrecht und Gesetzesvorbehalt, S. 29.

664 *Anger*, Islam in der Schule, S. 245.

II. Berücksichtigungspflichtige Veränderungen in der Gesellschaft

Die Verpflichtung des Gesetzgebers, eine konkrete gesetzliche Regelung zu schaffen, die miteinander konkurrierende Grundrechte in Ausgleich bringt, muss in diesem Zusammenhang nicht immer schon bestanden haben. Gesetze können verfassungswidrig werden, soweit Normen seit ihrem Inkrafttreten aufgrund der Veränderung tatsächlicher Verhältnisse nicht mehr den seitens der Verfassung vorgegebenen Zielsetzungen genügen, sodass ein Bereich gesetzlich neu geregelt werden muss.[665] Je mehr sich die Gesellschaft weiterentwickelt und ausdifferenziert, umso tiefgreifender müssen diese Auswirkungen auch in der Entwicklung des Rechts berücksichtigt und dieses an die Veränderungen angepasst und fortgeschrieben werden. Insbesondere ist zu beachten, dass sich durch die zunehmende Immigration und die wachsende Anzahl religiöser Konflikte in der Schule die Bedingungen im Vergleich zum Inkrafttreten der Schulgesetze radikal verändert haben.

Infolge der Anwerbung türkischer Gastarbeiter durch die Bundesrepublik Deutschland in den 1960er Jahren stieg die Zahl muslimischer Immigranten rapide an.[666] 1 461 910 Menschen (Stand 31.12.2020) betrug allein der Anteil der aus der Türkei stammenden Menschen Ende 2020[667], wobei 1 724 000 Kinder (Stand 31.12.2020) im Alter von unter 18 Jahren von Migranten in Deutschland lebten.[668] In Baden-Württemberg besuchten zwar noch im Schuljahr 1992/1993 insgesamt 161 460 Kinder mit Migrationshintergrund die Schule,[669] woraufhin sich die Zahl bis zum Schuljahr 2019/2020 auf nur noch 139 856 Schüler reduzierte.[670] Dennoch erfuhr die religiöse Zusammensetzung der Schülerschaft in Baden-Württemberg Veränderungen in den vergangenen Jahrzehnten. Im Schuljahr 2008/2009 war die Anzahl der evangelischen und katholischen Schüler mit 72,9 % relativ hoch und fiel bis zum Schuljahr 2017/2018 auf 60,1 %.[671] Die Statistik gibt zwar keinen Aufschluss darüber, ob und welcher Konfession der übrige prozentuale Anteil der Schüler angehörte, jedoch ist davon auszugehen, dass entweder eine Vielzahl der in der Statistik aufgeführten Schüler

---

665 *Ipsen*, Rechtsfolgen der Verfassungswidrigkeit von Norm und Einzelakt, S. 133.
666 *Anger*, Islam in der Schule, S. 25.
667 *Statistisches Bundesamt*, Reihe 2, Fachserie 1, Reihe 2, S. 23.
668 *Statistisches Bundesamt*, Reihe 2, Fachserie 1, Reihe 2, S. 38.
669 *Statistisches Bundesamt*, Fachserie 11, Reihe 1, Schuljahr 2018/2019, S. 234.
670 *Statistisches Bundesamt*, Fachserie 11, Reihe 1, Schuljahr 2019/2020, Tab. 3.3.
671 LT-Drs. BW 16/5464, S. 7 f.

konfessionslos oder einer Religion zugehörig waren, die nicht statistisch ermittelt wurde. Eine Auswertung der Ständigen Konferenz der Kultusminister der Länder in der Bundesrepublik Deutschland ergab im Hinblick auf die Teilnahme von Schülern an allgemeinbildenden Schulen in öffentlicher Trägerschaft an den angebotenen Religionsunterrichten im Schuljahr 2017/2018 eine Beteiligung von 35,2 % am evangelischen Religionsunterricht, 33,6 % am katholischen Religionsunterricht, 4,6 % am übergreifenden Religionsunterricht, 0,4 % am islamischen Religionsunterricht, 0,3 % an der Fachkunde Islam, 0,2 % am sonstigen Religionsunterricht und 0,1 % am orthodoxen Religionsunterricht.[672]

Die religiös-weltanschauliche Orientierung des Schulwesens unterliegt somit dem stetigen Prozess der Veränderung.[673] Die kulturelle Vielfalt der Gesellschaft findet sich maßgeblich an den öffentlichen Schulen wieder.[674] Soweit angeführt wird, ein allgemein bleibender Gesetzesvorbehalt sei lediglich dann als Grundlage für Entscheidungen im Schulverhältnis nicht als ausreichend anzusehen soweit der Thematik eine quantitative Relevanz zukomme und sich in einer Versuchsphase keine zufriedenstellende Auflösung der zutage getretenen Sachverhaltskonstellationen ergeben habe,[675] so kann auch unter diesem Aspekt angeführt werden, dass diese Voraussetzungen vorliegend erfüllt sind.

III. Erfordernis einer spezialgesetzlichen Ermächtigungsgrundlage

In den schulischen Generalklauseln ist lediglich eine gefahrenabwehrrechtliche Ermächtigung zu sehen, die Vorgaben aufstellt, um das staatliche Bildungs- und Erziehungsziel durch die Wahrung des Schulfriedens zu erreichen.[676] Es müssen im Rahmen einer möglichen gesetzlichen Grundlage jedoch die Grundsätze der Lösung der religiösen Konflikte dargestellt werden, ohne dass auf jegliche mögliche Fallkonstellationen eingegangen wird, da dies zu einer Unübersichtlichkeit führen würde, die die Anwendung der Norm wiederum erschweren würde. Insbesondere sollte eine Vorschrift, die religiöse Verhaltensweisen einschränken würde, auf generalklauselartige Formulierungen verzichten, die lediglich die Schulen berechtigen „die erforderlichen Maßnahmen zu

672 *KMK*, Auswertung Religionsunterricht Schuljahr 2017/2018 v. 28.02.2019, S. 7.

673 Zum Wandel der religiös-weltanschaulichen Orientierung der Bevölkerung in Deutschland *Borowski*, Die Glaubens- und Gewissensfreiheit des Grundgesetzes, S. 3.

674 So auch *Rathke*, Öffentliches Schulwesen und religiöse Vielfalt, S. 21.

675 *Ladeur*, RdJB 2016, 379 (386).

676 *Skrzypczak/Hörich*, LKV 2012, 449 (450).

treffen".[677] Eine Norm müsste an religiöse Verhaltensweisen anknüpfen und diese in Ausgleich zur Wahrung des Bildungs- und Erziehungsauftrages der Schule bringen. Für das Erfordernis einer spezialgesetzlichen Ermächtigungsgrundlage spricht sich aufgrund der umfassenden Bedeutung der Religionsfreiheit auch *Mahrenholz* aus.[678] Als Vorschlag für eine Ergänzung des Niedersächsischen Schulgesetzes in seiner früheren Fassung, welche noch keine entsprechende Ermächtigungsgrundlage für religiöse Verhaltensweisen beinhaltete, formulierte dieser: „§ 3a NSchulG Unterricht und religiöse Gebote – Halten sich Schülerinnen und Schüler während des Unterrichts an religiöse Gebote, deren Erfüllung die Erteilung des Unterrichts oder Erreichen grundlegender Ziele der Schulbildung- und erziehung (§ 2 Abs. 1 NSchulG) gefährdet, kann die Schule Erziehungsmittel oder, wenn diese erfolglos bleiben, Ordnungsmaßnahmen beschließen. Dabei darf in das Grundrecht der Religionsfreiheit (Art. 4 GG) und in das Elternrecht (Art. 6 Abs. 2 i. V. m. Art. 4 GG) eingegriffen werden".[679]

Dem Gesetzgeber kommt hinsichtlich der verschiedenen Religionen in der Bundesrepublik eine Integrationsaufgabe zu.[680] Die Entscheidung, ob und unter welchen Voraussetzungen eine Unterbindung von religiösen Verhaltensweisen in der Schule – beispielsweise zur Wahrung des Schulfriedens – notwendig ist, wird maßgeblich von allgemeinen gesellschaftlichen Anschauungen bestimmt. Vor einer Reglementierung sollte daher eine Beobachtung erfolgen, ob die Voraussetzungen eines Verbots in Ansehung möglicherweise gewandelter Anschauungen in der Gesellschaft überhaupt gegeben sind. Hilfreich können hierbei Erhebungen sein, die Aufschluss über mögliche Konfliktfälle religiöser Art im Schulwesen geben. Beispielsweise wäre an eine vollumfassende Untersagung aller religiösen Verhaltensweisen zu denken. Andererseits könnte die Möglichkeit des Verbotes ebenfalls von der Geeignetheit der konkreten Handlung, eine Beeinträchtigung des Schulfriedens hervorzurufen, abhängig gemacht werden. Inwieweit die Handlungen tatsächlich eine Eignung innehaben, die Gleichberechtigung oder den Schulfrieden zu gefährden, müsste in der Konsequenz

677 Vgl. § 23 Abs. 2 S. 1 BWSchulG; für eine allgemeine Mitwirkungspflicht plädierend, auf die sich ein Verschleierungsverbot stützen ließe, *Westermann*, Das Vollverschleierungsverbot für Schülerinnen in der rechtlichen Diskussion, S. 14 f.

678 *Mahrenholz*, RdJB 1998, 287 (301).

679 *Mahrenholz*, RdJB 1998, 287 (302).

680 *Jeske*, Konfliktfeld Schule, S. 40; hinsichtlich der Integration des Islams in der Bundesrepublik siehe BT-Drs. 14/4530.

im vornhinein durch Studien untersucht und belegt werden.[681] Daneben wäre eine Anknüpfung an religiöse Verhaltensweisen vorstellbar, die dazu führen, die Gleichberechtigung von Mann und Frau sowie deren tatsächliche Durchsetzung zu gefährden.[682]

IV. Prüfung der schulischen Generalklauseln

Soweit ein Eingriff in die grundrechtlich geschützte Sphäre des Schülers auf der Grundlage der Generalklauseln vorgenommen werden soll, bieten die aufgezeigten Normen keine ausreichende Ermächtigungsgrundlage.[683] Es werden einzelne Verhaltensweisen beschrieben (Teilnahme am Unterricht, Anfertigung von Arbeiten, Erledigung von Hausarbeiten etc.), welche von den Schülern verpflichtend eingehalten und erledigt werden müssen. Es sind jedoch keine Angaben für die grundrechtlich geschützten Verhaltensweisen in den Vorschriften vorhanden, welche durch etwaige Weisungen oder Verbote eingeschränkt werden dürften. Auch sofern Vorgaben normiert werden, die dazu bestimmt sind, das Bildungs- und Erziehungsziel der Schule zu erreichen sowie das Zusammenleben und die Ordnung in der Schule aufrechtzuerhalten, wird nicht klar, worin genau diese Richtlinien bestehen. Darüberhinausgehende Eingriffsbefugnisse mit Grundrechtsbezügen oder Verhaltenspflichten für den Schüler sind den schulischen Generalklauseln daher nicht zu entnehmen.

Eine Ausnahme stellt hierbei die in Baden-Württemberg verankerte Befugnis für die Lehrkräfte dar, schulordnungswidrig mitgeführte oder verwendete Sachen von Schülern einzuziehen. Durch die Einfügung der Erlaubnis Sachen einzuziehen, wurde dennoch lediglich ein spezieller Tatbestand für dieses Recht geschaffen und nicht für Maßnahmen anderer Art.[684] Insbesondere durch die Formulierung, welche der Schule einräumt die „erforderlichen Maßnahmen" zu treffen, ergibt sich eine erhebliche Unbestimmtheit des restlichen Teils der

681 So auch BVerfG, Urt. v. 24.09.2003 – 2 BvR 1436/02, BVerfGE 108, 282, Rn. 132; zur Prüfung der Verfassungskonformität des Verbots des Tragens eines Kopftuches in der öffentlichen Schule durch Schülerinnen siehe *Nettesheim*, Grundgesetz und Verbot eines „Kinderkopftuchs".

682 Hierzu näher *Langenfeld*, Integration und kulturelle Identität zugewanderter Minderheiten, S. 536 f.

683 So auch *Langenfeld*, Integration und kulturelle Identität zugewanderter Minderheiten, S. 540 f.; *Pottmeyer*, Religiöse Kleidung in der öffentlichen Schule, S. 157.

684 Siehe hierzu LT-Drs. BW 16/9092, S. 4, Plenarprotokoll 16/137, S. 8535; vgl. hierzu auch den abgelehnten Gesetzesentwurf in Hessen LT-Drs. HE 19/5955, S. 2.

Norm. Die Adressaten und damit die Grundrechtsbetroffenen können nicht explizit den Vorgaben entnehmen, mit welchen Anordnungen einem Verstoß begegnet werden kann. Dies spricht dafür, dass die Regelung in der aktuellen Form nicht der Funktion des Vorbehalts des Gesetzes bezüglich sonstiger Grundrechtseingriffe gerecht wird. Der Vorbehalt des Gesetzes soll dem Schüler insbesondere die Gewähr für die Vorhersehbarkeit von Grundrechtseingriffen bieten. Über die Norm des § 23 BWSchulG lässt sich diese Intention über die Maßnahme der Einziehung hinaus nicht erreichen. § 23 Abs. 2 BWSchulG soll als Ermächtigungsgrundlage für eine Vielzahl von Maßnahmen dienen, rechtfertigt aufgrund seiner fehlenden Konkretisierung keine weiteren Eingriffe in den Status eines Schülers.[685] In Baden-Württemberg ist vor diesem Hintergrund eine Ergänzung des Schulgesetzes im Hinblick auf die Einschränkung religiöser Verhaltensweisen angedacht. In § 72 Abs. 3 BWSchulG ist die Einfügung eines Absatzes 3a angedacht mit dem Wortlaut: „Schülerinnen und Schülern öffentlicher Schulen ist die Verhüllung des Gesichts bei schulischen Veranstaltungen untersagt, es sei denn, dies ist zur Erfüllung einer durch Gesetz oder Rechtsverordnung angeordneten Rechtspflicht erforderlich. Die Schulleiterin oder der Schulleiter kann Ausnahmen […] im Einzelfall aus schulischen oder gesundheitlichen Gründen zulassen".[686]

D. Fazit

Die Landesgesetze beschränken sich auf die Normierung von generellen Verhaltensanweisungen, denen die Schüler Folge zu leisten haben in Form der Aufgabe regelmäßig am Unterricht und an den sonstigen verbindlichen Schulveranstaltungen teilzunehmen, erforderliche Arbeiten anzufertigen oder die Vorgaben einzuhalten, die dazu bestimmt sind, das Bildungs- und Erziehungsziel der Schule zu erreichen. Daneben wird einzig allein in Baden-Württemberg in § 23 Abs. 2 BWSchulG die Schule berechtigt, die zur Aufrechterhaltung der Ordnung des Schulbetriebs und zur Erfüllung der ihr übertragenen unterrichtlichen und erzieherischen Aufgaben erforderlichen Maßnahmen zu treffen, örtliche Schulordnungen, allgemeine Anordnungen und Einzelanordnungen zu erlassen und von Schülerinnen und Schülern schulordnungswidrig mitgeführte oder verwendete Sachen einzuziehen. Voraussetzungen, Umfang und Verfahren einer Untersagung von Handlungen mit Grundrechtsbezug, insbesondere

---

685 *Burk*, in: Ebert, Schulrecht Baden-Württemberg, Kommentar, § 23 Rn. 10.
686 LT-Drs. BW 16/9092, S. 4.

religiöse Verhaltensweisen, sind in den Gesetzen nicht geregelt. Die Landesgesetzgeber sind daher aufgerufen die bislang fehlenden gesetzlichen Grundlagen zeitnah zu schaffen und im Rahmen der verfassungsrechtlichen Vorgaben das zulässige Maß religiöser Bezüge in der Schule erneut festzulegen. Hierbei sind die Glaubensfreiheit der betroffenen Schüler, das Erziehungsrecht der Eltern sowie die Pflicht des Staates zu weltanschaulich-religiöser Neutralität im notwendigen Maße zu berücksichtigen. Soweit eine taugliche, gesetzliche Grundlage normiert ist, kann ein Verstoß als Anknüpfungspunkt für die Ergreifung von Ordnungsmaßnahmen dienen.

Aus Regelungen in den Schulgesetzen können sich für Schüler Spezifizierungen ihrer Pflichten in der Schule ergeben. Somit sind unter Beachtung der verfassungsrechtlichen Vorgaben auch gesetzliche Einschränkungen der Glaubensfreiheit denkbar. Eine Normierung, die Schülern bestimmte religiöse Verhaltensweisen untersagt, könnte eine weitere Konkretisierung des Verhältnisses zwischen Staat und Religion in der Schule darstellen. Durch die steigende kulturelle und religiöse Vielfalt unter den Schülern nimmt die Bedeutung des staatlichen Neutralitätsgebots weiter deutlich zu. Insbesondere, wenn miteinander konkurrierende grundgesetzliche Aufgabenzuweisungen und Gewährleistungen gegeneinander abzugrenzen und untereinander auszugleichen sind, sind gesetzliche Regelungen durch den Gesetzgeber selbst notwendig. Schülern ist es aufgrund der Schulpflicht kaum möglich, sich Grundrechtseingriffen in der Schule zu entziehen. Durch die Problemanfälligkeit des Zusammentreffens verschiedener Religionen[687] lassen sich einige Gründe anführen, die für eine strikte Regelung sprechen, sodass in der Konsequenz religiösen Äußerungen von Schülern in der Schule stringent Einhalt geboten wird und Konflikte mit Schülern, Eltern oder anderen Lehrkräften vermieden werden können.

687 Siehe hierzu näher *De Maizière*, Religion im öffentlichen Raum, S. 10.

Kapitel 2: Überweisung in eine Parallelklasse

Die Überweisung in die Parallelklasse stellt eine noch im unterschwelligen Bereich liegende Maßnahme dar,[688] die den Beginn von weiteren Ordnungsmaßnahmen darstellen kann. Von der Überweisung wird im praktischen Schulbereich selten Gebrauch gemacht. Im Rahmen der sogenannten „Bochumer Untersuchung"[689] wurden die Schulleiter verschiedener Schularten zum Gebrauch von Erziehungs- und Ordnungsmaßnahmen befragt, woraus sich im Jahr 1993 eine Durchführung der Überweisung in die Parallelklasse an lediglich 23 von 99 Schulen (23,2 %) ergab.[690]

A. Rechtliche Grundlagen

Die rechtlichen Grundlagen sind in den Schulgesetzen der Bundesländer Baden-Württemberg, Bayern, Berlin, Brandenburg, Bremen, Hamburg, Hessen, Niedersachsen, Nordrhein-Westfalen, Mecklenburg-Vorpommern, Saarland, Sachsen, Sachsen-Anhalt, Schleswig-Holstein und Thüringen zu finden. Lediglich im Schulgesetz von Rheinland-Pfalz ist die Maßnahme nicht normiert.

I. Normierung in den Schulgesetzen

In § 90 Abs. 3 Nr. 2 lit. b) BWSchulG ist die Überweisung in eine Parallelklasse „desselben Typs innerhalb der Schule" in Baden-Württemberg aufgeführt. Art. 86 Abs. 2 Nr. 3 BayEUG bestimmt die „Versetzung in eine Parallelklasse der gleichen Schule".[691] In Berlin kann nach § 63 Abs. 2 Nr. 3 BerlSchulG der Schüler in eine „Parallelklasse oder eine andere Unterrichtsgruppe" umgesetzt werden. Nach § 47 Abs. 1 Nr. 5 BremSchulG ist die Überweisung in eine „parallele Klasse

688 *Hürlimann* weist zutreffend darauf hin, dass die Sortierung der Maßnahmen hinsichtlich ihrer Nachteile und Bedeutung entscheidend von subjektiven Eindrücken geprägt ist, siehe *Hürlimann*, Für die Schule nicht mehr zumutbar, S. 51.

689 Die Untersuchung wurde vom Bochumer Schulamt angeregt und von verschiedenen Institutionen, wie dem Kultusministerium Nordrhein-Westfalen, finanziell unterstützt, vgl. *Schwind/Roitsch/Ahlborn/Gielen*, Gewalt in der Schule, S. V, 7.

690 Siehe *Schwind/Roitsch/Ahlborn/Gielen*, Gewalt in der Schule, S. 220.

691 Wörtlich ebenso § 51 Abs. 3 Nr. 4 ThürSchulG.

oder Lerngruppe" möglich.[692] In Hamburg ist nach § 49 Abs. 3 Nr. 2, Abs. 4 Nr. 3 HmbSchulG die „Umsetzung in eine Parallelklasse oder eine entsprechende organisatorische Gliederung" geregelt.[693] Gemäß § 39 Abs. 2 S. 1 Nr. 2 SächsSchulG kann eine „Überweisung in eine andere Klasse gleicher Klassenstufe oder einen anderen Kurs der gleichen Jahrgangsstufe" vorgenommen werden. Gleich welche Formulierung (Verweisung, Überweisung, Versetzung, Umsetzung) im Gesetz gewählt wurde, wird der Schüler dauerhaft einer anderen Lerngruppengemeinschaft zugeteilt, wobei lediglich in Baden-Württemberg die Klarstellung des Erfordernisses „desselben Typs" erfolgt.

II. Normierung in Verordnungen

Die inhaltlichen Voraussetzungen zur Verhängung der Maßnahme werden durch die Verordnungen der Bundesländer weitgehend nicht substanziell ergänzt. Lediglich § 6 Abs. 1 S. 1 BremVO normiert die Befugnis des Schulleiters auf Antrag der Konferenz der den Schüler unterrichtenden Lehrkräfte zu entscheiden, ob der Schüler wegen eines Fehlverhaltens in eine parallele Klasse oder Lerngruppe überwiesen wird.

B. Regelungsgehalt

Die Überweisung in eine andere Klasse derselben Klassenstufe beziehungsweise Jahrgangsstufe stellt eine dauerhafte Ordnungsmaßnahme dar, die den Schüler unfreiwillig einer anderen Klasse oder Jahrgangsstufe zuordnet. Bedingt ist die Verweisung an die Existenz einer Parallelklasse, wobei diese gewöhnlich an den Schulen vorhanden sein dürfte. Eine Klasse ist dabei als Gemeinschaft aus Schülern anzusehen, die ein ungefähr gleiches Alter und eine ähnliche Vorbildung besitzen und zusammen nach einem verbindlichen Lernprogramm unterrichtet werden.[694] Die Maßnahme ist abzugrenzen von der Umsetzung, die auf organisatorischen Gründen beruht. Hierdurch wird meist die Auflösung eines Klassenverbandes und die Umverteilung der Schüler der aufgelösten Klasse auf die restlichen Klassen bezweckt und kein Eingriff in subjektive Rechte vorgenommen.[695]

---

692 Wörtlich oder ähnlich ebenso § 64 Abs. 2 Nr. 2 BbgSchulG; § 82 Abs. 2 Nr. 4 HSchulG; § 61 Abs. 3 Nr. 2 NSchulG; § 53 Abs. 3 Nr. 2 NRWSchulG; § 32 Abs. 2 S. 1 Nr. 2 lit. a) SchoG; § 44 Abs. 4 Nr. 3 LSASchulG.

693 Wörtlich ebenso § 60a Abs. 1 S. 2 Nr. 2 MVSchulG; § 25 Abs. 3 Nr. 4 SHSchulG.

694 *Stein/Roell*, Handbuch des Schulrechts, S. 210.

695 OVG Hamburg, Beschl. v. 27.07.2004 – 1 Bs 306/04, NVwZ-RR 2005, 40 (41).

C. Grundrechtsbeschränkungen

Vorliegend kommen Eingriffe in das Recht auf schulische Bildung sowie in die Grundrechte der Berufsfreiheit und des allgemeinen Persönlichkeitsrechts in Betracht.

I. Eingriff in das Recht auf schulische Bildung

Das Recht auf schulische Bildung gewährleistet keinen Anspruch auf ein Wahlrecht des Schülers unter mehreren eingerichteten Schulklassen oder innerhalb einer Jahrgangsstufe eine bestimmte Klasse oder einen spezifischen Kurs zu besuchen. Ein Eingriff in dieses Recht liegt damit nicht vor.[696]

II. Eingriff in die Berufsfreiheit

Es ist bezüglich eines Eingriffs in die Freiheit der Berufswahl und der Wahl der Ausbildungsstätte zu differenzieren.

1. Beschränkung der Berufswahlfreiheit

Anders als bei anderen Ordnungsmaßnahmen, wie dem Ausschluss aus der Schule, kann der Schüler im Rahmen der Überweisung in die Parallelklasse den angestrebten Bildungsabschluss noch erreichen, sodass sich die Intensität dieses Eingriffs vor diesem Hintergrund in Grenzen hält. Auch eine Verzögerung des Erwerbs des Schulabschlusses wird nicht herbeigeführt. Dieses Ergebnis ist bedingt durch die – im Grundsatz erhaltene – Beständigkeit der Fächer- oder Kurswahl in der neuen Klasse. Ansonsten würde der betroffene Schüler zusätzlich benachteiligt werden, indem er auf einzelne Fächer verzichten oder diese neu belegen müsste. Praktisch relevant wird die Problematik, soweit in den Schulen ab einer bestimmten Klassenstufe Profile[697] angeboten werden, bei denen die Inhalte meist nach gesellschaftswissenschaftlichen (Sprachenprofil), künstlerischen (Musik- oder Kunstprofil), naturwissenschaftlichen (erweitertes Angebot des Faches Naturwissenschaft und Technik) und sportlichen Schwerpunkten (Sportprofil) gestaltet werden.[698] Die Schüler erhalten hierbei neben

---

696 So auch VG Hannover, Beschl. v. 21.12.2011 – 6 A 3975/10, zit. nach juris; VG Hannover, Urt. v. 11.07.2013 – 6 A 3106/12, ZUM 2013, 989 (991).

697 Vertiefend zum Schulprofil siehe *Große*, Qualität des öffentlichen Schulwesens als Verfassungsgebot?, S. 83 f.

698 Siehe *Staatsministerium für Kultus, Freistaat Sachsen*, Lehrplan Gymnasium, Schulspezifisches Profil, S. 2.

den Pflichtfächern Unterricht in den Profilfächern, die weitgehend den individuellen Neigungen der Schüler entsprechen.

2. Beschränkung der Freiheit zur Wahl der Ausbildungsstätte

Eine Beeinträchtigung der Freiheit der Wahl der Ausbildungsstätte erfolgt nicht. Die Klasse als organisatorische Untereinheit der Schule stellt keine Ausbildungsstätte i. S. d. Art. 12 Abs. 1 S. 1 GG dar. Auch wenn die Rechtsprechung teilweise die Sekundarstufe II als Ausbildungsstätte i. S. d. Art. 12 Abs. 1 S. 1 GG ansieht,[699] so wird nicht an die einzelne Klasse der Schule angeknüpft, sondern an die Schule als vollumfassende Einrichtung.

III. Eingriff in das allgemeine Persönlichkeitsrecht

Im Rahmen der Überweisung in eine Parallelklasse ist daneben an einen Eingriff in das allgemeine Persönlichkeitsrecht nach Art. 2 Abs. 1 i. V. m. Art. 1 Abs. 1 GG zu denken. Dieses stellt ein sogenanntes „unbenanntes" Freiheitsrecht dar und garantiert die Erhaltung der Würde des Menschen als auch dessen Gestaltungsfreiheit in Bezug auf seine individuelle Lebenssphäre.[700] Als Schutzgut ist die freie Bestimmung eines jeden Menschen im Hinblick auf die Grundbedingungen seiner Persönlichkeitsentfaltung anzusehen.[701] Das allgemeine Persönlichkeitsrecht gewährleistet die Elemente von konstituierender Bedeutung für die Persönlichkeit, die nicht speziell durch ein anderes freiheitsschützendes Grundrecht abgesichert werden.[702] Der Schutzumfang des Grundrechts kann nicht abschließend angegeben werden und wird daher in Fallgruppen beschrieben.[703] Als sogenanntes Jedermann-Grundrecht können sich alle Schüler auf das Recht berufen, wobei dem Schutz von Kindern, die sich aufgrund ihres Alters zunächst zu eigenverantwortlichen Personen entwickeln müssen, eine große Bedeutung zukommt.[704] Insbesondere Kinder sind in ihren jungen Lebensjahren noch

---

699 BVerfG, Beschl. v. 20.10.1981 – 1 BvR 640/80, NJW 1982, 921 (923); OVG Münster, Urt. v. 25.07.1975 – V A 421/75, NJW 1976, 725 (726).

700 BVerfG, Beschl. v. 03.06.1980 – 1 BvR 185/77, NJW 1980, 2070.

701 *Di Fabio*, in: Maunz/Dürig, Grundgesetz, Art. 2 Abs. 1 GG Rn. 147; *Heymann/Stein*, in: Nevermann/Richter, Verfassung und Verwaltung der Schule, S. 407; *Kingreen/Poscher*, Grundrechte, Staatsrecht II, § 8 Rn. 441.

702 BVerfG, Urt. v. 27.02.2008 – 1 BvR 370/07, BVerfGE 120, 274, Rn. 169.

703 BVerfG, Beschl. v. 03.06.1980 – 1 BvR 185/77, NJW 1980, 2070 (2071).

704 BVerfG, Beschl. v. 13.06.2007 – 1 BvR 1783/05, BVerfGE 119, 1, Rn. 72; zum Kind als Grundrechtsträger des Rechts auf freie Entfaltung der Persönlichkeit siehe BVerfG, Beschl. v. 29.07.1968 – 1 BvL 20/63, 31/66 und 5/67, NJW 1968, 2233 (2235).

weitgehend formbar, sodass im Schulbereich deren Persönlichkeitssphäre den schulischen Einwirkungen prinzipiell offensteht.[705] Als Eingriff ist die Überweisung des Schülers in die Parallelklasse anzusehen, da dem Schüler die persönliche Entscheidungsfreiheit zur Wahl der Klasse, die er besuchen möchte, genommen wird. Diese wird durch Art. 2 Abs. 1 i. V. m. Art. 1 Abs. 1 GG geschützt.[706]

D. Prüfung der Wahrung des Vorbehalts des Gesetzes

Im Vergleich zu den anderen im Rahmen dieser Arbeit zu überprüfenden Ordnungsmaßnahmen, stellt die Überweisung in die Parallelklasse zusammen mit dem zeitweiligen Ausschluss des Schülers die mildeste Maßnahme dar. Sie belässt den Schüler in der Schule und entfernt ihn lediglich aus dem Klassenverband bei gleichzeitiger Zuweisung in die aufnehmende Klasse. Es wird daher weniger belastend in die Rechte des Schülers eingegriffen als bei einem endgültigen Schulausschluss. Dennoch schließt die Maßnahme den Schüler von seiner vertrauten Umgebung aus und beraubt ihn langfristig gewonnener Beziehungen zu Klassenkameraden. Das allgemeine Persönlichkeitsrecht weist eine enge Koppelung zu der in Art. 1 Abs. 1 GG garantierten Menschenwürde auf und bindet die staatliche Gewalt und deren Rechtsordnung an eine grundsätzliche Freiheitsvermutung.[707] Insofern sind Eingriffe in das Persönlichkeitsrecht des Menschen nichtsdestotrotz als intensiv zu bewerten. Der Verbindung zur Klassengemeinschaft als stabilen sozialen Raum kommt eine besondere Bedeutung für die Entwicklung der Persönlichkeit des einzelnen Schülers zu. Der Schüler verbringt einen Großteil seiner Zeit in der Schule im Klassenverband, sodass sich über einen längeren Verlauf eine enge Beziehung zwischen den Schülern und den jeweiligen unterrichtenden Lehrkräften bildet, die die Lebenssphäre des Schülers maßgeblich prägt. Die materiell-rechtlichen Bedingungen dieser Maßnahme sind in den Schulgesetzen teilweise nur sehr oberflächlich festgehalten. Es werden überwiegend keine spezifischen Voraussetzungen an die Verhängung der Überweisung in die Parallelklasse gestellt. Dennoch variieren die gesetzlichen Grundlagen in den Bundesländern hinsichtlich des Regelungsumfangs. Da in Rheinland-Pfalz keine Normierung der Maßnahme erfolgt ist, wäre ein dortiger Gebrauch rechtswidrig.

---

705 *Stein*, Das Recht des Kindes auf Selbstentfaltung in der Schule, S. 3.

706 *Murswiek/Rixen*, in: Sachs, Grundgesetz, Art. 2 GG Rn. 81.

707 *Di Fabio*, in: Maunz/Dürig, Grundgesetz, Art. 2 Abs. 1 GG Rn. 2.

I. Allgemeine Formulierungen

In Baden-Württemberg, Bayern, Nordrhein-Westfalen, Sachsen, Thüringen und im Saarland werden für die Verweisung in die Parallelklasse keine speziellen Anforderungen benannt, sondern es wird an die generellen Voraussetzungen zum Gebrauch einer Ordnungsmaßnahme angeknüpft. Nach § 90 Abs. 2 S. 1 Hs. 1 BWSchulG kommen Ordnungsmaßnahmen nur in Betracht, „soweit pädagogische Erziehungsmaßnahmen nicht ausreichen".[708] Gemäß § 53 Abs. 1 S. 2 NRWSchulG können Ordnungsmaßnahmen angewendet werden, wenn ein Schüler „Pflichten verletzt". § 51 Abs. 2 S. 1 ThürSchulG eröffnet die Möglichkeit der Verhängung, soweit „zur Sicherung des Bildungs- und Erziehungsauftrages oder zum Schutz von Personen und Sachen" Ordnungsmaßnahmen erforderlich sind.[709]

In den aufgeführten Ländern sind zwar rechtliche Regelungen vorhanden, diese gehen jedoch über die Normierung von grundlegenden Vorgaben im Bereich schulordnungsrechtlicher Maßnahmen nicht hinaus. Die tatbestandlichen Anforderungen orientieren sich maßgeblich an den Schutzzwecken von Erziehungs- und Ordnungsmaßnahmen sowie an der Subsidiarität von Ordnungsmaßnahmen im Verhältnis zu pädagogischen Maßnahmen. Auch die Hervorhebung des Aspekts der Erziehungs- und Bildungsaufgabe des Schulwesens führt nicht zu einer weiteren inhaltlichen Konkretisierung. Dass der betroffene Schüler eine Pflichtverletzung begangen haben oder die Anwendung von Erziehungs- und Ordnungsmaßnahmen den genannten Schutzzwecken dienen muss, gehört bereits zu den allgemeinen Voraussetzungen, durch die der Gebrauch von Ordnungsmaßnahmen bedingt ist. Der Exekutive werden keine zusätzlichen Anhaltspunkte zur Verfügung gestellt, wann speziell die Maßnahme der Überweisung in die Parallelklasse ergriffen werden kann und soll. Die Vorschriften lassen offen, wann ein Fehlverhalten eines Schülers vorliegt. Ebenso mangelt es an einer daran anschließenden Regelung, welche Ordnungsmaßnahme bei einem bestimmten Fehlverhalten verhängt werden kann. Vielmehr wird eine Vielzahl von Verhaltensweisen durch die Normierungen erfasst. Die Verwaltung führt in Bezug auf die oben genannten Vorgaben nicht mehr das Gesetz aus, sondern muss sich zwingend an die Stelle des Gesetzgebers positionieren, um einen Sachverhalt unter die Normen einzuordnen.

---

708 Daran dem Wortlaut nach anknüpfend Art. 86 Abs. 1 S. 3 BayEUG.

709 Daran dem Wortlaut nach anknüpfend § 32 Abs. 1 S. 1 SchoG; § 39 Abs. 1 S. 1 SächsSchulG.

Lediglich in Nordrhein-Westfalen wird zumindest noch an eine „Pflichtverletzung" angeknüpft. Der Passus ist nicht näher eingegrenzt, ebenso findet sich keine Legaldefinition des Begriffs. Der Ausdruck der „Pflicht" kann in diesem Zusammenhang als „etwas, was zu tun jemand als eine (innere, sittliche, moralische) Verpflichtung ansieht" konkretisiert werden.[710] Es wird dennoch keine genaue Vorgabe aufgestellt, welches Verhalten eines Schülers zu einer Verweisung in die Parallelklasse führen kann. Die Maßnahme der Versetzung in die Parallelklasse könnte folglich auch dann gewählt werden, wenn kein spezifisches, beispielsweise die Klassengemeinschaft störendes, Fehlverhalten vorliegt. Zwar können Rückschlüsse aus dem Katalog der zulässigen Maßnahmen und der zugehörigen gesetzlich normierten Anforderungen gezogen werden. Beispielsweise wird ein (zeitweiliger) Ausschluss aus der Schule meist nur bei einer schweren oder wiederholten Pflichtverletzung und der entstehenden Beeinträchtigung der Aufgabenerfüllung der Schule oder der Gefährdung Rechte anderer in Betracht kommen.[711] Hieraus kann die Möglichkeit der Anwendung der Maßnahme der Überweisung in die Parallelklasse auch bei weniger gewichtigen Fehlerhaften geschlussfolgert werden. Offen bleibt jedoch die Grenzziehung und die Feststellung des Grades des Fehlverhaltens, der zum Zeitpunkt der Maßnahmenergreifung vorliegen muss. Insoweit kann durch einen Vergleich mit anderen Normen, im Sinne einer systematischen Auslegung, der Anwendungsbereich der Vorschrift ebenfalls nicht konkretisiert werden.

II. Spezielle Formulierungen

In den Schulgesetzen finden sich daneben auch spezielle Voraussetzungen für die Verhängung der Maßnahme der Überweisung in die Parallelklasse. Diese können wiederum in Anforderungen, die sich auf mehrere, inhaltlich verschiedene Maßnahmen beziehen, und Vorgaben, die nur die Maßnahme der Überweisung regeln, unterschieden werden.

1. Berlin

Nach § 63 Abs. 1 S. 1 BerlSchulG können Ordnungsmaßnahmen unter Wahrung des Grundsatzes der Verhältnismäßigkeit getroffen werden, wenn der Schüler die „ordnungsgemäße Unterrichts- und Erziehungsarbeit beeinträchtigt oder andere am Schulleben Beteiligte gefährdet". Als nachhaltige Beeinträchtigung der

710 *Dudenredaktion*, Duden, Das Bedeutungswörterbuch, S. 738.
711 Vgl. § 90 Abs. 6 S. 1 BWSchulG.

ordnungsgemäßen Unterrichts- und Erziehungsarbeit ist dabei auch ein mehrfaches unentschuldigtes Fernbleiben vom Unterricht anzusehen, § 63 Abs. 1 S. 2 BerlSchulG. Der Hessische Verwaltungsgerichtshof ließ in einem Urteil offen, ob die wissentliche und willentliche Verwendung von verbotenen nationalsozialistischen Grußformen im Zusammenwirken mit einigen Mitschülern und die mündliche Aufforderung einer Mitschülerin zum Suizid je für sich oder zusammen zu einer erheblichen Störung des Schul- oder Unterrichtsbetriebs geführt haben.[712] Das Oberverwaltungsgericht Mecklenburg-Vorpommern sah das Merkmal der erheblichen Störung des Schul- oder Unterrichtsbetriebs im Rahmen einer durch eine Schülerin organisierten Verabredung als gegeben an, bei der sie ihren Mitschüler von zwei Freunden verprügeln ließ.[713] Dieser erlitt mehrere Verletzungen in Form einer Nasenbeinfraktur und einer Jochbeinfraktur sowie einen doppelten Kieferbruch. Das Gericht führte aus, dass durch Gewalttätigkeiten dieser Art ein Klima der Angst geschaffen werde, welches sich in der Schule als „geschlossenes soziales Milieu" besonders auswirke, da durch Angst und Schrecken die Schüler in ihrer Persönlichkeitsentfaltung gehindert werden und somit eine relevante Beeinträchtigung der Schulatmosphäre eintrete.[714] Von einem gefestigten Rechtsbegriff der Beeinträchtigung der Unterrichts- und Erziehungsarbeit oder Gefährdung anderer am Schulleben Beteiligter im Sinne einer Legaldefinition ist folglich nicht auszugehen. Durch die ergangene Rechtsprechung können lediglich beispielhaft Fälle herangezogen werden, die im Gewicht der jeweils ergangenen Verhaltensstörung mit dem konkret zu prüfenden Fall verglichen werden können.

Eine Beeinträchtigung der ordnungsgemäßen Unterrichts- und Erziehungsarbeit könnte durch eine Vielzahl von Verhaltensarten erfolgen. Unter Unterricht ist die „planmäßige, absichtsvolle, meist professionalisierte und institutionalisierte Übermittlung von Kenntnissen, Einsichten, Fähigkeiten und Fertigkeiten" zu verstehen.[715] Dieser vermittelt fachliche Kenntnisse und dient der Entwicklung der Persönlichkeit der Schüler.[716] Der Unterricht ist dabei als organisatorische Einheit anzusehen, durch die der Schüler das jeweilige Lehrziel der Einheit erlernen soll. Infolge einer Beeinträchtigung wird auf jemanden oder etwas „behindernd, hemmend" eingewirkt.[717] Es muss eine fühlbare Erschwerung

---

712 VGH Hessen, Beschl. v. 21.06.2019 – 7 B 790/19.

713 OVG Greifswald, Beschl. v. 28.08.2001 – 2 M 72/01, NVwZ-RR 2002, 578.

714 OVG Greifswald, Beschl. v. 28.08.2001 – 2 M 72/01, NVwZ-RR 2002, 578 (579).

715 *Böhm/Seichter*, Wörterbuch der Pädagogik, S. 480.

716 *Löhning*, Der Vorbehalt des Gesetzes, S. 72.

717 *Dudenredaktion*, Duden, Das Bedeutungswörterbuch, S. 187.

des originären und ordnungsgemäßen Schulablaufes vorliegen. Der Begriff kann ebenfalls im Sinne einer Störung der Unterrichts- und Erziehungsarbeit ausgelegt werden, worunter der „Einbruch in geplantes Erziehungsgeschehen“ gefasst werden kann.[718] Das Fehlverhalten muss geeignet sein, die im Schulalltag anfallenden, alltäglichen Abläufe vehement zu unterlaufen. Ob der Unterricht selbst oder der Schulbetrieb außerhalb der Unterrichtszeiten im Schulgebäude oder auf dem Schulgelände gestört werden, ist nicht relevant. Auch die Gefährdung anderer am Schulleben Beteiligter kann inhaltlich durch den natürlichen Sprachgebrauch konkretisiert werden. Ein darüber hinausgehender Detailgrad würde den rechtsstaatlichen Grundsätzen der Normklarheit schaden. Eine Eingrenzung auf bestimmte Verhaltensweisen oder die Festlegung von Verhaltensmustern in der Vorschrift versprechen keinen Erfolg, die Vorhersehbarkeit und Bestimmtheit der Norm zu erhöhen. Diese ist daher als ausreichend bestimmt anzusehen.

Soweit ein mehrfaches, unentschuldigtes Fernbleiben als Beeinträchtigung der ordnungsgemäßen Unterrichts- und Erziehungsarbeit herangezogen wird, vgl. § 63 Abs. 1 S. 2 BerlSchulG, wird nicht klar, worin bei einem Fernbleiben des Schülers die Unterrichts- und Erziehungsarbeit gestört wird. Der Lehrkraft kommt hierbei die Aufgabe zu, die Abwesenheit des Schülers in seinem Unterricht der Schulleitung zu melden und zu prüfen, ob der Schüler eine Leistung nachholen muss.[719] Eine darüber hinausgehende Störung der Unterrichts- und Erziehungsarbeit wird jedoch nicht ersichtlich. Wenn insoweit eine Beeinträchtigung des Rechts auf schulische Bildung der Mitschüler angeführt wird, ist festzustellen, dass dieses meist gar nicht tangiert wird. Oftmals weist der Unterricht gerade durch das Fehlen des Schülers eine höhere Effizienz als bei dessen Anwesenheit auf oder wird nur minimal beeinträchtigt, wenn für eine Gruppenarbeit eine Mindestanzahl von Personen erforderlich ist.[720] Diese Variante dürfte aber wohl nur in Extremfällen einschlägig sein.

---

718 *Wüst*, in: Ipfling, Die emotionale Dimension in Unterricht und Erziehung, S. 120.

719 Dies wäre der Fall, soweit der Schüler in der entsprechenden Unterrichtsstunde eine schriftliche oder mündliche Leistungsfeststellung versäumt hat.

720 Vgl. *Weber*, Das Ordnungsrecht der Schule, S. 146; auf die Bedeutung der Gruppenarbeit für die persönlichen Beziehungen zwischen den Schülern hinweisend *Gast*, Das Grundrecht auf Bildung, S. 18 f., und *Rückriem*, Disziplin in der Schule, S. 95. *Winkel* hebt die Eignung der Gruppenarbeit als pädagogische Hilfe zur Behebung von aggressivem Verhalten bei Schülern hervor, *Winkel*, Schwierige Schüler, S. 45.

2. Bremen

Nach § 47 Abs. 2 S. 1 BremSchulG soll die Maßnahme nur bei „schwerem oder wiederholtem Fehlverhalten" des Schülers angewendet werden.[721] Ein schweres oder wiederholtes Fehlverhalten ist zwar gesetzlich nicht definiert, es kann jedoch durch eine Auslegung konkretisiert werden. Als Verhalten kann in diesem Zusammenhang eine „äußerlich beobachtbare und entsprechend beschreibbare Aktivität eines Menschen" angesehen werden.[722] Ein Fehlverhalten liegt somit vor, wenn ein von der Norm abweichendes, negatives Tun vorliegt, im Sinne einer Verletzung der dem Schüler vorgegebenen Pflicht. Der Pflichtenkreis des Schülers erstreckt sich vor diesem Hintergrund maßgeblich auf die Achtung der Schulordnung und die gesetzlich aufgeführten Bestimmungen.[723]

a) Wiederholtes Fehlverhalten

Es muss nach § 47 Abs. 2 S. 1 BremSchulG und § 25 Abs. 3 S. 4 SHSchulG ein wiederholtes, also „mehrmaliges, immer wieder erfolgendes"[724], Fehlverhalten vorliegen. Ein wiederholtes Fehlverhalten stellt nach *Falkenbach* ein Verhalten dar, welches „durch eine oder mehrere Maßnahmen vorangegangener Stufen bereits geahndet worden ist oder deshalb nicht geahndet worden ist, weil pädagogische Erziehungsmaßnahmen seinerzeit noch ausreichend erschienen", wobei die vorherige Ergreifung einer pädagogischen Reaktion der Schule genügend ist.[725] Es müssen daher zuvor noch keine Ordnungsmaßnahmen ergriffen worden sein. Der Wortlaut erfordert ferner kein Fehlverhalten derselben Art, sodass verschiedene Verhaltensstörungen ebenso als ein wiederholtes Fehlverhalten gewertet werden können.

Aus der gesetzlichen Formulierung geht nicht klar hervor, in welcher Anzahl das Fehlverhalten vorausgegangen sein muss, damit eine Wiederholung im Sinne des Gesetzes bejaht werden kann. Es sollte jedoch eine Mindestanzahl von zwei Verhaltensstörungen vorliegen, damit vom Wortlaut ausgehend überhaupt eine Wiederholung gegeben sein kann. Fraglich ist zudem, in welchem

---

721 So auch ähnlich § 25 Abs. 3 S. 4 SHSchulG.

722 *Böhm/Seichter*, Wörterbuch der Pädagogik, S. 493.

723 Beispielsweise ist hier die Verpflichtung des Schülers zum regelmäßigen Besuch des Unterrichts und der übrigen verbindlichen Veranstaltungen der Schule zu nennen, vgl. § 72 Abs. 3 BWSchulG.

724 *Dudenredaktion*, Duden, Das Bedeutungswörterbuch, S. 1127.

725 *Falkenbach*, in: Wörz/von Alberti/Falkenbach, Schulgesetz für Baden-Württemberg, § 90, Ziff. 9.2.

Zeitraum der Begehung und Ahndung von Fehlverhalten von einer Wiederholung gesprochen werden kann oder ob bei einem zeitlich engen Zusammenhang zwischen mehreren Verhaltensstörungen erst einmal eine Zäsur eintritt. Das Verwaltungsgericht Stuttgart entschied im Jahr 2015 über einen Antrag auf Anordnung der aufschiebenden Wirkung eines Widerspruchs eines Schülers in Klassenstufe 7, gegen den ein fünfzehntägiger Unterrichtsausschlusses aufgrund zweier beleidigender Äußerungen verhängt wurde.[726] Gegen den Schüler war bereits zuvor im März 2013 ein dreitägiger Unterrichtsausschluss und im April 2015 ein fünftägiger Unterrichtsausschluss vollzogen worden. Dazu kam im Juli 2015 ein Verbot der Teilnahme an einer Flughafen-Exkursion und am Schullandheim-Aufenthalt. Hinsichtlich der Prüfung des Merkmals, ob ein wiederholtes Fehlverhalten gegeben ist, führte das Gericht aus, dass die aktuellen Taten „in jeder Hinsicht zu früherem, vergleichbar schwerem Fehlverhalten" passten und bezog folglich die zuvor bis ins Jahr 2013 zurückliegenden Taten in die Entscheidung ein. Der Entscheidung des Verwaltungsgerichts Stuttgart kann entnommen werden, dass von der Rechtsprechung keine zeitliche Abtrennung von zuvor begangenen Handlungen gewollt ist. Dies entspricht auch dem Sinn und Zweck schulordnungsrechtlicher Maßnahmen, die keine Differenzierung hinsichtlich der Berücksichtigung vergangenen Fehlverhaltens im Rahmen der Entscheidung über die Verhängung einer aktuellen Maßnahme vorsehen. Somit ist die Vorschrift bestimmt genug gefasst, um den Anforderungen des Vorbehalts des Gesetzes zu genügen.

b) Gewicht des Fehlverhaltens

Nach § 47 Abs. 2 S. 1 BremSchulG und § 25 Abs. 3 S. 4 SHSchulG ist entweder ein wiederholtes oder ein schweres Fehlverhalten gefordert. In welchen Fällen von einem schweren Fehlverhalten auszugehen ist, ist nicht gesetzlich konkretisiert, was äußerst problematisch für die praktische Anwendung ist. Der Duden versteht das Adjektiv „schwer" im Sinne von „sehr stark ausgeprägt, von sehr großem Ausmaß, deutlich spürbar".[727] Während die Fragestellung, welches Verhalten als Fehlverhalten zu werten ist, keine Schwierigkeiten mit sich bringt, da alle negativen Verhaltensweisen hierzu zählen, ist genau diese Konstellation bei der Einstufung des Schweregrades komplex. Zur Bestimmung muss eine Grenze gezogen werden, welche Pflichtverletzungen als erheblich anzusehen sind und welche nicht den benötigten Schweregrad aufweisen. Insbesondere die

---

726 VG Stuttgart, Beschl. v. 01.12.2015 – 12 K 5587/15, zit. nach juris.

727 *Dudenredaktion*, Duden, Das Bedeutungswörterbuch, S. 866.

Schulordnung normiert eine Vielzahl von Pflichten des Schülers in Form von Regeln zum Aufenthalt auf dem Schulgebäude, zum Rauchen oder zur Handy-Nutzung. Inwieweit eine Verletzung dieser Pflichten jedoch „schwer“ wiegt, bleibt offen.

Lediglich anhand einzelner gerichtlicher Entscheidungen kann das Adjektiv beispielhaft unterlegt werden. Als Synonym für ein schweres Fehlverhalten kann die „grobe Pflichtverletzung“ dienen. Das Verwaltungsgericht Braunschweig definierte als grobe Pflichtverletzung eine weitreichende Verletzung der Pflichten des Schülers, sodass eine geordnete, den Bildungs- und Erziehungsauftrag der Schule sichernde Unterrichts- und Erziehungsarbeit, erheblich beeinträchtigt wird.[728] Ein schweres Fehlverhalten wurde ebenfalls vom Oberverwaltungsgericht Münster festgestellt, welches einen Fall zu entscheiden hatte, in dem ein Schüler einen Mitschüler so massiv in den Bauch, die Brust und in die Rippen geschlagen hatte, dass hieraus Verletzungen resultierten, die eine Krankenhausbehandlung mit mehrtägiger Krankschreibung erforderlich machten.[729] Das Verwaltungsgericht München sah zudem das Verhalten eines Schülers als schwerwiegend an, der einen Mitschüler bei der Vornahme intimer Handlungen gefilmt hatte, diesen Film speicherte und sodann die Verbreitung in der Schulgemeinschaft ermöglichte.[730] Es muss folglich ein Fehlverhalten vorliegen, welches die Erfüllung des Bildungs- und Erziehungsauftrages der Schule erheblich beeinträchtigt. Anhand der gerichtlichen Entscheidungen kann das Gewicht des (schweren) Fehlverhaltens weiter eingegrenzt werden. Darüber hinaus kann die semantische Offenheit nicht in sinnvoller Weise sprachlich weiter konkretisiert werden, ohne eine Vielzahl beispielhafter Verhaltensstörungen aneinander zu reihen, die der Übersichtlichkeit der Norm schaden würden.

3. Hamburg

Gemäß § 49 Abs. 3 S. 1 HmbSchulG kann in der Grundschule „zur Lösung schwerwiegender Erziehungskonflikte“ eine Umsetzung in eine Parallelklasse erfolgen. Unter Erziehung werden dabei Maßnahmen und Prozesse verstanden, „die den Menschen zu Mündigkeit hinleiten und ihm helfen alle seine Kräfte und Möglichkeiten zu aktuieren und sich als selbstständige Person zu gestalten“.[731] Eine gesetzliche oder gerichtliche Konkretisierung, wann von einem

728 VG Braunschweig, Beschl. v. 21.03.2003 – 6 B 48/03, Rn. 24 zit. nach juris.

729 OVG Münster, Beschl. v. 27.03.2020 – 19 B 264/20, zit. nach juris.

730 VG München, Urt. v. 29.01.2019 – M 3 K 17.3829, zit. nach juris.

731 *Böhm/Seichter*, Wörterbuch der Pädagogik, S. 147.

Erziehungskonflikt auszugehen ist, liegt nicht vor. Ein Konflikt meint eine „durch widerstreitende Auffassungen, Interessen o. Ä. hervorgerufene schwierige Situation".[732] Als Konflikt wird ferner „eine Form der Interaktion, in der Lehrer und Schüler sich über ihre Interpretationen der schulischen Situationen und über ihre Problemlösungsaktivitäten begegnen", beschrieben.[733] Daneben kann die Auseinandersetzung zwischen verschiedenen Gruppen oder Klassen unter diese Bezeichnung eingeordnet werden.[734] Es wird dabei dem Anwender des Gesetzes überlassen, in welche Richtung der Konflikt aufzulösen ist. Es müsste zunächst ermittelt werden, wer maßgeblich an der Auseinandersetzung die Schuld trägt und den Konflikt befeuert. Nicht selten sind Streitigkeiten durch eine Gegenseitigkeit geprägt. Der Aussagegehalt kann anhand des Zwecks der schulordnungsrechtlichen Normen gedeutet werden. Dieser besteht primär darin, den Erziehungs- und Bildungsauftrag zu erfüllen, woraus sich die Notwendigkeit ergibt, bei Erziehungskonflikten tätig zu werden, die eine nicht unerhebliche Dauer und ein nicht unerhebliches Gewicht erreicht haben.

4. Hessen

§ 82 Abs. 4 HSchulG erfordert für die Verhängung von Ordnungsmaßnahmen, dass der Schüler in der Schule „schuldhaft gegen eine Rechtsnorm, Verwaltungsanordnung oder die Schulordnung verstößt oder Anweisungen des Schulleiters, der Lehrer oder sonstiger dazu befugter Personen nicht befolgt, sofern die Anweisungen zur Erfüllung des Unterrichts- und Erziehungsauftrags der Schule notwendig sind oder dem Schutz von Personen und Sachen dienen und pädagogische Maßnahmen und Mittel sich als wirkungslos erwiesen haben, oder der Schutz von Personen und Sachen diese erfordert".[735] Als Konkretisierung dient § 82 Abs. 5 S. 1 HSchulG, wonach eine Umsetzung in die Parallelklasse nur bei „erheblicher Störung des Schul- oder Unterrichtsbetriebs, bei Gefährdung der Sicherheit beteiligter Personen oder Verursachung erheblicher Sachschäden und dadurch bedingter Beeinträchtigung von Unterricht und Erziehung der Mitschüler" vorgenommen werden kann.[736]

---

732 *Dudenredaktion*, Duden, Das Bedeutungswörterbuch, S. 586.

733 *Jeske*, Konfliktfeld Schule, S. 51.

734 *Böhm/Seichter*, Wörterbuch der Pädagogik, S. 279.

735 So auch ähnlich § 64 Abs. 1 S. 1, 2 BbgSchulG; § 61 Abs. 2 NSchulG; § 44 Abs. 3 LSASchulG.

736 So auch ähnlich im Rahmen von § 60a Abs. 4 S. 1 MVSchulG.

Schul- und Hausordnungen halten die Verhaltenspflichten der am Schulwesen Beteiligten schriftlich fest und stellen somit eine Benutzungsordnung für die Personen auf dem Schulgelände dar.[737] Die rechtliche Einordnung der Schul- und Hausordnung bereitet Schwierigkeiten, da sie nicht als Rechtsverordnungen eingestuft werden kann und ebenso keine Verwaltungsvorschrift oder Satzung darstellt.[738] Indem in den Schulgesetzen teilweise als Anforderung zur Verhängung einer Ordnungsmaßnahme auf Verwaltungsanordnungen oder die von der Schulkonferenz beschlossene Schulordnung abgestellt wird, wird nicht ausreichend klar, woraus sich deren demokratische Legitimation ergeben soll. Der Gesetzgeber entzieht sich hier der parlamentarischen Verantwortung, den Tatbestand und den Umfang des Anwendungsbereichs von Ordnungsmaßnahmen sachgerecht zu regeln.[739] Der Erlass der Schul- und Hausordnung muss in Baden-Württemberg von der Schulkonferenz nach § 47 Abs. 5 Nr. 1 BWSchulG beraten werden und bedarf ihres Einverständnisses. Es handelt sich nicht um eine vom Gesetzgeber legitimierte Grundlage.

Zudem beschreiben auch die Schulordnungen oftmals Pflichtverletzungen lediglich in generalklauselartiger Form, sodass durch diese eine Konkretisierung des Fehlverhaltens ausbleibt. Schulordnungen können daher nicht verbindlich Rechte und Pflichten von Schülern festlegen, die als ordnungsrechtliche Tatbestände mit Eingriffsbefugnis fungieren. Soweit *Weßling* als Grundlage für eine nähere Spezifizierung des Tatbestandes von Ordnungsmaßnahmen den Einsatz von Erziehungsvereinbarungen für geeignet hält,[740] tragen auch diese dem Demokratieprinzip keine Rechnung. Insofern ergibt sich kein Unterschied zu Schul- oder Hausordnungen, deren Inhalt schulintern festgelegt wird. Erziehungsvereinbarungen sollen nach *Weßling* zwischen Schule und Schüler geschlossen werden. Diesen kommt jedoch keine unmittelbare demokratische Legitimation zur Festlegung der Verhaltenspflichten zu, die wiederum als Grundlage für die Verhängung von Ordnungsmaßnahmen dienen kann. Es ist Aufgabe des Gesetzgebers, solche pädagogischen Kollisionen zum Ausgleich zu bringen. Gesetze sollen Einzelfälle zu Fallgruppen zusammenfassen und dadurch eine möglichst gleiche Behandlung gleicher Sachverhalte sicherstellen. Durch Konkretisierungen in Schul- und Hausordnungen oder Erziehungsvereinbarungen

737 *Weßling*, Erziehen im Konsens, S. 24 f.

738 *Rux*, Schulrecht, § 2 Rn. 402.

739 A. A. *Weßling*, Erziehen im Konsens, S. 26.

740 *Weßling*, Erziehen im Konsens, S. 222 f.; vgl. hierzu auch *Füssel/Kretschmann*, RdJB 2005, 56 (62).

wird zwar eine einheitliche Anwendung in der jeweiligen Schule erreicht, diese ist dennoch nicht für verschiedene Schulen gewahrt. Insofern würde gesetzlichen Regelungen mit landesweiter Geltung eine deutlich standardisierte Wirkung zukommen. Im Hinblick auf den Kulturföderalismus und die weitgehende Freiheit der Länder zur Gesetzgebung in diesem Bereich ergeben sich bereits länderübergreifend durch die abweichende Gesetzgebung in Bezug auf schulordnungsrechtliche Maßnahmen und der Offenheit der Normierung Unterschiede. Es sollte daher zumindest von gravierenden lokalen Differenzierungen abgesehen und diesen aktiv entgegengewirkt werden.

In Bezug auf die Konkretisierung in § 82 Abs. 5 S. 1 HSchulG trägt die Norm den Grundsätzen des Vorbehalts des Gesetzes Rechnung. Der erste Teil der Norm, welcher sich auf die erhebliche Störung des Schul- oder Unterrichtsbetriebs bezieht, ist der Deutung durch den Rechtsanwender zugänglich.[741] Auf die bedenkliche Erwähnung des Begriffs des „Schulbetrieb" weist *Weber* hin, der hierdurch ein Einfallstor für den Rückgriff auf die Schule als Anstalt sieht. Die persönliche Beziehung zwischen Schülern und Lehrkräften lasse kein bloßes „Betriebsdenken" zu.[742] Wann ein erheblicher Sachschaden vorliegt und eine dadurch bedingte Beeinträchtigung von Unterricht und Erziehung der Mitschüler eintritt, kann grundsätzlich nur vermutet werden. In Anlehnung an die Funktion schulordnungsrechtlicher Maßnahmen, den Schutz von Personen und Sachen sicherzustellen, sind hierunter Maßnahmen einzuordnen, die als Reaktion auf die Verursachung von Unfällen, die Beeinträchtigung der Gesundheit der am Schulwesen beteiligten Personen, Beleidigungen und Diebstähle getroffen werden. Auch die Beschädigung von in die Schule mitgebrachten Sachen oder die Zerstörung von schuleigenem Material könnten unter diese Vorschrift gefasst werden. Im Ergebnis ist festzustellen, dass der Norm unter diesem Aspekt ausreichend Aussagegehalt zukommt.

E. Rechtsprechungsüberblick

In der Rechtsprechung wurden diverse Entscheidungen zur Überweisung in die Parallelklasse getroffen, denen weitere Anhaltspunkte zu den inhaltlichen Anforderungen an die Maßnahme entnommen werden können.

---

741 Siehe hierzu Vierter Teil Kap. 2 D. II. 1.

742 *Weber*, Das Ordnungsrecht der Schule, S. 133.

I. Bayerischer Verwaltungsgerichtshof

Zu Recht betont der Bayerische Verwaltungsgerichtshof, dass ein Verschulden oder die Absicht den Klassenkameraden durch sein Verhalten zu schaden, keine Voraussetzung für die Überweisung darstellen. Dem Verfahren lag der Sachverhalt eines Schülers zugrunde, der die Klasse 8 b eines Gymnasiums besuchte und dort obszöne und beleidigende Nachrichten an einen Klassenkameraden geschrieben hatte. Der Sinn und Zweck der Versetzung in die Parallelklasse bestehe darin, die Ordnung in einer Klasse wiederherzustellen, wobei die subjektive Absicht des Schülers die Klassenatmosphäre zu beeinträchtigen, keine Rolle spiele. Bedenken begegnen der Ausführung des Gerichts im Hinblick auf die Erforderlichkeit des vorherigen Versuches der Schule, eine Aussöhnung zwischen den Schülern herbeizuführen. Dieser sei vor Verhängung der Ordnungsmaßnahme nicht notwendig.[743] Es ist in diesem Zusammenhang dem Antragsteller beizupflichten, dass gerade bei Konflikten zwischen Mitschülern durch pädagogische und schlichtende Einwirkung versucht werden muss einzuschreiten und diese gewinnbringend mit dem Ziel des Verbleibs beider Schüler in der Klasse aufzulösen. Diese Aufgabe ist als Kernbereich der pädagogischen und erzieherischen Arbeit der Schule anzusehen. Das Gericht stellte zutreffend die Eigengesetzlichkeit der pädagogischen und psychologischen Beurteilung des Verhaltens des Schülers fest, welche einen Beurteilungsspielraum der Schule voraussetze. Die Schlichtung ist jedoch bei (pubertären) Schülerstreitigkeiten in der 8. Klasse nicht fakultativ und kann gerichtlich zweifelsfrei auch überprüft werden. Es ergibt sich somit kein Grund, warum auf diese verzichtet werden sollte, bevor ein Schüler final der Klasse verwiesen wird.

II. Oberverwaltungsgericht Lüneburg

Das Oberverwaltungsgericht Lüneburg bestätigte die vorangegangene Entscheidung des Verwaltungsgerichts Oldenburg[744], im Rahmen derer ein Schüler der 9. Klasse nach einer körperlichen Auseinandersetzung mit seinem Klassenkameraden in die Parallelklasse überwiesen wurde.[745] Der Schüler hatte seinem Mitschüler zweimal auf den Kopf geschlagen, wobei er beim zweiten Schlag die Schläfe seines Kontrahenten traf. Die Wahl der konkreten Ordnungsmaßnahme sei laut Gericht auf nachvollziehbare pädagogische Gründe zurückzuführen, da

743 Bayerischer VGH, Beschl. v. 30.12.1992 – 7 CS 92.3507, zit. nach juris.

744 VG Oldenburg, Beschl. v. 12.02.2020 – 5 B 3463/19, zit. nach juris.

745 OVG Lüneburg, Beschl. v. 08.6.2020 – 2 ME 179/20, NVwZ-RR 2020, 977.

das Verhältnis zwischen dem Antragsteller und seinem Mitschüler bereits zuvor durch Auseinandersetzungen gekennzeichnet war und keine solide Lösung für einen gemeinsamen Umgang in der Schule gefunden werden konnte. Das Gericht führte an, ein teilweiser Unterrichtsauschluss sei nicht geeignet gewesen, das konfliktträchtige Verhältnis aufzulösen. Auch der Verweis des Schülers auf wechselbedingte Schwierigkeiten in Bezug auf den Lehrplan konnten das Gericht nicht überzeugen. Das Gericht wies auf die Einbußen hin, die die Verhängung einer Ordnungsmaßnahme mit sich bringen könne, deren Zweck auch darin begründet sei, dass sie für den Schüler deutlich spürbar ist. Inwiefern die vorgebrachten Probleme den Schüler ernsthaft und in welchem Maße beeinflussten, ist Tatsachenfrage. Das Gericht stellte sehr schnell auf die Unlösbarkeit des Konflikts zwischen den Schülern ab, ohne zu prüfen, welche konkreten Maßnahmen an der Schule zur Lösung der Widerstände bereits unternommen worden waren. Daneben ist der Verweis des Gerichts auf die zwingenden Nachteile, die aus Ordnungsmaßnahmen für den Schüler resultieren, befremdlich und trägt nicht dem Sinn und Zweck schulordnungsrechtlicher Maßnahmen Rechnung. Insbesondere wird durch die Aussage des Gerichts die Assoziation eines strafenden Charakters von Ordnungsmaßnahmen hervorgerufen, der diesen fern liegt. Dass der Schüler die Maßnahme spürt, folgt bereits aus der Herausnahme aus der Klasse und dem Verlust seiner unmittelbaren sozialen Kontakte. Soweit der Schüler – in nachvollziehbarer Weise – vorträgt, durch die Verweisung auch noch lernspezifisch, zum Beispiel durch andere Fächerkombinationen in der Parallelklasse, behindert zu werden, wird dieser Faktor nicht ausreichend berücksichtigt. Von der Maßnahme sind meistens auffälligere und lernschwächere Schüler betroffen, die solche Konsequenzen nicht ausgleichen können und damit durch den Vollzug doppelt benachteiligt werden.

III. Verwaltungsgericht Ansbach

Das Verwaltungsgericht Ansbach bestätigte eine Versetzung eines Schülers in die Parallelklasse, der seinen Banknachbarn durch das Herumspielen mit Kabelbinder am Ohr gesundheitlich schwer geschädigt hatte, indem er ihm damit das Trommelfell aus Versehen durchstoßen hat.[746] Dem geschädigten Schüler könne es nicht zugemutet werden, weiter neben seinem Mitschüler zu sitzen, der ihm diese schmerzhafte Verletzung zugefügt hat, sodass eine Abtrennung in unterschiedliche Klassen sachgerecht sei.[747] Auch wenn das Gericht in seinen

746 VG Ansbach, Beschl. v. 19.07.2011 – AN 2 S 11.01135, zit. nach juris.
747 VG Ansbach, Beschl. v. 19.07.2011 – AN 2 S 11.01135, Rn. 15 zit. nach juris.

Entscheidungsgründen zu Recht deutlich macht, dass Mobbing gegen Mitschüler nicht geduldet und entsprechend sanktioniert wird, so geht aus dem Sachverhalt dennoch keine langwierige Mobbing-Beziehung oder ein schwerwiegender Konflikt zwischen dem betroffenen und dem geschädigten Schüler hervor. Durch das Durchstoßen des Trommelfells folgt gewiss eine schwerwiegende gesundheitliche Schädigung. Dennoch ist es nicht nachvollziehbar, dass der Schüler aufgrund eines einmaligen Vorfalls ohne Berücksichtigung der zukünftig zu erwartenden Störungen und Einwirkungen auf den Bildungs- und Erziehungsauftrag der Schule und auf die Mitschüler aus dem Klassenverband entfernt wird.

F. Prüfung der Verhältnismäßigkeit

Durch die Zuweisung in eine andere Klasse liegt ein Eingriff in das Recht auf allgemeine Persönlichkeitsentfaltung nach Art. 2 Abs. 1 i. V. m. Art. 1 Abs. 1 GG vor, da ein vom Schutzbereich erfasstes Handeln erschwert wird. Betroffen ist durch die Maßnahme die Sozialsphäre des Schülers, welche die gesamte Teilnahme am öffentlichen Leben und insbesondere die Entscheidung über die Art und Weise der Gestaltung dieser Teilhabe beinhaltet. Eingriffe in die allgemeine Handlungsfreiheit können im Rahmen der Schrankentrias von Art. 2 Abs. 1 GG gerechtfertigt werden.[748] Das Recht auf freie Entfaltung der Persönlichkeit als „konkretisiertes Spezialrecht“[749] im Rahmen des Art. 2 Abs. 1 GG findet seine Begrenzung durch die Rechte anderer, die verfassungsmäßige Ordnung und das Sittengesetz, vgl. Art. 2 Abs. 1 Hs. 2 GG. Die verfassungsmäßige Ordnung wird in ständiger Rechtsprechung als verfassungsgemäße Rechtsordnung definiert, das heißt als Summe aller Rechtsnormen, die formell und materiell mit der Verfassung übereinstimmen.[750] Die gesetzlichen Regelungen der Maßnahme in den Schulgesetzen dienen in diesem Zusammenhang als Ermächtigungsgrundlage. Ein Eingriff ist verhältnismäßig, wenn er einem legitimen öffentlichen Zweck dient und in Bezug auf diesen als geeignet, erforderlich und angemessen anzusehen ist.

---

748 *Jarass*, in: Jarass/Pieroth, Grundgesetz für die Bundesrepublik Deutschland, Art. 2 GG Rn. 58.

749 *Oppermann*, Gutachten C für den 51. Deutschen Juristentag, C 84.

750 BVerfG, Urt. v. 16.01.1957 – 1 BvR 253 56, NJW 1957, 297; BVerfG, Beschl. v. 25.02.1960 – 1 BvR 239/52, NJW 1960, 619.

I. Legitimer öffentlicher Zweck

Der legitime öffentliche Zweck der Maßnahme wird durch die Zielsetzung der Norm bestimmt. Diese besteht darin die Verwirklichung des Erziehungs- und Bildungsauftrages, die Erfüllung der Schulbesuchspflicht und die Einhaltung der Schulordnung zu gewährleisten sowie zum Schutz von Personen und Sachen beizutragen. Primär soll durch die Verhängung der Verweisung in die Parallelklasse der Erziehungs- und Bildungsauftrag garantiert werden. Dieser erfordert zum einen die Sicherstellung des Klassenfriedens und des Lernfortschritts der Klassengemeinschaft, um die gesetzten Bildungsziele zu erreichen. Ebenso soll im Rahmen des Erziehungsauftrages der Schule dem Schüler sein Fehlverhalten vor Augen geführt werden und dieser zu einer verantwortlichen Person erzogen werden, die die geltenden Normen respektiert und ihr Verhalten an ihnen ausrichtet. Zudem wird seine Fähigkeit gefördert sich in eine Gemeinschaft einzufügen und mit anderen zusammenzuarbeiten.[751] Dem Schüler soll eine Hilfestellung derart zukommen, dass es ihm gelingt, zu einem Mitglied der Gesellschaft heranzuwachsen.[752] Dieses Ziel ist ebenso gesetzlich verankert. Nach § 1 Abs. 1 BWSchulG hat jeder junge Mensch ohne Rücksicht auf Herkunft oder wirtschaftliche Lage das Recht auf eine seiner Begabung entsprechende Erziehung und Ausbildung und muss zur Wahrnehmung von Verantwortung, Rechten und Pflichten in Staat und Gesellschaft sowie in der ihn umgebenden Gemeinschaft vorbereitet werden. Dazu gehört gemäß § 1 Abs. 2 BWSchulG auch die Einwirkung auf den Schüler dahingehend, dass er die Würde und die Überzeugung anderer achtet, die Wert- und Ordnungsvorstellungen der freiheitlich-demokratischen Grundordnung anerkennt und seine verfassungsmäßigen staatsbürgerlichen Rechte und Pflichten wahrnimmt. Die Schüler sollen sich zu mündigen Staatsbürgern entwickeln, die in eigener Verantwortung an demokratischen Prozessen teilnehmen können und denen soziale Kompetenzen im Umgang mit Andersdenkenden zukommen.[753] Durch den Erziehungscharakter der Schule werden dem Schüler im Rahmen des Schulbesuchs Werte vermittelt, deren Akzeptanz im gesellschaftlichen Leben vorausgesetzt wird.[754] Die Verweisung dient daher neben der Gewährleistung des Bildungsauftrages der Schule der Erziehung des Schülers und damit der Wahrung dessen zukünftiger Teilhabe am öffentlichen Leben. Die aufgezeigten Faktoren liegen

751 *Stein/Roell*, Handbuch des Schulrechts, S. 80.

752 BVerfG, Urt. v. 06.12.1972 – 1 BvR 230/70 u. 95/71, NJW 1973, 133 (135).

753 BVerfG, Beschl. v. 15.03.2007 – 1 BvR 2780/06, Rn. 36.

754 *Oppermann*, Kultusverwaltungsrecht, S. 257.

folglich im Allgemeininteresse, woraus ein legitimer öffentlicher Zweck abgeleitet werden kann.

II. Geeignetheit

Die Maßnahme muss geeignet sein, die den schulordnungsrechtlichen Maßnahmen zugrundeliegenden Zwecke zu fördern. Da die Maßnahme der Auflösung eines Konfliktes zwischen dem betroffenen Schüler und anderen Mitschülern beziehungsweise der Klassengemeinschaft dienen soll, wird hierdurch das Klassenklima wiederhergestellt und der Schulfrieden gewahrt.[755] Durch die Herausnahme des Schülers aus der Klasse werden Probleme zwischen der Klassengemeinschaft und dem Schüler größtenteils eingedämmt, sodass die Maßnahme geeignet erscheint, einen Ausgleich in der Klasse und damit eine Entspannung der Lernatmosphäre sicherzustellen.

Aus Lehrersicht wird die Maßnahme von 52,8 % der Lehrkräfte als nicht oder wenig wirksam beurteilt.[756] Auch wird der Effekt von Umsetzungen innerhalb der Klasse, die als mildere Maßnahme zur Umsetzung in eine andere Klasse zumindest annähernd vergleichbar sind, bei Dauerstörungen und neurotisch verursachten Verhaltensauffälligkeiten angezweifelt, da die Wirkung sich dabei lediglich als temporär darstellt.[757] Unter diesem Aspekt kann die Geeignetheit eines Klassenwechsels, Störungen des Schülers zu unterbinden, infrage gestellt werden. Zu beachten ist jedoch die Einschätzungsprärogative des Gesetzgebers, die diesem bei der Bestimmung des geeigneten Mittels zukommt.[758] Die Maßnahme empfiehlt sich bei Schülern, deren Verhalten sich auf den Klassenverband bezieht oder die einen schädlichen Einfluss auf ihre Mitschüler haben. Daneben kommt sie in Betracht, wenn sich Konflikte bereits dauerhaft manifestiert haben, deren Auflösung nicht erfolgversprechend ist. Die Maßnahme ist daher als grundsätzlich geeignet anzusehen, die gesetzlichen Ziele zu erreichen.

III. Erforderlichkeit

Die Überweisung muss erforderlich sein, um die Zwecke zu erreichen. Es darf in diesem Rahmen kein milderes, gleich geeignetes Mittel zur Verfügung stehen. Die Auswahl weniger belastender Maßnahmen ist beschränkt. Je nachdem, ob

---

755 Bayerischer VGH, Beschl. v. 30.12.1992 – 7 CS 92.3507, Rn. 16 zit. nach juris.
756 *Schwind/Roitsch/Ahlborn/Gielen*, Gewalt in der Schule, S. 225.
757 *Jeske*, Konfliktfeld Schule, S. 89.
758 BVerfG, Beschl. v. 27.01.2011 – 1 BvR 3222/09, Rn. 38.

das Nachsitzen als Ordnungsmaßnahme angesehen wird, könnte die Anwendung dieser Maßnahme angedacht werden. Zudem könnten pädagogische Maßnahmen, wie erzieherische Gespräche, Mediationen und Streitschlichtung, herangezogen werden. Zur Beilegung von ernsthaften Konflikten in der Klasse wird dennoch weder ein Nachsitzen noch eine pädagogische Maßnahme ausreichend sein. Die Überweisung ist folglich erforderlich.

IV. Angemessenheit

Die Prüfung der Angemessenheit der Überweisung erfordert eine Abwägung zwischen dem Nutzen, den die Maßnahme erzielen soll, und den für den betroffenen Schüler entstehenden Beeinträchtigungen.[759] Die Angemessenheit ist nicht gewahrt, sofern die dem Schüler zustehenden Interessen wesentlich schwerer wiegen als die Belange und Zwecke, denen die Verweisung dienen soll.[760] Die Kollision des Erziehungs- und Bildungsauftrages mit dem Grundrecht des Schülers aus Art. 2 Abs. 1 i. V. m. Art. 1 GG ist durch eine Güterabwägung im Wege der praktischen Konkordanz aufzulösen.[761] Die Überweisung in eine Parallelklasse ist damit angemessen, wenn die Maßnahme beim Schüler nicht zu einer Belastung führt, die im Vergleich zu der von ihm verursachten Störung für Mitschüler und Schule erkennbar außer Verhältnis steht.

Die Sozialsphäre des Schülers ist betroffen, es liegt kein Eingriff in die Privat- oder Intimsphäre vor. Das Kind erlebt den Ausschluss – trotz Verbleibs an der Schule – als Entfernung aus seiner gewohnten Umgebung und als Ausschluss von gemeinsamen Tätigkeiten in der alten Klasse, woraus sich eine Außenseiterposition für den Schüler ergibt.[762] Die Schulklasse stellt einen für den Schüler erheblichen sozialen Faktor dar und befähigt diesen zum Aufbau von Beziehungen zu gleichaltrigen Kindern.[763] Die sozialen Kontakte eines Schülers zu seinen Klassenkameraden haben Einfluss auf dessen Stimmung und seinen Gefühlszustand, welche wiederum entscheidend für die Lernhaltung sind.[764] Da ein für den Schüler fühlbarer Eingriff in dessen Rechtsstellung vorliegt und der Verstoß durch die organisatorische Maßnahme der Versetzung sehr auffällig für

---

759 *Grzeszick*, in: Maunz/Dürig, Grundgesetz, Art. 20 GG Rn. 117.

760 BVerfG, Beschl. v. 24.05.1977 – 2 BvR988/75, NJW 1977, 1489 (1490).

761 Vgl. BVerfG, Beschl. v. 16.05.1995 – 1 BvR 1087/91, BVerfGE 93, 1, Rn. 51.

762 *Minelli*, Endstation Schulausschluss?, S. 24.

763 *Ulrich*, Einführung in die Sozialpsychologie der Schule, S. 51; *Wettstein/Scherzinger*, Unterrichtsstörungen verstehen und wirksam vorbeugen, S. 122 f.

764 *Jeske*, Konfliktfeld Schule, S. 132.

die gesamte Schulgemeinschaft ist, ist eine differenzierte Abwägung notwendig. Daneben können sich auch im Hinblick auf den unterschiedlichen Lernfortschritt in der neuen Klasse Nachteile ergeben.[765] Soweit der Schüler durch die Anordnung der Maßnahme ein anderes Fächerangebot in der anderen Klasse wahrnehmen muss, ist dieser Aspekt gesondert zu bewerten.

Dem Schüler kann in der aufnehmenden Klasse jedoch ebenfalls ein Neustart ermöglicht und die Chance eröffnet werden den angestrebten Bildungsabschluss noch zu erzielen. Auch die aufnehmende Klasse stellt in diesem Zusammenhang einen wichtigen Gesichtspunkt dar.[766] Der Schüler verbleibt an der Schule und hat somit zumindest mittelbaren Kontakt mit seinen bisherigen Klassenkameraden. Das Verhältnis des Nutzens der Maßnahme im Vergleich zu den Nachteilen, die sich für den Schüler ergeben, stellt sich folglich als ausgewogen dar. Die schulgesetzlichen Normen sind daher als verhältnismäßig anzusehen.

G. Fazit

Die gesetzlichen Regelungen der Länder stellen einen rechtlichen Rahmen dar, der überwiegend Orientierungswert für die Verwaltung aufweist. Wenngleich den Normierungen in den Schulgesetzen die wünschenswerte Klarheit in Bezug auf das klassen- oder jahrgangsspezifische Element fehlt, so lassen sie dennoch in ihren tatbestandlichen Voraussetzungen die Grundelemente der Maßnahme erkennen und tragen somit dem verfassungsrechtlichen Grundsatz, die wesentlichen Entscheidungen im Schulwesen festzulegen, hinreichend Rechnung.

I. Vorbehalt des Gesetzes

Vor dem Hintergrund des Eingriffs in das allgemeine Persönlichkeitsrecht des Schülers und der daraus resultierenden Grundrechtsrelevanz der Maßnahme werden die Normen in Baden-Württemberg, Bayern, Nordrhein-Westfalen, dem Saarland, Sachsen und Thüringen den Bestimmtheitsanforderungen des Vorbehalts des Gesetzes nicht gerecht. Eine Heranziehung der tatbestandlichen

---

765 Bayerischer VGH, Beschl. v. 30.12.1992 – 7 CS 92.3507, zit. nach juris.

766 *Korte* verweist in diesem Zusammenhang darauf, dass der Klassenwechsel nicht zwingend positiv für den betroffenen Schüler sein muss, da die Schulgemeinschaft oftmals sehr gut miteinander vernetzt ist und sich so bei der aufnehmenden Klasse schon vor dem Übergang eine innerliche Abwehrhaltung gebildet haben könnte, die zu einer Vereitelung des Neustarts für den Schüler führen könnte, siehe *Korte*, Disziplinprobleme im Schullalltag, S. 52.

Voraussetzungen anderer, konkreter normierter Maßnahmen in den Schulgesetzen trägt nicht zu einem Rückschluss auf die Bedingungen für die Anwendung der Maßnahme der Überweisung in die Parallelklasse bei. Der Schüler muss nicht nur die Anforderungen für die Verhängung der sehr belastenden Maßnahmen kennen, sondern ebenso die der weniger in seine Grundrechte eingreifenden Maßnahmen. Der Gesetzgeber muss daher in der Stufenfolge der Maßnahmenleiter die Voraussetzungen verbindlich festlegen, um für den Schüler die einzelnen Eskalationsstufen erkennbar zu gestalten. Eine Regelung der Maßnahme ist in Rheinland-Pfalz unterblieben, sodass bereits aufgrund der Grundrechtsrelevanz der Maßnahme und der fehlenden Bestimmung einer Vorschrift durch den parlamentarischen Gesetzgeber ein Gebrauch – beispielsweise auf der Grundlage einer anderen schulrechtlichen Norm – ausscheidet.

II. Inhaltliche Vorgaben

Bei der inhaltlichen Umsetzung der Maßnahme müssen in der aufnehmenden Klasse die gleichen Unterrichtsfächer mit denselben Unterrichtszielen gewährleistet werden können.[767] In Baden-Württemberg gliedert sich das allgemeinbildende Gymnasium der Normalform und der Aufbauform mit Heim nach § 1 Abs. 1 S. 1 GymSchulTypVO in einen naturwissenschaftlichen und einen sprachlich-musischen Schultyp. In den Bildungsplänen sind in den beiden Schultypen entsprechende Differenzierungen spätestens ab Klasse 9 bis zum Beginn der Jahrgangsstufen erforderlich. Durch die Überweisung sollte der Schüler keine Einbußen im Bildungsverlauf dahingehend hinnehmen müssen, dass er Unterrichtsinhalte eines anderen Typs erhält oder eine andere Fremdsprache wählen muss. Der Klassentypus des Schülers muss folglich auch im Rahmen der Überweisung bestehen bleiben. Ansonsten könnte hieraus ein Eingriff in das Recht auf schulische Bildung des Schülers resultieren, sodass die Beeinträchtigung als wesentlich belastender für den Schüler bewertet werden müsste als bei einer Verweisung ohne Änderungen des Lehrplans.

III. Nutzen der Maßnahme

Aus den gesetzlichen Regelungen wird deutlich, dass der Schüler durch sein Fehlverhalten entweder in zeitlicher Hinsicht („wiederholt") oder durch eine gewichtige Verhaltensstörung („schwer") auf das unbeschwerte Zusammenwirken der am Schulwesen Beteiligten einwirken muss. Die Maßnahme wird

767 *Bertram/Horn/Link/Schulte/Wolfrum*, Sächsisches Schulgesetz, § 39, S. 201.

regelmäßig nur dann pädagogisch sinnvoll sein, wenn das Fehlverhalten auf den Klassenverband zurückzuführen sein wird, speziell personenbezogen ist oder seine Ursache in einer besonderen Gruppenbildung innerhalb der Klasse hat. Die Überweisung sollte lediglich zur Abwehr erheblicher Störungen des Unterrichtsverlaufs oder anderer schuldhafter Pflichtverletzungen des Schülers gebraucht werden, soweit die Herausnahme des Schülers aus dem Klassenverband eine Besserung der Situation verspricht.[768] Es muss eine in der Klassengemeinschaft andauernde und nachhaltige Störung vorliegen, die prognostisch nicht durch erzieherische Einwirkungen zu beheben ist und die den Erziehungs- und Bildungsauftrag der Schule belastet.[769] Die Maßnahme wird nicht zielführend sein, wenn es in einer oder mehreren Klassen zahlreiche Störer gibt, auf die die Maßnahme Anwendung finden könnte. Diese auf die übrigen Klassen zu verteilen, verspricht keinen pädagogischen Erfolg oder ist schlichtweg aufgrund fehlender zur Verfügung stehender Klassen nicht realisierbar. Eine bereits in einer Klasse vorhandene Struktur könnte sich ebenfalls in der neuen Klasse fortsetzen, sodass lediglich das „Problem" verschoben, jedoch nicht gelöst werden würde. Auch die Hintergründe einer bestimmten Struktur müssen kritisch hinterfragt werden, sodass nicht vorschnell ein Schüler als Verursacher herausgegriffen werden sollte.[770] Selbst wenn ein Schüler als Ursache identifiziert wurde und die grundsätzliche Notwendigkeit besteht, diesen als meinungsbestimmende Person aus der Klasse zu entfernen, müssen zunächst die Gründe für sein Verhalten analysiert werden, soweit keine mildere Maßnahme in Betracht kommt und eine dauerhafte Störung vorliegt, die ihren Grund im Gefüge der Klassengemeinschaft hat. Die Überweisung in eine Parallelklasse muss vor allem auf eine pädagogische und psychologische Beurteilung der Persönlichkeit und des Verhaltens des betroffenen Schülers zurückzuführen sein. Vor der Verhängung der Maßnahme muss die Schule prüfen, ob andere Ordnungsmaßnahmen in die Abwägung mit einbezogen worden sind und darlegen, warum diese keinen Erfolg versprechen. Richtigerweise ist bei der Betrachtung des Verhaltens außen vor zu lassen, ob der Schüler im privaten Bereich oder in anderen Ausbildungseinrichtungen ein ordnungsgemäßes Verhalten zeigt, weil diesem keine Auswirkungen für die Wahrung des Schulfriedens zukommt.[771]

---

768 *Schwind/Roitsch/Ahlborn/Gielen*, Gewalt in der Schule, S. 215.

769 *Rux*, Schulrecht, § 2 Rn. 463.

770 *Meyer/Tretter/Englisch*, Praxisleitfaden auffällige Schüler, S. 254.

771 VG Ansbach, Urt. v. 18.07.2017 – AN 2 K 17.00250, MMR 2018, 266 (268).

IV. Pädagogische Alternativen

Die Überweisung in die Parallelklasse stellt eine für den Schüler deutlich spürbare Maßnahme dar, da sie ihn aus der Klassen- oder Kursgemeinschaft herauslöst und hierdurch aus seinem bisher bekannten Sozialgefüge wider Willen entfernt. Die Maßnahme ist ebenso für die ganze Schulgemeinschaft aufgrund der strukturellen Veränderung sichtbar, woraus wiederum Nachteile für den Schüler resultieren können.[772] Die Beschäftigung mit dem Schüler und eine Erforschung der Ursachen seines Fehlverhaltens trägt zu einer fehlerfreien Ermessensausübung im Einzelfall bei, da die gewonnenen Erkenntnisse in die Abwägung einbezogen werden können. Von pädagogischer Seite wird bei Konflikten zwischen zwei Schülern ein schriftlicher Feedbackbogen empfohlen, der eine Einsicht beim störenden Schüler erzielen soll, welche Konsequenzen sein Verhalten für Mitschüler hervorrufen kann. In gravierenden Fällen kann ein sogenanntes „Schlichtungs-Doppel" abgehalten werden, wobei unter Einbeziehung der Lehrkraft als Moderator zwischen zwei Schülern vermittelt wird.[773] Deeskalierende Wirkung kann auch Zielvereinbarungen auf Klassen- oder Lerngruppenebene zukommen, im Rahmen derer Verhaltensanforderungen formuliert werden und festgelegt wird, welche Sanktionen im Falle eines bestimmten Fehlverhaltens zu erwarten sind.[774]

---

772 Bayerischer VGH, Beschl. v. 30.12.1992 – 7 CS 92.3507, zit. nach juris.

773 *Schneider*, in: Boelmann/Roberg/Sawatzki/Schlechter/Schneider, Erziehungs- und Ordnungsmaßnahmen Praxisbuch, S. 18, 78.

774 *Füssel/Kretschmann*, RdJB 2005, 56 (63 f.); *Meyer/Tretter/Englisch*, Praxisleitfaden auffällige Schüler, S. 257.

Kapitel 3: Zeitweiliger Ausschluss vom Unterricht

Durch den Verweis wird der Schüler vom regulär stattfindenden Unterricht temporär ausgeschlossen. Eine Abfrage an 122 Schulen in Hamburg ergab die Anwendung der Maßnahme im Schuljahr 2014/2015 auf insgesamt 676 Schüler.[775] Dabei besuchten 166 788 Schüler im Schuljahr 2014/2015 in Hamburg staatliche Schulen, sodass die Maßnahme bei einem prozentualen Anteil von 0,4 % der Schüler gebraucht wurde.[776]

A. Rechtliche Grundlage

Der Ausschluss vom Unterricht ist in allen Schulgesetzen der Länder – mit Ausnahme von Hessen – normiert, sodass eine Ermächtigungsgrundlage vorhanden ist.

I. Normierung in den Schulgesetzen

Der zeitweilige Unterrichtsausschluss ist in Baden-Württemberg nach § 90 Abs. 3 Nr. 2 lit. d) BWSchulG nur für den reinen Unterricht für bis zu fünf Unterrichtstage, bei beruflichen Schulen in Teilzeitform für einen Unterrichtstag, möglich.[777] Darüber hinaus ist nach § 90 Abs. 3 Nr. 2 lit. e) BWSchulG ein Verweis vom Unterricht von bis zu vier Unterrichtswochen zulässig. In Bayern werden in Art. 86 Abs. 2 Nr. 4, 5, 6, 7 BayEUG verschiedene Ausschlussarten geregelt. Es ist hierbei eine Entfernung vom Unterricht in einem Fach,[778] ein Ausschluss von einer sonstigen Schulveranstaltung und vom Unterricht im generellen denkbar. In Berlin kann nach § 63 Abs. 2 Nr. 2 BerlSchulG ein Ausschluss vom Unterricht und anderen schulischen Veranstaltungen für bis zu zehn Schultage verhängt werden.[779] § 49 Abs. 4 Nr. 2 HmbSchulG bestimmt die

---

775 Drs. Bürgerschaft HH 21/1599, S. 32 ff.

776 *Behörde für Schule und Berufsbildung HH*, Referat Datenmanagement, Verteilung der Schüler nach Schulform und Jahrgangsstufe an Hamburger allgemeinbildenden Schulen im Schuljahr 2014/15.

777 Ähnlich § 44 Abs. 4 Nr. 2 LSASchulG; § 51 Abs. 3 Nr. 2, 5, 6 ThürSchulG.

778 Vgl. hierzu *Hürlimann*, Für die Schule nicht mehr zumutbar, S. 48.

779 Ähnlich § 64 Abs. 2 Nr. 2 BbgSchulG; § 47 Abs. 1 Nr. 2, 3 BremSchulG; § 60a Abs. 1 Nr. 2 MVSchulG; § 61 Abs. 3 Nr. 1, 3 NSchulG; § 53 Abs. 3 Nr. 3 NRWSchulG; § 55 Abs. 1 S. 1

Zulässigkeit des Verweises in den Sekundarstufen I und II vom Unterricht für höchstens zehn Unterrichtstage oder von einer Schulfahrt. § 32 Abs. 2 Nr. 2 lit. b), c), d), Nr. 3 lit. a) SchoG regelt die Option zum Ausschluss von „besonders bevorzugten" Schulveranstaltungen bei fortbestehender Verpflichtung zur Teilnahme am Unterricht während dieser Zeit, und den Ausschluss vom Unterricht bis zu längstens zwei Unterrichtswochen. Die Mehrheit der Schulgesetze eröffnet folglich die Möglichkeit des zeitweiligen Ausschlusses des Schülers vom Unterricht und von schulischen Veranstaltungen, während teilweise darüber hinaus noch der Verweis von einzelnen Fächern aufgeführt wird. In Hessen besteht keine Normierung eines temporären Ausschlusses vom Unterricht; der Schüler kann lediglich nach § 82 Abs. 2 Nr. 2 HSchulG von besonderen Klassen- oder Schulveranstaltungen sowie vom Unterricht in Wahlfächern und freiwilligen Unterrichtsveranstaltungen ferngehalten werden.

II. Normierung in den Verordnungen

Nach § 5 Abs. 1 BbgVO ist der vorübergehende Ausschluss für mehr als fünf Unterrichtstage zulässig, wenn zuvor ein kürzerer Ausschluss keine Verhaltensänderung bewirkt hat, wobei die Ordnungsmaßnahme unabhängig von der Dauer des Ausschlusses höchstens zweimal im Schulhalbjahr angewendet werden darf. § 66 Abs. 1 HVO bestimmt die Notwendigkeit einer Beeinträchtigung des Unterrichts in der Klasse oder der Lerngruppe durch den Verbleib des Schülers, welche sich zu einer Gefährdung des Anspruchs der übrigen Schüler auf einen geordneten Unterricht verdichtet haben muss.

B. Regelungsgehalt

Ein disziplinarischer Schulausschluss bezeichnet den auf der Grundlage eines Fehlverhaltens vorgenommenen teilweise oder vollständigen, zeitweisen oder permanenten Ausschluss vom Unterricht oder von der ganzen Schule.[780] Der zeitweise Ausschluss bildet folglich einen Unterfall des Schulverweises. Im Zeitraum der Entfernung vom Unterricht ist es dem Schüler verboten, den eigenen Unterricht zu besuchen.[781] Der Verweis dauert mindestens einen Unterrichtstag

---

RLPSchulG i. V. m. 97 Abs. 2 Nr. 1 SchulORLP; § 39 Abs. 2 S. 1 Nr. 4 SächsSchulG; § 25 Abs. 3 S. 1 Nr. 2, 3 SHSchulG.

780 *Hürlimann*, Für die Schule nicht mehr zumutbar, S. 51.

781 Teilweise wird sogar ein Verbot, für die Dauer der Maßnahme das Schulgelände zu betreten während dort Unterricht oder eine andere schulische Veranstaltung stattfindet, explizit gesetzlich geregelt, vgl. § 61 Abs. 4 S. 3 NSchulG.

und längstens vier Wochen in Baden-Württemberg und umfasst nur schulpflichtige Tage, vgl. § 90 Abs. 3 Nr. 2 lit. d), e) BWSchulG. Im Ländervergleich dauert der Unterrichtsausschluss mindestens fünf Unterrichtstage[782] und längstens drei Monate[783] beziehungsweise bis zum Ablauf des laufenden Schuljahres[784]. Umfasst sind lediglich volle Unterrichtstage.[785] Dieses Kriterium ist ebenfalls dem Wortlaut der Normen zu entnehmen, welcher keine einzelnen Schulstunden benennt. Abzugrenzen ist der Unterrichtsausschluss vom Hinausschicken des Schülers für einen kurzen Zeitraum, beispielsweise zur kurzfristigen Beruhigung, welches als pädagogische Maßnahme einzustufen ist. Zu berücksichtigen ist die Notwendigkeit einer Anhörung der Klassenkonferenz oder Jahrgangsstufenkonferenz in Baden-Württemberg, soweit deren Mitglieder den Schüler selbstständig unterrichten. Daneben ist die Teilnahmeverpflichtung des Schülers an Klausuren zu beachten, die in den Zeitraum des Ausschlusses fallen, da es sich lediglich um einen Verweis vom Unterricht und nicht von den Leistungsfeststellungen handelt. Auch im Hinblick auf Art. 11 Abs. 1 LV BW sollte es dem ausgeschlossenen Schüler zwingend ermöglicht werden, Prüfungen und Klausuren beizuwohnen.

C. Grundrechtsbeschränkungen

Es kommen Eingriffe in das Recht auf schulische Bildung und in das Recht der Berufsfreiheit nach Art. 12 Abs. 1 S. 1 GG in Betracht.

I. Eingriff in das Recht auf schulische Bildung

Da das Recht auf schulische Bildung den Zugang zu Bildungseinrichtungen umfasst und dem Schüler für einen bestimmten Zeitraum der Zutritt versagt wird, ist grundsätzlich von einem Eingriff auszugehen. Zwar könnte in dieser Betrachtung der Faktor einbezogen werden, dass der Schüler die Lernmaterialien erhält und an den Leistungsfeststellungen teilnehmen kann, sodass er zumindest teilweise von der Wissensvermittlung durch die Schule profitieren

---

782 § 44 Abs. 4 Nr. 2 LSASchulG.

783 § 60a Abs. 4 S. 1 MVSchulG; § 61 Abs. 4 S. 1 NSchulG; siehe hierzu auch *Galas/Krömer/Nolte/Ulrich*, Niedersächsisches Schulgesetz, Kommentar, S. 539.

784 Art. 86 Abs. 2 Nr. 7 BayEUG.

785 *Falkenbach*, in: Wörz/von Alberti/Falkenbach, Schulgesetz für Baden-Württemberg, § 90, Ziff. 10.4; a. A. *Reip*, in: Ebert, Schulrecht Baden-Württemberg, Kommentar, § 90 Rn. 16.

und nur die lokalen Gegebenheiten nicht nutzen kann. Jedoch fällt unter die Unterrichtsverpflichtung nicht nur die Ausgabe von Materialien, sondern insbesondere die persönliche und schüler- beziehungsweise klassenbezogene Weitergabe von Lehrstoff durch den Präsenzunterricht steht im Vordergrund.[786] Der ausgeschlossene Schüler erhält keine Gelegenheit, den Ausführungen der Lehrkraft zu folgen und hierzu Rückfragen zu stellen. Daneben gehen ihm gruppenbezogene Elemente gänzlich verloren, die die Fähigkeit der Schüler fördern, eine Aufgabe mit anderen Personen zu bearbeiten, und das Erlernen von sozialen Kompetenzen unterstützen. Auch eine Einbeziehung der Dauer des erfolgten Ausschlusses in die Eingriffsprüfung ist nicht geboten. Da das Kriterium für die Frage, ob überhaupt ein Eingriff anzunehmen ist, sehr vage und willkürlich erscheint, ist bereits ab dem Minimum des Ausschlusses von einem Tag ein Eingriff in das Recht auf schulische Bildung zu bejahen. Im Rahmen der Erörterung der Verhältnismäßigkeit kann die Quantität des Verweises entsprechend berücksichtigt werden.

II. Eingriff in die Berufsfreiheit

Zu untersuchen ist, ob ein Eingriff in die Berufswahlfreiheit und in die Freiheit zur Wahl der Ausbildungsstätte gegeben ist.

1. Beschränkung der Berufswahlfreiheit

Ein Eingriff in die Berufswahlfreiheit könnte in Betracht kommen, soweit der Schüler durch den zeitweiligen Ausschluss und das Versäumnis von Lernstoff in seinen Lernbedingungen im Vergleich zum Rest der Klasse schlechter gestellt ist und die Versetzungsbedingungen nicht erfüllt.[787] In der Folge würde der Schüler das Schuljahr wiederholen müssen und könnte den gewünschten Schulabschluss erst ein Jahr später erwerben, woraus sich wiederum die Konsequenz eines zeitlich nachgelagerten Ausbildungs- oder Studienbeginns und

---

786 Vgl. hierzu BVerfG, Beschl. v. 19.11.2021 – 1 BvR 971/21, 1 BvR 1069/21, NJW 2022, 167.

787 § 1 Abs. 1 GymVersV BW v. 30.01.1984 i. d. F. v. 18.06.2020 normiert: „In die nächsthöhere Klasse werden nach Maßgabe der nachfolgenden Bestimmungen solche Schüler versetzt, die auf Grund ihrer Leistungen in den für die Versetzung maßgebenden Fächern den Anforderungen im laufenden Schuljahr im Ganzen entsprochen haben und die deshalb erwarten lassen, daß [sic!] sie den Anforderungen der nächsthöheren Klasse gewachsen sind.“

darauffolgend Berufsstarts ergäbe.[788] Sowohl die Kausalität eines zeitlichen Ausschlusses in Bezug auf die Nichtversetzung als auch der Zusammenhang im Hinblick auf den späteren Berufsstart ist jedoch zweifelhaft und durch den weit in die Zukunft gelagerten Zeitfaktor allenfalls hypothetisch. Nach § 4 Abs. 3 Nr. 2 SchulBesV BW kann eine Beurlaubung von Schülern zur Teilnahme an einem internationalen Schüleraustausch sowie an Sprachkursen im Ausland gewährt werden. Die Schüler verbringen hierbei oftmals ein Halbjahr im Ausland und kommen im zweiten Halbjahr wieder in dieselbe Klasse zurück. Sie müssen dabei den Anschluss an den bereits unterrichteten Lernstoff eigenverantwortlich herstellen. Selbst bei einem kompletten Fernbleiben im ersten Schulhalbjahr über einen Zeitraum von beträchtlichen sechs Monaten und nur durch den Besuch des zweiten Schulhalbjahres wird davon ausgegangen, dass die Fehlzeit durch den Schüler kompensiert werden kann, um am Ende des Schuljahres über die Versetzung zu entscheiden. Ein bloßes mehrwöchiges bis dreimonatiges Fernbleiben vom Unterricht kann sich folglich nicht als derart erheblich für die Versetzungsentscheidung und den weiteren beruflichen Werdegang darstellen, dass dieses bereits einen Eingriff in die – meist erst ein Jahrzehnt später akut relevant werdende – Berufswahlfreiheit auslöst.

2. *Beschränkung der Freiheit zur Wahl der Ausbildungsstätte*

Ein Eingriff in die Freiheit zur Wahl der Ausbildungsstätte liegt nicht vor. Der Schüler wird nur zeitweise vom Unterricht verwiesen und kehrt nach Vollzug der Maßnahme in seinen Unterricht und an dieselbe Schule zurück.

D. Prüfung der Wahrung des Vorbehalts des Gesetzes

Auch bei der Maßnahme des zeitweiligen Ausschlusses ist zwischen den Normen zu differenzieren, die lediglich allgemeine Anforderungen an die Verhängung der Maßnahme stellen und denen, die spezielle Voraussetzungen für die Anwendung fordern. Die Schulgesetze sehen verschiedene zeitliche Höchstgrenzen für den zeitweiligen Verweis vom Unterricht vor. Je länger dieser andauert, desto höher wiegt die Eingriffsintensität für den betroffenen Schüler. Über einen längeren Zeitraum ist er vom Unterricht und seinen Klassenkameraden ausgeschlossen und muss sich selbst um die Unterrichtsinhalte und deren Nacharbeitung kümmern. Der zeitliche Faktor spielt daher eine große Rolle, ob die Vorschrift als bestimmt genug angesehen werden kann, da die Norm umso

788 Siehe hierzu *Schröder*, Handbuch Schulrecht Niedersachsen, S. 13.

konkretere Angaben zu den tatbestandlichen Voraussetzungen vorsehen muss, je umfassender in die Rechte des Schülers eingegriffen wird. Soweit ein Zeitraum von maximal zehn Unterrichtstagen in Betracht kommt, ist das Gewicht des Eingriffs noch als relativ niedrig einzustufen, da diese zeitliche Spanne noch schnell und sicher aufgearbeitet werden kann. Über diesen Zeitraum hinaus wäre die Intensität jedoch als schwerwiegender anzusehen. Soweit von rund 192 Schultagen im Schuljahr 2021 ausgegangen wird,[789] stellt eine Abwesenheit des Schülers für drei Wochen (15 Unterrichtstage) bereits einen Anteil von ca. 7,81 % des Schuljahres dar, vier Wochen (20 Unterrichtstage) bilden 10,41 % des jährlichen Unterrichtsvolumens ab. Angenommen in Mecklenburg-Vorpommern und Niedersachsen werden die zulässigen Extremvarianten von drei Monaten (60 Unterrichtstage) gebraucht, liegt ein Absentismus des betroffenen Schülers von 31,25 % vor.

I. Allgemeine Formulierungen

In Brandenburg, Bremen, Nordrhein-Westfalen und Sachsen-Anhalt werden lediglich allgemeine tatbestandliche Voraussetzungen normiert. Gemäß § 64 Abs. 1 S. 1 BbgSchulG ist ein Ausschluss vom Unterricht für bis zu zwei Wochen möglich, wenn „schwerwiegend gegen eine den Auftrag der Schule regelnde Rechtsvorschrift, Verwaltungsvorschriften oder die Ordnung der Schule betreffende Vorschriften verstoßen wurde und eine Erziehungsmaßnahme sich als wirkungslos erwiesen hat oder nicht geeignet ist“. Nach § 46 Abs. 2 Nr. 1, 2 BremSchulG bestimmt sich die Zulässigkeit eines Ausschlusses für maximal fünf Unterrichtstage danach, ob „Schüler oder Schülerinnen vorsätzlich und nachweisbar gegen eine Rechtsnorm oder die durch Verwaltungsanordnung oder Beschluss der Schulkonferenz festgelegte Schulordnung verstoßen oder Anordnungen der Schulleitung oder einzelner Lehrkräfte nicht befolgen, die zur Erfüllung des Unterrichts- und Erziehungsauftrages der Schule notwendig sind“. In Nordrhein-Westfalen können nach § 53 Abs. 1 S. 2 NRWSchulG generell Ordnungsmaßnahmen und der zeitweilige Ausschluss bis zu zwei Wochen lang angewendet werden, „wenn eine Schülerin oder ein Schüler Pflichten verletzt“.

789 Die Angabe bemisst sich nach der Anzahl der Werktage abzüglich der Schulferien und gesetzlichen Feiertage; eine konkrete Zahl kann aufgrund der Möglichkeit der Schulen zur Nutzung von maximal fünf beweglichen Feiertagen nicht ermittelt werden, vgl. Ziff. I der baden-württembergischen VwV Ferienverteilung und unterrichtsfreie Samstage in den Schuljahren 2019/2020 bis 2023/2024 v. 04.09.2006 i. d. F. v. 28.05.2020, Az.: 31-6501.3/222.

Gemäß § 44 Abs. 3 Nr. 1, 2 LSASchulG sind Ordnungsmaßnahmen generell und der Ausschluss vom Unterricht für maximal fünf Tage zulässig, „wenn gegen eine Rechtsnorm oder die Schulordnung verstoßen oder Anordnungen der Schulleitung oder einzelner Lehrkräfte nicht [befolgt werden], die zur Erfüllung des Bildungs- und Erziehungsauftrages der Schule notwendig sind".

Die Formulierungen sind als allgemein zu betrachten, da sie zwar Anforderungen an die Verhängung von Ordnungsmaßnahmen stellen, jedoch keine spezifischen Voraussetzungen für die Ergreifung des zeitweiligen Unterrichtsausschlusses normieren. Da bei allen aufgeführten Ländern nur eine maximale Ausschlussdauer von zwei Wochen festgelegt ist, ist die Eingriffsintensität als niedrig einzustufen, sodass auch eine geringere Regelungsdichte zu fordern ist als bei Verweisen mit einer längeren Ausschlussdauer. Die Bedeutung der gesetzlichen Regelungen wird im Hinblick auf die daraus folgende Konsequenz für den Rechtsadressaten ausreichend klar. Eine feingliedrigere Vorgabe ist daher nicht erforderlich. Lediglich die Regelung in Nordrhein-Westfalen, soweit sie an eine Pflichtverletzung anknüpft, stellt nicht ausreichend klar, wie dieser Begriff weiter eingegrenzt werden kann, sodass die Regelungsdichte hier als ungenügend anzusehen ist.[790]

II. Spezielle Formulierungen

Konkrete tatbestandliche Voraussetzungen in Bezug auf den zeitweiligen Ausschluss sind in den Bundesländern Baden-Württemberg, Bayern, Berlin, Hamburg, Niedersachsen, Mecklenburg-Vorpommern, Rheinland-Pfalz, dem Saarland, Sachsen, Schleswig-Holstein und Thüringen normiert.

1. Baden-Württemberg

Nach § 90 Abs. 6 S. 1 BWSchulG ist ein bis zu vier Wochen andauernder zeitweiliger Ausschluss vom Unterricht, seine Androhung oder eine Androhung des Ausschlusses aus der Schule nur zulässig, „wenn ein Schüler durch schweres oder wiederholtes Fehlverhalten seine Pflichten verletzt und dadurch die Erfüllung der Aufgabe der Schule oder die Rechte anderer gefährdet".[791] Anhand des Wortlautes der Norm wird deutlich, dass ein gravierendes Fehlverhalten

790 Ausführlich hierzu Vierter Teil Kap. 2 D. I.

791 Ähnlich Art. 86 Abs. 2 Nr. 6 lit. a) b), Nr. 7 BayEUG; § 63 Abs. 1 BerlSchulG; § 49 Abs. 4 S. 1 HmbSchulG; § 32 Abs. 4 S. 1 SchoG; § 39 Abs. 4 S. 1 SächsSchulG; § 25 Abs. 3 S. 4 SHSchulG; § 52 Abs. 1 S. 1 ThürSchulG.

vorliegen muss, dessen Zielrichtung entweder den schulischen Bildungs- und Erziehungsauftrag der Schule beeinträchtigen oder sich gegen den Schutz von den am Schulwesen beteiligten Personen und deren Eigentum richten muss. Die Vorschrift ist daher ausreichend konkret normiert.[792]

2. *Mecklenburg-Vorpommern*

Nach § 60a Abs. 4 S. 1 MVSchulG ist der zeitliche Ausschluss bis zu drei Monate „nur bei erheblichen Störungen des Schul- oder Unterrichtsbetriebs, bei Gefährdung der Sicherheit von Personen oder Verursachung von Sachschäden und dadurch bedingter Beeinträchtigung von Unterricht und Erziehung der Mitschülerinnen und Mitschüler" zulässig.[793] Die Norm ist im Hinblick auf die Anforderungen zur Verhängung der Maßnahme konkret gehalten und legt mehrere verschiedene Sachverhaltsvarianten fest, an die im Rahmen des Gebrauchs angeknüpft werden kann. Dennoch trägt sie durch ihre hohe Eingriffsintensität dem Vorbehalt des Gesetzes keine Rechnung. Soweit gesetzlich eine zeitlich kürzere Dauer (zum Beispiel zwei Wochen) normiert wäre, wäre es dem Rechtsadressaten anhand der Norm möglich, die in diesem Falle als eher gering einzuschätzenden drohenden Konsequenzen effektiv zu begreifen und sein Handeln danach auszurichten. Da jedoch die gesetzliche Vorgabe bis zu drei Monate reicht, wird nicht ersichtlich, welche Voraussetzungen für welche zeitliche Dauer vorliegen müssen. Es besteht in der Eingriffsintensität ein erheblicher Unterschied, ob ein Schüler für zwei Wochen oder gar drei Monate des Unterrichts verwiesen wird. Auch der Hinweis in § 60a Abs. 6 S. 3 MVSchulG, wonach die maximale Dauer des Unterrichtsausschlusses eine Woche nicht übersteigen soll, dient nicht zu einer weiteren Eingrenzung, wann indiziell von dieser Regelung Gebrauch gemacht werden soll oder die volle Länge der drei Monate ausgeschöpft werden darf. Der Schüler muss vorab anhand der gesetzlichen Regelung einschätzen können, welches Fehlverhalten eine bestimmte zeitliche Dauer auslösen könnte. Dies wird durch eine einheitliche Vorgabe nicht ermöglicht, die sich auf eine derart weitläufige zeitliche Dauer erstreckt. Der nach § 60a Abs. 1 S. 3 MVSchulG für die Maßnahme zuständigen Teilkonferenz steht es vielmehr offen bei Vorliegen eines Fehlverhaltens, welches den Tatbestand der Maßnahme erfüllt, den zeitweiligen Ausschluss überhaupt anzuwenden sowie einen (beliebigen) Zeitraum auszuwählen. Anzuraten wäre beispielsweise eine

792 Siehe ausführlich zur Voraussetzung des „schweren oder wiederholten" Fehlverhaltens Vierter Teil Kap. 2 D. II. 2.

793 Ähnlich § 61 Abs. 4 S. 1 NSchulG.

weitere Aufgliederung des Tatbestandes und der zeitlichen Sphären durch die Zuordnung verschiedener tatbestandlicher Voraussetzungen.

3. Rheinland-Pfalz

Nach § 55 Abs. 1 S. 1 RLPSchulG i. V. m. § 97 Abs. 2 Nr. 1 SchulORLP können „Schülerinnen und Schüler, deren Verbleib in der Schule eine ernstliche Gefahr für die Erziehung, die Sicherheit oder die Unterrichtung der anderen Schülerinnen und Schüler bedeutet" von der bisher besuchten Schule ausgeschlossen werden.[794] In § 55 Abs. 1 S. 2 RLPSchulG wird das Erfordernis der ernstlichen Gefahr konkretisiert, indem normiert wird, dass diese insbesondere dann gegeben ist, „wenn der Verbleib der Schülerin oder des Schülers den Schulfrieden so beeinträchtigen würde, dass die Aufrechterhaltung eines geordneten Schulbetriebes nicht mehr gewährleistet werden könnte". Der Ausschluss erfolgt „auf Zeit oder auf Dauer", wobei nach § 55 Abs. 4 S. 1 RLPSchulG die angewendete Maßnahme in einem angemessenen Verhältnis zu der Gefahr stehen muss. Bei Vorliegen einer ernstlichen Gefahr für die Gesundheit kommt daher lediglich ein zeitweiser Ausschluss für die Zeit der gesundheitlichen Gefährdung in Betracht. Rheinland-Pfalz ist das einzige Bundesland, welches für die Maßnahme des zeitweiligen Ausschlusses keine genaue zeitliche Angabe normiert. Die Spanne der zulässigen zeitlichen Grenze ist damit faktisch ohne jegliche Beschränkung. Ein Rückgriff auf § 53 Abs. 2 Nr. 7 RLPSchulG, wonach das Kultusministerium zur Festlegung von Ordnungsmaßnahmen in Schulordnungen ermächtigt wird, ist zur Konkretisierung nicht möglich. Es können bestimmte Ordnungsmaßnahmen, beispielsweise die kurzzeitige Untersagung der Teilnahme am Unterricht nach § 53 Abs. 2 Nr. 7 RLPSchulG, in den Schulordnungen geregelt werden. Diese zeitliche Grenze ist jedoch nicht auf den gewichtigen Ausschluss vom Unterricht nach § 55 Abs. 1 S. 1 RLPSchulG übertragbar. In § 55 RLPSchulG wird der Ausschluss des Schülers geregelt, der einem gefahrträchtigen Verhalten eines Schülers Rechnung tragen soll.[795] Die festzulegenden Ordnungsmaßnahmen, die auf der Grundlage von § 53 Abs. 2 Nr. 7 RLPSchulG beruhen, ergehen als Reaktion auf geringfügige Störungen des Schul- und Unterrichtsbetriebs, sodass die Erheblichkeitsschwelle des jeweiligen Fehlverhaltens nicht

---

794 Es wird in diesem Rahmen Bezug auf die Schulordnung für die öffentlichen Realschulen plus, Integrierten Gesamtschulen, Gymnasien, Kollegs und Abendgymnasien v. 12.06.2009 i. d. F. v. 01.08.2009, GVBl. 2009 S. 224, genommen.

795 *Lotze-Dombrowski/Ermlich*, in: Grumbach/Bickenbach/Seckelmann/Thews, Schulgesetz Rheinland-Pfalz, Kommentar, § 55, Ziff. 1.

vergleichbar ist. Da die zeitlich zulässige Grenze ein wesentliches Kriterium der Maßnahme darstellt, muss eine Regelung durch den parlamentarischen Gesetzgeber erfolgen. Die Norm ist daher nicht ausreichend bestimmt.

E. Rechtsprechungsüberblick

Als Beispiele für Fehlverhalten, welches einen zeitweiligen Ausschluss rechtfertigt, werden erhebliche Gewalttätigkeiten sowie permanente Störungen des Unterrichts angeführt.[796]

I. Verwaltungsgericht Berlin

Ein Siebenjähriger, der die 1. Klasse einer Grundschule besuchte, begehrte vorläufigen Rechtsschutz gegen einen zehntägigen Unterrichtsausschluss.[797] Der Schüler hatte einem fünfjährigen Mitschüler während der Schulpause Mund und Nase gleichzeitig zugehalten sowie die Hand einer Mitschülerin schmerzhaft verdreht. Das Verwaltungsgericht Berlin bestätigte die ermessensfehlerfrei ergangene Maßnahme und die Wahrung des Verhältnismäßigkeitsgrundsatzes, insbesondere vor dem Hintergrund des geringen Alters des Schülers. Ebenfalls stellte das Gericht die Rechtmäßigkeit der Anordnung der sofortigen Vollziehung der Maßnahme fest, um die Mitschüler zu schützen und durch den zeitweiligen Ausschluss auf die Möglichkeit einer Verhaltensänderung des Schülers hinzuwirken.

II. Verwaltungsgericht Sigmaringen

Das Verwaltungsgericht Sigmaringen hielt einen dreiwöchigen Unterrichtsausschluss gegen einen Schüler, der unbefugt das Bild eines Lehrers in ein Forum im Internet einstellte, für rechtswidrig.[798] Die Darstellung der Chemie-Lehrkraft erfolgte dabei in einem potenziell anzüglichen Kontext, wodurch die Lehrkraft Herzrhythmusstörungen erlitt. Das Gericht stellte jedoch keinen sexuellen oder pädophilen Bezug des Beitrags zur Schule und zur Lehrkraft her.[799] Es sei zudem fraglich, ob der dreiwöchige Unterrichtsausschluss eine geeignete Maßnahme zur Verwirklichung des Erziehungs- und Bildungsauftrages der Schule sowie zum Schutz von Personen und Sachen innerhalb der Schule sei, wobei

---

796 *Schwind/Roitsch/Ahlborn/Gielen*, Gewalt in der Schule, S. 215.

797 VG Berlin, Beschl. v. 03.11.2011 – 3 L 995.11, zit. nach juris.

798 VG Sigmaringen, Beschl. v. 05.01.2006 – 9 K 8/06, NVwZ-RR 2006, 616.

799 VG Sigmaringen, Beschl. v. 05.01.2006 – 9 K 8/06, NVwZ-RR 2006, 616 (617).

das Gericht diese Ausführungen nicht vertiefte. Das Gericht führte daneben aus, es fehle an der Erforderlichkeit des Unterrichtsausschlusses, da der Zweck der verhängten Erziehungs- und Ordnungsmaßnahmen bereits erreicht worden sei. Der Schüler hatte kurz nach der Entdeckung die Internetseite beseitigt, wurde für sechs Unterrichtsstunden vom Chemie-Unterricht suspendiert und hatte sich ausführlich bei dem Lehrer entschuldigt.

III. Verwaltungsgericht Hannover

Das Verwaltungsgericht Hannover setzte sich im Jahr 2004 mit einem Sachverhalt auseinander, bei dem gegen eine Schülerin ein zehnwöchiger Unterrichtsausschluss verhängt wurde.[800] Diese hatte zusammen mit anderen Personen eine Mitschülerin nach der Schule an der Bushaltestelle verprügelt, wodurch eine ärztliche Behandlung im Krankenhaus aufgrund der Verletzungen notwendig wurde. Durch den Unterrichtsausschluss werde die Schülerin zumindest vorübergehend aus dem Blickfeld der verunsicherten Schülerschaft genommen und ihr verdeutlicht, dass sie nun die Nachteile des Ausschlusses in Form der eigenverantwortlichen Nacharbeitung des Lernstoffes zu spüren bekomme.[801] Die Schule sei im Rahmen der Erfüllung ihres Erziehungs- und Bildungsauftrages an die Mitwirkung der Schüler durch die Einhaltung der Regeln des Schullebens gebunden, sodass durch den Gebrauch dieser Maßnahme dieses Ziel untermauert werde.

F. Prüfung der Verhältnismäßigkeit

Der zeitweilige Ausschluss vom Unterricht stellt neben dem endgültigen Verweis von der Schule sowie dessen Androhung eine weitere schwerwiegende Ordnungsmaßnahme in der Kette der möglichen schulordnungsrechtlichen Instrumente dar.[802] Die Maßnahme muss daher einer legitimen Zwecksetzung dienen, sowie zur Zweckerreichung geeignet, erforderlich und angemessen sein.

---

800 VG Hannover, Beschl. v. 30.06.2004 – 6 B 3071/04, NVwZ-RR 2004, 852.

801 VG Hannover, Beschl. v. 30.06.2004 – 6 B 3071/04, NVwZ-RR 2004, 852 (854).

802 VGH Baden-Württemberg, Beschl. v. 12.07.2017 – 9 S 1374/17, Rn. 16; a. A. VG Aachen, Beschl. v. 13.03.2019 – 9 L 297/19, MMR 2019, 412, Rn. 32, wonach der zeitweilige Ausschluss lediglich eine mittlere Eingriffsintensität aufweise.

I. Legitimer öffentlicher Zweck

Der öffentliche Zweck wird auch beim temporären Ausschluss durch die Zielsetzung der Norm bestimmt. Primär stehen hierbei die Verwirklichung des Erziehungs- und Bildungsauftrages, die Einhaltung der Schulordnung sowie der Schutz von Personen und Sachen im Vordergrund. Der Ausschluss des Schülers dient vorrangig der Durchführung eines ordnungsgemäßen Unterrichts, der Vermeidung von Störungen und der Sicherung des Schutzes von Personen und Sachen. Keinen legitimen Zweck kann die Erfüllung der Schulbesuchspflicht darstellen, da insbesondere Schulverweigerer die Anwendung der Maßnahme infolge ihres gewollten Absentismus begrüßen würden. Soweit in Hessen der Ausschluss nicht vom Unterricht, sondern nur von besonderen Klassen- oder Schulveranstaltungen sowie vom Unterricht in Wahlfächern und freiwilligen Unterrichtsveranstaltungen zulässig ist, soll dies der Tatsache Rechnung tragen, dass das Verbot der Teilnahme am Pflichtunterricht für störende Schüler gerade als Belohnung empfunden werden kann und somit seine Wirkung tendenziell nicht entfalten kann.[803]

II. Geeignetheit

Die Maßnahme müsste sich zur Zweckerreichung als geeignet darstellen, wobei die pädagogische Eignung der Maßnahme Fragen aufwirft. Den zeitweiligen Ausschluss vom Unterricht bewerteten 55,6 % der Lehrkräfte als nicht oder wenig pädagogisch wirksam.[804]

1. Kurzfristiger Ausschluss

Wie erläutert, kommt einem Ausschluss vom Unterricht, der sich über einen längeren Zeitraum als zehn Tage erstreckt, ein erhebliches Gewicht hinsichtlich des Grundrechts der Berufsfreiheit und des Rechts auf schulische Bildung zu. Teilweise werden Schüler während des Unterrichtsausschlusses für ihr Fehlverhalten durch ihre Eltern diszipliniert, welche dann den versäumten Lernstoff mit ihrem Kind zusammen bearbeiten. Die Intention, dass der störende Schüler im Rahmen eines Ausschlusses zuhause bleibt, dort mit seinen Eltern die vorhandenen störungsverursachenden Probleme bespricht und sich daraufhin sorgsam der Nacharbeitung des verpassten Unterrichtsstoffes widmet, ist in den meisten

---

803 *Rux*, Schulrecht, § 2 Rn. 469.

804 *Schwind/Roitsch/Ahlborn/Gielen*, Gewalt in der Schule, S. 225, wobei die konkreten Gründe nicht bei den Lehrkräften abgefragt wurden.

Fällen jedoch wohl illusorisch.[805] Viele Schüler sind auf sich allein gestellt und erhalten keine unterstützenden häuslichen Maßnahmen, sodass diese weitgehend eigenverantwortlich handeln müssen und während des Verweises eine vermehrte – teilweise störungsanfällige – Kontaktaufnahme mit dem außerschulischen Umfeld stattfinden wird. Bei einem kurzfristigen Ausschluss vom Unterricht von bis hin zu zehn Unterrichtstagen ist von einem Fehlverhalten des Schülers auszugehen, welchem kein Gewicht einer tiefgreifenden Verhaltensstörung zukommt, die eine umfassende pädagogische Begleitung notwendig erscheinen lässt. Ebenso sollte die Maßnahme als zeitnahe Reaktion auf das Fehlverhalten möglichst schnell vollzogen werden, wodurch sich der Zeitaufwand der Einleitung einer pädagogischen Betreuung im Verhältnis zu ihrem Nutzen für den überschaubaren Zeitraum des Ausschlusses als nicht verhältnismäßig darstellen würde. Zum anderen ist es dem Schüler während dieser kurzen Zeitspanne noch möglich, eigenständig den versäumten Unterrichtsstoff nachzuarbeiten und somit den Grundbaustein für einen gelingenden Neustart in der Schule nach dem Ausschluss zu legen.

2. Langfristiger Ausschluss

Im Rahmen der Verhängung eines langfristigen Ausschlusses über einen Zeitraum von zehn Unterrichtstagen liegt ein Fehlverhalten gravierender Natur vor, welches ernstliche Zweifel an der Fähigkeit des Schülers begründet, selbstständig den Lehrstoff nachzuarbeiten und den Zweck der Maßnahme als pädagogischen Weckruf wahrzunehmen. Inwieweit es sinnvoll wäre, eine Meldung der Verhängung der Maßnahme des Unterrichtsausschlusses an das Jugendamt vorzunehmen oder die Schulsozialarbeiter und Schulpsychologen einzubinden,[806] ist daher zu prüfen. Es ist zweifelhaft, ob die genannten Institutionen über ausreichende personelle Ressourcen verfügen, um eine sinnvolle Betreuung des betroffenen Schülers sicherzustellen. Daneben werden kostenintensive staatliche Ressourcen gebunden. Durch die vermehrte Einwirkung und Auseinandersetzung mit dem störenden Schüler durch Schulleitung, Lehrkräfte und sonstiges pädagogisches Personal wird deren Arbeitskraft verstärkt in Anspruch genommen, was zu einer erhöhten Kostenlast für den Staat beziehungsweise die Kommunen führen wird. Zu denken ist jedoch ebenfalls an den finanziellen Aufwand, der auf die öffentliche Hand zukommt, wenn der Schüler keinen

805 So auch *Hoegg*, RdJB 1998, 352 (354).
806 Siehe *Heck/Tschampa*, Konfliktregelung in der Schule, S. 84.

Schulabschluss erreicht und damit nicht die Voraussetzungen erfüllt, um später im Erwerbsleben tätig zu sein. Eine umfassende Strategie zur Vermeidung künftiger Störungen erfordert ein „Netzwerk der Erziehungshilfe", bestehend aus den Schulbeteiligten, sozialpädagogischen und psychologischen Unterstützungsangeboten und anderen Beratungsstellen.[807]

Im Rahmen eines Ausschlusses ohne pädagogische Begleitung wird das störende Verhalten lediglich in einen anderen Personenkreis verlagert, wodurch eine Aufarbeitung und Lösung der Ursachen ausbleiben.[808] Diese Verlagerung führt dazu, dass irgendwann die Schulpflicht endet, ohne dass der Schüler den angestrebten Abschluss erlangt hat. Soweit Schüler ohne geeignete Perspektive langfristig ausgeschlossen werden, zeigt sich die eigene Überforderung der Schule mit der Folge der Begünstigung von weiterem Fehlverhalten.[809] Sollte der zeitweise Ausschluss zudem vor dem Hintergrund des Schutzes der schulangehörigen Personen verhängt worden sein, so stellt sich zwar nicht die Frage der Geeignetheit dieser Maßnahme in Bezug auf die Zielsetzung während des Ausschlusses, jedoch aber bei der Rückkehr des Schülers, wenn dieser wieder in der Schule am Unterricht teilnimmt. Insofern ist von einem vermehrt gewalttätigen Schüler eine Fortsetzung seiner Taten zu erwarten, wenn nicht zwischenzeitlich erzieherisch auf ihn eingewirkt und eine Problemlösung angestrebt wurde. Insbesondere wurde eine positive Wirkung von psychotherapeutischen Maßnahmen festgestellt, je eher sie angewendet werden.[810] Im Zusammenhang mit der Verhängung der Maßnahme sollte zwischen der Schulleitung, der jeweiligen Klassenlehrkraft, dem Schüler mitsamt seinen Eltern und dem Jugendamt, dem Schulsozialarbeiter oder dem Schulpsychologen ein Wiedereingliederungsplan erstellt werden, der die Unterstützungsleistungen inkludiert und aufführt, in welchen Bereichen der Schüler Hilfe benötigt.[811] Der störende Schüler ist während des Ausschlusses oftmals besonders auf den Kontakt zu einer vertrauten Lehrkraft angewiesen, da dieser während der Trennung von seinen Klassenkameraden und damit von der Gemeinschaft isoliert wird und sich somit noch mehr

---

807 *Hennemann/Hövel/Casale/Hagen/Fitting-Dahlmann*, Schulische Prävention im Bereich Verhalten, S. 89.

808 *Hoegg*, RdJB 1998, 352 (355).

809 *Winkel*, Schwierige Schüler, S. 167; zur generellen Wirksamkeit von schuldisziplinarischen Maßnahmen bei verhaltensauffälligen Schülern siehe *Greene*, Verloren in der Schule, S. 25.

810 *Hennemann/Hövel/Casale/Hagen/Fitting-Dahlmann*, Schulische Prävention im Bereich Verhalten, S. 53.

811 Vgl. *Minelli*, Endstation Schulausschluss?, S. 188.

vom homogenen Klassenverband entfernt.[812] Soweit diese Unterstützungsmaßnahmen unterbleiben, besteht die Gefahr einer sich entwickelnden Frustration, die irgendwann im Laufe der Zeit zum Ausbruch gelangt und die Schullaufbahn des Betroffenen endgültig beenden könnte.[813]

a) Übersicht der Länder mit langfristiger gesetzlicher Ausschlussmöglichkeit

Eine Einbeziehung des Jugendamts, des für die Schule zuständigen Schulsozialarbeiters oder der Schulpsychologen erscheint bei einem längeren Ausschluss über zwei Wochen geboten, um dem Schüler pädagogische und erzieherische Unterstützung zukommen zu lassen, damit er die vorhandenen Probleme aufarbeiten kann. Der Schüler sollte nicht, unter Umständen für einen Zeitraum von mehreren Wochen, auf sich alleine gestellt sein und dazu noch sozial isoliert werden. Die Länder, in denen ein Ausschluss über eine Dauer von zwei Wochen zulässig ist, regeln die Beteiligung höchst unterschiedlich oder gar nicht. Nach § 90 Abs. 8 S. 1, 2 BWSchulG „kann" ein zeitweiliger Ausschluss vom Unterricht dem Jugendamt mitgeteilt werden, wobei ein wiederholter zeitweiliger Ausschluss vom Unterricht dem Jugendamt mitgeteilt werden „soll". Es „soll" sodann ein Gespräch zwischen Jugendamt und Schule stattfinden. Gemäß Art. 88 Abs. 1 Nr. 3 BayEUG entscheidet über den zeitweiligen Ausschluss nach Art. 86 Abs. 2 Nr. 7 BayEUG die Lehrerkonferenz im Einvernehmen mit dem örtlichen Träger der öffentlichen Jugendhilfe im Hinblick auf mögliche Leistungen nach Maßgabe des Achten Buches Sozialgesetzbuch, wobei nach Art. 88 Abs. 5 BayEUG das Einvernehmen des örtlichen Trägers der Jugendhilfe als erteilt gilt, wenn er nicht binnen zwei Wochen nach Information über die beabsichtigte Maßnahme schriftlich widerspricht. § 99 Abs. 4 S. 1 SchulORLP normiert, dass die Schule „in besonderen Fällen" das Jugendamt informiert. Nach § 51 Abs. 4 S. 5 ThürSchulG berät die Schule unter Einbeziehung des zuständigen Jugendamts die Eltern über mögliche Unterstützungsmaßnahmen während des Ausschlusses. In Mecklenburg-Vorpommern, Niedersachsen und Sachsen ist keine Beteiligung des Jugendamtes oder anderer Unterstützungspartner gesetzlich vorgesehen.

812 *Specht*, Die Schulklasse als soziales Beziehungsfeld altershomogener Gruppen, S. 704.
813 So auch *Minelli*, Endstation Schulausschluss?, S. 95.

b) Auswertung

In der bayerischen Formulierung ist zumindest die zwingende Herstellung des Einvernehmens mit dem örtlichen Träger der Jugendhilfe gefordert. Die Ausführung gibt jedoch Anlass zu Bedenken, denn es ist lediglich von einem „Einvernehmen" die Rede, und es findet unter Umständen keine konkrete Erörterung der gebotenen Maßnahmen zwischen Schule und Jugendhilfe statt. Die Gemeinsame Bekanntmachung der Bayerischen Staatsministerien für Unterricht und Kultus sowie für Arbeit und Sozialordnung, Familie und Frauen zur Zusammenarbeit von Schule und Jugendhilfe bei Schulstörern v. 19.02.2007[814] konkretisiert diese Vorgabe.[815] Hiernach ist gemäß Ziff. 1 dem Jugendamt vor der Beratung der für die Maßnahme zuständigen Lehrerkonferenz „rechtzeitig" der Sachverhalt mitzuteilen und die Gelegenheit für eine Beratung einzuräumen. Die Entscheidung über die Maßnahme wird wiederum dem Jugendamt bekanntgegeben. Wenn dieses sodann sein Einvernehmen erteilt hat, berichtet es der Schulleitung erstmalig nach acht Wochen von der weiteren Entwicklung des Schülers.

Wann „besondere Fälle" im Sinne des rheinland-pfälzischen Schulgesetzes vorliegen, kann anhand des Gesetzes nicht festgestellt werden. Auch in dieser Konstellation obliegt es der Schule als Rechtsanwenderin einzuschätzen, welcher Fall als so abweichend von der Norm angesehen werden kann, dass eine Meldung notwendig erscheint. Eine pädagogisch ausgewogene Lösung hat der thüringische Gesetzgeber gefunden, da hierbei eine Verpflichtung zur Auseinandersetzung hinsichtlich der gebotenen Maßnahmen zwischen den relevanten Beteiligten – der Schule, dem Jugendamt und den Eltern des betroffenen Schülers – geregelt wird.

---

814 Gemeinsame Bekanntmachung zur Zusammenarbeit von Schule und Jugendhilfe bei Schulstörern v. 19.02.2007, Az.: IV.9-5 S 4313-6.16 246, KWMBl. I 2007 S. 170.

815 Auf Nachfrage der Verfasserin teilte das Bayerische Staatsministerium für Unterricht und Kultus mit Schreiben v. 09.04.2021 mit, dass die Bekanntmachung trotz der teilweise durch Gesetzesänderungen begründeten inhaltlichen Überholung nach wie vor in Kraft ist, sodass dem Inhalt grundsätzlich weiterhin – unter Berücksichtigung der zwischenzeitlich erfolgten Gesetzesänderungen – Geltung zukommt. Die Bekanntmachung soll mit Blick auf die teilweise nicht mehr aktuellen Gesetzesverweisungen überarbeitet und an die derzeitige Rechtslage angepasst werden.

c) Praktische Umsetzung der Gesetzesgrundlage in Baden-Württemberg

Nach § 90 Abs. 8 S. 1 BWSchulG „kann“ ein zeitweiliger Ausschluss vom Unterricht dem Jugendamt mitgeteilt werden; bei einem wiederholten zeitweiligen Ausschluss „soll” eine Mitteilung abgegeben werden. In Baden-Württemberg wurden insgesamt elf Behörden zur praktischen Umsetzung dieser gesetzlichen Grundlage im Rahmen einer selbst durchgeführten Studie befragt. Vier der Behörden konnten zur Eingabe keine Aussagen treffen, da für diese Sachfragen keine statistischen Erfassungsmerkmale bereitgehalten werden.[816] Die übrigen Behörden schilderten weitgehend eine frühzeitige Einbeziehung durch die Schule bei Verhaltensauffälligkeiten einzelner Schüler. In der Regel werde von den Schulen die Mitteilung über zeitweilige oder wiederholte zeitweilige Ausschlüsse erhalten.[817] Es werden pro Schuljahr durchschnittlich 15 bis 20 entsprechende Fälle von den Schulen übermittelt.[818] Der Erfahrung nach werden erste Schulausschlüsse insbesondere dann kommuniziert, wenn der Schule bekannt sei, dass die Behörde mit der Familie des Schülers bereits in Kontakt stehe.[819] Daneben wird jedoch von einer lückenhaften Benachrichtigung der Jugendämter berichtet, wobei die genaue Häufigkeit nicht erfasst werde.[820] Die Mitteilung stehe dabei oftmals im Belieben der Schule selbst, sodass sich hieraus Unterschiede ergeben, wie konsequent diese praktiziert werde.[821]

Die Ämter gehen im Falle einer Meldung vergleichsweise ähnlich vor. Auf die Benachrichtigung werde mit einem Angebot an die Schule in Form eines runden Tisches mit den Beteiligten reagiert, um einen eventuellen Bedarf zu prüfen und gegebenenfalls Unterstützung anzubieten.[822] Es komme in diesem Rahmen neben den runden Tischen auch zu einer Einbeziehung von Helfern des Allgemeinen Sozialen Dienstes.[823] Soweit ein Schreiben bezüglich eines Unterrichtsausschlusses eingeht, werde den Schulen vereinzelt ein Formschreiben zugesendet, welches nachrichtlich auch an die Eltern geschickt werde, in dem

816 *Landratsamt Emmendingen*, Schreiben v. 31.03.2021; *Landratsamt Schwäbisch Hall*, Schreiben v. 31.03.2021; *Landratsamt Breisgau-Hochschwarzwald*, Schreiben v. 06.04.2021; *Landratsamt Konstanz*, Schreiben v. 19.04.2021.

817 *Landratsamt Calw*, Schreiben v. 01.04.2021; *Amt für Jugend, Bildung, Integration und Sport Villingen-Schwenningen*, Schreiben v. 09.04.2021.

818 *Kinder- und Jugendamt Heidelberg*, Schreiben v. 05.04.2021.

819 *Amt für Jugend Leonberg*, Schreiben v. 15.04.2021.

820 *Landratsamt Freudenstadt*, Schreiben v. 09.04.2021.

821 *Landratsamt Rhein-Neckar-Kreis*, Schreiben v. 09.04.2021.

822 *Landratsamt Freudenstadt*, Schreiben v. 09.04.2021.

823 Zu nachstehendem *Amt für Jugend Leonberg*, Schreiben v. 15.04.2021.

ein Gespräch vorgeschlagen wird,[824] wobei es nur lückenhaft seitens der Schule und der Eltern zu einer Annahme dieses Angebots komme[825]. Teilweise werde im weiteren Vorgehen zudem unterschieden, ob es sich um eine Erstmitteilung handelt oder ob zu dem betroffenen Kind bereits Informationen vorliegen und die Familie wegen anderer Themen auffällig ist. Die Mitteilungen werden folglich dahingehend geprüft, ob im Sozialen Dienst des Jugendamtes Daten zu dem betreffenden Schüler vorhanden sind und das Verhalten des Schülers in Zusammenhang mit weiteren bekannten Sachverhalten steht (zum Beispiel familiäre Krisen, häusliche Erziehungskonflikte etc.).[826] Wenn die Familie in der Vergangenheit in Erscheinung getreten ist, suche man mit ihr das Gespräch.[827] Ob eine Abstimmung mit den Beteiligten erfolgt, sei ebenfalls von einer Gesamteinschätzung abhängig, wobei häufig zunächst im Rahmen der Beteiligung der Schulsozialarbeit eine Klärung und Vorprüfung erfolge, ob weitergehende Unterstützungsmaßnahmen (zum Beispiel Hilfen zur Erziehung) angezeigt sind. Darüber hinaus können allgemeine Beratungsangebote, ambulante bis hin zu teil- oder vollstationären Angeboten gemacht werden. Bei entsprechenden Hinweisen wird ein Überprüfungsverfahren nach § 8a SGB VIII eingeleitet.[828]

Die Unterscheidung in der gesetzlichen Grundlage in Baden-Württemberg ist damit nicht erfolgversprechend, um eine gewinnbringende Einbeziehung der Kompetenzen der Jugendämter sicherzustellen. Die Auswertung der praktischen Umsetzung ergab keine zufriedenstellende, durchgängige Beteiligung. Insgesamt erfolgt nach den Einschätzungen der Behörden eine großflächige Benachrichtigung und Mitwirkung, teilweise bleibt jedoch je nach Gusto der Schule die Beteiligung aus, wobei sich auch die Frage stellt, ab wann von einem wiederholten Ausschluss und damit von einer grundsätzlichen Benachrichtigungspflicht auszugehen ist. Eine differenziertere Regelung, wann eine Mitteilung erfolgen muss und welche Maßnahmen in diesem Fall verbindlich zu veranlassen sind, ist daher unabdingbar.

---

824 *Landratsamt Rhein-Neckar-Kreis*, Schreiben v. 09.04.2021.

825 *Landratsamt Rhein-Neckar-Kreis*, Schreiben v. 09.04.2021.

826 *Jugendamt Heidelberg*, Schreiben v. 05.04.2021.

827 *Amt für Jugend, Bildung, Integration und Sport Villingen-Schwenningen*, Schreiben v. 09.04.2021; *Landratsamt Calw*, Schreiben v. 01.04.2021.

828 *Sozial- und Jugendbehörde Karlsruhe*, Schreiben v. 31.03.2021.

3. *Aufspaltung nach Schularten*

Nach Art. 86 Abs. 2 Nr. 6 lit. a) b) BayEUG ist bei einer „Gefährdung von Rechten Dritter oder der Aufgabenerfüllung der Schule durch schweres oder wiederholtes Fehlverhalten (schulische Gefährdung)“ der Ausschluss vom Unterricht für zwei bis vier Wochen zulässig. An Mittelschulen und Mittelschulstufen der Förderschulen nach Art. 86 Abs. 2 Nr. 7 BayEUG ist der Verweis vom Unterricht bei einer schulischen Gefährdung für mehr als vier Wochen, längstens bis zum Ablauf des laufenden Schuljahres möglich. Soweit der zeitweilige Ausschluss für zwei bis vier Wochen an allen Schularten und sonst der Ausschluss für mehr als vier Wochen an Mittelschulen und Mittelschulstufen der Förderstufen zulässig ist, begegnet diese Regelung ernsthaften Bedenken. Eine Aufspaltung der zeitlich zulässigen Grenze nach Schularten ist pädagogisch nicht gerechtfertigt, da hierbei nicht klar wird, warum bei den Schülern an den Mittelschulen und Mittelschulstufen ein längerer Ausschluss möglich sein soll. *Korte* führt an, dass es sich bei dem zeitweiligen Ausschluss um einen „reinrassigen Gymnasiumsparagraphen“ handele.[829] Der Schüler versäume während seiner Abwesenheit den Präsenzunterricht und müsse – abseits vom Erhalt und der Verpflichtung zur Bearbeitung von Aufgaben – den Unterrichtsstoff selbst erlernen, wobei gerade die Schüler, die von der Maßnahme am meisten betroffen sind, wohl am wenigstens zur Aneignung des Unterrichtsstoffes in eigener Verantwortung in der Lage sein dürften. Die Schüler der Mittelschulen und Mittelschulstufen sind folglich tendenziell vom Ausschluss noch weitgehender betroffen als Schüler an anderen Schularten. Auch die Erfüllung der pädagogischen Zielrichtung, diese Schüler durch die Maßnahme wieder in die Schulgemeinschaft einzuordnen und auf ein ordnungsgemäßes Verhalten hinzuwirken, ist vorliegend höchst zweifelhaft.[830]

III. Erforderlichkeit

Soweit ein Fehlverhalten des Schülers vorliegt, welches die Unterrichts- und Erziehungsarbeit der Schule nachhaltig und dauerhaft stört oder eine Gefahr für den Schutz anderer Personen oder Sachen darstellt, ist die Maßnahme als erforderlich anzusehen, da als mildere Maßnahmen lediglich auf den Verweis in die Parallelklasse oder auf pädagogische Maßnahmen zurückgegriffen werden könnte, die

829 *Korte*, Disziplinprobleme im Schullalltag, S. 58.

830 So äußerte sich bereits der frühere bayerische Staatsminister *Maier* dahingehend, dass ein längerer Ausschluss gerade für Hauptschüler nicht als pädagogisch sinnvoll anzusehen sei, vgl. Drs. BY 8/7614, S. 2.

im Hinblick auf schwerwiegendes Fehlverhalten nicht die nötige Durchgriffskraft aufweisen.

IV. Angemessenheit

Infolge des Ausschlusses vom Unterricht wird der Schüler zeitweilig aus dem Klassenverband gelöst und hierdurch von der Gemeinschaft separiert.[831] Wenn Schüler vom Unterricht ausgeschlossen werden, wird ihnen nicht nur der Zugang zu Bildung verwehrt, sondern es findet auch eine soziale Ausgrenzung statt.[832] Zwar hat der Schüler den durch den versäumten Unterrichtsstoff infolge des Unterrichtsausschlusses entstehenden Nachteil selbst verursacht, sodass argumentiert werden könnte, dass somit keine Minderung seiner Chancengleichheit vorliegt. Dennoch ist die Beeinträchtigung des Schülers gerade bei längeren Ausschlüssen faktisch hoch. Teilweise wird eine Einschränkung auf den Zeitraum vorgeschlagen, in dem der ausgefallene Unterricht noch durch eigenes Nacharbeiten zumutbar aufgeholt werden kann und die Leistungen des Schülers noch einer Bewertung zugeführt werden können.[833] Im Verhältnis zur Zielsetzung des Ausschlusses, den Bildungs- und Erziehungsauftrag der Schule sicherzustellen sowie die Sicherheit von Personen und Schuleigentum zu schützen, steht jedoch der Gebrauch der Maßnahme in Kombination mit den benannten Unterstützungsmaßnahmen nicht außer Verhältnis zum erfolgten Eingriff in das Recht auf schulische Bildung.

G. Fazit

Die Vorschriften zum zeitweiligen Ausschluss wahren in allen Bundesländern, bis auf Mecklenburg-Vorpommern, Niedersachsen, Nordrhein-Westfalen und Rheinland-Pfalz, die Anforderungen des Vorbehalts des Gesetzes. In Bezug auf die Verhältnismäßigkeit ist im Hinblick auf die Normierung konkreter sozialer Unterstützungsleistungen in den Bundesländern Baden-Württemberg, Bayern, Mecklenburg-Vorpommern, Niedersachsen und Rheinland-Pfalz Nachbesserungsbedarf festzustellen. Die Maßnahme ist unter der Bedingung zulässig, dass bei einem mehr als zweiwöchigen Verweis vom Unterrichtsbetrieb eine soziale Begleitung durch das Jugendamt, den Schulsozialarbeiter oder einen Schulpsychologen erfolgt. Die Maßnahme wird bei Schülern, die den Unterrichtsausschluss als zusätzliche

---

831 OVG Magdeburg, Beschl. v. 07.05.2019 – 3 M 93/19, LKV 2019, 424 (425).

832 *Fischer/Meysen*, FPR 2007, 473 (474); *Greene*, Verloren in der Schule, S. 233.

833 *Kommission Schulrecht des Deutschen Juristentages*, Schule im Rechtsstaat, Band I, S. 293.

Ferien begrüßen, wenig zielführend sein, was im Rahmen der Ermessensausübung bei der Anwendung berücksichtigt werden sollte. Daneben sind mehrere langfristige Unterrichtsausschlüsse in kurzen Intervallen aufgrund ihrer pädagogisch geringen Wirksamkeit zu vermeiden.[834]

I. Sozialpädagogische Unterstützungsmaßnahmen

Neben dem Ausschluss muss dem Schüler Hilfe zukommen, die ihn bei der Bewältigung der eigenen und ursächlichen Schwierigkeiten unterstützt. Soweit durch die Störungen der Schul- oder Unterrichtsbetrieb beeinträchtigt und infolgedessen der zeitweilige Ausschluss verhängt wurde, wird sich die Wirkung oftmals sonst nur als temporär darstellen. Sobald der Schüler wieder in den Unterricht zurückkommt, ist die Wahrscheinlichkeit eines erneuten Beginns von weiteren Störungen hoch. Gewinnbringend ist bei einem längeren Ausschluss daher nur die Verbindung zwischen dem zeitweiligen Verweis und der Auflage sich mit dem Jugendamt, dem Schulsozialarbeiter oder dem Schulpsychologen in Verbindung zu setzen, welche mit dem Schüler einen konkreten Wiedereingliederungsplan erarbeiten.

II. Pädagogische Begleitung

Während des Ausschlusses steht es den Schulen weitgehend frei, die Zeit des Verweises des Schülers trotzdem lernförderlich zu gestalten. Dem Schüler ist die Möglichkeit zur Abholung von Lernmaterialien und zur Bearbeitung von Übungsaufgaben zu geben. In der praktischen Umsetzung wird der Schüler morgens vor oder zum Schulbeginn bei seiner Klassen- oder Stammkurslehrkraft erscheinen und von dieser den Lehrstoff (zum Beispiel Arbeitsblätter, Ausdrucke etc.) erhalten sowie Hausaufgaben, die er entweder zum Schulschluss oder am nächsten Tag zur Kontrolle abgibt. Dem betroffenen Schüler könnte ebenso während des Schultages die Bearbeitung der Materialien in einem separaten Raum aufgegeben werden, was jedoch die notwendige Beaufsichtigung des Schülers durch eine Lehrkraft während der Bearbeitungszeit und in den Pausenzeiten umfasst. Auch wird die Teilnahme am Unterricht der Parallelklasse oder die Erledigung von Arbeiten in anderen Teilen des Schulgeländes nicht dem Sinn und Zweck des Ausschlusses – der Schüler soll fernab der regulären Unterrichtsgestaltung sein Fehlverhalten reflektieren – gerecht.[835]

834 *Falkenbach*, in: Wörz/von Alberti/Falkenbach, Schulgesetz für Baden-Württemberg, § 90 Ziff. 10.4.2.

835 So jedoch Drs. Bürgerschaft HH 21/1599, S. 8.

Kapitel 4: Ausschluss von Klassen- und Schulveranstaltungen

Als Unterfall zur Maßnahme des zeitweiligen Ausschlusses vom Unterricht ist der Verweis von Klassen- und Schulveranstaltungen zu zählen.

A. Rechtliche Grundlage

Der Ausschluss von Klassen- und Schulveranstaltungen ist in Bayern, Berlin, Brandenburg, Bremen, Hamburg, Hessen, Mecklenburg-Vorpommern, Niedersachsen, im Saarland, Sachsen und Schleswig-Holstein gesetzlich normiert und beispielsweise als „Ausschluss von besonderen Klassen- oder Schulveranstaltungen" in Hessen oder als „Ausschluss von besonders bevorzugten Schulveranstaltungen" im Saarland deklariert.[836] In Niedersachsen ist nach § 61 Abs. 3 Nr. 3 NSchulG ein Verweis „von den außerunterrichtlichen Angeboten" zulässig.

B. Regelungsgehalt

Unter die Begriffe der Klassen- und Schulveranstaltungen können in Anlehnung an die Aufzählung der VwV Außerunterrichtliche Veranstaltungen des Ministeriums für Kultus, Jugend und Sport Baden-Württemberg[837] Wanderungen, Jahresausflüge, Chor-, Orchester- und Sporttage, der Besuch von bildungsfördernden Einrichtungen, Theateraufführungen und musikalischen Darbietungen, Lehr- und Studienfahrten, Schullandheimaufenthalte oder auch Projekttage gefasst werden. In der Praxis bezieht sich der Verweis meist auf eine Klassenfahrt, ein schulisches Ereignis (zum Beispiel Sommerfest, Wandertag) oder außerunterrichtliche Angebote (zum Beispiel Arbeitsgemeinschaften). Die Veranstaltung oder der Ausflug wird dabei in eigener Verantwortung der

---

836 Art. 86 Abs. 2 Nr. 4 lit. b), Nr. 6 lit. b) BayEUG; § 63 Abs. 2 Nr. 2 BerlSchulG; § 64 Abs. 2 Nr. 3 BbgSchulG; § 47 Abs. 1 Nr. 3 BremSchulG; § 49 Abs. 3 Nr. 1, Abs. 4 Nr. 2 HmbSchulG; § 82 Abs. 2 Nr. 2 HSchulG; § 60a Abs. 1 Nr. 2 MVSchulG; § 61 Abs. 3 Nr. 1, 3 NSchulG; § 53 Abs. 3 Nr. 3 NRWSchulG; § 32 Abs. 2 Nr. 2 lit. b) SchoG; § 39 Abs. 2 Nr. 4 SächsSchulG; § 25 Abs. 3 Nr. 2 SHSchulG, § 51 Abs. 3 Nr. 2 ThürSchulG.

837 *Ministerium für Kultus, Jugend und Sport*, Außerunterrichtliche Veranstaltungen der Schulen, VwV v. 28.05.2020, Az.: 31-6535.0/383.

Schule durchgeführt.[838] Nach Ziff. 2.10 der VwV sollen alle Schüler einer Klasse, Gruppe oder Lerngruppe an der jeweiligen Veranstaltung teilnehmen. Aus dieser Verpflichtung kann daher auf einen grundsätzlichen Teilnahmeanspruch geschlossen werden.[839]

C. Grundrechtsbeschränkungen

Eine Beschränkung der Berufswahlfreiheit oder der Freiheit zur Wahl der Ausbildungsstätte kann nicht angenommen werden. Der Verlauf der späteren Berufslaufbahn ist durch einen Ausschluss von bestimmten unterrichtlichen Veranstaltungen nicht tangiert.[840] Ebenso bleibt es dem Schüler weiter unbenommen die gewählte Schule zu besuchen. Es kommt jedoch eine Beschränkung des Rechts auf schulische Bildung in Betracht, da dem Schüler einzelne Leistungsangebote verwehrt werden. Diese bieten meist ebenfalls einen fachlichen, pädagogischen oder didaktischen Mehrwert für die Schüler und sind damit zum „unverzichtbaren Mindeststandard“ der durch die Schule bereitgestellten Bildungsangebote zu zählen.[841] Es ist zudem eine Beeinträchtigung des allgemeinen Persönlichkeitsrechts anzunehmen, da dem Schüler durch das Verbot der Teilnahme an einer Klassen- oder Schulveranstaltung die Entscheidungsfreiheit über die Teilnahme genommen wird und ihm infolge der Nichtteilnahme der jeweilige Nutzen der konkreten Veranstaltung verloren geht.

D. Prüfung der Wahrung des Vorbehalts des Gesetzes

Der Ausschluss stützt sich weitgehend auf die gleichen Normen wie der zeitweilige Verweis und ist daher auch an dieselben tatbestandlichen Voraussetzungen geknüpft. Eine zusätzliche Prüfung der Regelungsdichte erübrigt sich daher.[842]

---

838 *Fehrmann*, Schulgesetz Nordrhein-Westfalen, S. 23.

839 OVG Hamburg, Beschl. v. 24.02.2015 – 1 Bs 28/15, NJW 2015, 2059 (2060).

840 Zustimmend VG Gelsenkirchen, Beschl. v. 26.02.2008 – 4 L 112/08, zit. nach juris, wonach ein Schüler durch einen Ausschluss von einem einwöchigen Schüleraustausch nicht im weiteren schulischen Fortkommen behindert werde.

841 BVerfG, Beschl. v. 19.11.2021 – 1 BvR 971/21, 1 BvR 1069/21, NJW 2022, 167 (171).

842 Zur Prüfung im Rahmen der Maßnahme des zeitweiligen Ausschlusses siehe Vierter Teil Kap. 3 D.

E. Prüfung der Verhältnismäßigkeit

Der Verweis stellt für den Schüler eine fühlbare Warnung dar, die seinen weiteren schulischen Bildungsweg jedoch nicht beeinflussen wird.[843] Die Intensität des Eingriffs ist indessen nicht mit dem Abfassen einer Strafarbeit oder einem Eintrag ins Klassenbuch vergleichbar und geht deutlich über diese Maßnahmen hinaus.[844] Ob die Maßnahme dagegen ein ordnungsgemäßes Verhalten des Schülers für die Zukunft sicherstellen kann, gibt allerdings Anlass zu Bedenken. Die Motivation des Schülers könnte gerade durch die Tatsache bestärkt werden, dass er an Klassenfahrten oder Schulveranstaltungen teilnehmen darf. Bei einem Ausschluss und der Verpflichtung, während dieses Zeitraums anderweitigen Unterricht zu besuchen – wie beispielsweise in § 32 Abs. 2 Nr. 2 lit. b) SchoG normiert –, könnte der Schüler diese Handhabe erst recht als Strafe empfinden, welche demotivierend wirken könnte. Daneben wird die Integration des Schülers in die Klasse durch den Verweis von außerunterrichtlichen Veranstaltungen erheblich gestört, wodurch eine Außenseiterposition des Schülers entstehen kann. Zu berücksichtigen ist die Ausstrahlungswirkung der Maßnahme für die am Schulwesen beteiligten Personen. Insbesondere bei einer Klassenveranstaltung, von der ein Schüler ausgeschlossen wird, wird der Verweis extrem transparent. Die Maßnahme ist unmittelbar für die Klassenkameraden sichtbar, was den Charakter des sozialen Ausschlusses zusätzlich unterstreicht.

Im Hinblick auf die Zielsetzung, Fehlverhalten langfristig zu vermeiden, wurden eine positive Haltung des Schülers zur Schule und ein hoher gefühlter Selbstwert als wirkungsvoll registriert.[845] Generelle Unterstützungsangebote für den Schüler durch die Schule, Freundschaften und soziale Kontakte sowie ein angenehmes Erlebnis der Schulerfahrung beeinflussen nachhaltig die kindliche Entwicklung.[846] Sinn und Nutzen der pädagogischen Arbeit der Schule sind

---

843 VG Würzburg, Beschl. v. 08.11.2019 – W 2 S 19.1474, Rn. 36 zit. nach juris.

844 OVG Magdeburg, Beschl. v. 07.05.2019 – 3 M 93/19, NVwZ-RR 2019, 954 (955); a. A. OVG Lüneburg, Beschl. v. 23.07.2020 – 2 PA 245/20, NVwZ-RR 2021, 160 in Bezug auf den Ausschluss von einer freiwilligen Schulveranstaltung, der rechtlich als pädagogische Maßnahme eingeordnet wurde.

845 *Jürgens*, Schwierige Schüler? Disziplinkonflikte in der Schule, S. 44; für eine zurückhaltende Anwendung von Ordnungsmaßnahmen plädiert *Keller*, da durch den Gebrauch die Beziehung zwischen Lehrkraft und Schüler erheblich beschädigt werde, *Keller*, Disziplinmanagement in der Schulklasse, S. 38 f.

846 Das Bundesverfassungsgericht hebt insbesondere die positiven Auswirkungen der sozialen Interaktion der Schüler untereinander und mit den Lehrkräften auf die Persönlichkeitsbildung der Schüler hervor, siehe BVerfG, Beschl. v. 19.11.2021 – 1 BvR 971/

maßgeblich vom Schulklima bestimmt, welches wiederum entscheidend durch die gemeinsame Umgangsweise in der Schule und die Handhabe von Konflikten bestimmt wird.[847] Die genannten Aspekte kommen primär bei Klassen- und Studienfahrten zum Ausdruck, sodass diesen in der Wahrnehmung des Schülers ein erheblicher Stellenwert zuzuweisen ist.

Außerunterrichtliche Veranstaltungen führen zu einer vertieften Begegnung von Lehrkräften und Schülern außerhalb des regulären Unterrichts, im Rahmen derer dem Lehrer die Gelegenheit geboten wird, sich mit dem einzelnen Schüler intensiver als sonst zu beschäftigen.[848] Nach Ziff. I.1.1 der VwV dienen außerunterrichtliche Veranstaltungen „der Vertiefung, Erweiterung und Ergänzung des Unterrichts und tragen zur Entfaltung und Stärkung der Gesamtpersönlichkeit der einzelnen Schülerin und des einzelnen Schülers bei". Die Lehrkräfte haben folglich durch die zusätzliche Beschäftigung mit dem Schüler die Möglichkeit, die Ursachen für sein Verhalten näher zu ergründen und auf eine Beseitigung hinzuwirken.[849] Die Entstehung von Disziplinkonflikten durch Probleme in der Koordination zwischen Schülern und Lehrkräften, kann mittels einer erfolgreichen Interaktion zwischen den Beteiligten reduziert werden.[850] Durch die gemeinsame Zeit abseits vom Schulgelände ergibt sich die Chance, die Schüler selbst und ihre Interessen noch besser kennenzulernen, das Verhältnis zu festigen sowie das Verantwortungsgefühl und den Einsatz für die Gemeinschaft einzelner Schüler zu stärken, vgl. Ziff. I.1.1 VwV.[851] Durch eine Beziehung zur Lehrkraft und deren Wertschätzung wird das Schülerverhalten positiv begünstigt und bestehende Spannungen zwischen Schülern und Lehrkräften abgebaut.[852]

21, 1 BvR 1069/21, NJW 2022, 167 (170); daneben *Hennemann/Hövel/Casale/Hagen/Fitting-Dahlmann*, Schulische Prävention im Bereich Verhalten, S. 37 f.; *Stein/Stein*, Unterricht bei Verhaltensstörungen, S. 20.

847 *Avenarius*, RdJB 2005, 423 (432).

848 Zur Notwendigkeit einer effektiven Kommunikation und Beziehung zwischen Schülern und Lehrkräften siehe *Schledde/Schlee*, in: Popp/Methner, Schülerinnen und Schüler mit herausforderndem Verhalten, S. 107 f.

849 *Heck/Tschampa*, Konfliktregelung in der Schule, S. 81; zur Relevanz der Ursachenerforschung im Bereich der Verhaltensauffälligkeiten siehe *Wettstein/Scherzinger*, Unterrichtsstörungen verstehen und wirksam vorbeugen, S. 15 ff.

850 *Jürgens*, Schwierige Schüler? Disziplinkonflikte in der Schule, S. 96; *Röbe*, in: Schnitzer, Der pädagogische Bezug – Grundprobleme schulischer Erziehung, S. 120.

851 Zur Integrationswirkung von Partner- und Gruppenspielen auf Schüler mit Außenseiterrollen in der Klassengemeinschaft siehe *Petillon*, Der unbeliebte Schüler, S. 206.

852 *Blumenthal/Casale/Hartke/Hennemann/Hillenbrand/Vierbuchen*, Kinder mit Verhaltensauffälligkeiten, S. 44; *Große*, Qualität des öffentlichen Schulwesens als

Bei Erlebnissen, die externe Aufgabenstellungen und Anforderungen an die Schüler beinhalten, wird hierbei die Lehrkraft nicht als üblicher Aufgabensteller angesehen, sondern als helfender Begleiter.[853] Infolge der dem Schüler entgegengebrachten Wertschätzung erfolgt neben der Stärkung seines Vertrauens gleichzeitig eine Leistungssteigerung.[854]

Sollte jedoch eine Gefahr für andere Personen des Schullebens bestehen, kommt ein Verweis durchaus in Betracht und findet seine Rechtfertigung in diesem Grund. Für das Gelingen einer Klassen- oder Studienfahrt spielt das Verhalten der Schüler eine tragende Rolle und verlangt eine erhöhte Disziplin.[855] Das Oberverwaltungsgericht Mecklenburg-Vorpommern bestätigte zu Recht einen Ausschluss eines Schülers von einer Klassenfahrt, der zuvor einem politisch andersdenkenden Mitschüler mit zwei anderen Schülern gewaltsam einen Irokesenschnitt zufügte.[856] Das Oberverwaltungsgericht führte hierzu aus, dass in der Zusammenschau mit der geplanten Klassenfahrt eine Gefährdung der Klassengemeinschaft vorliege. Da insbesondere bei Klassenfahrten oftmals leichter Verhaltensstörungen von Schülern zutage treten, bestehe die erhebliche Möglichkeit einer Gefährdung der Mitschüler durch das intolerante Verhalten des Schülers.

F. Fazit

Die Annahme der Häufung von Fehlverhalten im Rahmen von Klassenfahrten oder Schulveranstaltungen stellt eine äußerst pauschale Begründung dar und ist gewiss nicht für jeden Einzelfall zu bejahen. Dennoch ist die Heranziehung der Ordnungsmaßnahme des Ausschlusses von Klassenfahrten und einzelnen Schulveranstaltungen bei einer konkreten Gefährdung anderer Personen – insbesondere in Anbetracht der Ziele von Erziehungs- und Ordnungsmaßnahmen und dem zu bezweckenden Schutz von Personen – dringend geboten. Aus anderen Gründen, wie beispielsweise bei vorherigen Störungen im Unterricht, ist der

---

Verfassungsgebot?, S. 58; *Meyer/Tretter/Englisch*, Praxisleitfaden auffällige Schüler, S. 35; *Rückriem*, Disziplin in der Schule, S. 45; *Wettstein/Scherzinger*, Unterrichtsstörungen verstehen und wirksam vorbeugen, S. 10.

853 *Schledde/Schlee*, in: Popp/Methner, Schülerinnen und Schüler mit herausforderndem Verhalten, S. 111.

854 *Gast*, Das Grundrecht auf Bildung, S. 19; *Rückriem*, Disziplin in der Schule, S. 46.

855 Bayerischer VGH, Beschl. v. 20.10.1998 – 7 ZB 98.2535, NVwZ-RR 1999, 378 (379); Schleswig-Holsteinisches VG, Beschl. v. 16.08.2018 – 9 B 23/18, Rn. 26 zit. nach juris.

856 OVG Mecklenburg-Vorpommern, Beschl. v. 21.09.1996 – 2 M 94/96, NJW 1997, 1721.

Verweis von außerunterrichtlichen Veranstaltungen jedoch pädagogisch nicht geeignet, dient zur weiteren sozialen Ausgrenzung und überlässt den Schüler für die Zeit des Ausschlusses sich selbst. Außerunterrichtliche Veranstaltungen tragen neben der Vertiefung, Erweiterung und Ergänzung des Unterrichts insbesondere zu der Entfaltung der Persönlichkeit des einzelnen Schülers bei. Sie fördern eine positive Entwicklung des Charakters und Wesens des Schülers und steigern seine Bereitschaft, sich künftig ordnungsgemäß zu verhalten. Gerade Schüler, die in der Vergangenheit bereits persönliche Unsicherheiten zeigten, welches in Fehlverhalten resultierte, benötigen eine enge Verbindung zur Schule und den schulangehörigen Personen. Außerunterrichtliche Veranstaltungen weisen einen erheblichen Einfluss auf die Gestaltung dieser Beziehung auf und können diese weiter festigen. Die Maßnahme ist daher vor dem Hintergrund der Anwendbarkeit auf jegliches Fehlverhalten – ohne Begrenzung auf die Gefährdung von Personen und deren Sicherheit – nicht verhältnismäßig.

Kapitel 5: Schulausschluss

Der Verweis von der Schule stellt eines der folgenschwersten Instrumente in der Reihe der gesetzlich normierten Ordnungsmaßnahmen dar. Zu unterscheiden ist zwischen der „Zuweisung“ oder „Überweisung“ an eine andere Schule und der bloßen „Entlassung“ aus der besuchten Schule, wobei im Folgenden als einheitlicher Oberbegriff für beide Möglichkeiten der Terminus „Ausschluss“ verwendet wird.[857] Von der Maßnahme wird im Schulalltag nur selten praktischer Gebrauch gemacht. Eine Entlassung aus der Schule nach § 49 Abs. 4 S. 1 Nr. 6 HmbSchulG ist in Hamburg beispielsweise im Schuljahr 2014/2015 gänzlich unterblieben.[858] In Niedersachsen wurden zwischen dem 01.08.2011 und 13.03.2012 insgesamt 138 Schüler an eine andere Schule derselben Schulform überwiesen.[859]

A. Rechtliche Grundlage

Der Schulausschluss ist in allen Schulgesetzen der Länder normiert, sodass Ermächtigungsgrundlagen vorhanden sind.

I. Normierung in den Schulgesetzen

Die Entlassung aus der Schule ist in Baden-Württemberg nach § 90 Abs. 3 Nr. 2 lit. g) BWSchulG möglich.[860] In Bayern ist gemäß Art. 86 Abs. 2 Nr. 8 BayEUG bei Pflichtschulen die Zuweisung an eine andere Schule der gleichen Schulart und nach Art. 86 Abs. 2 Nr. 10 BayEUG die Entlassung von der Schule zulässig[861], wobei die Entlassung gegenüber Schulpflichtigen in Pflichtschulen – mit Ausnahme von Berufsschülern ohne

857 Vgl. zur Terminologie *Minelli*, Endstation Schulausschluss?, S. 23, die den „Schulverweis“ als „das temporäre Wegschicken eines Schülers vom Unterricht“ und den „Schulausschluss“ als „definitiven Ausschluss eines Kindes vom regulären Schulunterricht“ einordnet.

858 Drs. Bürgerschaft HH 21/1599, S. 9.

859 LT-Drs. NI 16/4557, S. 4.

860 Vgl. § 61 Abs. 3 Nr. 5 NSchulG; § 55 Abs. 1 RLPSchulG i. V. m. § 97 Abs. 2 Nr. 2 SchulORLP; § 32 Abs. 2 Nr. 4 SchoG; § 39 Abs. 2 S. 1 Nr. 5 SächsSchulG.

861 Vgl. § 82 Abs. 2 Nr. 6, 7 HSchulG; § 53 Abs. 3 Nr. 5 NRWSchulG; §§ 51 Abs. 3 Nr. 7, 52 Abs. 1 ThürSchulG.

Ausbildungsverhältnis und Schulpflichtigen, die die Mittelschule nach Beendigung der Vollzeitschulpflicht besuchen – nicht ergriffen werden darf. Berlin regelt gemäß § 63 Abs. 2 Nr. 4, 5 BerlSchulG die Maßnahme der Zuweisung in eine andere Schule desselben Bildungsgangs und die Entlassung aus der Schule für nicht mehr Schulpflichtige.[862] Bremen erlaubt lediglich die Überweisung in eine andere Schule, vgl. § 47 Abs. 1 Nr. 6 BremSchulG.[863] Die Schulgesetze normieren folglich entweder die Zuweisung des Schülers an eine andere Schule, die Entlassung von der besuchten Schule oder beide Optionen. Es wird daneben teilweise eine Aufspaltung der Maßnahme durch das Kriterium der Erfüllung der Schulpflicht vorgenommen.

II. Normierung in den Verordnungen

Die gesetzlichen Regelungen zum Schulausschluss werden sporadisch in den Verordnungen der Länder ergänzt. In der Bremer Verordnung werden die Verpflichtungen und Konsequenzen aus dem Abschluss einer Verhaltensvereinbarung als Grundlage für die Überweisung in eine andere Schule konkretisiert, vgl. §§ 7, 7a BremVO. In § 5 Abs. 6 BbgVO erfolgt zudem eine Spezifizierung des Anwendungsbereiches des Ausschlusses dahingehend, dass die Entlassung nur gegenüber Schülern verhängt werden darf, die nicht mehr der Vollzeit- oder Berufsschulpflicht unterliegen.

B. Regelungsgehalt

Der Inhalt der Normen knüpft entweder an die Entlassung von der Schule oder die Zuweisung an eine andere Schule an. Infolge der Entlassung wird das Schulverhältnis des Schülers mit der besuchten Schule dauerhaft beendet. Durch die Zuweisung eines Schülers an eine andere Schule tritt dieselbe Wirkung ein, mit der Ergänzung, dass hierbei nicht nur das Schulverhältnis einseitig aufgelöst, sondern gleichzeitig neu mit der aufnehmenden Schule verbunden wird. Teilweise wird den Empfängerschulen die Möglichkeit eingeräumt eine Verhaltensvereinbarung mit dem Schüler vor der Aufnahme abzuschließen. Nach § 90 Abs. 4 S. 2 BWSchulG kann beispielsweise die Schule eine Probezeit von bis zu sechs Monaten mit dem Schüler vereinbaren. Diese dient dazu dem Schüler die Notwendigkeit der Änderung seines Verhaltens für einen gelingenden

---

862 Vgl. § 64 Abs. 2 Nr. 4, 5 BbgSchulG; § 49 Abs. 4 S. 1 Nr. 5, 6 HmbSchulG.

863 Vgl. § 60a Abs. 1 Nr. 3 MVSchulG; § 44 Abs. 4 Nr. 4 LSASchulG; § 25 Abs. 3 Nr. 5 SHSchulG.

Schulstart zu vergegenwärtigen. Über das Bestehen der Vereinbarung entscheidet allein der Schulleiter ohne Beteiligung der Konferenzen. Welchen Schweregrad ein erneutes Fehlverhalten aufweisen muss, um eine Rücknahme der Aufnahme zu rechtfertigen, führt das Gesetz nicht auf. Es soll jedoch zulässig sein, auch vergangenes Fehlverhalten in der Entscheidung zu berücksichtigen, sodass eine erneute Verhaltensstörung nicht allein bereits einen Schulausschluss rechtfertigen muss.[864]

C. Grundrechtsbeschränkungen

Es kommen primär Eingriffe in das Recht auf schulische Bildung und in das Grundrecht der Berufsfreiheit in Betracht. Daneben ist das Grundrecht auf freie Entfaltung der Persönlichkeit in die Prüfung einzubeziehen.

I. Eingriff in das Recht auf schulische Bildung

Bei der Prüfung einer Beeinträchtigung des Rechts auf schulische Bildung ist zwischen der Entlassung ohne gleichzeitige Zuweisung an eine andere Schule und der Überweisung unter paralleler Übernahme durch eine andere Schule zu differenzieren.

1. Entlassung

Die Entlassung von der Schule könnte das Recht auf schulische Bildung berühren, da sie dem Schüler den Anspruch auf Bildung durch den Ausschluss von der Bildungseinrichtung versagt. Es besteht jedoch die Möglichkeit der Anmeldung des Schülers entweder an einer Privatschule[865] oder einer anderen öffentlichen Schule[866]. Soweit der Schüler noch schulpflichtig ist, muss er sogar zwingend an einer Schule untergebracht werden. § 39 Abs. 4 SächsSchulG bestimmt beispielsweise, dass nach einem Schulausschluss der Schulleiter die Schulaufsichtsbehörde unterrichtet, welche wiederum im Falle der Schulpflicht den ausgeschlossenen Schüler hinsichtlich der Schulwahl berät. Sollte keine Schulpflicht mehr bestehen, liegt es in der Verantwortung des Schülers, sich um eine

---

864 LT-Drs. BW 13/1424, S. 7.

865 Zu beachten ist, dass die Privatschule sich nur als vollständig gleichwertig im Vergleich zu den öffentlichen Schulen darstellt, soweit sie über eine staatliche Anerkennung als sogenannte anerkannte Ersatzschule nach § 10 PSchG BW verfügt.

866 Siehe hierzu die Formulierungen in Art. 88a S. 1 BayEUG, wonach ein entlassener Schüler jederzeit an einer anderen Schule aufgenommen werden „kann".

neue Schule zu bemühen.[867] Zweifelhaft ist, ob eine unmittelbare Fortführung des Schulverhältnisses nach der Entlassung an einer anderen Schule faktisch möglich ist und daher davon auszugehen ist, dass das Schulverhältnis ohne zeitliche Lücke anderweitig weitergeführt werden kann. Ein verbindlicher Aufnahmeanspruch kommt dem Schüler im Rahmen seines Aufnahmegesuches nicht zu. Nach § 88 Abs. 1 BWSchulG obliegt die Entscheidung über alle weiteren Bildungswege nach der Grundschule grundsätzlich den Erziehungsberechtigten des Schülers. Aus § 88 Abs. 4 BWSchulG ergibt sich bei der Auswahl der Schüler ein Anspruch auf fehlerfreie Ermessensentscheidung durch die Schule, wobei insbesondere die Zumutbarkeit der Entscheidung für den Schüler Berücksichtigung finden muss.[868] Weitere Merkmale, die in das Ermessen der Schule gestellt werden, sind das Erfordernis gleich großer Klassen und die zur Verfügung stehenden Kapazitäten.[869] Weitgehend wird der ausgeschlossene Schüler – insbesondere in Großstädten mit einer erhöhten Schulanzahl – ohne Probleme eine aufnahmebereite Schule finden können. Dennoch steht die Übernahme sowohl bei schulpflichtigen als auch nicht mehr schulpflichtigen Schülern unter der Bedingung eines verfügbaren, freien Platzes an den gewünschten Schulen und ist an den Privatschulen darüber hinaus unter dem Aspekt der Finanzierbarkeit zu betrachten.[870] Ein Anspruch auf Aufnahme an den Privatschulen scheidet zudem aus, da diese keinem Kontrahierungszwang unterliegen. Vor diesem Hintergrund muss ein Eingriff in das Recht auf schulische Bildung angenommen werden, da die (zeitnahe) Aufnahme des Schülers an einer anderen Schule nicht sicher angenommen werden kann und der Schüler in der Zwischenzeit Bildungseinbußen erleiden könnte.[871]

---

867 *Bertram/Horn/Link/Schulte/Wolfrum*, Sächsisches Schulgesetz, § 39, S. 202.

868 VG Stuttgart, Urt. v. 08.07.2014 – 12 K 2397/14, zit. nach juris.

869 VGH Baden-Württemberg, Beschl. v. 10.09.2009 – 9 S 1950/09, NVwZ-RR 2010, 106 (107).

870 Zu beachten ist jedoch das für die Schule geltende Sonderungsverbot der Schüler nach den Besitzverhältnissen der Eltern, vgl. § 18a Abs. 17 PSchG BW.

871 Vgl. hierzu BVerfG, Beschl. v. 19.11.2021 – 1 BvR 971/21, 1 BvR 1069/21, NJW 2022, 167 (172), und die ausdrückliche Regelung in § 5 Abs. 6 S. 2 BremVO, wonach die Aufnahme des (nicht mehr schulpflichtigen) Schülers in einer anderen Schule des gleichen Bildungsgangs zum Beginn des folgenden Schuljahres, frühestens jedoch ein halbes Jahr nach der Entlassung, zulässig ist, wodurch sich ein erheblicher Zeitverlust ergibt.

2. *Zuweisung*

Die Zuweisung an eine andere Schule gerät mit dem Recht auf schulische Bildung nicht in Konflikt. Im Schulwesen wird das Bildungsniveau vorrangig durch die Schularten vermittelt. Diesen kommt nach § 4 Abs. 1 S. 1 BWSchulG als „gleichzuachtende Glieder des Schulwesens im Rahmen des gemeinsamen Erziehungs- und Bildungsauftrages ihre eigenständige Aufgabe" zu. Ergänzend ist für die Entscheidung für eine bestimmte Schule auch deren Schulprofil, das Fremdsprachenangebot und der zurückzulegende Schulweg von Relevanz. *Poschner/Rux/Langer* stellen bei der Prüfung, ob das Recht auf Bildung tangiert wird, in diesem Sinne darauf ab, ob die Schule ein spezifisches Unterrichtsangebot bereitstellt.[872] Richtigerweise sollte nur der zu erwerbende Schulabschluss zu berücksichtigen sein. Die genannten Kriterien beeinflussen nicht maßgeblich das Bildungsniveau. Vielmehr fußt dieses auf dem Lehrplan, welcher bei den Schularten deckungsgleich ist. Die besuchte Schule vermittelt folglich keine andere Allgemeinbildung als andere Schulen der gleichen Schulart, sodass ein Eingriff in das Recht auf schulische Bildung aus diesem Grund abzulehnen ist.[873]

II. Eingriff in die Berufsfreiheit

Zu untersuchen ist, ob ein Eingriff in die Berufswahlfreiheit und in die Freiheit zur Wahl der Ausbildungsstätte angenommen werden muss.

1. *Beschränkung der Berufswahlfreiheit*

Die Zuweisung an eine andere Schule tangiert nicht die Berufswahlfreiheit, da das Schulverhältnis an einer anderen Schule der gleichen Schulart fortgesetzt wird. Bei der zwangsweisen Entlassung eines Schülers werden dessen weiterer Bildungs- und Lebensweg und seine soziale Rolle berührt. Regelmäßig werden der Zugang zu bestimmten Berufen verwehrt und die Chancen bezüglich der Berufswahl reduziert.[874] Zwar ist die Prognose von *Peters* etwas düster, dass die „Platzierung des Betreffenden an den unteren sozialen Rand unserer Gesellschaft" aufgrund des fehlenden Schulabschlusses und der hieraus folgenden geschmälerten beruflichen Qualifikation vorgegeben sei.[875] Dennoch bildet der

872 *Poschner/Rux/Langer*, Das Recht auf Bildung, S. 91 f.

873 A. A. wohl BVerfG, Beschl. v. 19.11.2021 – 1 BvR 971/21, 1 BvR 1069/21, NJW 2022, 167 (172).

874 *Stein*, Das Recht des Kindes auf Selbstentfaltung in der Schule, S. 5.

875 *Peters*, RdJB 1994, 229 (231).

Erwerb des Schulabschlusses ein wichtiges Element im Bildungsverlauf eines Menschen und stellt die notwendige Bedingung für die Ausübung und Nutzung des Grundrechts der Berufswahlfreiheit dar.[876] Nichtdestotrotz bleibt es – wie bereits aufgezeigt – dem Schüler unbenommen, sich an einer anderen öffentlichen Schule oder einer Privatschule anzumelden, wobei die Aufnahme nicht garantiert werden kann. Darüber hinaus steht es dem Schüler frei, eine Berufsausbildung zu beginnen, mit deren Abschluss und eingehender Berufserfahrung ebenso die Voraussetzungen zur Hochschulreife in diesem beruflichen Bereich geschaffen werden können und damit kein Schulabschluss mehr zum Studium und der späteren Berufserlangung benötigt wird.[877] Die Kausalkette zwischen dem Ausschluss des Schülers und der Beeinträchtigung seiner Berufswahlfreiheit erscheint damit in der Summe sehr lückenhaft und von vielen einzelfallhaften Erwägungen geprägt. Insbesondere vor dem Hintergrund des Erfordernisses der berufsregelnden Tendenz sollen bloße Fernwirkungen für die Berufswahlfreiheit keinen Eingriff begründen. Die Entlassung aus der Schule beziehungsweise die Zuweisung an eine andere Schule sind folglich nicht als Beschränkungen des Grundrechts der Freiheit der Berufswahl anzusehen.[878]

2. *Beschränkung der Freiheit zur Wahl der Ausbildungsstätte*

Die Schule stellt eine Ausbildungsstätte im Sinne von Art. 12 Abs. 1 S. 1 GG dar,[879] sodass ein Eingriff angenommen werden muss. Hinsichtlich der Zuweisung an eine neue Schule ist der Eingriff in die Freiheit der Wahl der Ausbildungsstätte zudem noch schwerer zu bewerten als bei der bloßen Entlassung. Während Letztere dem Schüler noch die Auswahl der aufnehmenden Schule belässt, wird ihm die Entscheidung bei der Zuweisung völlig entzogen. In der praktischen Umsetzung wird die abgebende Schule dem Schüler oftmals ein

---

876 Vgl. hierzu *Dinkelmann*, Die Rechtsstellung des Schülers im Schülerdisziplinarrecht, S. 112; nach *Berger/Keim/Klärner* gelten Personen ohne Schul- oder Ausbildungsabschluss als „absolut bildungsarm", da diese den Mindeststandard im Bereich Bildung in Form eines minimalen Schulabschlusses nicht erreicht haben, siehe *Berger/Keim/Klärner*, in: Quenzel/Hurrelmann, Bildungsverlierer, S. 38.

877 Siehe § 58 Abs. 2 Nr. 5 LHG BW, wonach Personen durch eine anerkannte berufliche Aufstiegsfortbildungsprüfung (z. B. Meisterprüfung) zu einem Studium aller Fachrichtungen an allen Hochschulen berechtigt werden, oder § 58 Abs. 2 Nr. 6 LHG BW für beruflich Qualifizierte, die ein Studium eines der Berufsausbildung und Berufserfahrung fachlich entsprechenden Studiengangs ergreifen können.

878 A. A. BVerfG, Beschl. v. 20.10.1981 – 1 BvR 640/80, NJW 1982, 921 (923).

879 Siehe hierzu ausführlich Zweiter Teil Kap. 2 A. II. 2.

Mitspracherecht einräumen und diesen zu seinen Schulwünschen befragen, dennoch liegt rechtlich die Zuweisungskompetenz allein bei der Schule.

III. Eingriff in das allgemeine Persönlichkeitsrecht

Soweit der Schüler die Schule verlassen muss, wird nicht nur das Schulverhältnis zur besuchten Schule beendet, sondern ebenso werden ihm die persönlichen und sozialen Beziehungen zu den Klassen- und Schulkameraden während der Schulzeit abgeschnitten. Da bereits die Überweisung des Schülers in die Parallelklasse einen erheblichen Eingriff in das Grundrecht darstellt, der Schüler jedoch hierbei zumindest in den Pausenzeiten uneingeschränkt seine Kontakte in der Schule aufsuchen kann, ist der Schulausschluss im Verhältnis hierzu als wesentlich schwerwiegender anzusehen. Ein Eingriff ist folglich anzunehmen.

D. Prüfung der Wahrung des Vorbehalts des Gesetzes

Für die Maßnahme des Schulausschlusses ist nach *Oppermann* der „intensiv grundrechtsberührende Charakter" wesensprägend.[880] Der Ausschluss ist nicht nur durch pädagogisch-didaktische und psychologische Gründe bedingt, sondern erhält durch die Erheblichkeit des begangenen Fehlverhaltens und dessen schul- und strafrechtliche Handhabung unmittelbare Auswirkungen auf die Gesellschaft.[881] *Staupe* sieht bei dieser Maßnahme den Tatbestand, im Sinne der Dauer, der Rechtsfolgen, der Zuständigkeit sowie der Grundzüge des Verfahrens als regelungsbedürftig durch den Gesetzgeber an.[882] Eine strukturierende Typisierung – beispielsweise getrennt nach Störungen gegen die Ordnung an sich (Zuspätkommen zum Unterricht, unerlaubtes Verlassen des Schulgeländes, Schulschwänzen etc.) und gegen die Sicherheit von den am Schulwesen beteiligten Personen (Vandalismus, Gewaltvorfälle, Diebstahl etc.) – und eine Aufzählung der besonders relevanten Störungen kann nach *Hoegg* sinnvoll sein.[883] Insbesondere die Normierung des Tatbestandes und der für die Verhängung der Maßnahme notwendigen Bedingungen stellen den Schwerpunkt der Problematik dar. Während einige Länder nur allgemeine Anforderungen formulieren, ordnen andere Länder spezifische Voraussetzungen für die Ergreifung dieser Maßnahme an, die jedoch stellenweise ebenfalls nur unvollkommen

---

880 *Oppermann*, Gutachten C für den 51. Deutschen Juristentag, C 60.
881 *Minelli*, Endstation Schulausschluss?, S. 16.
882 *Staupe*, Parlamentsvorbehalt und Delegationsbefugnis, S. 368.
883 *Hoegg*, RdJB 1998, 352 (353).

beschrieben und inhaltlich vage gehalten sind. Da durch die Maßnahme entweder eine erheblich in die Grundrechte oder das Recht auf schulische Bildung des Schülers eingreifende Zuweisung an eine andere Schule oder eine Entlassung von der Schule vorliegt, ist ein strenger Maßstab an die Prüfung der Regelungsdichte anzulegen.

I. Begriff der Schule

Es wird im Rahmen aller tatbestandlichen Voraussetzungen der Begriff der „Schule" verwendet. Eine durchgängige Definition dieser Bezeichnung fehlt in den Schulgesetzen. Lediglich vereinzelt wird der Terminus in Berlin, Brandenburg, Nordrhein-Westfalen, Schleswig-Holstein und im Saarland näher beschrieben. Hierunter sind in Brandenburg „Einrichtungen, in denen unabhängig vom Wechsel der Lehrkräfte, Schülerinnen und Schüler durch planmäßiges und gemeinsames Lernen und durch das gemeinsame Schulleben bestimmte Erziehungs- und Bildungsziele erreicht werden sollen" zu verstehen[884] oder in Schleswig-Holstein „alle auf Dauer bestimmten Unterrichtseinrichtungen, in denen unabhängig vom Wechsel der Lehrkräfte, Schülerinnen und Schüler durch planmäßiges und gemeinsames Lernen in einer Mehrzahl von Fächern und Lernbereichen und durch das gemeinsame Schulleben bestimmte Bildungs- und Erziehungsziele (pädagogische Ziele) erreicht werden sollen"[885]. Niedersachsen definiert Schulen als „auf Dauer eingerichtete Bildungsstätten, in denen unabhängig vom Wechsel der Lehrkräfte sowie der Schülerinnen und Schüler nach einem in sich geschlossenen Bildungsplan allgemeinbildender oder berufsbildender Unterricht in einem nicht nur auf einzelne Kenntnisgebiete oder Fertigkeiten beschränkten Umfang für mindestens zwölf Schülerinnen oder Schüler und mindestens für die Dauer von sechs Monaten erteilt wird".[886] Die Schule ist folglich gekennzeichnet durch ihre planmäßige Einrichtung, die mit einer gewissen Dauer und der Unabhängigkeit der an ihr beteiligten Personen einhergeht, und der Gemeinsamkeit der Arbeit, die durch das örtliche Zusammenwirken von Lehrkräften und Schülern entsteht.[887]

Fraglich ist, ob der Begriff in den übrigen Schulgesetzen im Hinblick auf die Maßnahme des Schulausschlusses konkreter geregelt werden müsste. In

884 § 2 Nr. 1 BbgSchulG.

885 § 2 Abs. 1 S. 1 SHSchulG; ähnlich § 6 Abs. 1 BerlSchulG; § 6 Abs. 1 NRWSchulG; § 6 Abs. 1 S. 1 RLPSchulG; § 3 Abs. 1 SchoG.

886 § 1 Abs. 2 S. 1 NSchulG.

887 *Avenarius/Hanschmann*, Schulrecht, S. 4.

der Zusammenschau mit anderen schulgesetzlichen Vorschriften wird jedoch der Inhalt des Begriffs der Schule deutlich. Infolge der in den Schulgesetzen durchweg vorhandenen Aufzählung der Schularten (zum Beispiel Grundschule, Hauptschule, Werkrealschule, Realschule, Gymnasium etc.[888]) wird der Terminus dahingehend konkretisiert, dass bei Zweifeln über das Merkmal Schule ein Abgleich mit den im Gesetz nummerierten Schularten vorgenommen werden kann. Prägende Merkmale der Schule sind folglich ihr dauerhafter Bestand, ihre Unabhängigkeit hinsichtlich der am Schulwesen beteiligten Personen und eine zielgerichtete Vermittlung der Erziehungs- und Bildungsziele, sodass Einrichtungen der Erwachsenenbildung, Hochschulen und Fachhochschulen nicht unter den Terminus Schule im Sinne der schulgesetzlichen Regelungen zu fassen sind. Die gesetzlichen Vorschriften werden daher dem Vorbehalt des Gesetzes gerecht. Es erfolgt durch die gesetzlichen Normierungen eine Abgrenzung zu anderen Einrichtungen, die sich der rechtlich nicht geschützten Bezeichnung „Schule" bedienen und nicht durch die genannten Merkmale gekennzeichnet sind.[889]

II. Allgemeine Formulierungen

In Brandenburg und Sachsen-Anhalt sind für alle Ordnungsmaßnahmen lediglich generelle Voraussetzungen in den Schulgesetzen festgehalten. Nach § 64 Abs. 1 BbgSchulG ist für die Verhängung von Ordnungsmaßnahmen allgemein gefordert, dass diese erfolgen können, wenn schwerwiegend gegen eine den Auftrag der Schule regelnde Rechtsvorschrift, Verwaltungsvorschriften oder die Ordnung der Schule betreffende Vorschriften verstoßen wurde oder wenn Schüler in schwerwiegender Weise ihre Pflichten verletzt oder notwendige Anweisungen des Schulpersonals nicht befolgt haben.[890] Diese Bedingungen bestehen ebenso für die Anwendung der bedeutenden Maßnahme des Ausschlusses eines Schülers nach § 64 Abs. 2 Nr. 4, 5 BbgSchulG. In Sachsen-Anhalt

888 Siehe beispielsweise § 4 Abs. 1 S. 4 BWSchulG.

889 Hierunter zählen beispielsweise private Bildungseinrichtungen oder die Volkshochschulen.

890 Nicht abgestellt wird auf die lediglich in der brandenburgischen Verordnung enthaltene Formulierung in § 5 Abs. 5 BbgVO: „Ordnungsmaßnahmen gemäß § 64 Abs. 2 Nr. 4 bis 6 des Brandenburgischen Schulgesetzes sind nur zulässig, wenn durch besonders schwerwiegendes oder wiederholtes Fehlverhalten die Rechte anderer oder die Aufgaben der Schule ernsthaft und nachhaltig gefährdet oder verletzt wurden. Dies gilt auch bei der begründeten Annahme entsprechend fortwirkender Gefahren."

bestimmt § 44 Abs. 3 LSASchulG die Notwendigkeit eines Verstoßes gegen eine Rechtsnorm, die Schulordnung oder Anordnungen der Schulleitung oder einzelner Lehrkräfte, die zur Erfüllung des Bildungs- und Erziehungsauftrages der Schule notwendig sind. Da diese Voraussetzungen keinerlei Anhaltspunkte und Abgrenzungsmerkmale für den Rechtsanwender beinhalten, die Aufschluss über die Auswahl der Maßnahme des Schulausschlusses geben und dessen Entscheidung durch spezifische Kriterien lenkend einschränken, entsprechen die Regelungen nicht den Grundsätzen des Vorbehalts des Gesetzes und der im Hinblick auf diese für den Schüler bedeutsamen Maßnahme zu fordernden Regelungsdichte.

III. Spezielle Formulierungen

Bei den speziell-gesetzlichen Vorschriften für die Maßnahme des Ausschlusses ist wiederum zwischen den Normen zu unterscheiden, die dieselben Anforderungen für mehrere Maßnahmen gleichzeitig festlegen und den Vorgaben, die einzig allein für die Maßnahme des Ausschlusses Bedingungen normieren. Daneben sind die gesetzlichen Regelungen in Baden-Württemberg und im Saarland zu beleuchten, die aufgrund ihres Präventivcharakters und des unklaren und missverständlichen Wortlautes rechtsstaatliche Bedenken aufwerfen.

1. Fehlende Abgrenzung zu anderen Maßnahmen

In diversen Schulgesetzen wird ein „schweres oder wiederholtes Fehlverhalten“ gefordert.[891] Die Eingrenzung eines schweren oder wiederholten Fehlverhaltens bietet zwar keine größeren Probleme, jedoch führt die Zuordnung von Fehlverhalten zu den Maßnahmen bei schulgesetzlichen Normen zu Komplikationen, die dieselben Voraussetzungen für verschiedene Maßnahmen mit divergierendem Eingriffscharakter aufweisen. Bayern fordert sowohl für die Zuweisung an eine andere Schule der gleichen Schulart als auch für die Entlassung von der Schule eine „schulische Gefährdung“, vgl. Art. 86 Abs. 2 Nr. 8, 10 BayEUG. Die Normierung lässt durch ihre offene Formulierung dem Rechtsanwender einen weiten Anwendungsspielraum. Soweit auf das beschreibende Kriterium „schulische“ Bezug genommen wird, wird die Eingrenzung auf die Gefährdung von schulischen Schutzgütern, wie sie von Art. 86 BayEUG beschrieben werden, ausreichend klar. Darüber hinaus findet sich eine Legaldefinition in

891 Vgl. § 47 Abs. 2 S. 1 BremSchulG; § 61 Abs. 4 S. 1 NSchulG; § 39 Abs. 4 S. 1 SächsSchulG; § 25 Abs. 3 S. 3 SHSchulG.

Art. 86 Abs. 2 Nr. 6 BayEUG, wonach eine Gefährdung von Rechten Dritter oder der Aufgabenerfüllung der Schule durch schweres oder wiederholtes Fehlverhalten vorliegen muss. Die Abgrenzung zu anderen Maßnahmen wird dennoch nicht ermöglicht, da die tatbestandlichen Voraussetzungen im Hinblick auf die Maßnahme des zeitweisen Ausschlusses vom Unterricht deckungsgleich sind. Auch die Formulierungen in Hessen, Rheinland-Pfalz und im Thüringer Schulgesetz stimmen mit anderen in den Schulgesetzen normierten Maßnahmen (zum Beispiel zeitweiliger Verweis vom Unterricht und Überweisung in die Parallelklasse) überein. Da die permanente Zuweisung oder die dauerhafte Entlassung tiefgreifender die Rechte des Schülers beeinträchtigen als andere Ordnungsmaßnahmen, ist es geboten, hierbei auch die Regelungsdichte deutlich zu intensivieren. Diese Zielsetzung untergräbt der Gesetzgeber, wenn er für mehrere Maßnahmen die gleichen Bedingungen normiert. Die Vorschriften der genannten Länder entsprechen folglich nicht den Anforderungen des Vorbehalts des Gesetzes.

2. Möglichkeit der Abgrenzung zu anderen Maßnahmen

In Berlin, Hamburg, Mecklenburg-Vorpommern und Nordrhein-Westfalen finden sich eigene – aussagekräftige und klare – tatbestandliche Voraussetzungen für die Maßnahme, die sich von den normierten Anforderungen der anderen Maßnahmen unterscheiden und somit eine abgrenzbare Entscheidungsgrundlage für den Rechtsanwender bieten.[892]

3. Baden-Württemberg

In Baden-Württemberg ist die subsidiäre Anwendbarkeit von Ordnungsmaßnahmen explizit normiert, sodass zunächst pädagogische Maßnahmen heranzuziehen sind und erst nachrangig Ordnungsmaßnahmen in Betracht kommen. Um einen Ausschluss von der Schule nach § 90 Abs. 6 BWSchulG verfügen zu können, müssen zudem weitere tatbestandliche Voraussetzungen vorliegen.

a) Tatbestandliche Formulierung

Hiernach ist ein Ausschluss von der Schule zulässig, „wenn es einem Mitschüler wegen Art und Schwere der Beeinträchtigungen und deren Folgen nicht zumutbar ist, mit dem Schüler weiter dieselbe Schule zu besuchen, oder einer

---

892 Vgl. hierzu § 63 Abs. 3 BerlSchulG; § 49 Abs. 4 S. 1 Nr. 5, 6 HmbSchulG; § 60a Abs. 4 S. 2 MVSchulG; § 53 Abs. 4 S. 1 NRWSchulG.

Lehrkraft, ihn weiter zu unterrichten", vgl. § 90 Abs. 6 S. 2 BWSchulG. Daneben ist ein Verweis möglich, „wenn ein Schüler durch schweres oder wiederholtes Fehlverhalten seine Pflichten verletzt und dadurch die Erfüllung der Aufgabe der Schule oder die Rechte anderer gefährdet" und das „Verbleiben des Schülers in der Schule eine Gefahr für die Erziehung und Unterrichtung, die sittliche Entwicklung, Gesundheit oder Sicherheit der Mitschüler befürchten lässt", siehe § 90 Abs. 6 S. 1, 3.[893] In Baden-Württemberg werden folglich zwei Fallkonstellationen unterschieden. Einerseits soll dem Opferschutz Rechnung getragen werden, wenn es einem Mitschüler oder einer Lehrkraft wegen der Art und Schwere der Beeinträchtigungen und deren Folgen nicht zumutbar ist, mit dem Schüler weiter dieselbe Schule zu besuchen oder ihn weiter zu unterrichten. Es soll somit verhindert werden, dass das Opfer die Schule verlässt, wenn aufgrund der Bedrängnisse ein weiterer gemeinsamer Aufenthalt in der Schule mit dem störenden Schüler nicht möglich ist.[894] Andererseits soll die Durchführung des Erziehungs- und Bildungsauftrages gewährleistet werden.

b) Auslegung der Norm

Die Bezeichnungen „Aufgabe der Schule", „sittliche Entwicklung" und „befürchtete Gefahr" sind auslegungsbedürftig. Die Aufgabe der Schule kann in diesem Zusammenhang mit dem Begriff des Auftrages gleichgesetzt werden. Nach § 1 Abs. 1 BWSchulG bestimmt sich der Auftrag der Schule aus der durch das Grundgesetz der Bundesrepublik Deutschland und der Verfassung des Landes Baden-Württemberg gesetzten Ordnung. Danach besitzt jeder junge Mensch das Recht auf eine seiner Begabung entsprechende Erziehung und Ausbildung und muss zur Wahrnehmung von Verantwortung, Rechten und Pflichten in Staat und Gesellschaft sowie in der ihn umgebenden Gemeinschaft vorbereitet werden. Die Schule hat den in der Landesverfassung verankerten Erziehungs- und Bildungsauftrag zu verwirklichen. Zusätzlich soll sie, neben der Vermittlung von Wissen, Fähigkeiten und Fertigkeiten die Schüler „zur Achtung der Würde und der Überzeugung anderer" und „zur Anerkennung der Wert- und Ordnungsvorstellungen der freiheitlich-demokratischen Grundordnung" anhalten. Ergänzend hierzu führt Art. 12 Abs. 1 LV auf, dass bei der Erziehung die christliche Nächstenliebe, die Brüderlichkeit aller Menschen, die Liebe zu Volk und Heimat und die gesellschaftliche Verantwortlichkeit zu berücksichtigen sind. Zum Auftrag der Schule gehört ebenfalls, die in § 23 Abs. 2 BWSchulG normierte

893 Ähnlich § 32 Abs. 4 S. 2 SchoG.

894 LT-Drs. BW 14/7118, S. 5.

Befugnis der Schule die zur Aufrechterhaltung der Ordnung des Schulbetriebs und zur Erfüllung der ihr übertragenen unterrichtlichen und erzieherischen Aufgaben erforderlichen Maßnahmen zu treffen und örtliche Schulordnungen, allgemeine Anordnungen und Einzelanordnungen zu erlassen. Die Bedeutung der „Aufgabe der Schule" ist folglich vor dem Hintergrund einer systematischen Auslegungsweise ausreichend ermittelbar.

Bedenken löst der Ausdruck der „sittlichen Entwicklung" aus. Die Sitte kommt dabei maßgeblich in Ordnungen zum Tragen, wobei die Schule ebenfalls eine Lebensordnung darstellt.[895] Unter sittlicher Erziehung beziehungsweise Entwicklung ist das Anleiten der Schüler zu verstehen, selbstständige und eigenverantwortliche Entscheidungen zu treffen und sich ein Werturteil zu bilden.[896] Der Tatbestand eröffnet einen weiten Anwendungsbereich und ist von den jeweils geltenden Moralvorgaben abhängig. Im Jahr 1963 wurde im Saarland beispielsweise ein 18-jähriger Schüler aufgrund des Innehabens einer Beziehung mit einer verheirateten Frau und einer hieraus konstruierten „sittlichen Gefährdung" von allen Gymnasien des Landes ausgeschlossen.[897] Die Interpretation entsprach den damals gängigen sittlichen Gepflogenheiten. Gerade unbestimmte Begriffe, wie der der Sitte, sind primär von gesellschaftlichen Wert- und Moralvorstellungen abhängig, die im Laufe der Jahre – und erst recht Jahrzehnte – einem enormen Wandlungsprozess unterliegen. Durch die Anknüpfung an solche Termini findet eine sich stetig ändernde Auslegung statt, die von den aktuell gebräuchlichen Vorstellungen geprägt ist und sich von Rechtsanwender zu Rechtsanwender unterscheiden dürfte. Soweit folglich auf unbestimmte Rechtsbegriffe abgestellt wird, deren Bedeutungsgehalt stark unter dem Vorbehalt der zeitlich begrenzten Gültigkeit steht, entspricht dies nicht den rechtsstaatlichen Grundsätzen des Vorbehalts des Gesetzes, dem Rechtsanwender eine durchweg rechtssichere Auslegung der Norm zu ermöglichen.

Auch die Bewertung der „Gefahr", die „befürchtet" wird, ist unklar. Teilweise wird in diesem Zusammenhang kritisiert, dass eine unzulässige Präventivmaßnahme vorliegt, die rechtsstaatlichen Anforderungen nicht genügen kann.[898] Das Verwaltungsgericht Karlsruhe beschreibt die „Gefahr" als eine Sachlage, die im Einzelfall eine „hinreichende Wahrscheinlichkeit" eines Schadens für die Schutzgüter des § 90 BWSchulG begründet.[899] Es stellte fest, dass eine allgemeine,

---

895 *Rückriem*, Disziplin in der Schule, S. 14.

896 *Böhm/Seichter*, Wörterbuch der Pädagogik, S. 433.

897 *Heck/Tschampa*, Konfliktregelung in der Schule, S. 59.

898 *Heck/Tschampa*, Konfliktregelung in der Schule, S. 57.

899 VG Karlsruhe, Beschl. v. 27.02.2008 – 5 K 112/08, NVwZ-RR 2008, 788 (789).

bloß mögliche Gefahr nicht ausreiche, sondern eine konkrete Gefahr vorliegen müsse. Bei der Entscheidung über die Verhängung der Maßnahme nach § 90 BWSchulG obliegt dem Rechtsanwender aufgrund der gesetzlichen Formulierung die Erstellung einer Prognose, ob die Gefahr tatsächlich eintreten wird. Die Prognose besteht dabei aus der Beurteilung der Wahrscheinlichkeit, ob ein in der Zukunft liegender und vorausschaubarer Sachverhalt faktisch realisiert werden wird.[900] In der Konsequenz bedeutet dies, dass die Gefahr bei Ergreifung der Maßnahme zwingend noch nicht vorliegt, wodurch der Präventivcharakter der Maßnahme nur noch verstärkt wird. Soweit folglich von den Lehrkräften beziehungsweise dem Schulleiter eine Einschätzung verlangt wird, die ihrem Wesen nach im Grunde voraussetzt, dass noch keine gegenwärtige Gefahr gegeben ist, wird auch diese gesetzliche Vorgabe nicht den Grundsätzen des Vorbehalts des Gesetzes gerecht.

E. Rechtsprechungsüberblick

In der Rechtsprechung wurden diverse Entscheidungen zum Ausschluss aus der Schule getroffen, denen weitere Anhaltspunkte zu den inhaltlichen Anforderungen an die Maßnahme entnommen werden können.

I. Verwaltungsgerichtshof Mannheim

Der Verwaltungsgerichtshof Mannheim wies eine Beschwerde eines Schülers gegen seine Entlassung zurück, der einer Lehrkraft in Anwesenheit der Klasse einen gezielten und heftigen Schlag gegen deren Oberarm versetzt hatte.[901] Nach den Ausführungen des Gerichts verursachen Tätlichkeiten eines Schülers gegenüber einer Lehrkraft wesentlichere Gefahren für das Schulleben als übliche Auseinandersetzungen und Rangeleien zwischen Mitschülern. Es komme hierdurch regelmäßig zu einer Störung des Schulfriedens, indem ein „Klima der Einschüchterung und Angst erzeugt und damit eine Gefahr für die Erziehung und Unterrichtung der Mitschüler" begründet werde.[902] Für die Entlassung wurden folglich erhebliche Auswirkungen auf den Schulbetrieb und die Schulgemeinschaft gefordert, welche durch gravierende Körperverletzungen von den am Schulwesen Beteiligten indiziert werden. Insbesondere wies das Gericht den Antragsteller auf die – offenkundige – Tatsache hin, dass aufgrund

900 *Barczak*, Der Übergang von der Grundschule, S. 178.
901 VGH Baden-Württemberg, Beschl. v. 22.10.2003 – 9 S 2277/03, NJW 2004, 89.
902 VGH Baden-Württemberg, Beschl. v. 22.10.2003 – 9 S 2277/03, NJW 2004, 89 (90).

der fehlenden Ausdehnung des Ausschlusses auf alle Schulen des Schulorts oder des Bezirks eine Bewerbung und Aufnahme an einer anderen Schule weiterhin möglich bleibt. Ausführungen und die Prüfung, ob eine Aufnahme an einer anderen Schule auch erfolgreich durch den Schüler realisiert werden kann, blieben jedoch aus.

II. Oberverwaltungsgericht Lüneburg

Eine Überweisung eines Schülers an eine andere Schule kann sich nach dem Beschluss des Oberverwaltungsgerichts Lüneburg als erforderlich darstellen, um den Schulfrieden zu wahren und die Bedingungen in der Schule für den Lernfortschritt der Schulgemeinschaft sicherzustellen.[903] Als Mitglied einer Gruppe von Schülern hatte der Antragsteller diese dazu angetrieben, Gewalt gegen zwei andere Mitschüler zu verüben. Ein Wechsel an die aufnehmende Schule sei nach dem Oberverwaltungsgericht Lüneburg zumutbar, soweit der Schüler eine einfache Fahrzeit von 35 bis 40 Minuten in Kauf nehmen müsse. Das Gericht berief sich hierbei auf § 114 NSchulG in Verbindung mit dem entsprechenden Passus der Satzung über die Schülerbeförderung der konkreten Region, wonach Schülern des Sekundarbereichs I für den Schulweg in eine Richtung eine Schulwegzeit bis zu 60 Minuten zugemutet werden könne und keine besonderen Umstände, die eine andere Betrachtung rechtfertigen, im konkreten Sachverhalt ersichtlich waren. *Avenarius* weist im Zusammenhang mit der Auswahl der aufnehmenden Schule auf die Integrationsaufgabe des Staates hin, welche die Gewährleistung eines zumutbaren Schulweges für den Schüler umfasse.[904] Soweit folglich eine Zuweisung an eine andere Schule vorgenommen wird, ist die Tatsache von besonders hoher Relevanz, ob sich die aufnehmende Schule für den Schüler in einer erreichbaren Distanz befindet.

III. Oberverwaltungsgericht Münster

Das Oberverwaltungsgericht Münster betonte das Erfordernis der vorherigen Androhung der Maßnahme zur Wahrung der Verhältnismäßigkeit. Lediglich in Einzelfällen, in denen erschwerende Umstände hinzutreten, könne von diesem Grundsatz abgewichen werden.[905] Entscheidend sei, ob das künftige Verhalten des Schülers durch das Mittel der Androhung noch positiv beeinflussbar sei.

---

903 OVG Lüneburg, Beschl. v. 14.05.2019 – 2 PA 490/18, zit. nach juris.
904 *Avenarius*, NZFam 2015, 342 (344).
905 OVG Münster, Beschl. v. 26.01.2000 – 19 B 2087/99, NVwZ-RR 2001, 163.

Unentbehrlich stellt sich die Androhung bei einem bisher unauffälligen Schüler dar, soweit dieser nicht mit der Entlassung ohne Androhung rechnen musste, oder wenn bei vorangegangenen vergleichbaren Vorfällen die Schule nicht von dem abgestuften System schulischer Ordnungsmaßnahmen Gebrauch gemacht hat.[906]

IV. Verwaltungsgericht Freiburg

Nach der Rechtsprechung wird ein Schulausschluss darüber hinaus durch sexuelle Übergriffe an der Schule gerechtfertigt. Das Verwaltungsgericht Freiburg sah den Griff eines Schülers an das Geschlechtsteil sowie an das Gesäß und die Brüste einer Mitschülerin und die darauf erfolgende Simulation von Oralverkehr als erhebliche Verletzung der Pflichten des Schülers an, die Persönlichkeitsrechte und die Intimsphäre aller im Schulalltag vereinten Menschen zu respektieren. Auch unter der Annahme, dass vergleichbare Verhaltensweisen an der konkreten Schule üblich gewesen seien, könne das Verhalten nicht mehr als altersgerechtes und jugendtypisches pubertäres Verhalten eingestuft werden.[907] Die Schulpflicht könne an einer anderen Schule erfüllt werden, sodass die mit dem Ausschluss verbundenen Schwierigkeiten im Hinblick auf die notwendige Verhaltensänderung des Schülers und die Beseitigung der Missstände an der Schule in einem angemessenen Verhältnis stünden.[908] Die Schule prüfte hierbei konkret vorab, welche Schulen der Schüler in zumutbarer Entfernung besuchen könnte. Die durch die Herausnahme aus der Schule und damit dem sozialen Umfeld für den Schüler entstehenden Belastungen wurden vom Gericht als wenig problematisch angesehen. Die Nachteile würden sich dabei lediglich auf die Schulzeiten beschränken, daneben sei der Neuanfang in einer anderen Schule ebenfalls von Schülern nach einem Umzug zu bewältigen und biete zudem die Chance eines Neuanfangs ohne den schädlichen Einfluss von den aktuellen Schulfreunden.[909]

V. Verwaltungsgericht Karlsruhe

Nach dem Ausspähen seiner nach dem Sportunterricht duschenden Mitschülerinnen und der Anfertigung von Foto- und Videoaufnahmen, sah das Verwaltungsgericht Karlsruhe die Voraussetzungen für die Verhängung eines

---

906 OVG Münster, Beschl. v. 26.01.2000 – 19 B 2087/99, NVwZ-RR 2001, 163 (164).
907 VG Freiburg (Breisgau), Urt. v. 28.01.2009 – 2 K 2180/08, NJOZ 2009, 1238.
908 VG Freiburg (Breisgau), Urt. v. 28.01.2009 – 2 K 2180/08, NJOZ 2009, 1238 (1243).
909 VG Freiburg (Breisgau), Urt. v. 28.01.2009 – 2 K 2180/08, NJOZ 2009, 1238 (1243).

Schulausschlusses bei einem Schüler als nicht gegeben an.[910] Dieser habe zwar die Persönlichkeitsrechte aller im Schullalltag tätigen Personen zu beachten und vorliegend eine Situation für sich genutzt, die zu einer gravierenden Herabsetzung des Selbstwertgefühls bei den Betroffenen geführt hat und einen erheblichen Vertrauensbruch darstellt. Der Aufenthalt des Schülers an der Schule berge jedoch keine Gefahr für die Erziehung und Unterrichtung, die sittliche Entwicklung, Gesundheit oder Sicherheit der Mitschüler. Die lediglich denkbare Möglichkeit der Auslösung einer Gefahr durch das Verbleiben des Schülers wurde als ungenügend angesehen, es bedürfe vielmehr einer konkreten Beeinträchtigung im Sinne der nicht möglichen Aufrechterhaltung des geordneten Schulbetriebs, die das Gericht als nicht gegeben ansah.[911]

F. Prüfung der Verhältnismäßigkeit

Die gesetzlichen Vorschriften zum Schulausschluss müssen einer legitimen Zwecksetzung dienen sowie zur Zweckerreichung geeignet, erforderlich und angemessen sein.

I. Legitimer öffentlicher Zweck

Der legitime öffentliche Zweck wird auch bei dieser Maßnahme durch die Zielsetzung der Norm bestimmt. Primär steht hierbei die Verwirklichung des Erziehungs- und Bildungsauftrages, die Einhaltung der Schulordnung sowie der Schutz von Personen und Sachen im Vordergrund. Insbesondere der letzte Aspekt ist für den Ausschluss bedeutsam, da diese schwerwiegende Maßnahme erhebliche Konflikte auflösen und künftige Beeinträchtigungen von Personen oder Eigentum während der Schulzeit gänzlich verhindern soll, da der Schüler nicht mehr an der Schule verbleibt. Daran anknüpfend kommt die dem Staat nach Art. 2 Abs. 2 S. 1 GG auferlegte Schutzpflicht für das Leben und die Verpflichtung, Einzelne und Gruppen vor diesbezüglichen Eingriffen zu bewahren, zum Tragen.[912] Daneben dient der Verweis der Gewährleistung des Erziehungs- und Bildungsauftrages und steht somit im Spannungsfeld zwischen den individuellen Interessen des betroffenen Schülers und den das Gemeinwohl

910 VG Karlsruhe, Beschl. v. 27.02.2008 – 5 K 112/08, NVwZ-RR 2008, 788.

911 VG Karlsruhe, Beschl. v. 27.02.2008 – 5 K 112/08, NVwZ-RR 2008, 788 (789).

912 Siehe zur Schutzpflicht des Staates für das Leben und die körperliche Unversehrtheit als legitimen Zweck für eine Zulassungsbeschränkung *Bulla*, Freiheit der Berufswahl, S. 193.

repräsentierenden Mitschülern, deren Lernerfolg durch Störungen vermindert wird.[913] Die genannten Zwecke sind daher als besonders wichtige Gemeinschaftsgüter einzuordnen, die einen Eingriff in die Freiheit zur Wahl der Ausbildungsstätte durch subjektive Zulassungsvoraussetzungen und einen Eingriff in das Recht auf schulische Bildung rechtfertigen können.

II. Geeignetheit

Die Feststellung der Geeignetheit des Schulausschlusses im Hinblick auf diese Zielsetzungen bereitet Schwierigkeiten. Es fehlen weitreichende Studien in Bezug auf die Anwendung der Maßnahme im bundesweiten Durchschnitt und der konkreten Auswirkungen auf den Schüler.[914] Insbesondere die Folgen der Maßnahme, Untersuchungen zu den weiteren Bildungsverläufen der Schüler oder die Erhebung von Rückfallquoten, wären wichtige Anhaltspunkte zur Prüfung der Geeignetheit. Bei einem geplanten Schulausschluss und der hierzu durchzuführenden Anhörung werden oftmals die Erziehungsberechtigten des betroffenen Schülers die Verhängung des Ausschlusses erst gar nicht abwarten und bereits eine Ummeldung ihres Kindes an eine andere Schule vornehmen. Sofern die Abmeldung der Schule zugesichert wird, benötigt es formal keinen Bescheid, sodass auch kein offizieller Ausschluss vorliegt und keine Erkenntnisse im Nachgang gewonnen werden können.[915] Diese werden jedoch zwingend zur Einschätzung der Geeignetheit und Prüfung der Verhältnismäßigkeit im Generellen benötigt. Zudem mangelt es großflächig an der Durchführung von behördlich eingeleiteten Studien. Zur Frage, ob und welche Erkenntnisse darüber vorliegen, wie sich die Anwendung von Erziehungs- und Ordnungsmaßnahmen der Schulen auf die Gewaltbereitschaft von Jugendlichen auswirkt, wurde im Jahr 2002 ein Meinungsbild bei den staatlichen Schulämtern und Oberschulämtern im Stadtkreis Mannheim, Rhein-Neckar-Kreis, Heidelberg, Stuttgart, im Landkreis Böblingen sowie für den eher ländlich geprägten Raum im Landkreis

913 *Hürlimann*, Für die Schule nicht mehr zumutbar, S. 94.

914 *Minelli*, Endstation Schulausschluss?, S. 18; zur Frage der Geeignetheit eines sozialen Ausschlusses in Bezug auf Problemschüler siehe auch *Galas/Krömer/Nolte/Ulrich*, Niedersächsisches Schulgesetz, Kommentar, S. 531.

915 Anders die explizite Regelung in Bayern, vgl. Art. 88 Abs. 6 BayEUG, wonach eingeleitete Ausschluss- oder Entlassungsverfahren durch einen späteren Schulwechsel nicht berührt werden und der Schüler bis zum Abschluss des Verfahrens in Bezug auf das Verfahren auch bei einem Schulwechsel als Angehöriger derjenigen Schule gilt, die das Verfahren eingeleitet hat.

Biberach und Ortenaukreis eingeholt.[916] Die Mehrzahl der Schulen gab an, keine Erkenntnisse zum Nutzen der eingesetzten Erziehungs- und Ordnungsmaßnahmen zu besitzen oder schätzte deren Folgen unterschiedlich ein. Einige berufliche Schulen merkten an, dass mit konsequenten Maßnahmen, insbesondere dem Schulausschluss, auch Mitläufer präventiv abgeschreckt werden könnten. Andere Schulen hielten ein schulisches Gesamtkonzept (präventive Maßnahmen, wie Streitschlichtung, Einbeziehung von Schulsozialarbeitern und Jugendberufshelfern etc.) in Verbindung mit Elterngesprächen für eine nachhaltige Wirkung für unabdingbar.[917] In einer im Jahr 1993 anderweitig durchgeführten Untersuchung teilten 61,7 % der Lehrkräfte mit, den Schulausschluss als nicht oder wenig effektiv anzusehen.[918]

Auch wird die Verhängung von Ordnungsmaßnahmen häufig von Schülern als harmlos eingeschätzt. Zu diesem Ergebnis führte eine Umfrage des Modellversuchs „Entwicklung von Bewältigungsstrategien zum Thema: Gewalt in einem Schulverbund einer ländlichen Region Mittelhessen", im Rahmen derer Lehrkräfte, Schüler und Eltern interviewt wurden. Es wurde ein Vergleich zwischen wiederholt störanfälligen Schülern und anderen Schüler gezogen und beide Gruppen zur Wahrnehmung von schulordnungsrechtlichen Maßnahmen befragt. Beispielsweise fürchteten lediglich 42 % der verhaltensauffälligen Schüler einen Gang zum Direktor, während der Anteil der friedfertigen Schüler mit 68 % relativ hoch ausfiel.[919] Die abschreckende Wirkung von Ordnungsmaßnahmen kann daher gerade für Fehlverhalten anfällige Schüler einen geringen Gehalt aufweisen.

Durch schulordnungsrechtliche Maßnahmen wird die Entstehung von Gewalthandlungen durch Schüler zudem oftmals noch begünstigt, sodass es zu einer Manifestierung eines Teufelskreislaufes kommt, der durch Fehlverhalten und schulische Maßnahmen zirkuliert wird.[920] Daneben stellt die innerliche Vorstellung und Grundlage für verhängte Ordnungsmaßnahmen von Lehrkräften meist die Annahme dar, dass Fehlverhalten und Disziplinkonflikte abnehmen, soweit sich die störenden Schüler nicht mehr in der Klasse beziehungsweise an

916 LT-Drs. BW 13/987.

917 LT-Drs. BW 13/987, S. 26.

918 *Schwind/Roitsch/Ahlborn/Gielen*, Gewalt in der Schule, S. 225.

919 *Todt/Busch*, RdJB 1994, 174 (178, 183).

920 *Jochum*, in: Ipfling, Die emotionale Dimension in Unterricht und Erziehung, S. 59; *Matt*, in: Amos/Cremer-Schäfer, Saubere Schulen, S. 129, 130; *Petillon*, Der unbeliebte Schüler, S. 211.

der Schule aufhalten.[921] In diesem Zusammenhang wurde eine Zunahme der Konzentration des Problemkreises auf den verhaltensauffälligen Schüler verzeichnet, wodurch die Person des Störers und der Aspekt der Störung „durch" den Schüler in den Fokus rückten.[922] Diese Einstellung ist jedoch im Ergebnis ein Trugschluss, da gerade bei der Zuweisung zu einer anderen Schule der Schüler zwar von der aktuell besuchten Schule entfernt wird und sich für diese die Beeinträchtigung auflöst, bei der aufnehmenden Schule geht sie dennoch ohne pädagogische Lösungsansätze meist ungehindert weiter.

1. Pädagogische Begleitung

Diese Verkettung ist daher zugunsten des Schülers durch hinreichende und verpflichtende sozialpädagogische Unterstützungsmaßnahmen vorzeitig aufzubrechen, um den negativen Höhepunkt in Form des Schulverweises zu verhindern. Durch den bloßen Ausschluss des Schülers aus der Schule und von den dort stattfindenden Lernprozessen wird keine Verhaltensänderung bewirkt.[923] Die Schule muss vor der Verhängung der Maßnahme die ihr zukommenden pädagogischen und didaktischen Instrumente eingesetzt haben, um den Schulfrieden zu sichern, ohne vorschnell einen Verweis zu erteilen.[924] Die Erfüllung des Bildungs- und Erziehungsauftrages stellt die primär von der Lehrkraft wahrzunehmende Aufgabe dar. Soweit es jedoch um psychologische Aspekte geht oder Schutzmaßnahmen für den Schüler ergriffen werden müssen, sind das Jugendamt, die Schulsozialarbeiter oder die ausgebildeten Schulpsychologen heranzuziehen und zu beteiligen.[925] Zutreffend stellte das Bundesverfassungsgericht

---

921 *Jürgens*, Schwierige Schüler? Disziplinkonflikte in der Schule, S. 69.

922 *Jürgens*, Schwierige Schüler? Disziplinkonflikte in der Schule, S. 10.

923 *Rückriem*, Disziplin in der Schule, S. 116.

924 So *Rux*, Schulrecht, § 2 Rn. 475 f. unter Verweis auf die Regelung im Bremer Schulgesetz.

925 § 65 Abs. 2 HVO normiert zutreffend den Vorrang der pädagogischen Arbeit der Schule vor der vorschnellen Ergreifung von Ordnungsmaßnahmen. Dort heißt es: „Unabhängig von zu treffenden Ordnungsmaßnahmen macht es der Erziehungsauftrag der Schule erforderlich, dass in Zusammenarbeit aller Beteiligten durch eine Analyse Einsicht in die Ursachen und Zusammenhänge von Konflikten gewonnen wird und dadurch Voraussetzungen für deren Lösung geschaffen werden. Dabei sind nicht nur schulische Probleme, sondern im Einverständnis mit den Beteiligten auch häusliche und andere außerschulische Schwierigkeiten mit einzubeziehen, erforderlichenfalls auch in Zusammenarbeit mit den Eltern minderjähriger Schülerinnen und Schüler und einer Schulpsychologin oder eines Schulpsychologen. Nur wenn die Schule sich darum bemüht, wird sie ihren Bildungsauftrag erfüllen können."

fest, dass dem Staat bei der Entwicklung der Schüler zu eigenverantwortlichen Persönlichkeiten Unterstützung und Förderung in Zusammenarbeit mit anderen Erziehungsträgern zukommt.[926] Auch wenn teilweise eine Aufspaltung des Bildungs- und Erziehungsauftrages kritisiert wird,[927] so ist hierbei zu berücksichtigen, dass Lehrkräfte neben der Wissensvermittlung bei bestimmten – schwerwiegenden – Verhaltensstörungen schlichtweg nicht die nötige Ausbildung besitzen, um Schüler und Eltern sinnvoll beraten zu können.[928] Insbesondere bietet der zeitlich eng getaktete Schulalltag nicht den erforderlichen Rahmen, um Schülern die benötigten Hilfeleistungen zukommen zu lassen.[929] Sowohl für die Entlassung aus der Schule als auch die Zuordnung zu einer anderen Schule muss die Schule eine vorherige verpflichtende pädagogische Unterstützungsmaßnahme mit dem betroffenen Schüler durchführen. Eine Auftrennung zwischen Entlassung und Zuweisung ist dabei nicht sachgerecht, da in beiden Fällen der Schüler in seinen Rechten eingeschränkt und damit nicht klar wird, anhand welcher Gründe die Differenzierung gerechtfertigt sein soll. Nur weil bei einem Schüler durch die Zuweisung die weitere Beschulung nahtlos fortgesetzt wird und ein anderer Schüler sich selbst um eine Schule bemühen muss, müssen dennoch die Voraussetzungen, unter denen beide von der besuchten Schule verwiesen werden dürfen, gleich geregelt sein. Dies umfasst auch die Hilfeleistungen für die Schüler. Als (externe)[930] Kooperationspartner stehen für die Schulen das Jugendamt, die Schulsozialarbeiter und die schulpsychologischen Beratungsstellen zur Verfügung.[931]

a) Jugendhilfe

Die Jugendhilfe überwacht durch das Jugendamt, als Teil der kommunalen Verwaltung und als örtlicher Träger der Jugendhilfe, vorrangig die Einhaltung der Vorschriften zum Schutz der Rechte von Kindern und Jugendlichen. Daneben kommen ergänzende Aufgabenbereiche hinzu. § 1 Abs. 3 SGB VIII formuliert

---

926 BVerfG, Urt. v. 06.12.1972 – 1 BvR 230/70 u. 95/71, NJW 1973, 133 (134).

927 *Korte*, Disziplinprobleme im Schullalltag, S. 73.

928 *Keller*, Disziplinmanagement in der Schulklasse, S. 7.

929 *Greene*, Verloren in der Schule, S. 12; *Wettstein/Scherzinger*, Unterrichtsstörungen verstehen und wirksam vorbeugen, S. 64.

930 Intern ist vorrangig an eine Beratung durch die jeweilige Fach- oder Klassenlehrkraft oder die Vertrauenslehrkräfte zu denken.

931 Daneben ist eine Einbeziehung des Sonderpädagogischen Dienstes zu prüfen, der bei einer Behinderung eines Kindes oder aufgrund besonderer Entwicklungsprobleme, die einen sonderpädagogischen Förderbedarf begründen, unterstützend tätig wird.

den generellen Auftrag, die Entwicklung junger Menschen zu fördern, Beratung und Unterstützung für die Erziehungsberechtigten bei der Erziehung zu leisten, Kinder und Jugendliche zu schützen und positive Lebensbedingungen für Kinder und deren Familien zu gewährleisten. Nach § 2 Abs. 2 Nr. 1 SGB VIII fallen unter die Leistungen der Jugendhilfe unter anderem Angebote der Jugendarbeit, der Jugendsozialarbeit und des erzieherischen Kinder- und Jugendschutzes. Die Jugendhilfe liefert sinnvolle sozialpädagogische Hilfestellungen für die Schulen und kooperiert mit ihr, verdrängt sie jedoch nicht in ihrem originären Zuständigkeitsbereich, Wissen und Erziehung für schulpflichtige junge Menschen bereitzustellen.[932] Eine Verlagerung der Zuständigkeit würde insbesondere zu einer weiteren Ausgrenzung von benachteiligten schulischen Minderheiten beitragen und eine ergänzende Schicht im bereits gegliederten Schulwesen konstruieren, welche das Ziel einer Wiedereingliederung verhaltensauffälliger Schüler in den Schulbetrieb aushöhlen würde.[933] Der Träger der öffentlichen Jugendhilfe hat gemäß § 81 S. 1 Nr. 4 SGB VIII mit anderen Stellen und öffentlichen Einrichtungen, deren Tätigkeit sich auf die Lebenssituation junger Menschen und ihrer Familien auswirkt, besonders mit Schulen und Stellen der Schulverwaltung, zu kooperieren. Die Veranstaltungen und Angebote der Jugendhilfe sollen damit auf eine enge Zusammenarbeit mit anderen Einrichtungen ausgerichtet sein.[934] Für Schulen, die über keinen eigenen Schulsozialarbeiter verfügen, ist der Fachbereich des Allgemeinen Sozialen Dienstes der Jugendämter relevant. Die Fachkräfte des Allgemeinen Sozialen Dienstes sollten frühzeitig in Kenntnis gesetzt und in die weiteren Gespräche zwischen Schule und Schüler einbezogen werden, wenn gewichtige Verhaltensstörungen einzelner Schüler auftreten.

b) Schulsozialarbeiter

Die Schulsozialarbeit stellt ein Leistungsangebot der Jugendhilfe in der Schule dar, deren gesetzliche Grundlagen in Baden-Württemberg maßgeblich im SGB VIII und im LKJHG BW zu finden sind. Die Schulsozialarbeit wird unter anderem unterstützend beim Übergang von der Schule zum Beruf tätig und soll die soziale Integration durch möglichst ortsnahe und lebensweltbezogene

---

932 *Münder/Trenczek/von Boetticher/Tammen*, Kinder- und Jugendhilferecht, S. 82 f.

933 *Rademacker*, RdJB 2006, 93 (95).

934 Zu den positiven Effekten einer interdisziplinären Zusammenarbeit zwischen Schule und externen Kooperationspartnern siehe *Blumenthal/Casale/Hartke/Hennemann/Hillenbrand/Vierbuchen*, Kinder mit Verhaltensauffälligkeiten, S. 94, und *Greene*, Verloren in der Schule, S. 15.

sozialpädagogische Hilfen erzielen, die dort ansetzen, wo sich junge Menschen aufhalten, vgl. § 15 Abs. 1 S. 2 LKJHG BW. Während gesetzlich der Begriff der „Jugendsozialarbeit“ verwendet wird,[935] ist die in der Bundesrepublik Deutschland gebräuchlichste Bezeichnung die „Schulsozialarbeit“, welche ein breites Angebot aus sowohl präventiven als auch intervenierenden Leistungen beschreibt.[936] § 13 Abs. 1 SGB VIII konkretisiert die Aufgaben der Jugendsozialarbeit, die den jungen Menschen, die zum Ausgleich sozialer Benachteiligungen oder zur Überwindung individueller Beeinträchtigungen in erhöhtem Maße auf Unterstützung angewiesen sind, sozialpädagogische Hilfen anbieten soll, die ihre schulische und berufliche Ausbildung und ihre Eingliederung in die Arbeitswelt fördern. Dieser Personenkreis soll folglich durch die Schulsozialarbeit in den berufs- und arbeitsbezogenen Bereich integriert werden.[937] Die Tätigkeit der Schulsozialarbeiter erfolgt meist projektbezogen oder einzelfallorientiert.[938] In einigen Bundesländern sind die Schulsozialarbeiter direkt bei den Schulbehörden angegliedert, während in Baden-Württemberg die Schulsozialarbeit ein eigenständiges Arbeitsfeld innerhalb der Jugendhilfe bildet. Die Gesamtverantwortung für den Einsatz der Schulsozialarbeiter kommt dabei gemäß § 79 Abs. 1 SGB VIII dem Träger der öffentlichen Jugendhilfe zu. Von 3 557 allgemeinbildenden Schulen in Baden-Württemberg im Schuljahr 2019/2020 waren insgesamt 2 452 Schulen mit einem Schulsozialarbeiter ausgestattet.[939]

Der Begriff der „schulsozialpädagogischen Beratung“ stellt keine eigene Beratungsmethode für Schulsozialarbeiter dar. Vielmehr nutzen die Schulsozialarbeiter bereits bekannte und wissenschaftlich geeignete Beratungsmethoden im Rahmen ihrer Arbeit.[940] Den Schülern wird in diesem Zusammenhang die Gelegenheit geboten sich auszusprechen, Empathie zu erhalten und für sich ein soziales Sicherungsnetz zusammen mit den Schulsozialarbeitern zu erarbeiten.[941]

---

935 Zur Entstehung des Begriffs siehe *Just*, Schulsozialpädagogik an Gymnasien, warum?, S. 34 ff., und *Wabnitz*, in: Münder/Wiesner/Meysen, Kinder- und Jugendhilferecht, S. 206.

936 *Speck*, Schulsozialarbeit, S. 36 f.; nur vereinzelt findet sich in den Schulgesetzen der Terminus „Schulsozialarbeit“, vgl. § 1 Abs. 4 S. 3 SächsSchulG und § 6 Abs. 6 SHSchulG.

937 *Just*, Handbuch Schulsozialarbeit, S. 26; *Münder/Trenczek/von Boetticher/Tammen*, Kinder- und Jugendhilferecht, S. 130.

938 Zu den Aufgabenfeldern von Schulsozialarbeitern siehe *Meyer/Tretter/Englisch*, Praxisleitfaden auffällige Schüler, S. 99.

939 *KVJS BW*, „Förderung der Jugendsozialarbeit an öffentlichen Schulen“, S. 23.

940 *Just*, Handbuch Schulsozialarbeit, S. 33.

941 *Just*, Schulsozialpädagogik an Gymnasien, warum?, S. XII.

Hierdurch sollen insbesondere die Lehrkräfte entlastet werden und den Schülern rechtzeitige und präventive Hilfestellungen geboten werden, sodass sowohl für die Schule, den Schüler und dessen Familie sinnvolle Lösungsansätze gefunden werden können, die den Schüler vor einem Ausschluss aus der Schule bewahren können.[942]

c) Schulpsychologische Beratungsstellen

Die schulpsychologischen Beratungsstellen stellen ein Angebot der Bildungsberatung nach § 19 BWSchulG für die weitergehende sozialpädagogische Beratung der Lehrkräfte dar, welches im praktischen Gebrauch aufgrund der leichten Verfügbarkeit durch die kurzen Dienstwege oft angenommen wird.[943] Sie unterstützen die Schulen bei der Erfüllung ihres Erziehungsauftrages und wirken insbesondere bei der Lösung von Verhaltensauffälligkeiten mit.[944] In Baden-Württemberg sind die 28 schulpsychologischen Beratungsstellen an einer von den insgesamt sechs Regionalstellen des Zentrums für Schulqualität und Lehrerbildung eingerichtet. Die schulpsychologischen Beratungsstellen bestehen aus Psychologen sowie Beratungslehrkräften und bieten psychologische Unterstützungsangebote für Schüler, Eltern, Lehrkräfte und Schulleitungen an.[945]

2. Übersicht über die Länder

Weitgehend findet sich in den schulgesetzlichen Vorschriften keine vorherige, verpflichtende Einbeziehung sozialpädagogischer Leistungen durch die Schulen im Falle des beabsichtigten Schulausschlusses.

---

942 Vgl. *Just*, Handbuch Schulsozialarbeit, S. 42.

943 *Staatliches Schulamt Stuttgart*, Handreichung für Schulen. Vorgehen bei Verdacht auf Kindeswohlgefährdung, S. 21.

944 *Ministerium für Kultus, Jugend und Sport Baden-Württemberg*, Richtlinien für die Bildungsberatung, VwV v. 13.11.2000 i. d. F. v. 13.11.2001, Az.: 64-6402.0/62; zu den weiteren Angebotsfeldern der schulpsychologischen Beratungsstellen siehe *Just*, Schulsozialpädagogik an Gymnasien, warum?, S. 68 f., *Keller*, Disziplinmanagement in der Schulklasse, S. 68 f. und *Meyer/Tretter/Englisch*, Praxisleitfaden auffällige Schüler, S. 100.

945 *Zentrum für Schulqualität und Lehrerbildung Regionalstelle Stuttgart*, „Schulpsychologische Beratungsstelle Stuttgart", S. 1 f.

a) Verpflichtende Unterstützungsmaßnahmen vor dem Ausschluss

Lediglich in Bremen und Thüringen sind – annähernd – konkrete und praktisch handhabbare Regelungen zu finden. Nach § 47 Abs. 3 S. 1 BremSchulG können Ordnungsmaßnahmen mit Auflagen verbunden und müssen besonders pädagogisch begleitet werden. Es wird jedoch weder eine besondere Eingrenzung auf den Schulverweis vorgenommen noch näher bestimmt, welche Auflagen verwendet werden können oder wie die pädagogische Begleitung ausgestaltet sein muss. Zudem ist die Vorschrift als „Kann"-Vorschrift optional für die Schulen in der Ausführung. In Thüringen sind spezifisch vor der Entlassung eines Schülers verpflichtende pädagogische und psychologische Maßnahmen zu erbringen, vgl. § 52 Abs. 1 ThürSchulG, sodass die Norm zwar keine Konkretisierung im Hinblick auf die Festlegung der Unterstützungsleistungen erlaubt, dennoch im Grundsatz zur vorherigen Einbeziehung pädagogischer und psychologischer Angebote verpflichtet.

b) Fehlende Unterstützungsmaßnahmen vor dem Ausschluss

Die wenigsten Länder regeln eine zwingende, inhaltlich effiziente, vorherige Beteiligung des Jugendamtes oder die Umsetzung anderer Unterstützungsmaßnahmen, um einen sich ankündigenden permanenten Ausschluss aus der Schule noch abzuwenden. Nach Art. 88 Abs. 3 S. 1 Nr. 3 BayEUG sind bei der Entlassung die Beratungslehrkräfte oder Schulpsychologen, soweit es für die Entscheidung erforderlich erscheint, anzuhören.[946] Weitere zeitlich vorgelagerte Besprechungsmaßnahmen sind in Bayern nicht vorgesehen. Wann von der Erforderlichkeit ausgegangen werden muss, entscheidet allein die Schule. Anlehnend hierzu kann in Hamburg vor einer Überweisung oder einer Entlassung eine schulpsychologische Stellungnahme eingeholt werden, vgl. § 49 Abs. 5 S. 5 HmbSchulG. Nach § 39 Abs. 5 S. 4 SächsSchulG hört der Schulleiter auf Wunsch des Schülers, gegen den ein Schulausschluss verhängt werden soll, auch Vertreter an, die diese Unterstützungsmaßnahmen durchführen, sofern an der Schule sozialpädagogische Unterstützung durch einen Träger der Jugendhilfe erbracht wird. Die grundsätzlich bestehende gesetzliche Verpflichtung zur Durchführung dieser Anhörung vor Anwendung der Maßnahme wird folglich in ihrer Wirkung durch die praktisch zur Verfügung stehende sozialpädagogische Unterstützung durch einen Träger der Jugendhilfe an der konkreten Schule begrenzt.

946 Ähnlich § 18 Abs. 3 BremVO.

Soweit jedoch an der Schule selbst keine eigenständige Beratung besteht, muss diese notfalls extern hinzugezogen werden.

c) Praktische Umsetzung der Gesetzesgrundlage in Baden-Württemberg

Gemäß § 90 Abs. 8 BWSchulG sind in Baden-Württemberg hinsichtlich einzelner Maßnahmen gegenüber dem Jugendamt Informationspflichten geregelt, da Fehlverhalten oftmals auf außerschulische Probleme zurückzuführen ist, welche wiederum im häuslichen Bereich des Schülers begründet sind.[947] Es wird in diesem Zusammenhang weitgehend in das Ermessen der Schule gestellt, ob ein Ausschluss vom Unterricht dem Jugendamt mitgeteilt wird. Ein zeitweiliger Ausschluss „kann", ein wiederholter zeitweiliger Ausschluss vom Unterricht „soll" dem Jugendamt gemeldet werden. Es „soll" sodann ein Gespräch zwischen dem Jugendamt und der Schule geführt werden.[948] Beabsichtigt ist durch diese Vorgehensweise eine Erforschung der Hintergründe und Motive des Fehlverhaltens durch die Zusammenarbeit zwischen Schule und Jugendamt. Infolge der Gesprächsverpflichtung wird eine Abstimmung und Besprechung mit Fachleuten der Schule und der Jugendhilfe herbeigeführt, wobei die Einzelheiten in der Verantwortung der vor Ort Beteiligten liegen.[949]

Das Spektrum der pädagogischen Unterstützung ist dabei vielfältiger Natur. Dieses Ergebnis bestätigt auch die Abfrage von elf Behörden in Baden-Württemberg zur praktischen Umsetzung der gesetzlichen Grundlage. Nach der Meldung eines permanenten Schulausschlusses einer Schule werde den Eltern und dem betroffenen Schüler zunächst ein Beratungsangebot gemacht.[950] Es bestehe dabei eine enge Kooperation zwischen dem Sozialen Dienst des Jugendamtes, den Berufsberatungen und den Trägern von Reha-Leistungen. Bei Bedarf gebe es hierzu einen Austausch über die Perspektive des Schülers, wobei nur teilweise von dem Angebot auch Gebraucht gemacht werde. Gemeinsam werde dann nach einer tragfähigen Perspektive gesucht, die auch mit den Hilfen zur Erziehung verbunden werden könne. Als Unterstützungsmaßnahmen seien in diesem Rahmen die Erziehungsbeistandschaft, der Besuch einer Tagesgruppe oder auch eine Beschulung in einem sonderpädagogischen Bildungs- und

---

947 LT-Drs. BW 13/1424, S. 6.

948 Ähnlich § 55 Abs. 5 S. 2 RLPSchulG.

949 LT-Drs. BW 14/7118, S. 6.

950 Zum Nachstehenden *Amt für Jugend Leonberg*, Schreiben v. 15.04.2021.

Beratungszentrum für emotionale und soziale Entwicklung denkbar.[951] Ein dauerhafter Schulausschluss werde insgesamt eher selten ausgesprochen, eine Behörde gab an, dass sie pro Schuljahr drei bis fünf entsprechende Mitteilungen erhalte.[952]

In der Regel beziehen die meisten Schulen rechtzeitig vor einem Ausschluss das Jugendamt ein. Oftmals sei vor dem Ausschluss der Kontakt zu vielen Familien bereits vorhanden, weil die Kinder und Jugendlichen vielfach nicht nur in der Schule auffällig sind.[953] Der Allgemeine Soziale Dienst sei in solchen Fällen bereit, Schule, Eltern und Kinder und Jugendliche zu beraten und präventive Unterstützungsmöglichkeiten zu entwickeln.[954] Mögliche Unterstützungsmaßnahmen werden in dieser Form mit dem Kind und seinen Eltern gemeinsam erörtert. Es müsse mit den Beteiligten genau herausgearbeitet werden, welches die Ursachen für die schulischen Probleme sind und mit welchen Hilfen diesen nach dem SGB VIII angemessen begegnet werden kann.[955] Eine Partizipation des Jugendamtes erfolge jedoch nicht immer schon vor Verhängung der Maßnahme. Die Möglichkeiten des § 90 BWSchulG werden aus Behördensicht teilweise als unbefriedigende und hilflose Optionen der Schulen angesehen, auf Verhaltensauffälligkeiten der Schüler zu reagieren. Der Grund wird darin gesehen, dass das Jugendamt bei den Schulen keine durchgängige Anerkennung als nützliche Beratungsmöglichkeit genieße.[956]

Eine verpflichtende – vorherige – Einbeziehung des Jugendamtes ist gesetzlich nicht normiert. Auch die Befragung verschiedener Behörden in Baden-Württemberg ergab keine flächendeckend in der Praxis durchgeführte Beteiligung. Inwieweit eine nach der Verhängung der Maßnahme des Ausschlusses durchzuführende Gesprächsverpflichtung dem Schüler weiterhilft, ist mehr als zweifelhaft und nur im Hinblick auf die weitere Lebensgestaltung, aber nicht auf den Erhalt des Schülers an der besuchen Schule ausgerichtet. Das Ansinnen, die Ursachen der Verhaltensstörungen des Schülers aufzuklären und ihn hierdurch auf einen friedvolleren Weg zu lenken, ist grundsätzlich von

951 *Jugendamt Heidelberg*, Schreiben v. 05.04.2021; auf die Möglichkeit der weiteren Beschulung an einem sonderpädagogischen Bildungs- und Beratungszentrum hinweisend *Landratsamt Calw*, Schreiben v. 01.04.2021.

952 *Jugendamt Heidelberg*, Schreiben v. 05.04.2021.

953 *Landratsamt Rhein-Neckar-Kreis*, Schreiben v. 09.04.2021.

954 *Sozial- und Jugendbehörde Karlsruhe*, Schreiben v. 31.03.2021.

955 *Amt für Jugend, Bildung, Integration und Sport Villingen-Schwenningen*, Schreiben v. 09.04.2021.

956 *Landratsamt Freudenstadt*, Schreiben v. 09.04.2021.

hohem Wert.[957] Der Gewinn des Schülers aus diesen Gesprächen in Bezug auf das bestehende Schulverhältnis ist jedoch begrenzt, da die nachträgliche Ursachenforschung nichts mehr an der Verhängung der Maßnahme ändert. Es wäre von größerem pädagogischem Nutzen, die Gesprächspflicht zwischen Jugendamt und Schulverantwortlichen vor der Verfügung der Maßnahme als Pflicht anzuordnen, damit der Schüler aus den Ergebnissen einen ihm dienenden Vorteil zur Vermeidung des Ausschlusses aus der Schule generieren kann.

III. Erforderlichkeit

Sofern ein Verhalten des Schülers vorliegt, welches die Entfernung von der Schule rechtfertigt, sind weniger einschneidende Alternativen nicht als gleich effektiv anzusehen, sodass die Erforderlichkeit bejaht werden muss. Insbesondere wären Eingriffe auf der ersten Stufe der Drei-Stufen-Theorie, Beschränkungen und Auflagen während der Anwesenheit des Schülers in der Schule, nicht ebenso effizient im Vergleich zur zweiten Stufe der subjektiven Zulassungsvoraussetzungen.

IV. Angemessenheit

Durch die Beziehungen, die der Schüler an seiner Schule aufgebaut hat, wurden konstante soziale Verbindungen gepflegt, derer der Schüler durch den Ausschluss beraubt wird.[958] Der Ausschluss aus der Schule ist als Ordnungsmaßnahme mit einschneidendem Gewicht für den weiteren Werdegang des Schülers anzusehen, da er meist die Ergreifung des gewünschten Berufszieles verhindert und somit den Nutzen der bisherigen schulischen Laufbahn deutlich minimiert.[959] Daneben wird die Schule immer mehr zum Ort, an dem auch die Freizeitgestaltung Raum einnimmt, wodurch deren Bedeutung für die Sozialisation und Identitätsbildung der Schüler zunimmt.[960] Aufgrund dieser erheblichen Beeinträchtigungen und Nachteile für den Schüler darf die Maßnahme nicht vorschnell zur Anwendung gelangen, sodass eine einschränkende Anwendung angedacht werden sowie eine zwingende Warnung für den Schüler vor Ergreifung der Maßnahme stattfinden muss. Daneben ist die Option der Wiederaufnahme des Schülers an der besuchten Schule zu bedenken.

---

957 *Greene*, Verloren in der Schule, S. 28 f.

958 So auch *Peters*, RdJB 1994, 229 (233 f.).

959 *Dinkelmann*, Die Rechtsstellung des Schülers im Schülerdisziplinarrecht, S. 140.

960 *Kunze*, Das Recht auf Bildung, S. 12.

1. Einschränkung des Anwendungsbereiches der Maßnahme

Der Bericht der Kommission Schulrecht des Deutschen Juristentages schlägt in seinem Entwurf für ein Landesschulgesetz die Formulierung „Ausschluß [sic!] aus der besuchten Schule auf Antrag der Gesamtkonferenz durch die Schulbehörde; bei Schulpflichtigen ist der Besuch einer anderen erreichbaren Schule mit gleichem Bildungsgang sicherzustellen" vor.[961] Es wird folglich für eine Einschränkung der Entlassung auf nicht schulpflichtige Kinder plädiert, während bei schulpflichtigen Schülern lediglich eine Zuweisung vorgenommen werden dürfte. Die Schulpflicht[962] wird in diesem Rahmen als das Minimum an Bildung angesehen, die der Schüler durch die Schule vermittelt bekommen sollte.[963] Die Schulpflicht stellt zum einen die Durchsetzung des staatlichen Erziehungsauftrages sicher, welcher nicht nur die Wissensvermittlung an die Schüler beinhaltet, sondern ebenso die Erziehung zu verantwortlichen Staatsbürgern, die Teilhabe am Demokratieprozess in der pluralistischen Gesellschaft genießen sollen.[964] Daneben dient die Schule dem Zweck, einen Dialog mit Andersdenkenden und -gläubigen zu eröffnen sowie soziale Kompetenzen und Toleranz zu erlernen.[965] Die Sicherstellung, dass der Schüler zumindest die schulpflichtige Zeit an einer öffentlichen Schule verbringen kann, ist daher unabdingbar.[966] An diese Richtschnur lehnen sich auch weitgehend die Schulgesetze an. Eine Einschränkung des Anwendungsbereiches der Entlassung enthalten lediglich weder Baden-Württemberg, Rheinland-Pfalz, das Saarland noch Thüringen. Andere Länder nehmen eine Aufspaltung der Maßnahme vor und sehen die Entlassung nur für nicht mehr schulpflichtige Kinder vor.[967] In den Bundesländern Bremen,

---

961 *Kommission Schulrecht des Deutschen Juristentages*, Schule im Rechtsstaat, Band I, S. 97; so auch *Hage/Staupe*, Schulrecht von A-Z, S. 21.

962 Siehe zur Schulpflicht in BW § 72 Abs. 2 BWSchulG.

963 *Hage/Staupe*, Schulrecht von A-Z, S. 139.

964 BVerfG, Beschl. v. 29.04.2003 - 1 BvR 436/03, NVwZ 2003, 1113.

965 *Avenarius*, NZFam 2015, 342 (344).

966 Siehe hierzu auch *Hennecke*, Staat und Unterricht, S. 140, der den Verzicht auf Schulbildung als „Selbstaufgabe" bezeichnet.

967 Siehe Bayern, Art. 86 Abs. 2 Nr. 10 BayEUG; Berlin, § 63 Abs. 2 Nr. 4, 5 BerlSchulG; Brandenburg, § 5 Abs. 6 BbgVO; Hamburg, § 49 Abs. 4 S. 1 Nr. 4, 5 HmbSchulG; Hessen, § 82 Abs. 2 Nr. 7 HSchulG; Niedersachsen, § 61 Abs. 4 S. 2 NSchulG, und Sachsen, § 39 Abs. 4 S. 4 SächsSchulG; in Nordrhein-Westfalen bedarf die Entlassung nach § 53 Abs. 4 S. 2 NRWSchulG bei einem Schulpflichtigen der Bestätigung durch die Schulaufsichtsbehörde, die den Schüler einer anderen Schule zuweisen kann.

Mecklenburg-Vorpommern, Sachsen-Anhalt, und Schleswig-Holstein ist ohnehin nur eine Überweisung an eine andere Schule möglich.

2. *Verpflichtende Androhung*

Damit die Maßnahme als angemessen angesehen werden kann, scheint eine gesonderte, vorherige Androhung notwendig, um dem Schüler einen letztmaligen Hinweis und damit eine Aufforderung zur sofortigen Verhaltensänderung zukommen zu lassen. Ebenfalls wird in der Literatur vor der Verhängung der Maßnahme des Ausschlusses eine Androhung als zwingend erforderlich angesehen, soweit kein Grund vorliegt, warum diese ihre Wirkung nicht entfalten könne.[968] Die Androhung des Ausschlusses aus der Schule ist in den schulgesetzlichen Regelungen teilweise als eigenständige Ordnungsmaßnahme ausgestaltet, vgl. § 90 Abs. 3 Nr. 2 lit. f) BWSchulG, und soll eine Anregung an den Schüler darstellen, das Verhalten positiv für die Zukunft zu ändern, sodass ein Schulausschluss verhindert werden kann. Sie ist als ernste und bedeutende Warnung für den Schüler anzusehen, der ebenfalls eine Außenwirkung auf die Schulöffentlichkeit zukommt.[969] Der Verwaltungsgerichtshof Baden-Württemberg betonte in einer Entscheidung die für den Schüler mit der Androhung des Schulausschlusses einhergehende Belastung. Das Gericht führte aus, dass nach einer ersten Betrachtung noch keine fühlbare Beeinträchtigung des Schülerstatus vorliege, die Androhung jedoch „wegen ihrer Formalisierung und Ausgestaltung als eigenständige Erziehungs- und Ordnungsmaßnahme, im Gegensatz zu einem bloßen warnenden deklaratorischen Hinweis, eine Verhaltensmißbilligung [sic] in schärfster Form zum Ausdruck" bringe.[970] Das Verwaltungsgericht Stuttgart bestätigte die Rechtmäßigkeit einer Androhung des Schulausschlusses, bei dem ein Schüler im Rahmen eines Klassenchats gegenüber der Schulleiterin mehrere beleidigende Äußerungen getätigt hatte, woraus eine Verletzung ihrer Persönlichkeitsrechte resultierte.[971] Zuvor waren bereits mehrere Ordnungsmaßnahmen gegen den Schüler verhängt worden, welche erfolglos blieben. Bei Verhängung der Maßnahme der Androhung des Schulausschlusses müsse

---

968 *Hage/Staupe*, Schulrecht von A-Z, S. 5; *Schröder*, Handbuch Schulrecht Niedersachsen, S. 92 f.; die Androhung aus pädagogischen Gründen weitgehend ablehnend *Wettstein/Scherzinger*, Unterrichtsstörungen verstehen und wirksam vorbeugen, S. 68.

969 OVG Münster, Beschl. v. 06.06.2006 – 19 B 742/06, NVwZ-RR 2006, 615, (616); Anmerkung in *Fehrmann*, Schulgesetz Nordrhein-Westfalen, S. 149.

970 VGH Baden-Württemberg, Beschl. v. 10.06.1992 – 9 S 1303/92, zit. nach juris.

971 VG Stuttgart, Beschl. v. 01.12.2015 – 12 K 5587/15, zit. nach juris.

im Einzelfall immer berücksichtigt werden, dass diese Maßnahme nach dem Schulausschluss die schwerste Maßnahme darstelle, die ergriffen werden könne. Insbesondere aufgrund dieser scharfen und missbilligenden Wirkung sei die Androhung als geeignetes Instrument anzusehen, eine Verhaltensänderung des Schülers vor einem Schulausschluss zu bewirken.[972]

In den meisten Bundesländern findet sich bereits der gesetzliche Hinweis zur zwingenden vorherigen Androhung der Maßnahme. In Mecklenburg-Vorpommern ist eine Androhung vor Verhängung des Schulausschlusses geregelt, vgl. § 60a Abs. 3 MVSchulG, derer es nur nicht bedarf, wenn der damit verbundene Zweck nicht erreicht werden kann.[973] Die Androhung kann in einigen Fällen entfallen, die jedoch aufgrund ihres Ausnahmecharakters restriktiv zu bestimmen sind. Die von den Schulgesetzen weitgehend verwendete Formulierung („wenn der damit verbundene Zweck nicht erreicht werden kann") – soweit eine Normierung überhaupt erfolgt ist – ist insofern sprachlich offengehalten, da nur der Grundsatz der Androhung festgelegt ist, jedoch keine Ausnahmen eindeutig anhand der Regelung ausgemacht werden können. Notwendig wäre eine Konkretisierung dahingehend, eine ansatzweise kategorische Anordnung von Einzelfällen vorzunehmen. Beispielsweise im Falle der Notwehr zum Schutz der am Schulwesen beteiligten Personen könnte ein Ausschluss ohne Androhung erforderlich sein.[974] Die Androhung kann zudem entweder als Voraussetzung im Verfahren gesetzlich angeordnet werden oder eine eigenständige Ordnungsmaßnahme darstellen, die zwingend vor einem Schulausschluss verhängt werden muss. Eine Alternative zur Androhung kann die in § 47 Abs. 2 S. 2 BremSchulG geregelte schriftliche individuelle Verhaltensvereinbarung bieten. Diese muss zwischen dem Schüler, in der Primarstufe und der Sekundarstufe I auch seinen Erziehungsberechtigten, und der Schule vorausgegangen sein, bevor die Überweisung ergriffen werden darf. In dieser Vereinbarung werden sodann wechselseitige Pflichten vereinbart.

3. *Regelung der Möglichkeit der Wiederaufnahme des Schülers*

Nach dem Ausschluss muss verbindlich eine regelmäßige Überprüfung erfolgen, ob der Schulausschluss noch immer notwendig ist oder der Schüler wieder in die

972 So auch *Peters*, Erziehungs- und Ordnungsmaßnahmen im Schulrecht, S. 113.

973 Ebenso § 63 Abs. 3 BerlSchulG; § 4 Abs. 1 S. 5 BbgVO; § 82 Abs. 2 S. 3 HSchulG; § 53 Abs. 4 S. 3 NRWSchulG, § 55 Abs. 4 S. 2 RLPSchulG; § 25 Abs. 5 SHSchulG; § 51 Abs. 4 S. 2 ThürSchulG.

974 Vgl. *Rückriem*, Disziplin in der Schule, S. 116.

ursprüngliche Schulgemeinschaft integriert werden kann.[975] Nach Art. 88a S. 2 BayEUG kann ein entlassener Schüler eine Wiederaufnahme in der früher besuchten Schule anstreben, wobei dies nur frühestens ein halbes Jahr nach Entlassung und nur zum Schuljahresbeginn zulässig ist und unter der Bedingung eines tadelfreien Verhaltens steht. Daneben darf keine andere öffentliche Schule der gleichen Schulart und Ausbildungsrichtung in zumutbarer Entfernung besucht werden können. Da bei einem erfolgten Schulausschluss dem Schüler ebenfalls ein Neustart in einer anderen Schule gelingen kann, ist von einer durch bestimmte Zeitabstände reglementierten Überprüfung durch die früher besuchte Schule abzusehen. Es ist jedoch, ähnlich dem bayerischen Passus, eine Wiederaufnahme auf Wunsch des Schülers mit den angegebenen Voraussetzungen – kein Fehlverhalten in der Zwischenzeit und zeitlicher Abstand zum Schulausschluss – zu normieren. Das Recht zur Schulwahl wird grundrechtlich durch die Freiheit der Wahl der Ausbildungsstätte gesichert und besitzt einen hohen Stellenwert, dem auch bei der gesetzlichen Ausgestaltung der dem Schüler nach einem Schulausschluss zukommenden Möglichkeiten Rechnung zu tragen ist. Lediglich die Vorgabe der „unzumutbaren Entfernung“ ist zum einen nicht greifbar und zum anderen wird hierdurch das Grundrecht des Schülers nicht ausreichend berücksichtigt. Sofern der Schüler Einsicht über sein Verhalten gezeigt und sich in der Zwischenzeit einwandfrei verhalten hat, ist ihm die grundrechtliche Gewährleistung, sich selbst die Schule auszusuchen, wieder zuzugestehen.

G. Fazit

Ein Ausschluss aus der Schule kann aufgrund der erheblichen Auswirkungen auf den betroffenen Schüler nur infolge von schwerwiegendem Fehlverhalten erfolgen, dem nicht auf andere Weise entgegengewirkt werden kann und welches Handlungen erfordert, um Störungen des Schulfriedens zu beheben und den Schutz der Rechte anderer Schüler und Lehrkräfte aufrechtzuerhalten. Bei der Verhängung von Ordnungsmaßnahmen sind stets die Folgen für die weitere Lern- und Persönlichkeitsentwicklung des Schülers in die Abwägung einzubeziehen. Insbesondere bei der infrage stehenden Maßnahme des Schulausschlusses, müssen die Voraussetzungen zur Verhängung aufgrund der Grundrechtserheblichkeit und der Bedeutung für das Recht auf schulische Bildung engmaschig normiert sein, um einen einheitlichen Anwendungsbereich zu gewährleisten.

---

975 *Minelli*, Endstation Schulausschluss?, S. 188.

Da diesbezügliche Entscheidungen substanziell über den weiteren Bildungsweg des Schülers bestimmen, sollten die Bedingungen, die zu dieser Maßnahme führen, einheitlich im jeweiligen Bundesland für diese spezifische Maßnahme geregelt sein, da ansonsten dem Rechtsanwender keinerlei Entscheidungsgrundlage geboten wird. Daneben müssen eigene Kriterien für den Schulausschluss vorgegeben werden, um eine Abgrenzung zu den anderen – weit weniger gewichtigen – Maßnahmen zu ermöglichen. Der Gebrauch von Begriffen, die aufgrund ihrer extremen Wandlungsfähigkeit besonders interpretationsbedürftig sind, ist zu unterlassen.

Vor Verhängung der Maßnahme der Zuweisung oder der Entlassung ist zudem die vorherige sozialpädagogische oder schulpsychologische Beteiligung sicherzustellen. Wichtig ist hierbei zum einen, dass den Schulen konkrete Ansprechpartner für die Einbeziehung genannt werden und eine verpflichtende und vorherige Einbeziehung normiert wird, damit es nicht im Belieben der Schule steht, ob die Unterstützungsmaßnahmen in Anspruch genommen werden oder nicht. Nachträgliche Gespräche, wie sie teilweise vorgeschrieben werden, sichern zwar den weiteren Werdegang des Schülers, bilden jedoch nicht den erzieherischen Anspruch der Schule ab, den Schüler vor einem Schulausschluss zu bewahren und vor Ergreifung dieser Ultima-ratio-Maßnahme eine letzte pädagogische Einwirkung zu erreichen. Lediglich durch dieses gesetzlich festzulegende Erfordernis wird eine frühzeitige Zusammenarbeit mit den Unterstützungspartnern sichergestellt, um die Verhängung der Maßnahme noch verhindern zu können. Eine nachträgliche Beteiligung bietet dem Schüler zwar Beratung hinsichtlich der weiteren sozialen und schulischen Optionen, wird dennoch nicht dem eigentlichen Sinn und Zweck der Leistungen und ihrem präventiven Charakter gerecht. Ein ähnlicher Nutzen wird durch die grundsätzlich verpflichtende Androhung der Maßnahme beim Schüler bewirkt, der hierdurch eine letztmalige Warnung erhält, sein Verhalten zu ändern, bevor sein Bildungsweg an der besuchten Schule beendet wird. Daneben erhält der Schüler durch die Option der Wiederaufnahme bei Vorliegen der entsprechenden Voraussetzungen die Gelegenheit wieder an die Schule zurückzukehren, sodass eine zusätzliche Motivation entsteht an seinem Fehlverhalten zu arbeiten.

Kapitel 6: Ausschluss von allen Schulen einer Schulart

Der Ausschluss eines Schülers von einer Schulart ist eine lediglich vereinzelt in den Schulgesetzen normierte Ordnungsmaßnahme, die zunehmend selten in der Praxis angewendet wird. Beispielsweise wurde in den Schuljahren 2016/2017 und 2017/2018 vom Gebrauch dieser Maßnahme in Rheinland-Pfalz gänzlich abgesehen.[976]

A. Rechtliche Grundlage

Der Verweis ist in den Schulgesetzen der Länder Bayern, Rheinland-Pfalz und Thüringen geregelt.

B. Regelungsgehalt

Infolge des Ausschlusses von einer Schulart[977] wird der Schüler zum einen der aktuell besuchten Schule verwiesen als auch von allen Schulen der gleichen Schulart ausgeschlossen. Unter Schularten werden in diesem Sinne unterschiedliche Schulformen mit eigenständigen Bildungsgängen gefasst.[978] Hierzu zählen ab der Sekundarstufe I in Baden-Württemberg nach § 4 Abs. 1 BWSchulG die Hauptschule und die Werkrealschule, die Realschule, das Gymnasium, die Gemeinschaftsschule, das Kolleg, die Berufsschule, die Berufsfachschule, das Berufskolleg, die Berufsoberschule, die Fachschule und das sonderpädagogische Bildungs- und Beratungszentrum. Ein Schüler, der beispielsweise eine Schule der Schulart des Gymnasiums besucht, wird von seiner Schule ausgeschlossen und darf sich zudem an keinem anderen staatlichen Gymnasium im gleichen Bundesland wieder anmelden.

---

976 Drs. RLP 17/6682, S. 2.

977 Als Synonym wird im allgemeinen Sprachgebrauch häufig auch von Schulformen gesprochen. Die meisten Schulgesetze verwenden den Begriff der „Schulart“ (siehe Baden-Württemberg, § 4 BWSchulG), während andere schulgesetzliche Regelungen ausdrücklich auf „Schulformen“ verweisen (vgl. Brandenburg, § 16 BbgSchulG). Im Folgenden werden daher beide Bezeichnungen gebraucht.

978 *Hage/Staupe*, Schulrecht von A-Z, S. 167.

C. Grundrechtsbeschränkungen

Es kommen Eingriffe in das Recht auf schulische Bildung und in das Grundrecht der Berufsfreiheit in Betracht. Daneben ist das allgemeine Persönlichkeitsrecht tangiert.

I. Eingriff in das Recht auf schulische Bildung

Das Recht auf schulische Bildung umfasst die Entscheidung zwischen verschiedenen Bildungsformen, um den jeweiligen Begabungen des Kindes Rechnung zu tragen. Die Veranlagungen und Neigungen des Schülers werden dabei primär in der Schulform verkörpert. In der Realschule wird den Schülern eine erweiterte allgemeine Bildung zuteil, infolge derer eine Spezialisierung und Aufnahmemöglichkeit entsprechend der Leistungen der Schüler zu berufs- und studienqualifizierenden Bildungsgängen erfolgt.[979] Das Gymnasium als anspruchsvollste Schulart bildet die Schüler dagegen auf einem hohen Niveau in den Sprachen, Geistes-, Natur- und Gesellschaftswissenschaften und in der Musik und der Kunst aus.[980] Nach § 8 Abs. 1 BWSchulG vermittelt das Gymnasium Schülern mit entsprechenden Begabungen und Bildungsabsichten eine breite und vertiefte Allgemeinbildung, die zur Studierfähigkeit führt. Darüber hinaus wird durch die Profilwahl eine ergänzende Spezialisierung im sprachlichen, naturwissenschaftlichen oder künstlerisch-sportlichen Bereich geboten, durch die die Kompetenzen des Kindes weiterentwickelt werden. Infolge der Zuordnung zur jeweiligen Schulart wird die Unter- und Überforderung des Schülers vermieden und ein Schulbesuch realisiert, der die Leistungsfähigkeit des Kindes berücksichtigt. Da dem Schüler durch den Ausschluss von einer Schulart die Möglichkeit genommen wird, die für ihn passende und seinem Bildungsstand entsprechende Schulart zu wählen und ihm die dort angebotenen Bildungsmöglichkeiten nicht zur Verfügung stehen, muss ein Eingriff angenommen werden.[981]

---

979 *KMK*, Vereinbarung über die Schularten und Bildungsgänge im Sekundarbereich I, Beschl. v. 03.12.1993 i. d. F. v. 02.06.2006, Ziff. 3.2.3, S. 7.

980 Zur formalen Zielsetzung der gymnasialen Oberstufe siehe *KMK*, Vereinbarung zur Gestaltung der gymnasialen Oberstufe und der Abiturprüfung, Beschl. v. 07.07.1972 i. d. F. v. 18.02.2021, Ziff. 2, S. 5.

981 So auch BVerfG, Beschl. v. 19.11.2021 – 1 BvR 971/21, 1 BvR 1069/21, NJW 2022, 167 (172), und das Ergebnis von *Gast*, Das Grundrecht auf Bildung, S. 213.

II. Eingriff in die Berufsfreiheit

Zu untersuchen ist, ob ein Eingriff in die Berufswahlfreiheit und in die Freiheit zur Wahl der Ausbildungsstätte gegeben ist.

1. Beschränkung der Berufswahlfreiheit

Es liegt ein Eingriff in das Recht der freien Berufswahl vor. Durch den Ausschluss von einer Schulform und den faktisch nur schwer zu ermöglichenden Besuch dieser Schulart in einem anderen Bundesland oder an einer Privatschule liegt eine vorweggenommene Behinderung des Grundrechts vor. Besonders deutlich wird dies am Beispiel des Verweises vom Gymnasium. Der Schüler würde hierbei nicht den gewünschten Abschluss erreichen können, den er benötigt, um einen bestimmten Beruf zu ergreifen. Es kommt zu einem erheblichen Eingriff in die Freiheit der Berufswahl, da der Erwerb der allgemeinen Hochschulreife beziehungsweise der Fachhochschulreife eine zwingende Zugangsvoraussetzung zu einer Vielzahl von Studiengängen darstellt und ein Studium und darauffolgend die Ausübung der entsprechenden Berufe dem Schüler verwehrt bleiben.[982] Zwar besteht keine Monopolstellung des Staates im Schulbereich, und es ist ebenfalls die Anmeldung an einer Privatschule möglich, diese muss den Schüler jedoch nicht zwingend aufnehmen.[983] Im Vergleich zum bloßen Verweis von der besuchten Schule, wird dem Schüler im Rahmen des Ausschlusses von einer Schulform die Möglichkeit genommen, sich um eine Aufnahme an einer anderen öffentlichen Schule im gleichen Bundesland zu bemühen. Der (minderjährige) Schüler wäre vor die praktisch unlösbare Aufgabe gestellt, das Bundesland zu wechseln und seinen Wohnort zu verlagern. Die ihm vor dem Hintergrund der verhängten Maßnahme zukommenden Optionen sind somit noch eingeschränkter als bei der Verhängung der Maßnahme des Verweises von der konkreten Schule und wirken sich daher weitaus intensiver auf die Berufswahlfreiheit aus. Unter diesem Aspekt wird folglich eine klare berufsregelnde Tendenz der Maßnahme erkennbar.

2. Beschränkung der Freiheit zur Wahl der Ausbildungsstätte

Eine Einwirkung in die Freiheit der Wahl der Ausbildungsstätte ist gegeben, da der Schüler sowohl von der konkreten Schule als auch von allen Schulen dieses

---

982 Vgl. hierzu auch *Poschner/Rux/Langer*, Das Recht auf Bildung, S. 87.
983 *Peters*, RdJB 1994, 229 (231).

Schultyps ausgeschlossen wird, sodass er die Entscheidung über die Wahl seiner Ausbildungsstätte nicht mehr selbstständig treffen kann.[984]

III. Eingriff in das allgemeine Persönlichkeitsrecht

Da der Verweis von einer Schulart ebenso den Verweis von der besuchten Schule umfasst, wird auch durch diese Maßnahme das Persönlichkeitsrecht des Schülers erheblich beeinträchtigt.[985]

D. Prüfung der Wahrung des Vorbehalts des Gesetzes

Art. 86 Abs. 2 Nr. 11 BayEUG bestimmt den Ausschluss von allen Schulen einer Schulart, wenn bei einer Entlassung aus der besuchten Schule Tatumstände gegeben sind, die die Ordnung oder die Sicherheit des Schulbetriebs oder die Verwirklichung des Bildungsziels der betreffenden Schulart besonders gefährden. Durch welche Kriterien diese „Tatumstände" jedoch beeinflusst oder erstmalig hervorgerufen werden, wird aus der gesetzlichen Formulierung nicht klar. Es wird an die Sicherheit und die Bildungsziele angeknüpft, daher müssen diese im Rückschluss geeignet sein, den Erziehungs- und Bildungsauftrag der jeweiligen Schulart zu beeinträchtigen. Worin zwischen den Schularten der schulartabhängige Erziehungs- und Bildungsauftrag besteht, ist nicht erkennbar, sodass daraus auch keine Tatbestandshandlungen abgeleitet werden können. Weder die Schule als Objekt, welche durch Sachbeschädigungen geschädigt werden könnte, noch die Schulgemeinschaft und deren zu schützende Sicherheit unterscheiden sich anhand der Schulform. Ein Verhalten, welches als schulformspezifisch anzusehen ist, ist schlichtweg nicht vorstellbar. Dies wird ebenfalls deutlich an der fehlenden Rechtsprechung in Bezug auf diese Maßnahme und ihrer seltenen Durchführung.

Nach § 55 Abs. 2 RLPSchulG i. V. m. § 97 Abs. 2 Nr. 2 SchulORLP kommt in Rheinland-Pfalz ein Ausschluss von allen Schulen einer Schulart in Betracht.[986] Der Verweis von einer Schulform wird von der Schulbehörde ausgesprochen. Tatbestandliche Voraussetzungen, in welchen Fällen die Schulbehörde die Maßnahme verfügt, werden nicht genannt. Auch eine Heranziehung von § 55 Abs. 1 RLPSchulG, der den zeitweisen und dauerhaften Ausschluss des Schülers von

984 So auch im Hinblick auf Beschränkungen im Übergang zwischen Primar- und Sekundarstufe *Barczak*, Der Übergang von der Grundschule, S. 141, 144.

985 Siehe hierzu ausführlich Vierter Teil Kap. 5 C. III.

986 Ähnlich § 52 Abs. 3 ThürSchulG.

der Schule regelt, führt zu keiner weiteren Rechtsklarheit. Hiernach muss durch den Verbleib des Schülers in der Schule eine ernstliche Gefahr für die Erziehung, die Sicherheit oder die Unterrichtung der anderen Schüler hervorgerufen werden. Die ernstliche Gefahr für die Unterrichtung der anderen Schüler ist insbesondere dann gegeben, wenn der Verbleib des Schülers den Schulfrieden so beeinträchtigen würde, dass die Aufrechterhaltung eines geordneten Schulbetriebes nicht mehr gewährleistet werden könnte. Die Voraussetzungen beziehen sich dabei parallel auf einen Ausschluss auf Zeit und auf Dauer. Es findet keine Abstufung nach der Schwere der Maßnahmen statt, beispielsweise im Vergleich zwischen einem zweiwöchigen Ausschluss und einem endgültigen Verweis von der Schule. Es können somit auch keine Erkenntnisse im Hinblick auf den Maßstab gewonnen werden, der für die gewichtigere Maßnahme des Verweises von einer ganzen Schulart gilt. Die tatbestandlichen Voraussetzungen in Bayern und Rheinland-Pfalz entsprechen im Ergebnis daher nicht den Anforderungen an die Regelungsdichte einer Norm, die so weitreichende Einschränkungen für die Rechtsadressaten mit sich bringt.

E. Prüfung der Verhältnismäßigkeit

Die Maßnahme muss dem Verhältnismäßigkeitsgrundsatz entsprechen. Insbesondere die Geeignetheit und Angemessenheit der Maßnahme sind hierbei näher zu betrachten.

I. Geeignetheit

Die Zweifel an der Geeignetheit des Ausschlusses von einer Schulart beruhen auf der Überlegung, welches Fehlverhalten durch die Maßnahme künftig verhindert oder eingedämmt werden soll. Dabei ist fraglich, ob überhaupt eine schulartspezifische Verhaltensstörung existent ist. In einem schulischen Fehlverhalten ist eine Verletzung der Pflichten als Schüler zu sehen. Diese Verhaltensvorgaben sind jedoch nicht schulartspezifisch bestimmt, sondern stellen sich für alle Schulformen gleich dar. Der Maßnahme kommt faktisch kein Anwendungsbereich zu. Soweit ein Verhalten vorliegt, welches vorsätzlich in erheblicher Weise Leib und Leben von Personen der Schulgemeinschaft verletzt, wird statt eines Ausschlusses von einer Schulart ein Verweis von allen öffentlichen Schulen des Landes im Raum stehen.[987] Sollte ein schulspezifisches Fehlverhalten an den Tag gelegt werden, welches sich beispielsweise gegen bestimmte Mitschüler oder

987 Siehe hierzu Vierter Teil Kap. 7.

Lehrkräfte richtet, würde ein Verweis von der jeweils besuchten Schule ausreichen. Ein Fehlverhalten, welches einzig eine Schulform – sei es das Gymnasium, die Realschule, die Hauptschule oder auch die Gemeinschaftsschule – betrifft, ist folglich nicht denkbar, sodass die Maßnahme bereits aus diesem Grund als nicht geeignet einzustufen ist, den Schüler zur Einsicht zu bringen, Fehlverhalten künftig zu unterlassen und die Schutzzwecke der schulordnungsrechtlichen Maßnahmen zu berücksichtigen.[988]

II. Angemessenheit

Zu untersuchen ist, ob die Maßnahme einen unverhältnismäßigen Eingriff in das Recht des Schülers auf schulische Bildung und die Grundrechte der Berufsfreiheit und des allgemeinen Persönlichkeitsrechts bewirkt. Aufbauend auf der Grundschule bestehen verschiedene Schultypen, zwischen denen die Schüler beziehungsweise formal deren Erziehungsberechtigte wählen müssen.[989] Die in Baden-Württemberg in Betracht kommenden Schularten der Werkrealschule/Hauptschule, der Realschule, des Gymnasiums, der Gemeinschaftsschule und der beruflichen Schule decken jeweils die Vermittlung von unterschiedlichen Kompetenzen und Anforderungsbereichen ab. Insbesondere durch die Wahl des Schultyps des Gymnasiums wird eine Entscheidung für eine vertiefte Allgemeinbildung und einen Schulabschluss getroffen, der für die berufliche Zukunft eine relevante Weichenstellung setzt.[990] Der Schüler strebt neben den angebotenen Kompetenzen der Schulform auch den von ihr verliehenen Schulabschluss an, um daran anschließend eine bestimmte Berufsausbildung oder ein Studium aufzunehmen. Soweit dem Schüler der Zugang zu einer ganzen Schulart im jeweiligen Bundesland abgeschnitten wird und ihm lediglich die Chance verbleibt, sich um eine Aufnahme an einer kostenpflichtigen Privatschule zu bewerben oder einen Umzug in die Wege zu leiten, weist der Eingriff in die genannten Rechte eine große Tragweite auf.

Daneben führt die Maßnahme zu einer Manifestation der bereits bestehenden Selektion im Schulbereich. Durch den Schulbesuch, die Gliederung zwischen

988 So auch *Hage/Staupe*, Schulrecht von A-Z, S. 139; *Kommission Schulrecht des Deutschen Juristentages*, Schule im Rechtsstaat, Band I, S. 294.

989 Siehe hierzu die Relevanz der Grundschulempfehlung nach Ziff. 3.2 der VwV über das Aufnahmeverfahren für die auf der Grundschule aufbauenden Schularten des Ministeriums für Kultus, Jugend und Sport Baden-Württemberg v. 04.11.2015 i. d. F. v. 18.06.2020, Az.: 33/31-6810.1/572.

990 Siehe *Löhning*, Der Vorbehalt des Gesetzes im Schulverhältnis, S. 74.

den Schularten und den Erwerb von verschiedenen Schulabschlüssen wird eine unmittelbare gesellschaftliche Differenzierung zwischen den Schülern vorgenommen.[991] Der in der Schule durchgeführte „Auslesevorgang“ bewirkt eine Regulierung des Besetzungsverfahrens der Positionen im Sozialleben, sodass in der Schule die Grundsteine für die späteren beruflichen Positionen und Aufstiegschancen gelegt werden.[992] Indem Schüler und deren Eltern einer bestimmten Gesellschaftsschicht zugehörig sind, ist hiermit – in der Regel – auch der Besuch der zugehörigen Schulart verbunden, sodass die bereits bestehende Schichtzugehörigkeit weiter verfestigt wird.[993] Kinder, die nicht am Gymnasium angemeldet sind, werden dabei oftmals automatisch den unteren sozialen Schichten zugeordnet,[994] während die Gymnasien meist von Schülern besucht werden, die der oberen Mittelschicht angehören[995]. Die Erlangung der Hochschulreife und damit die Befähigung zum Studium und zu spezifischen Berufsausbildungen bestätigt wiederum deren Schichtzugehörigkeit.[996] Infolge der Verhängung der Ordnungsmaßnahme des Ausschlusses von einer Schulart werden Schüler der Gymnasien bevorzugt, da diese am häufigsten herabgestuft werden können. Die Konsequenz hieraus ist, dass sich die Schulformen mit den kürzeren Bildungsgängen zu einem „Sammelbecken schwieriger Schüler“ entwickeln[997] und mitunter zu „Schulen für Verhaltensgestörte“ verkommen.[998]

Die Verschiebung von problematischen Schülern bis hin zur Hauptschule als „Abstellgleis sozialer Problemfälle“[999] bewirkt folglich eine soziale Aufspaltung und Förderung der schichtspezifischen Bildungsungleichheiten. Die staatliche

---

991 *Matt*, in: Amos/Cremer-Schäfer, Saubere Schulen, S. 125 f.

992 *Löhning*, Der Vorbehalt des Gesetzes, S. 74.

993 *Gast*, Das Grundrecht auf Bildung, S. 63; *Stein/Roell*, Handbuch des Schulrechts, S. 28 f.; zu den soziologischen Erklärungsmodellen für Bildungsentscheidungen im Elternhaus siehe *Barczak*, Der Übergang von der Grundschule, S. 98 ff.

994 *Stein*, Das Recht des Kindes auf Selbstentfaltung in der Schule, S. 5.

995 *Quenzel/Hurrelmann*, in: Quenzel/Hurrelmann, Bildungsverlierer, S. 14; bei gleichen kognitiven Grundfähigkeiten und Lesekompetenzen zwischen Kindern aus höheren Schichten und Kindern aus Familien von Facharbeitern oder leitenden Angestellten haben Erstere eine 2,68- beziehungsweise 1,76-fach größere Chance, eine Gymnasialempfehlung zu erhalten, siehe *Hovestadt/Eggers*, Soziale Ungleichheit in der allgemeinbildenden Schule, S. 39.

996 *Stein/Roell*, Handbuch des Schulrechts, S. 29.

997 *Heck/Tschampa*, Konfliktregelung in der Schule, S. 88.

998 Vgl. *Mutzeck/Pallasch*, Integration von Schülern mit Verhaltensstörungen, S. 1.

999 *Krampen-Lietzke*, Der Dispens vom Schulunterricht aus religiösen Gründen, S. 37.

Gewährleistungsverantwortung ist jedoch als umso tiefgreifender anzusehen, je geringer die Ausprägung des kindlichen Bildungskapitals aufgrund der sozialfamiliären Verhältnisse ist.[1000] Soweit Kinder aus verschiedenen Schichten stammen, müssen diese darüber hinaus zunächst ein gemeinsames verbindliches Verhalten erlernen, wodurch naturgemäß Schwierigkeiten verursacht werden und Konflikte entstehen.[1001] Es findet durch die Verhängung des Ausschlusses von einer ganzen Schulart kein Ausgleich sozialer Ungleichheit statt, sondern diese wird in ihren Grundzügen verstärkt, die im Schulwesen angelegt sind.[1002] Durch die Maßnahme wird die bereits bestehende Gefahr der Ausgrenzung des ausgeschlossenen Schülers damit noch zusätzlich gefördert[1003] und hierdurch eine Abspaltung der Schüler auf andere Schularten vorgenommen. Diese wäre zwar theoretisch noch umkehrbar durch einen späteren Schulwechsel, doch prägt sie faktisch den weiteren Bildungsweg der Schüler.[1004] Die Maßnahme stellt sich daher nicht als verhältnismäßig dar.

F. Fazit

Die Anwendung der Maßnahme des Ausschlusses eines Schülers von einer Schulart, welche sowohl in Bayern als auch in Rheinland-Pfalz möglich ist, scheitert an den verfassungsrechtlichen Vorgaben des Vorbehalts des Gesetzes und der fehlenden Verhältnismäßigkeit dieser Ordnungsmaßnahme. Die gesetzlichen Normierungen lassen handhabbare Kriterien vermissen, aus denen die Rechtsanwender Rückschlüsse auf den Anwendungsbereich der Maßnahme ziehen können. Dabei ist die Formulierung in Bayern in ihrer Ausgestaltung im Hinblick auf den einschneidenden Charakter der Ordnungsmaßnahme zu unpräzise gefasst, wenn von „Tatumständen“ die Rede ist, die die „Ordnung oder die Sicherheit des Schulbetriebs oder die Verwirklichung des Bildungsziels der betreffenden Schulart besonders gefährden“. Auch die gesetzliche Norm in Rheinland-Pfalz, die lediglich die Zuständigkeit vorgibt, führt nicht zu einer inhaltlichen Klarheit über die Kriterien der Verhängung. Wie eine verfassungskonforme gesetzliche Formulierung aussehen könnte, kann an dieser

1000 *Allmendinger/Giesecke/Oberschachtsiek*, Unzureichende Bildung, S. 6; *Schulz*, RdJB 2016, 290.

1001 *Rückriem*, Disziplin in der Schule, S. 35.

1002 *Jeske*, Konfliktfeld Schule, S. 39.

1003 *Jürgens*, Schwierige Schüler? Disziplinkonflikte in der Schule, S. 65.

1004 *Barczak*, Der Übergang von der Grundschule, S. 141; *Korte*, Disziplinprobleme im Schulalltag, S. 41.

Stelle dahinstehen, da der gesetzliche Anspruch, den die Maßnahme verfolgen möchte, nicht erkennbar ist und einer Regelung des Ausschlusses von einer Schulart weder ein Anwendungsbereich zukommt noch eine solche Vorschrift verhältnismäßig wäre.

Eine Verschiebung der Schüler zu anderen Schularten im Sinne einer Absonderung führt nicht zu einer Beseitigung der Probleme und damit zu einem Ende der Verhaltensstörungen. Diese „Abschiebung" ist weder integrativer Natur noch lässt sie sich anderweitig rechtfertigen. Fehlverhalten steht in keinem Zusammenhang zur besuchten Schulart und kann nicht als Begründung dienen, einen Schüler der ganzen Schulart zu verweisen. Der Verweis von einer Schulart darf lediglich auf den mangelhaften Leistungen des Schülers beruhen,[1005] jedoch nicht von einem ordnungsgemäßen Verhalten abhängig sein. Die Maßnahme ist daher als verfassungswidrig anzusehen, sodass ihre Normierung in den Schulgesetzen keine Berechtigung findet.

1005 Siehe hierzu die Anforderungen von § 6 der GymVersV BW v. 30.01.1984 i. d. F. v. 18.06.2020.

Kapitel 7: Ausschluss von allen öffentlichen Schulen des Landes

Der Ausschluss von allen öffentlichen Schulen eines Bundeslandes stellt das bedeutungsvollste Instrument in der Reihe der Ordnungsmaßnahmen für den Schüler dar, welches seinen weiteren Schulverlauf in erheblicher Weise beschränkt. Die Maßnahme wird selten angewendet. Im Rahmen der sogenannten Bochumer Untersuchung wurde festgestellt, dass ein Ausschluss von allen öffentlichen Schulen im Jahr 1993 in den befragten Schulen wegen gewalttätigem Verhalten nicht durchgeführt wurde.[1006] In Niedersachsen wurde im Zeitraum vom 01.08.2011 bis 13.03.2012 ebenfalls kein Schüler von allen Schulen verwiesen.[1007] Auch in der darauffolgenden Zeitspanne von 2013 bis 2015 konnte in den niedersächsischen Schulen kein Vollzug einer Verweisung von allen öffentlichen Schulen des Landes beobachtet werden.[1008]

A. Rechtliche Grundlage

Die Maßnahme ist in den Bundesländern Baden-Württemberg, § 90 Abs. 5 S. 1 BWSchulG, Brandenburg, § 64 Abs. 2 Nr. 6 BbgSchulG, Bremen, § 47a Abs. 1 BremSchulG, Mecklenburg-Vorpommern, § 60a Abs. 1 Nr. 4 MVSchulG, Niedersachsen, § 61 Abs. 3 Nr. 6 NSchulG, Nordrhein-Westfalen, § 53 Abs. 3 Nr. 7 NRWSchulG, Rheinland-Pfalz, § 55 Abs. 2 S. 1 RLPSchulG, Saarland, § 32 Abs. 2 Nr. 5 SchoG, Sachsen-Anhalt, § 44 Abs. 4 Nr. 5 LSASchulG, und Thüringen, § 52 Abs. 3 ThürSchulG, geregelt. In den übrigen Schulgesetzen ist die Maßnahme nicht normiert.

B. Regelungsgehalt

Durch die Ordnungsmaßnahme wird der Schüler sowohl von der besuchten Schule ausgeschlossen als auch dessen Schulverhältnis an den öffentlichen Schulen im jeweiligen Bundesland beendet. Der Ausschluss bezieht sich dabei auf die Schulen, welche von einer Gemeinde, einem Land- oder Stadtkreis oder einem

---

1006 *Schwind/Roitsch/Ahlborn/Gielen*, Gewalt in der Schule, S. 219.
1007 LT-Drs. NI 16/4557, S. 4.
1008 LT-Drs. NI 17/6384, S. 5.

Regional- oder Schulverbund getragen werden.[1009] Eine Aufnahmemöglichkeit an einer anderen Schule in staatlicher Trägerschaft besteht nicht.

C. Grundrechtsbeschränkungen

In Betracht kommen Einschränkungen des Rechts auf schulische Bildung und der Grundrechte der Berufsfreiheit und des allgemeinen Persönlichkeitsrechts.

I. Eingriff in das Recht auf schulische Bildung

Die Maßnahme stellt einen Eingriff in das Recht auf schulische Bildung als derivatives Teilhaberecht dar, da dem Schüler die Zugangsmöglichkeit zu dem vom Staat zur Verfügung gestellten Schulwesen abgeschnitten wird. Der Schüler hat an seinem Aufenthaltsort und in der näheren Umgebung keine Option mehr, am öffentlichen Schulsystem teilzunehmen.

II. Eingriff in die Berufsfreiheit

Sowohl die Berufswahlfreiheit als auch die freie Wahl der Ausbildungsstätte werden durch die Maßnahme beschränkt.

1. Beschränkung der Berufswahlfreiheit

Während der Ausschluss von allen Schulen einer bestimmten Schulart dem Schüler zumindest noch die Option belässt, eine andere Schulform zu besuchen, beispielsweise bei einem Verweis von den Gymnasien, so bleibt dem Schüler nach Verhängung dieser Maßnahme nur noch die von unsicherem Erfolg geprägte Anmeldung an einer Privatschule im eigenen Bundesland. Soweit jedoch ein Fehlverhalten einer Schwere vorliegt, welche einen Verweis von allen Schulen an einer öffentlichen Schule rechtfertigt, so wird sich auch eine Privatschule in Kenntnis der Vorgeschichte des Schülers einer Aufnahme verwehren. Der Schüler kann durch den Besuch einer öffentlichen Schule keinen Schulabschluss erwerben. Von der Maßnahme unmittelbar betroffen ist das Schulverhältnis, welches an der besuchten Schule beendet wird und an keiner öffentlichen Schule fortgesetzt werden darf. Daneben ist es dem Schüler in der Folge massiv erschwert, den Zugang zum erstrebten Beruf zu erlangen, da ihm

---

1009 *Burk*, in: Ebert, Schulrecht Baden-Württemberg, Kommentar, § 2 Rn. 2; *Peters*, Erziehungs- und Ordnungsmaßnahmen im Schulrecht, S. 1.

der notwendige Schulabschluss in der Regel hierzu fehlen wird.[1010] Das Vorliegen einer mittelbaren Beeinträchtigung und damit einer deutlich fühlbaren Einschränkung der späteren Berufsmöglichkeiten durch die Maßnahme ist folglich signifikant.

2. Beschränkung der Freiheit zur Wahl der Ausbildungsstätte

Da der Schüler von der besuchten Schule verwiesen wird und ihm der weitere Schulbesuch an dieser Einrichtung untersagt wird, ist zugleich ein Eingriff in die Wahl der Ausbildungsstätte gegeben.

III. Eingriff in das allgemeine Persönlichkeitsrecht

Aufgrund des Verweises von allen öffentlichen Schulen wird der Schüler erheblich in seiner Selbstbestimmung und Lebensgestaltung im schulischen Bereich eingeschränkt, sodass ein Eingriff in das allgemeine Persönlichkeitsrecht gegeben ist.

D. Prüfung der Wahrung des Vorbehalts des Gesetzes

Aus der hohen Eingriffsintensität dieser Maßnahme und deren einschneidender Bedeutung für den Schüler ergibt sich das Erfordernis einer qualifizierten Regelung durch den parlamentarischen Gesetzgeber. Neben der Angabe der Zuständigkeit müssen folglich Kriterien aufgestellt werden, die als Grundlage die Verhängung des Ausschlusses bedingen und eine Abgrenzung zu anderen, weniger gewichtigen Maßnahmen zulassen.

I. Allgemeine Formulierungen

Nach § 90 Abs. 5 S. 1 BWSchulG kann die obere Schulaufsichtsbehörde – in Baden-Württemberg das Regierungspräsidium – den Ausschluss aus der Schule auf alle Schulen des Schulorts, des Landkreises oder ihres Bezirks ausdehnen.[1011]

1010 *Abraham/Dietrich*, in: Abraham/Hinz, Arbeitsmarktsoziologie, S. 92; *Allmendinger/Giesecke/Oberschachtsiek*, Unzureichende Bildung, S. 50; von 2297 auf der Webseite „www.ausbildung.de" angebotenen Ausbildungsplätzen im Jahr 2021 forderten ledigl ich 88 Ausbildungsstätten keinen Schulabschluss, welches einem Prozentsatz von gerundet 3,8 % entspricht; *Quenzel/Hurrelmann* zählen das Verlassen der Schule ohne Schulabschluss zur Definition der Bildungsarmut, siehe *Quenzel/Hurrelmann*, in: Quenzel/Hurrelmann, Bildungsverlierer, S. 11.

1011 Ähnlich § 64 Abs. 2 Nr. 6 BbgSchulG; § 44 Abs. 4 Nr. 5 LSASchulG; § 55 Abs. 2 S. 1 RLPSchulG.

Die oberste Schulaufsichtsbehörde – in Baden-Württemberg das Ministerium für Kultus, Jugend und Sport – kann zudem den Ausschluss, außer bei Schülern mit einem Anspruch auf ein sonderpädagogisches Bildungsangebot, auf alle Schulen des Landes erstrecken. Anhand der Formulierung wird deutlich, dass im Grundsatz die Anforderungen des Schulausschlusses vorliegen müssen, vgl. § 90 Abs. 6 BWSchulG. Weitergehende Maßstäbe, beispielsweise welche qualitativ schwergewichtigen Pflichtverletzungen ergänzend hinzutreten müssen, um den Ausschluss von allen Schulen des Landes auszulösen, werden nicht genannt. Die Vorschrift gibt in ihrem Aussagekern lediglich die Zuständigkeit wieder und eröffnet die grundsätzliche Möglichkeit einer Ausdehnung. Wodurch sich die Maßnahme jedoch zum weitaus weniger gewichtigen Eingriff des Ausschlusses von einer einzigen Schule abgrenzt, bleibt offen.

II. Spezielle Formulierungen

Nach § 32 Abs. 4 S. 2 SchoG ist der Ausschluss aus der Schule und von allen Schulen des Landes nur zulässig, wenn das Verbleiben des Schülers in der Schule eine Gefahr für die Erziehung und Unterrichtung, die sittliche Entwicklung, die Gesundheit oder Sicherheit der Mitschülerinnen und Mitschüler befürchten lässt.[1012] Darüber hinaus muss beim Ausschluss von allen Schulen zu erwarten sein, dass auch bei einem Wechsel der Schule eine Gefährdung der Mitschüler gegeben ist. Die Regelung gibt zwar den Grad der erforderlichen Gefährdung vor, ist jedoch von einer Prognose des Rechtsanwenders abhängig. Daneben sind die inhaltlichen Unklarheiten zu beachten, die die Handhabung der Norm erschweren.[1013] Durch die Anforderung des Vorliegens einer Gefahr für die Mitschüler bei einem Wechsel der Schule wird dennoch zumindest ein qualifizierendes Kriterium im Hinblick auf den Ausschluss von allen Schulen festgelegt und damit eine Abgrenzung der Maßnahme zum bloßen Schulverweis ermöglicht. Die Vorschrift ist daher in dieser Hinsicht ausreichend konkret bestimmt.

Nach § 52 Abs. 3 ThürSchulG kann in „besonders schweren Fällen“ der Schüler nach Erfüllung der Schulpflicht von allen Schulen einer Schulart oder allen Schulen des Landes ausgeschlossen werden.[1014] Wann von einem besonders schweren Fall auszugehen ist, geht nicht aus der Vorschrift hervor. Soweit der Gesetzgeber bei der Schaffung der gesetzlichen Grundlage für diese Maßnahme

1012 Ähnlich § 47a Abs. 1, 2 BremSchulG; § 61 Abs. 4 NSchulG; § 53 Abs. 5 S. 1 NRWSchulG.

1013 Beispielsweise zur „sittlichen Entwicklung“ siehe Vierter Teil Kap. 5 D. III. 3. B.

1014 Ähnlich § 60a Abs. 4 S. 2 MVSchulG.

Sachverhalte im Auge hatte, die eine Ausdehnung des Ausschlusses auf alle Schulen indizieren sollen, wäre es angebracht gewesen, diese in die Vorschrift aufzunehmen. Der Rechtsanwender könnte in der Folge zumindest anhand der aufgeführten Beispielsfälle Kriterien zur Anwendung der Maßnahme herleiten. Die aktuelle Formulierung der Norm erreicht jedoch aus den genannten Gründen nicht die zu fordernde Regelungsdichte.

E. Prüfung der Verhältnismäßigkeit

Die Feststellung der Verhältnismäßigkeit bereitet unter dem Aspekt der Wahrung der Angemessenheit der Maßnahme erhebliche Probleme und ist daher kritisch zu hinterfragen.

Das Recht auf schulische Bildung kommt dem Schüler nicht grenzenlos zu und unterliegt sachgerechten Einschränkungen. Eine völlige Aushöhlung und ein Eingriff in den Kernbereich des Rechts sind jedoch nicht zulässig. Faktisch wird der Schüler nicht nur nach dem Vollzug der Maßnahme sich selbst überlassen, sondern aus dem staatlich angebotenen Bildungssystem dauerhaft entfernt. *Stein/Roell* sehen die Maßnahme des Ausschlusses von allen öffentlichen Schulen des Landes als nicht vereinbar mit dem Grundgesetz an, da sie keine Einschränkung des Rechts auf schulische Bildung, sondern eine völlige Entziehung dieses Rechts bedeute, welche einer Verwirkung gleichkomme. *Hürlimann* spricht in diesem Zusammenhang von einer „Ausschulung" des Schülers.[1015] Der Ausschluss von allen öffentlichen Schulen des Landes fand sich bereits nicht im Entwurf für ein Landesschulgesetz der Kommission Schulrecht des Deutschen Juristentages. Die Kommission sah die Maßnahme als pädagogisch ungeeignet an, da diese einen schwerwiegenden Eingriff in den Bildungsweg des Schülers darstelle.[1016]

Der Feststellung, ein Schüler verliere auch im Rahmen dieser Maßnahme nicht seinen Anspruch auf eine seiner Begabung entsprechende Erziehung und Ausbildung gemäß Art. 11 Abs. 1 LV BW und damit sein Recht auf schulische Bildung,[1017] kann nicht zugestimmt werden. Es wird angeführt, dass die grundsätzliche Möglichkeit des Besuches einer Schule eines anderen Schulortes, Landkreises, Regierungsbezirks oder gar Bundeslandes bestehe. Dieser steht jedoch

---

1015 *Hürlimann*, Für die Schule nicht mehr zumutbar, S. 49.

1016 *Kommission Schulrecht des Deutschen Juristentages*, Schule im Rechtsstaat, Band I, S. 294.

1017 *Reip*, in: Ebert, Schulrecht Baden-Württemberg, Kommentar, § 90 Rn. 18.

unter dem Vorbehalt der Zumutbarkeit für den Schüler und ist, insbesondere wenn es sich um einen Wechsel des Regierungsbezirks oder des Bundeslandes handelt, zwingend entweder mit langen Fahrtzeiten oder mit einem Wohnortwechsel verbunden. Diese Belastung ist für den Schüler keine unerhebliche Beeinträchtigung, sondern stellt für ihn in der praktischen Umsetzung eine nicht zu überwindende Hürde dar. Im eigenen Bundesland kommt ihm nur noch die Option zu, sich an einer Privatschule anzumelden. Soweit dies nicht in Betracht kommt oder nicht finanzierbar ist, muss ein ebenfalls mit Kosten verbundener Umzug oder die Bewältigung einer langen Fahrstrecke angedacht werden.

Die Ausdehnung eines Ausschlusses erfolgt zudem teilweise[1018] autonom ohne nochmalige Beteiligung der Schule und der dort vertretenen Mitwirkungsgremien. Soweit die finale Entscheidung über die Verhängung der Maßnahme bei der Schulaufsicht – entweder bei der oberen oder obersten Schulaufsichtsbehörde – verbleibt, ist diese Zuständigkeitsverteilung im Grundsatz angemessen. Da die Maßnahme den weiteren Bildungsverlauf erheblich beschränkt und den Schulaufsichtsbehörden durch die großflächige Bearbeitung von schulordnungsrechtlichen Problemfällen eine spezielle Expertise in diesem Bereich zukommt, ist es gerechtfertigt, ihnen die endgültige Zuständigkeit zu verleihen. Sofern jedoch eine alleinige Zuständigkeit der mittleren Verwaltungsbehörde oder des Ministeriums geregelt wird, wird auf die Kenntnisse und Erfahrungen der Schule, die den betroffenen Schüler am besten kennt und daher dessen Persönlichkeit bewerten kann, gänzlich verzichtet. Hierdurch wird der Ultima-Ratio-Charakter der Maßnahme nicht unterstrichen, sondern ausgehebelt.[1019] Unabdingbar ist somit die vorherige Einbeziehung der Schule, entweder in Form der zwingenden Anregung der Maßnahme durch die Schule oder deren unmittelbarer Mitwirkung an der Entscheidung.

Daneben ist der konkrete Anwendungsbereich der Maßnahme fraglich. Relevante Rechtsprechung zum Verweis von allen Schulen ist nicht vorhanden. Ebenso ist in den verfügbaren Statistiken kein Vollzug der Ordnungsmaßnahme angeführt. Der Ausschluss von allen Schulen wäre in der Theorie angebracht, wenn ein Fehlverhalten des Schülers vorliegt, welches über eine Pflichtverletzung hinausgeht, die einen bloßen Schulausschluss rechtfertigen würde. Zudem müsste das Handeln des Schülers einen örtlichen Bezug aufweisen, der sich auf ein komplettes Bundesland erstreckt. Soweit die Anwesenheit des Schülers, beispielsweise aus Sicherheitsgründen, an keiner öffentlichen Schule des Landes

---

1018 Siehe § 90 Abs. 5 S. 1 BWSchulG.

1019 So auch *Heck/Tschampa*, Konfliktregelung in der Schule, S. 77.

verantwortet werden kann,[1020] ist es den Schulgemeinschaften zu Recht nicht zuzumuten, dass der Schüler sich weiter an den allgemeinbildenden Schulen aufhalten darf. Sofern eine solche Sachverhaltskonstellation nur ansatzweise vorstellbar ist, würde der Schüler jedoch wohl kaum an der Schule verbleiben, sondern es wäre bei einem derart schwerwiegenden Fehlverhalten an eine Freiheitsstrafe ohne Bewährung[1021] zu denken, sodass sich die Frage nach der korrekten Erziehungs- und Ordnungsmaßnahme in der Praxis nicht stellen würde. Die in der Literatur für die Verhängung der Maßnahme genannten Beispiele der organisierten Kriminalität[1022] oder des starken, aggressiven Verhaltens[1023] rechtfertigen nicht die Annahme einer Gefahr für die Schulgemeinschaften eines ganzen Bundeslandes. Sofern hierbei von einem gleichartigen Verhalten des Schülers auch in der neuen Schulumgebung ausgegangen wird, stellt diese Überlegung eine unbelegte Vermutung dar und nimmt dem Schüler jegliche Möglichkeit, einen Neustart an einer anderen Schule zu erhalten. Um ansatzweise die Verhältnismäßigkeit der Maßnahme zu wahren, müsste in den gesetzlichen Anforderungen das Kriterium normiert werden, dass die Sicherheit von Leib und Leiben der der Schulgemeinschaften angehörigen Personen durch die Anwesenheit des Schülers an einer jeden öffentlichen Schule im jeweiligen Bundesland konkret gefährdet ist. Dies erscheint jedoch insbesondere in den Flächenländern utopisch und führt im Ergebnis zu einer unsicheren Prognose und einem Automatismus zulasten des Schülers.

Soweit dennoch davon ausgegangen wird, dass der Schüler an jeder Schule ein Verhalten zeigen würde, welches die Sicherheit der Schulgemeinschaft konkret gefährdet, kommt statt eines Ausschlusses von allen Schularten vielmehr eine Prüfung der Schulfähigkeit an den allgemeinbildenden Schulen in Betracht.[1024] Nach § 82 Abs. 2 BWSchulG kann eine Prüfung zur Feststellung eines sonderpädagogischen Bildungsangebotes durchgeführt werden. Dieses Verfahren wird originär auf Antrag der Erziehungsberechtigten eingeleitet. Hilfsweise kann die Schulaufsichtsbehörde bei entsprechenden Hinweisen, insbesondere wenn dem individuellen Anspruch des Kindes ohne sonderpädagogische Bildung nicht

---

1020 So der Vorschlag für den Anwendungsbereich der Maßnahme bei *Schwind/Roitsch/Ahlborn/Gielen*, Gewalt in der Schule, S. 217.

1021 Für Gefangene, die noch keinen Schulabschluss erworben haben, ist im Gefängnis Unterricht vorgesehen, vgl. § 38 StVollzG.

1022 *Falkenbach*, in: Wörz/von Alberti/Falkenbach, Schulgesetz für Baden-Württemberg, § 90, Ziff. 10.6.3.

1023 *Peters*, Erziehungs- und Ordnungsmaßnahmen im Schulrecht, S. 143.

1024 *Keller*, Disziplinmanagement in der Schulklasse, S. 69.

entsprochen werden kann oder die Bildungsrechte von Mitschülern beeinträchtigt werden, das Feststellungsverfahren auch ohne Antrag einleiten. Die Schule würde dann in den meisten Fällen Kontakt mit der Schulaufsicht aufnehmen und bei dieser nach Schilderung des Falles um die Einleitung des Feststellungsverfahrens bitten.[1025] Sonderpädagogischer Förderbedarf ist bei „Kindern und Jugendlichen mit Beeinträchtigungen der emotionalen und sozialen Entwicklung, des Erlebens und der Selbststeuerung anzunehmen, wenn sie in ihren Bildungs-, Lern- und Entwicklungsmöglichkeiten so eingeschränkt sind, dass sie im Unterricht der allgemeinen Schule auch mit Hilfe anderer Dienste nicht hinreichend gefördert werden können."[1026] In Betracht käme folglich der Besuch der Sonderpädagogischen Bildungs- und Beratungszentren[1027], die nach Förderschwerpunkten[1028] untergliedert sind. Bei Schülern mit Verhaltensstörungen wäre sodann der Bereich der emotionalen und sozialen Entwicklung einschlägig. Der Gesetzgeber in Baden-Württemberg hat den Vorrang der Prüfung dieses Anspruches und des Ausschlusses der Maßnahme bei Vorliegen eines sonderpädagogischen Bedarfes bereits erkannt und normiert.

F. Fazit

Soweit bei dieser Maßnahme – die für den Schüler enorme Auswirkungen bereithält – von einer detailreichen Regelung der Gesetzgeber ausgegangen wird, ergibt sich aus den Normen ein anderes Ergebnis. Die tatbestandlichen Voraussetzungen sind meist deckungsgleich mit denen zum Schulausschluss gehalten oder geben keinerlei Bedingungen vor, wann der weit reichende Ausschluss verhängt werden darf. Es erfolgt teilweise eine reine Regelung der Zuständigkeit, die den Rechtsanwender gänzlich in der Unklarheit lässt, welche Sachverhalte

---

1025 Vgl. LT-Drs. BW 15/6963, S. 39.

1026 *KMK*, Empfehlungen zum Förderschwerpunkt emotionale und soziale Entwicklung, Beschluss v. 10.03.2000, S. 10; zu den konkreten Handlungsfeldern des Förderschwerpunktes siehe *Blumenthal/Casale/Hartke/Hennemann/Hillenbrand/Vierbuchen*, Kinder mit Verhaltensauffälligkeiten, S. 13.

1027 Oftmals wird der Begriff „Schulen für Erziehungshilfe" verwendet; einen Überblick über die verschiedenen landesspezifischen Formen darstellend *Stein/Stein*, Unterricht bei Verhaltensstörungen, S. 75.

1028 Siehe hierzu § 15 Abs. 1 S. 4 BWSchulG, welcher als mögliche Schwerpunkte der sonderpädagogischen Beratung die Bereiche Lernen, Sprache, emotionale und soziale Entwicklung, Sehen, Hören, geistige Entwicklung, körperliche und motorische Entwicklung und Schüler in längerer Krankenhausbehandlung benennt.

zu einem Ausschluss führen. In anderen Schulgesetzen wird lediglich die Ergänzung vorgebracht, dass in „besonderen Fällen“ die Maßnahme ergriffen werden kann. Falls die Gesetzgeber Sachverhalte vor Augen hatten, die für den Ausschluss infrage kommen sollen, so würde sich in dieser Hinsicht die Angabe von offenen Fallgruppen und Beispielen empfehlen, denen eine indizielle Wirkung für einen Verweis von allen öffentlichen Schulen entnommen werden kann.

Die Maßnahme ist in nur zehn Bundesländern normiert und findet in den restlichen Ländern keine Daseinsberechtigung. Diese Ungleichheit führt zu einer weitgehenden Ungleichbehandlung der betroffenen Schüler und damit zu heterogenen Konsequenzen des gleichen Verhaltens. Während die Maßnahme in einigen Bundesländern geregelt ist und folglich wiederum andere Bundesländer diese Maßnahme nicht vorsehen, kann so die Situation entstehen, dass ein Schüler in Frankfurt am Main bei einem Ausschluss aus der Schule eine neue Schule in seinem Wohnradius besuchen kann, während ein Schüler in Bonn von allen öffentlichen Schulen ausgeschlossen werden kann und somit einen erheblich längeren Schulweg oder gar einen Umzug auf sich nehmen muss, um eine Schule zumutbar erreichen zu können.

Aufgrund des dem Schüler zustehenden Bildungsanspruches ist eine gänzliche Entfernung aus dem vorhandenen staatlichen Bildungssystem nicht gerechtfertigt. Es ist dabei nur schwierig ein Verhalten vorstellbar, welches den Verweis von allen öffentlichen Schulen auslöst, den Schüler jedoch nicht bereits durch jugendstrafrechtliche Maßnahmen[1029] in Form einer Haftstrafe aus dem Schulwesen entfernt. Dies zeigt die unbedeutende Rolle der Maßnahme in der Rechtsprechung und in der praktischen Anwendung durch die Schulen und Schulaufsichtsbehörden. Eine Maßnahme, die keinen Anwendungsbereich aufweist, dem Verhältnismäßigkeitsgebot nicht entspricht und erziehungswissenschaftlich nicht förderlich ist, sollte keine Rechtsgrundlage in den Schulgesetzen finden. Soweit dennoch – in der Theorie – ein Fehlverhalten denkbar ist, welches im Grundsatz den Ausschluss des Schülers vom Schulsystem rechtfertigt und ihn keiner Jugendstrafe unterwirft, ist an eine Prüfung eines sonderpädagogischen Bedarfes zu denken. Die Maßnahme sollte daher in der vorliegenden Form aufgehoben werden.

1029 Siehe zur zulässigen Dauer der Jugendstrafe § 18 JGG.

Fünfter Teil: Entwurf einer gesetzlichen Regelung für Erziehungs- und Ordnungsmaßnahmen in Baden-Württemberg

Im Folgenden soll anhand einer zusammenfassenden Darstellung der gefundenen Ergebnisse eine gesetzliche Regelung für Erziehungs- und Ordnungsmaßnahmen skizziert werden. Diese bezieht sich auf § 90 BWSchulG in Baden-Württemberg und integriert die Inhalte dieser Arbeit in eine gesetzliche Grundlage. Es wird im Sinne der Prägnanz eine vergleichende Darstellung zwischen der Norm in der aktuellen Fassung und der angeregten Variante gewählt.[1030] Im Änderungsvorschlag finden lediglich die in dieser Arbeit angesprochenen und verfassungsrechtlich notwendigen Änderungen Berücksichtigung. Sprachlich wünschenswerte Korrekturen werden weitgehend ausgeblendet.

§ 90 BWSchulG i. d. F. der Bekanntmachung v. 21.07.2015 (GBl. BW vom 29.07.2015, S. 645)	Änderungsvorschlag
(1) Erziehungs- und Ordnungsmaßnahmen dienen der Verwirklichung des Erziehungs- und Bildungsauftrags der Schule, der Erfüllung der Schulbesuchspflicht, der Einhaltung der Schulordnung und dem Schutz von Personen und Sachen innerhalb der Schule.	(1) unverändert

1030 Daneben wurde hinsichtlich der Formulierungen eine Orientierung anhand des Handbuchs der Rechtsförmlichkeit angestrebt, *Bundesministerium der Justiz und für Verbraucherschutz*, Bekanntmachung des Handbuchs der Rechtsförmlichkeit.

(2) Erziehungs- und Ordnungsmaßnahmen kommen nur in Betracht, soweit pädagogische Erziehungsmaßnahmen nicht ausreichen; hierzu gehören auch Vereinbarungen über Verhaltensänderungen des Schülers mit diesem und seinen Erziehungsberechtigten. Bei allen Erziehungs- und Ordnungsmaßnahmen ist der Grundsatz der Verhältnismäßigkeit zu beachten. Die Schule kann von Erziehungs- und Ordnungsmaßnahmen absehen, wenn der Schüler durch soziale Dienste Wiedergutmachung leistet.	(2) ~~Erziehungs- und~~ Ordnungsmaßnahmen kommen nur in Betracht, soweit pädagogische Erziehungsmaßnahmen nicht ausreichen**.**~~; hierzu gehören auch Vereinbarungen über Verhaltensänderungen des Schülers mit diesem und seinen Erziehungsberechtigten.~~ **Zulässige Erziehungsmaßnahmen sind insbesondere das pädagogische Gespräch mit dem Schüler, der mündliche Tadel, zusätzliche häusliche Übungsarbeiten, die Veränderung der Sitzordnung und die Wiedergutmachung angerichteten Schadens. Daneben kann eine Vereinbarung über Verhaltensänderungen des Schülers mit diesem und seinen Erziehungsberechtigten getroffen werden.** Die Schule kann von Erziehungs- und Ordnungsmaßnahmen absehen, wenn der Schüler durch soziale Dienste Wiedergutmachung leistet. **Bei allen Erziehungs- und Ordnungsmaßnahmen ist der Grundsatz der Verhältnismäßigkeit zu beachten.**
(3) Folgende Erziehungs- und Ordnungsmaßnahmen können getroffen werden:	(3) Folgende ~~Erziehungs- und~~ Ordnungsmaßnahmen können getroffen werden:
1. durch den Klassenlehrer oder durch den unterrichtenden Lehrer: Nachsitzen bis zu zwei Unterrichtsstunden;	(Nr. 1) u n v e r ä n d e r t
2. durch den Schulleiter:	(Nr. 2) u n v e r ä n d e r t
a) Nachsitzen bis zu vier Unterrichtsstunden,	(a) u n v e r ä n d e r t

b) Überweisung in eine Parallelklasse desselben Typs innerhalb der Schule,	(b) u n v e r ä n d e r t
c) Androhung des zeitweiligen Ausschlusses vom Unterricht,	(c) u n v e r ä n d e r t
d) Ausschluss vom Unterricht bis zu fünf Unterrichtstagen, bei beruflichen Schulen in Teilzeitform Ausschluss für einen Unterrichtstag, nach Anhörung der Klassenkonferenz oder Jahrgangsstufenkonferenz, soweit deren Mitglieder den Schüler selbstständig unterrichten:	(d) u n v e r ä n d e r t
e) einen über den Ausschluss vom Unterricht nach Buchstabe d) hinausgehenden Ausschluss vom Unterricht bis zu vier Unterrichtswochen,	(e) u n v e r ä n d e r t
f) Androhung des Ausschlusses aus der Schule,	(f) Androhung de**r** ~~**Ausschlusses**~~ Überweisung oder Entlassung aus der Schule,
g) Ausschluss aus der Schule.	**g) Überweisung in eine andere Schule der gleichen Schulart,** **h) Entlassung aus der Schule, wenn die Schulpflicht erfüllt ist.**
Im Rahmen von Nachsitzen können auch Maßnahmen zur Schadenswiedergutmachung und aus dem Fehlverhalten begründete Tätigkeiten angeordnet werden. Nachsitzen gemäß Nummer 2 Buchst. a oder die Überweisung in eine Parallelklasse kann mit der Androhung des zeitweiligen Ausschlusses vom Unterricht verbunden werden; der zeitweilige Ausschluss vom Unterricht kann mit der Androhung des Ausschlusses aus der Schule verbunden werden.	**Eine Bindung an die Reihenfolge der Ordnungsmaßnahmen besteht nicht.** Im Rahmen von Nachsitzen können auch Maßnahmen zur Schadenswiedergutmachung und aus dem Fehlverhalten begründete Tätigkeiten angeordnet werden. Nachsitzen ~~**gemäß Nummer 2 Buchst. a**~~ oder die Überweisung in eine Parallelklasse kann mit der Androhung des zeitweiligen Ausschlusses vom Unterricht verbunden werden; der zeitweilige

Die aufschiebende Wirkung von Widerspruch und Anfechtungsklage entfällt. Die körperliche Züchtigung ist ausgeschlossen.	Ausschluss vom Unterricht kann mit der Androhung ~~des Ausschlusses~~ **der Überweisung oder Entlassung** aus der Schule verbunden werden. Die aufschiebende Wirkung von Widerspruch und Anfechtungsklage entfällt. Die körperliche Züchtigung ist ausgeschlossen. **Ordnungsmaßnahmen aufgrund außerschulischen Verhaltens sind nur zulässig, soweit ein unmittelbarer schulischer Zusammenhang mit dem Fehlverhalten besteht und eine Gefährdung des Erziehungs- und Bildungsauftrages oder der Sicherheit von Personen und Sachen in der Schule vorliegt.**
(4) Vor dem Ausschluss aus der Schule wird auf Wunsch des Schülers, bei Minderjährigkeit auf Wunsch der Erziehungsberechtigten, die Schulkonferenz angehört. Nach dem Ausschluss kann die neu aufnehmende Schule die Aufnahme von einer Vereinbarung über Verhaltensänderungen des Schülers abhängig machen und eine Probezeit von bis zu sechs Monaten festsetzen, über deren Bestehen der Schulleiter entscheidet.	(4) Vor ~~dem Ausschluss~~ **der Überweisung oder Entlassung** aus der Schule wird auf Wunsch des Schülers, bei Minderjährigkeit auf Wunsch der Erziehungsberechtigten, die Schulkonferenz angehört. Nach ~~dem Ausschluss~~ **der Entlassung** kann die neu aufnehmende Schule die Aufnahme von einer Vereinbarung über Verhaltensänderungen des Schülers abhängig machen und eine Probezeit von bis zu sechs Monaten festsetzen, über deren Bestehen der Schulleiter entscheidet.

(5) Die obere Schulaufsichtsbehörde kann den Ausschluss aus der Schule auf alle Schulen des Schulorts, des Landkreises oder ihres Bezirks, die oberste Schulaufsichtsbehörde kann den Ausschluss, außer bei Schülern mit einem Anspruch auf ein sonderpädagogisches Bildungsangebot, auf alle Schulen des Landes ausdehnen. Die Ausdehnung des Ausschlusses wird dem Jugendamt mitgeteilt.	**(5) a u f g e h o b e n**
(6) Ein zeitweiliger Ausschluss vom Unterricht, seine Androhung oder eine Androhung des Ausschlusses aus der Schule sind nur zulässig, wenn ein Schüler durch schweres oder wiederholtes Fehlverhalten seine Pflichten verletzt und dadurch die Erfüllung der Aufgabe der Schule oder die Rechte anderer gefährdet. Ein Ausschluss aus der Schule ist zulässig, wenn es einem Mitschüler wegen Art und Schwere der Beeinträchtigungen und deren Folgen nicht zumutbar ist, mit dem Schüler weiter dieselbe Schule zu besuchen, oder einer Lehrkraft, ihn weiter zu unterrichten; dem Schutz des Opfers gebührt Vorrang vor dem Interesse dieses Schülers am Weiterbesuch einer bestimmten Schule. Im Übrigen ist ein Ausschluss aus der Schule nur zulässig, wenn neben den Voraussetzungen des Satzes 1 das Verbleiben des Schülers in der Schule eine Gefahr für die Erziehung und Unterrichtung, die	**(5) Eine Überweisung in eine Parallelklasse desselben Typs innerhalb der Schule kann zur Lösung schwerwiegender Erziehungskonflikte vorgenommen werden. Ein zeitweiliger Ausschluss vom Unterricht von bis zu fünf Unterrichtstagen ist nur zulässig bei schwerem oder wiederholtem Fehlverhalten des Schülers. Ein darüber hinausgehender zeitweiliger Ausschluss ist nur zulässig bei erheblichen Störungen des Schul- oder Unterrichtsbetriebs, der Gefährdung der Sicherheit von Personen oder der Verursachung von Sachschäden und der dadurch bedingten Beeinträchtigung von Unterricht und Erziehung der Mitschüler. ~~Ein zeitweiliger Ausschluss vom Unterricht, seine Androhung oder eine Androhung des Ausschlusses aus der Schule sind nur zulässig, wenn ein Schüler durch schweres oder wiederholtes Fehlverhalten seine Pflichten verletzt und dadurch die Erfüllung der Aufgabe~~**

sittliche Entwicklung, Gesundheit oder Sicherheit der Mitschüler befürchten lässt.	~~der Schule oder die Rechte anderer gefährdet.~~
	Ein**e Überweisung oder eine Entlassung** ~~Ausschluss~~ aus der Schule ist zulässig, wenn es einem Mitschüler wegen Art und Schwere der Beeinträchtigungen und deren Folgen nicht zumutbar ist, mit dem Schüler weiter dieselbe Schule zu besuchen, oder einer Lehrkraft, ihn weiter zu unterrichten; dem Schutz des Opfers gebührt Vorrang vor dem Interesse dieses Schülers am Weiterbesuch einer bestimmten Schule. Im Übrigen ist ein**e** ~~Ausschluss~~ **Überweisung oder eine Entlassung** aus der Schule nur zulässig, wenn neben den Voraussetzungen des Satzes 3 **durch** das Verbleiben des Schülers in der Schule eine **konkrete** Gefahr für die Erziehung und Unterrichtung, die ~~sittliche Entwicklung,~~ Gesundheit oder Sicherheit der Mitschüler ~~befürchten lässt~~ **besteht. Die Entlassung aus der Schule bedarf der Genehmigung der oberen Schulaufsichtsbehörde, die für die bislang besuchte Schule zuständig ist.**
(7) Vor der Entscheidung nachzusitzen genügt eine Anhörung des Schülers. Im Übrigen gibt der Schulleiter dem Schüler, bei Minderjährigkeit auch den Erziehungsberechtigten, Gelegenheit zur Anhörung; Schüler und Erziehungsberechtigte können einen Beistand hinzuziehen.	(6) Vor der Entscheidung nachzusitzen genügt eine Anhörung des Schülers. Im Übrigen gibt der Schulleiter dem Schüler, bei Minderjährigkeit auch den Erziehungsberechtigten, Gelegenheit zur Anhörung; Schüler und Erziehungsberechtigte können einen Beistand hinzuziehen.

(7) Die Überweisung und die Entlassung aus der Schule sind zuvor anzudrohen. Einer Androhung bedarf es nicht, wenn eine konkrete Gefahr für den Schutz von Personen oder Sachen vorliegt. Abweichend zu einer Androhung kann mit dem Schüler, seinen Erziehungsberechtigten und der Schule nach wiederholtem Fehlverhalten eine schriftliche, individuelle Verhaltensvereinbarung geschlossen werden, in der die wechselseitigen Pflichten vereinbart werden (Androhung der Überweisung oder Entlassung aus der Schule). Wird in dieser Verhaltensvereinbarung ausdrücklich darauf hingewiesen, kann bei einem erheblichen Verstoß des Schülers gegen seine Pflichten aus dieser Vereinbarung die Ordnungsmaßnahme der Überweisung oder Entlassung ausgesprochen werden, sofern die Schule ihre Verpflichtungen aus der Vereinbarung eingehalten hat. Ein entlassener Schüler kann jederzeit an einer anderen Schule aufgenommen werden. In die früher besuchte Schule kann er frühestens ein halbes Jahr nach der Überweisung oder Entlassung und nur zum Schuljahresbeginn wieder eintreten, wenn er sich inzwischen tadelfrei geführt hat.

(8) Ein zeitweiliger Ausschluss vom Unterricht kann, ein wiederholter zeitweiliger Ausschluss vom Unterricht soll dem Jugendamt mitgeteilt werden; ein Ausschluss aus der Schule wird dem Jugendamt mitgeteilt. Hierbei soll ein Gespräch zwischen dem Jugendamt und der Schule stattfinden. Ein zeitweiliger Ausschluss vom Unterricht, seine Androhung, ein Ausschluss aus der Schule oder seine Androhung wird den für die Berufserziehung des Schülers Mitverantwortlichen mitgeteilt.	(8) Ein zeitweiliger Ausschluss vom Unterricht **wird ab einer Dauer von zwei Wochen dem Jugendamt mitgeteilt. Es erfolgt ein Gespräch zwischen dem Jugendamt und der Schule, in dem pädagogische und erzieherische Unterstützungsleistungen für den Schüler für die Zeit des Ausschlusses vereinbart werden. Vor einer Überweisung oder Entlassung aus der Schule ist eine Beteiligung des Jugendamtes, der Schulsozialarbeit oder der schulpsychologischen Beratungsstellen sicherzustellen. Die Beteiligung erfolgt in Form eines Gespräches zwischen Schule und Jugendamt, Schulsozialarbeit oder den schulpsychologischen Beratungsstellen, in welchem erzieherische Hilfen für den Schüler vereinbart werden. Die Überweisung oder Entlassung wird dem Jugendamt mitgeteilt.** Ein zeitweiliger Ausschluss vom Unterricht, seine Androhung, ein**e** ~~Ausschluss~~ **Überweisung oder Entlassung** aus der Schule oder ~~seine~~ **ihre** Androhung wird den für die Berufserziehung des Schülers Mitverantwortlichen mitgeteilt.

(9) Der Schulleiter kann in dringenden Fällen einem Schüler vorläufig bis zu fünf Tagen den Schulbesuch untersagen, wenn ein zeitweiliger Ausschluss vom Unterricht zu erwarten ist oder er kann den Schulbesuch vorläufig bis zu zwei Wochen untersagen, wenn ein Ausschluss aus der Schule zu erwarten ist. Zuvor ist der Klassenlehrer zu hören. Absatz 3 Satz 4 gilt entsprechend.	(9) Der Schulleiter kann in dringenden Fällen einem Schüler vorläufig bis zu fünf Tagen den Schulbesuch untersagen, wenn ein zeitweiliger Ausschluss vom Unterricht zu erwarten ist oder er kann den Schulbesuch vorläufig bis zu zwei Wochen untersagen, wenn ein**e** **~~Ausschluss~~ Überweisung oder Entlassung** aus der Schule zu erwarten ist. Zuvor ist der Klassenlehrer zu hören. Absatz 3 Satz **5** gilt entsprechend.

Gesamtergebnis und Schlussbetrachtung

Die im Vergleich zu anderen schulrechtlichen Fragestellungen wenig in Literatur und Rechtsprechung thematisierten schulordnungsrechtlichen Maßnahmen können in sogenannte pädagogische Maßnahmen und Ordnungsmaßnahmen unterschieden werden, wobei die gebrauchten Begrifflichkeiten in den einzelnen Bundesländern erheblich voneinander abweichen. Die Abgrenzung beider Maßnahmen erfolgt anhand der Eingriffsqualität, die diese für den betroffenen Schüler mit sich bringen. Während pädagogische Maßnahmen primär eine Verhaltensänderung des Schülers bewirken sollen, sind Ordnungsmaßnahmen auf die Gewährleistung der Erfüllung des Erziehungs- und Bildungsauftrages ausgerichtet. Die pädagogischen Maßnahmen sind daher in der praktischen Anwendung vorrangig heranzuziehen und finden aufgrund ihrer geringen Auswirkungen ihre Rechtsgrundlage im Erziehungs- und Bildungsauftrag. Im Schulalltag zahlreich eingesetzte pädagogische Maßnahmen stellen das erzieherische Gespräch mit dem Schüler, der Tadel, der Eintrag in das Klassenbuch und die Beauftragung mit Aufgaben dar, die geeignet sind den Schüler sein Fehlverhalten erkennen zu lassen.

Beiden Maßnahmenarten kommt sowohl eine spezialpräventive als auch generalpräventive Wirkung im Rahmen ihrer Verhängung zu. Durch die Anwendung von Erziehungs- und Ordnungsmaßnahmen werden verschiedene Schutzzwecke verfolgt. Zum einen sollen die Funktionsfähigkeit des Erziehungs- und Bildungsauftrages, die Erfüllung der Schulbesuchspflicht und die Einhaltung der Schulordnung sichergestellt werden. Die Gewährleistung des Erziehungs- und Bildungsauftrages erstreckt sich dabei einerseits auf die Mitschüler des störenden Schülers, deren Recht auf Erziehung und Bildung durch die Schule gewahrt werden muss, welches eine effektive Unterbindung von Störungen voraussetzt. Parallel soll jedoch ebenfalls auf den verhaltensauffälligen Schüler erzieherisch eingewirkt sowie ihm die möglichst uneingeschränkte Teilhabe am Unterricht ermöglicht werden. Daneben ist die körperliche Unversehrtheit sowie die sexuelle und informationelle Selbstbestimmung der am Schulleben beteiligten Personen zu schützen, deren in zulässiger Weise mitgebrachten Sachen sowie jegliches Eigentum des Schulträgers.

Ordnungsmaßnahmen weisen eine besondere Eingriffsintensität auf und unterliegen daher engen gesetzlich geregelten Verfahrensvorgaben. Als zeitlicher Bezugspunkt ist der Moment der Begehung des Fehlverhaltens heranzuziehen, sodass die Maßnahme auf der Grundlage des gegenwärtigen Handelns und des bisher bereits vorliegenden und dokumentierten Fehlverhaltens zu bestimmen ist. Die Verhaltensstörung muss ferner einen Zusammenhang zu den schulischen Schutzgütern und den Funktionen von schulordnungsrechtlichen Maßnahmen aufweisen. Rein außerschulische Störungen ohne Relevanz zu den schulischen Zwecken scheiden folglich als Anknüpfungspunkt aus. Das Fehlverhalten muss dem Schüler zuzurechnen sein und dieser über die Fähigkeit verfügen, sein Auftreten zu steuern und im Hinblick auf mögliche Konsequenzen auszurichten.

Durch Ordnungsmaßnahmen wird oftmals in das Recht auf schulische Bildung und das Grundrecht der Berufsfreiheit eingegriffen. Das Recht auf Bildung ist nicht nur national in verschiedenen Grundrechten verankert und in den Landesverfassungen teilweise ausdrücklich garantiert, sondern ebenso international in völker- und europarechtlichen Vorgaben normiert. Der Rechtscharakter des Rechts auf Bildung ist umstritten und reicht vor diesem Hintergrund von einem bloßen Programmsatz bis hin zu einem subjektiven und daher justitiablen Recht, welches durch den Gesetzgeber und die Verwaltung konkretisiert werden muss. Als Grundkonsens verschiedener Interpretationen und Auslegungsweisen kann ein zwingend durch die drei Staatsgewalten zu beachtendes Verfassungsgebot angenommen werden, welches sich als Teilhaberecht des Schülers versteht, Zugang zu den bestehenden staatlichen Bildungseinrichtungen entsprechend seiner individuellen Begabungen zu erhalten. Infolge der Verhängung schulordnungsrechtlicher Maßnahmen wird neben dem Recht auf Bildung ebenfalls das Grundrecht der Berufsfreiheit tangiert. In diesem Zusammenhang ist einerseits die Freiheit zur Wahl des Berufs und andererseits die Freiheit zur Wahl der Ausbildungsstätte betroffen. Eingriffe in die Berufsfreiheit müssen dem Grundsatz der Verhältnismäßigkeit Rechnung tragen, wobei primär die Komponenten der Geeignetheit und der Angemessenheit Bedenken aufwerfen. Im Rahmen der Untersuchung, ob eine Beschränkung als förderlich angesehen werden kann, den verfolgten Zweck zu erreichen, ist sowohl deren zeitlicher Faktor zu betrachten als auch zu prüfen, inwieweit der Gesetzgeber Erkenntnisse der Erziehungswissenschaften und der Schulpraxis in seine Überlegungen einbezogen hat.

Durch die Rechtsprechung in den 1970er und 1980er Jahren wurde zwar die Theorie des besonderen Gewaltverhältnisses endgültig aufgegeben und die grundsätzliche Geltung des Vorbehalts des Gesetzes auch für die schulische Rechtsmaterie manifestiert. Es erfolgte jedoch keine alle Bereiche des Schulwesens durchdringende stringente Umsetzung durch die Landesgesetzgeber. Aus dem Vorbehalt des Gesetzes, der neben der Zuständigkeit des parlamentarischen Gesetzgebers auch die gesetzliche Handlungsform vorgibt, folgt die Regelungsbedürftigkeit wesentlicher Sachbereiche. Hiervon umfasst werden wiederum die Regelungsebene als auch die Regelungsdichte der entsprechenden Norm. Der

Vorbehalt des Gesetzes dient sowohl dem Schutz von Grundrechten als auch der Gewährleistung subjektiver Rechte der Bürger. Daneben wird durch seine Anwendung eine Stärkung der demokratischen Legitimationskette von rechtlichen Entscheidungen, der Wahrnehmung staatlicher Befugnisse durch das sachkundigste Organ und der Vorhersehbarkeit staatlicher Handlungen erreicht.

Der Vorbehalt des Gesetzes stellt die Entscheidung über wesentliche Fragestellungen durch den parlamentarischen Gesetzgeber sicher, sodass der Handlungs- und Gestaltungsspielraum der Verwaltung begrenzt wird. Staatliches Tätigwerden erfolgt damit auf einer Legitimationsgrundlage, die den Funktionen des Vorbehalts des Gesetzes Rechnung trägt. Die getroffene Kompetenzverteilung muss dabei durch eine vertikale Feineinstellung, insbesondere mithilfe der Regelungsdichte, nachjustiert werden. Die Bedeutung des Vorbehalts des Gesetzes erschöpft sich nicht in der reinen Schaffung einer parlamentarischen Grundlage, sondern das Gesetz muss ebenfalls eine hinreichende Bestimmtheit aufweisen. Der Gesetzgeber darf sich seiner Regelungsverantwortung nicht entziehen, indem er zwar ein Gesetz beschließt, dieses aber inhaltlich offen formuliert, sodass das sachliche Urteil im Ergebnis durch die Exekutive getroffen wird. Infolge der fehlenden Bestimmtheit einer Norm würde keine bloße Auslegung und Anwendung der Vorschrift durch die Exekutive erfolgen, sondern der Aussagekern der Norm würde erstmalig durch diese festgelegt werden.

Die Frage, wie bestimmt eine Vorschrift gefasst sein muss, um noch als Leitentscheidung des Gesetzgebers angesehen werden zu können, die Regelungskompetenz zwischen Legislative und Exekutive auszutarieren sowie den rechtsstaatlichen Grundsätzen Rechnung zu tragen, bereitet große Schwierigkeiten in der abstrakten Bestimmung. Bei der Festlegung der Regelungsdichte durch den Gesetzgeber steht diesem eine weitreichende Einschätzungsprärogative zu. Die Norm muss dennoch so klar und eindeutig formuliert sein, dass den Bürgern, im Schulwesen in Form der Schüler, eine Ausrichtung ihres Verhaltens nach den Vorgaben der Vorschrift gelingt. Soweit Gerichte über die Auslegung und Konkretisierung einer Norm hinausgehen können, wird dies dem verfassungsrechtlich angelegten Kompetenzgefüge nicht gerecht. Insbesondere der Gebrauch von unbestimmten Rechtsbegriffen ist hierbei unter rechtsstaatlichen Gesichtspunkten als problematisch anzusehen. Bei Regelungen, aus denen nur relativ geringfügige Beeinträchtigungen resultieren oder die keine speziellen Fragen hinsichtlich individueller Eingriffe beantworten, ist die Verwendung unbestimmter Rechtsbegriffe möglich. Für Normen mit erheblichen Grundrechtsbezügen, wie sie die schulordnungsrechtlichen Maßnahmen aufweisen, müssen die Vorschriften jedoch ausreichend Steuerungskraft aufweisen, um den Schutz von Grundrechten zu gewährleisten. Sie dürfen dennoch keine

Konkretisierung erfahren, die der Entwicklung und Gestaltung von pädagogischen Erkenntnissen entgegenstehen würde.

Es besteht im Bereich der Ordnungsmaßnahmen ein Spannungsverhältnis zwischen den verfassungsrechtlichen Anforderungen des Vorbehalts des Gesetzes und den pädagogischen Eigengesetzlichkeiten des Schulwesens. Daneben ergeben sich komplexe Probleme, da innerhalb dieser Materie oftmals vielseitige Sachverhalte vorliegen und die pädagogische Freiheit der Lehrkräfte zu berücksichtigen ist. Eine abschließende und feingliedrige Reglementierung des Schulwesens wird maßgeblich mit dem Argument abgelehnt, die Unterrichts- und Erziehungstätigkeit der Lehrkräfte benötige die Möglichkeit einer flexiblen Gestaltung, sodass eine schematische Normierung ausscheide. Die zu dynamische Gesetzgebung könne sowohl rechtsstaatlich verfehlt sein als auch sogar verfassungsrechtliche Bedenken hervorrufen. Im Ergebnis gewährleistet die Zuweisung der tatbestandlichen Voraussetzungen der gewichtigen schulordnungsrechtlichen Maßnahmen an den parlamentarischen Gesetzgeber die demokratische Legitimation dieser Materie. Daneben muss die einheitliche Anwendung der Maßnahmen sichergestellt werden. Während ein Schüler in Baden-Württemberg von allen Schulen des Landes ausgeschlossen werden kann, kann ein Schüler in Sachsen zwar von der besuchten Schule verwiesen werden, sich jedoch im selben Ort bei einer anderen Schule wieder anmelden. Diese Ungleichheit findet keine Rechtfertigung. Ein schulübergreifender – eventuell sogar länderübergreifender – einheitlicher Gebrauch von Ordnungsmaßnahmen dient nicht nur der gleichförmigen Durchführung des Rechts, sondern trägt der Chancengleichheit in Bezug auf das Grundrecht der Berufsfreiheit und dem Recht auf schulische Bildung Rechnung.

Im Rahmen der Prüfung der Verhältnismäßigkeit der Maßnahmen wurden die pädagogischen Ziele sowie die angestrebten Zwecke der jeweiligen Maßnahmen untersucht. Insbesondere die didaktische Eignung ruft bei den schwerwiegenden Ordnungsmaßnahmen im Hinblick auf deren Nutzen Bedenken hervor. Oftmals wird in der Verhängung von belastenden Ordnungsmaßnahmen die Lösung der Problematik des Fehlverhaltens gesehen, während richtigerweise die Anwendung nur zu einer kurzfristigen Verdrängung der Schwierigkeiten oder sogar zu einer Verstärkung der Verhaltensauffälligkeiten führt. Soweit eine temporäre Wirkung erreicht werden soll, ist diese bezüglich aller zur Verfügung stehenden Maßnahmen gegeben. Da jede Maßnahme endlich ist, ist die Langzeitwirkung kritisch zu betrachten, da sich der Effekt der Maßnahme nach ihrem Vollzug auflöst. Dem Schüler ist nach Beendigung des zeitweiligen Ausschlusses nicht geholfen; es kommt meist zu erneuten Störungen und einem wiederkehrenden Verweis. Bei einem permanenten Schulausschluss ist die Beeinträchtigung für die konkrete Schule behoben, doch wird sie an der aufnehmenden Schule fortgesetzt. Es bildet sich ein Kreislauf zwischen Störung – Maßnahme – Störung und eine Verlagerung des Schülers, die für keine der beteiligten Personen gewinnbringend ist. Das Ende der Schullaufbahn in den öffentlichen Schulen für den Schüler besteht im endgültigen Verweis von der Schule oder ganz und gar im Abbruch der Bildungslaufbahn.

Da es sich bei den Ordnungsmaßnahmen um besonders grundrechtsrelevante Eingriffe in Rechtspositionen von Schülern handelt, bedarf es bereits im Vorfeld der Maßnahmen einer umfassenden erzieherischen und pädagogischen Einwirkung, um die Weichenstellungen bei den Schülern noch rechtzeitig zu setzen und notfalls korrigieren zu können. Getreu dem Credo des baden-württembergischen Bildungssystems „Kein Abschluss ohne Anschluss!" müssen vor einem längeren zeitweiligen und einem endgültigen Ausschluss zunächst alle vorhandenen staatlichen Ressourcen genutzt werden, um die Verhaltensstörung des Schülers zu beheben und auflösend einzugreifen. Häufig sind die persönlichen und häuslichen Verhältnisse des betroffenen Schülers nicht in einem Zustand, der ihn dazu ermutigt, alleine im Zeitraum des Ausschlusses seiner Angelegenheiten Herr zu werden und selbst zur Einsicht zu gelangen. Daher benötigt der Schüler zwingend Unterstützung durch die Schule und externe Kooperationspartner. Auch wenn oftmals Maßnahmen, die den Schüler vor einem endgültigen Ausschluss bewahren sollen, nicht zielführend sein werden – sei es weil die didaktische Technik nicht geeignet ist oder der Schüler sich nicht öffnet –, ist es dennoch elementar wichtig, dass diese Möglichkeiten genutzt und insbesondere nicht in das Belieben von Schule oder Jugendamt gestellt werden. „Eine Pädagogik ohne gelegentliches Versagen gibt es nicht".[1031] Veränderte gesellschaftliche Verhältnisse stellen neue Anforderungen an den Umgang der Schule mit Schülern und bedingen eine verstärkte Einbeziehung von externen Unterstützungspartnern, wie der Jugendhilfe in Form des Allgemeinen Sozialen Dienstes, der Schulsozialarbeit und der schulpsychologischen Beratungsstellen. Durch deren frühzeitige Beteiligung sollen keine rechtlichen oder eigens der Schule zustehenden pädagogischen Möglichkeiten beschnitten, sondern fachspezifische Hilfen eingesetzt werden, die eine abgestimmte Vorgehensweise zwischen Schule und den Unterstützungspartnern ermöglichen.

Die zeitlichen und finanziellen Ressourcen an den Schulen sind grundsätzlich begrenzt. Aus der erhöhten Zuwendung von Lehrkräften und der Schulleitung an verhaltensgestörte Schüler und der Einbeziehung von sozialen

---

1031 *Winkel*, Schwierige Kinder, S. 27.

Unterstützungsmaßnahmen wird ein vermehrter Personalaufwand resultieren. Im Vergleich zu den Spätfolgen und den Kosten, die sich durch die Versorgung und fehlenden Steuereinnahmen von Schülern ohne Schulabschluss ergeben, ist es dennoch ratsam, präventiv diesen finanziellen Mehraufwand in Kauf zu nehmen. Soweit kein Schulabschluss erworben wird, droht eine spätere Arbeitslosigkeit, die sich im Angesicht der sich stetig fortentwickelnden Wissensgesellschaft nur schwerlich abwenden lässt. Der Schule kommt insofern die Wirkung einer „Zuteilungsapparatur von Lebens-Chancen" zu.[1032] Aus volkswirtschaftlicher Sicht muss der Anteil an Schülern, die keinen Schulabschluss erwerben, daher so gering wie möglich gehalten werden.

Dem Gesetzgeber kommt bei der Schaffung von gesetzlichen Regelungen eine Einschätzungsprärogative zu, die jedoch im Falle der späteren Erkenntnis der Verfassungswidrigkeit des Gesetzes oder soweit lediglich unbewiesene, hypothetische Kausalverläufe die Grundlage bilden sollen, eingeschränkt wird. Derzeit besteht ein gesetzlicher Maßnahmendschungel, der durch seine fehlenden Kernaussagen kaum handhabbar für die Rechtsanwender in der Praxis ist. Auf den ersten Blick wirken die schulordnungsrechtlichen Normierungen der Landesgesetzgeber recht identisch. Bei näherer Betrachtung werden dennoch schnell strukturelle Unterschiede offensichtlich, die sich zum einen in der Maßnahmenanzahl äußern als auch durch die inhaltlichen Differenzierungen erkennbar sind. Die Landesgesetzgeber sind dazu aufgerufen ihren Schulen ein zuverlässiges und benutzerfreundliches gesetzliches Instrumentarium zur Verfügung zu stellen, um schulischen Konflikten und Fehlverhalten von Schülern gewinnbringend begegnen zu können. Es bedarf daher einer weiteren Ausrichtung und Anpassung des Schulrechts in diesem Bereich an die aufgezeigten verfassungsrechtlichen Maßstäbe. Die Landesgesetzgeber sollten zudem Studien und Untersuchungen zur Wirkung der Ordnungsmaßnahmen durchführen, insbesondere zum längeren zeitweiligen Ausschluss und zum Schulverweis, um Erkenntnisse zu ihren Folgen zu erheben und auswerten zu können. Ohne diese Ergebnisse lässt sich die pädagogische Eignung der Maßnahmen zum gegenwärtigen Zeitpunkt – auch mangels hinreichender erziehungswissenschaftlicher Literatur – nicht bestätigen. Diese Arbeit kann im Hinblick auf die pädagogische Handhabung von Verhaltensstörungen nur Anreize und Denkanstöße bieten, was zum einen daran liegt, dass die Verfasserin lediglich eine juristische und keine erzieherische Profession besitzt und zum anderen selbst als Mitglied der Schulverwaltung regelmäßige Rechtsanwenderin der benannten

1032 *Schelsky*, Schule und Erziehung in der industriellen Gesellschaft, S. 18.

(baden-württembergischen) schulordnungsrechtlichen Vorschriften ist. Die aufgezeigten Ansätze zu den Problematiken müssen folglich ergänzend aus pädagogischer Sicht intensiv geprüft und bewertet werden.

Soweit Fehlverhalten und Verhaltensstörungen im schulischen Kontext auftreten, wird die Notwendigkeit sowohl präventiver als auch repressiver unterstützender Maßnahmen in Form der Zusammenarbeit zwischen Schule, Eltern und Beratungsstellen offensichtlich. Die Schulen müssen befähigt werden, die Schüler umfassend auf ihrem Bildungsweg zu unterstützen und sie zu mündigen Bürgern der Gesellschaft heranziehen zu können. Da der erzieherischen Komponente aufgrund des hektischen Schulalltags oftmals wenig Beachtung zukommt, ist es elementar wichtig frühzeitig Fachkräfte in die Erziehung einzubinden. Die Jugendhilfe, die Schulsozialarbeit und die schulpsychologischen Beratungsstellen bilden in Ergänzung zu den schulischen Angeboten fachlich versierte externe Kooperationspartner für die Bewältigung von Erziehungsschwierigkeiten bei jungen Menschen. Es darf nie die Intention verlassen werden pädagogisch sinnvolle und nachhaltige Lösungen zu suchen, sodass eine formalisierte pädagogische Handhabung, die den jeweiligen Schülerfall nach „Bearbeitung“ zu den Akten legt, unbedingt vermieden werden sollte. Zu jedem Zeitpunkt muss das Ziel angestrebt werden, den Schüler in das Zentrum schulischen Handelns zu stellen. Dies impliziert eine Prüfung des konkreten Nutzens von schulordnungsrechtlichen Maßnahmen vor ihrem Gebrauch und eine Orientierung an den Bedürfnissen des Schülers, um ihm eine Hilfestellung geben zu können und damit so weitgehend wie möglich eine Perspektive für die Zukunft aufzuzeigen.

Zusammenfassung in Thesen

1. Die schulordnungsrechtlichen Maßnahmen können in sogenannte pädagogische Maßnahmen und Ordnungsmaßnahmen unterschieden werden, wobei die gebrauchten Begrifflichkeiten in den einzelnen Schulgesetzen erheblich voneinander abweichen.
2. Mit der Verhängung von Erziehungs- und Ordnungsmaßnahmen werden verschiedene Schutzzwecke verfolgt. Zum einen sollen die Funktionsfähigkeit des Erziehungs- und Bildungsauftrages, die Erfüllung der Schulbesuchspflicht und die Einhaltung der Schulordnung sichergestellt werden. Daneben wird der Schutz von Personen und Sachen gewährleistet.
3. Der Anwendung von Erziehungs- und Ordnungsmaßnahmen liegen spezialpräventive und generalpräventive Gesichtspunkte zugrunde.
4. Ein außerschulisches Fehlverhalten kann nur dann als Anknüpfungspunkt für die Verhängung von Erziehungs- und Ordnungsmaßnahmen dienen, soweit das Fehlverhalten mit dem schulischen Kontext kausal verknüpft ist und auf die schulischen Schutzzwecke einwirkt.
5. Die in den Schulgesetzen aufgeführte Reihenfolge der Ordnungsmaßnahmen ist nicht bindend. Eine gesetzliche Konkretisierung hierzu ist nicht zwingend notwendig, wäre aber im Sinne einer Klarstellung für den Rechtsanwender und der Förderung einer einheitlichen Rechtsanwendung zu begrüßen.
6. Bei welchen Regelungen der Vorbehalt des Gesetzes und somit die Zuständigkeit des Gesetzgebers im Hinblick auf Ordnungsmaßnahmen begründet wird, kann nicht anhand der bisherigen schulrechtlichen Rechtsprechung bestimmt werden.
7. Für den Bereich der Ordnungsmaßnahmen kommt dem Gesetzgeber ein Regelungsauftrag zu, da die Materie eine hohe Grundrechtsintensivität aufweist und verschiedene grundgesetzliche Gewährleistungen in Ausgleich bringt.
8. Die Bedeutung des Vorbehalts des Gesetzes erschöpft sich nicht in der reinen Schaffung einer parlamentarischen Grundlage, sondern das Gesetz muss ebenfalls eine hinreichende Bestimmtheit aufweisen.
9. Es besteht bei Ordnungsmaßnahmen ein Spannungsverhältnis zwischen den verfassungsrechtlichen Anforderungen des Vorbehalts des Gesetzes und den pädagogischen Eigengesetzlichkeiten des Schulwesens.

10. Die im jeweiligen Fall einzuhaltenden Anforderungen an die Regelungsdichte einer Norm sind abhängig von der Intensität, mit der die Vorschrift auf Grundrechte des Normadressaten einwirkt. Das Erfordernis flexibler Regelungen, das Vorliegen entwicklungsoffener Sachverhalte sowie die pädagogische Freiheit der Lehrkräfte führen nicht zwingend zu einer Herabsetzung des Bestimmtheitsgrades.
11. Im Hinblick auf die schulischen Generalklauseln beschränken sich die Schulgesetze auf die Normierung von generellen Verhaltensanweisungen, denen die Schüler Folge zu leisten haben. Diese können somit nicht als gesetzliche Grundlage für Grundrechtsbeschränkungen gegenüber Schülern herangezogen werden.
12. Die gesetzlichen Regelungen der Länder zur Maßnahme der Überweisung in die Parallelklasse geben überwiegend einen rechtlichen Rahmen vor, der Orientierungswert für die Verwaltung aufweist, wenngleich konkrete Voraussetzungen zur Anwendung der Maßnahme mehrheitlich ausbleiben.
13. Die Vorschriften der Schulgesetze zum zeitweiligen Verweis eines Schülers wahren teilweise die Anforderungen des Vorbehalts des Gesetzes. In Bezug auf die Verhältnismäßigkeit der Maßnahme ist Nachbesserungsbedarf festzustellen.
14. Die Maßnahme des Ausschlusses von Klassen- und Schulveranstaltungen ist vor dem Hintergrund der Anwendbarkeit auf jegliches Fehlverhalten – ohne Begrenzung auf die Gefährdung von Personen und deren Sicherheit – nicht verhältnismäßig.
15. Für die Maßnahme des Schulausschlusses müssen eigene tatbestandliche Kriterien vorgegeben werden, um eine Abgrenzung zu den anderen Ordnungsmaßnahmen zu ermöglichen. Vor Verhängung der Maßnahme der Zuweisung oder der Entlassung ist zudem eine vorherige sozialpädagogische oder schulpsychologische Beteiligung sicherzustellen.
16. Die gesetzlichen Regelungen zum Verweis eines Schülers von einer Schulart entsprechen nicht den verfassungsrechtlichen Vorgaben des Vorbehalts des Gesetzes. Zudem ist die Maßnahme nicht verhältnismäßig.
17. Die gesetzlichen Vorschriften zum Ausschluss eines Schülers aus allen öffentlichen Schulen beinhalten keine Bedingungen, wann die Maßnahme verhängt werden darf. Aufgrund des dem Schüler zustehenden Bildungsanspruches ist eine gänzliche Entfernung aus dem vorhandenen staatlichen Bildungssystem nicht gerechtfertigt und somit nicht verfassungsgemäß.
18. Bei Fehlverhalten und Verhaltensstörungen im schulischen Kontext sind sowohl präventive als auch repressive unterstützende Maßnahmen in Form der Zusammenarbeit zwischen Schule, Eltern und Beratungsstellen zu ergreifen.

Literaturverzeichnis

Abeldt, Sönke: Erziehung – Moral – Recht. Moralische Spannung und institutionelle Vermittlung des Erzieherhandelns, Münster 2001 (zit. als *Abeldt,* Erziehung – Moral – Recht, S.)

Abraham, Martin/*Hinz,* Thomas (Hrsg.): Arbeitsmarktsoziologie. Probleme, Theorien, empirische Befunde, 3. Aufl., Wiesbaden 2018 (zit. als *Bearbeiter,* in: Abraham/Hinz, Arbeitsmarktsoziologie, S.)

Allmendinger, Jutta/*Giesecke,* Johannes/*Oberschachtsiek,* Dirk: Unzureichende Bildung: Folgekosten für die öffentlichen Haushalte. Eine Studie des Wissenschaftszentrum Berlin für Sozialforschung im Auftrag der Bertelsmann Stiftung, Gütersloh 2011 (zit. als *Allmendinger/Giesecke/Oberschachtsiek,* Unzureichende Bildung, S.)

Amler, Felicitas: Pflicht und Ethik, https://www.sueddeutsche.de/muenchen/wolfratshausen/fridays-for-future-pflicht-und-ethik-1.4369367, zuletzt abgerufen am 01.05.2022

Amos, Karin/*Cremer-Schäfer,* Helga (Hrsg.): Saubere Schulen. Vom Ausbrechen und Ausschließen Jugendlicher, Baden-Baden 2007 (zit. als *Bearbeiter,* in: Amos/Cremer-Schäfer, Saubere Schulen, S.)

Anger, Thorsten: Islam in der Schule: Rechtliche Wirkungen der Religionsfreiheit und der Gewissensfreiheit sowie des Staatskirchenrechts im öffentlichen Schulwesen, Berlin 2003 (zit. als *Anger,* Islam in der Schule, S.)

— Was bedeutet und wie wichtig ist der „Schulfrieden"? Zur Lösung religiöser Konflikte in der Schule, KritV 2005, 52 – 66

Autorengruppe Bildungsberichterstattung: Bildung in Deutschland 2018. Ein indikatorengestützter Bericht mit einer Analyse zu Wirkungen und Erträgen von Bildung, Berlin 2018 (zit. als *Autorengruppe Bildungsberichterstattung,* Bildung in Deutschland 2018, S.)

Avenarius, Hermann: Schulische Selbstverwaltung – Grenzen und Möglichkeiten, RdJB 1994, 256 – 269

— Bildungsstandards auf dem rechtlichen Prüfstand, RdJB 2005, 423 – 435

— Schulpflicht vs. Homeschooling. Die neuere Rechtsprechung des BVerfG zur Integrationsaufgabe der öffentlichen Schule, NZFam 2015, 342 – 346

Avenarius, Hermann/*Hanschmann,* Felix: Schulrecht. Ein Handbuch für Praxis, Rechtsprechung und Wissenschaft, 9. Aufl., Köln 2019 (zit. als *Avenarius/Hanschmann,* Schulrecht, S.)

Avenarius, Hermann/*Heckel*, Hans: Schulrechtskunde. Ein Handbuch für Praxis, Rechtsprechung und Wissenschaft, 7. Aufl., Neuwied 2000 (zit. als *Avenarius/ Heckel*, Schulrechtskunde, S.)

Barczak, Tristan: Der Übergang von der Grundschule in die Sekundarstufe als Grundrechtsproblem. Eine rechtliche Untersuchung unter Berücksichtigung sozialer Herkunftseffekte, Baden-Baden 2011 (zit. als *Barczak*, Der Übergang von der Grundschule, S.)

Bauer, Hartmut: Der Gesetzesvorbehalt im Subventionsrecht, DÖV 1983, 53 – 60

Bayerischer Lehrer- und Lehrerinnenverband e. V.: Verrechtlichung der Schule. Erscheinungsformen, Ursachen, Entwicklungstendenzen und etwaige Abhilfemöglichkeiten, München 1980 (zit. als *Bayerischer Lehrer- und Lehrerinnenverband e. V.*, Verrechtlichung der Schule, S.)

Beaucamp, Guy: Zur rechtlichen Relevanz pädagogischer Freiheit, RdJB 2015, 149 – 159

Becker, Ulrich/*Hatje*, Armin/*Schoo*, Johann/*Schwarze*, Jürgen (Hrsg.): EU-Kommentar, 4. Aufl., Baden-Baden 2019 (zit. als *Bearbeiter*, in: Becker/Hatje/ Schoo/Schwarze, EU-Kommentar, Norm, Rn.)

Behörde für Schule und Berufsbildung Hamburg, Referat Datenmanagement: Verteilung der Schüler nach Schulform und Jahrgangsstufe an Hamburger allgemeinbildenden Schulen im Schuljahr 2014/15, https://www.hamburg.de/contentblob/4463494/edd76dce0626e09d1c25f196cad30bcb/data/2014-15-uebersicht-schuelerzahlen-schulform-jahrgangsstufe.pdf, zuletzt abgerufen am 01.05.2022

Berkemeyer, Nils/*Mende*, Lisa: Bildungswissenschaftliche Handlungsfelder des Lehrkräfteberufs. Eine Einführung, Münster 2018

Bertram, Hartmut/*Horn*, Jan/*Link*, Birgit/*Schulte*, Claus/*Wolfrum*, Natalie: Sächsisches Schulgesetz, Kommentar, 8. Aufl., Köln 2018

Beyme, Klaus von: Der Gesetzgeber. Der Bundestag als Entscheidungszentrum, Opladen 1997 (zit. als *von Beyme*, Der Gesetzgeber, S.)

Blumenthal, Yvonne/*Casale*, Gino/*Hartke*, Bodo/*Hennemann*, Thomas/*Hillenbrand*, Clemens/*Vierbuchen*, Marie-Christine: Kinder mit Verhaltensauffälligkeiten und emotional sozialen Entwicklungsstörungen. Förderung in inklusiven Schulklassen, Stuttgart 2020 (zit. als *Blumenthal/Casale/Hartke/ Hennemann/Hillenbrand/Vierbuchen*, Kinder mit Verhaltensauffälligkeiten, S.)

Boelmann, Jan/*Roberg*, Thomas/*Sawatzki*, Dennis/*Schlechter*, Dirk/*Schneider*, Jost: Erziehungs- und Ordnungsmaßnahmen sinnvoll einsetzen. Das Praxisbuch, 3. Aufl., Augsburg 2019 (zit. als *Bearbeiter*, in: Boelmann/Roberg/ Sawatzki/Schlechter/Schneider, Erziehungs- und Ordnungsmaßnahmen Praxisbuch, S.)

Bogdandy, Armin von: Gubernative Rechtsetzung. Eine Neubestimmung der Rechtsetzung und des Regierungssystems unter dem Grundgesetz in der Perspektive gemeineuropäischer Dogmatik, Tübingen 1999 (zit. als *von Bogdandy*, Gubernative Rechtsetzung, S.)

Böhm, Thomas: Grundkurs Schulrecht II. Zentrale Fragen zur Aufsichtspflicht und zu Erziehungs- und Ordnungsmaßnahmen, Köln 2007 (zit. als *Böhm*, Grundkurs Schulrecht II, S.)

Böhm, Winfried/*Seichter*, Sabine: Wörterbuch der Pädagogik, 17. Aufl., Paderborn 2017

Borowski, Martin: Die Glaubens- und Gewissensfreiheit des Grundgesetzes, Tübingen 2006

Borrmann, Alexandra: Der Schutz der Berufsfreiheit im deutschen Verfassungsrecht und im europäischen Gemeinschaftsrecht. Eine rechtsvergleichende Studie, Berlin 2002 (zit. als *Borrmann*, Der Schutz der Berufsfreiheit, S.)

Bothe, Michael: Erziehungsauftrag und Erziehungsmaßstab der Schule im freiheitlichen Verfassungsstaat, VVDStRL 54 (1994), 7 – 46

Bräth, Peter: Durchsetzung der Schulbesuchspflicht, RdJB 2007, 317 – 322

Brocker, Lars/*Droege*, Michael/*Jutzi*, Siegfried (Hrsg.): Verfassung für Rheinland-Pfalz, Handkommentar, Baden-Baden 2014

Brückner, Jens: Elternrechte – Was können Eltern zu ihrer Rechtsverteidigung tun?, FPR 2007, 470 – 473

Bryde, Brun-Otto: Parlamentsvorbehalt im Schulverhältnis, DÖV 1982, 243 – 244

Bulla, Simon: Freiheit der Berufswahl. Verfassungs- und gemeinschaftsrechtliche Determinanten des Berufszugangs am Beispiel des Handwerksrechts, Baden-Baden 2009 (zit. als *Bulla*, Freiheit der Berufswahl, S.)

Bundesagentur für Arbeit: Arbeitsmarkt nach Qualifikation, Jahreswerte 2020, Nürnberg 2021

Bundesministerium der Justiz und für Verbraucherschutz: Bekanntmachung des Handbuchs der Rechtsförmlichkeit, 3. Aufl., Köln 2008

Bundesministerium für Arbeit und Soziales (Hrsg.): Der Vierte Armuts- und Reichtumsbericht der Bundesregierung, Bonn 2013 (zit. als *BMAS*, Der Vierte Armuts- und Reichtumsbericht der Bundesregierung, Ziff., S.)

— Der Fünfte Armuts- und Reichtumsbericht der Bundesregierung, Bonn 2017 (zit. als *BMAS*, Der Fünfte Armuts- und Reichtumsbericht der Bundesregierung, Ziff., S.)

Busch, Bernhard: Das Verhältnis des Art. 80 Abs. 1 S. 2 GG zum Gesetzes- und Parlamentsvorbehalt, Berlin 1992

Buschmann, Arno: Monarchie und Schulrecht. Schule, Schulherrschaft, Vorbehalt des Gesetzes und besonderes Gewaltverhältnis im preußischen Schulrecht des 19. Jahrhunderts, RdJB 2012, 432 – 441

Calliess, Christian/*Ruffert,* Matthias: EUV/AEUV. Das Verfassungsrecht der Europäischen Union mit europäischer Grundrechtecharta, 5. Aufl., München 2016 (zit. als *Calliess/Ruffert*, EUV/AEUV, Norm, Rn.)

Campenhausen, Axel von/*De Wall*, Heinrich: Staatskirchenrecht. Eine systematische Darstellung des Religionsverfassungsrechts in Deutschland und Europa, 4. Aufl., München 2006

Clement, Walter: Der Vorbehalt des Gesetzes, insbesondere bei öffentlichen Leistungen und öffentlichen Einrichtungen, Diss. Tübingen 1987 (zit. als *Clement*, Der Vorbehalt des Gesetzes, S.)

Daschner, Peter (Hrsg.): Schulautonomie – Chancen und Grenzen. Impulse für die Schulentwicklung, München 1995 (zit. als *Bearbeiter*, in: Daschner, Schulautonomie – Chancen und Grenzen, S.)

De Maizière, Thomas: Religion im öffentlichen Raum. Spaltung oder Zusammenhalt der Gesellschaft?, Baden-Baden 2020 (zit. als *De Maizière*, Religion im öffentlichen Raum, S.)

Der Tagesspiegel: Burka-Trägerinnen von Unterricht suspendiert, https://www.tagesspiegel.de/politik/bonner-schule-burka-traegerinnen-von-unterricht-suspendiert/706668.html, zuletzt abgerufen am 01.05.2022

Die Welt: Auch christliche Schulen müssen Kopftuch erlauben, https://www.welt.de/regionales/nrw/article148665278/Auch-christliche-Schulen-muessen-Kopftuch-erlauben.html, zuletzt abgerufen am 01.05.2022

Dinkelmann, Jürg: Die Rechtsstellung des Schülers im Schülerdisziplinarrecht, Zürich 1985

Dirnaichner, Udo/*Wachsmuth*, Hans: Bayerisches Gesetz über das Erziehungs- und Unterrichtswesen (BayEUG), Kommentar, 24. Aktualisierung, München 2020

Döhler, Marian: Die politische Steuerung der Verwaltung. Eine empirische Studie über politisch-administrative Interaktionen auf der Bundesebene, Baden-Baden 2007 (zit. als *Döhler*, Die politische Steuerung der Verwaltung, S.)

Dörr, Oliver/*Grote*, Rainer/*Marauhn*, Thilo (Hrsg.): EMRK/GG Konkordanz-Kommentar, Band II, 2. Aufl., Tübingen 2013

Dreeben, Robert: Was wir in der Schule lernen, Frankfurt am Main 1980

Dreier, Horst: Zur „Eigenständigkeit“ der Verwaltung, Die Verwaltung 25 (1992), 137 – 156

Dudenredaktion (Hrsg.): Duden. Das Bedeutungswörterbuch, 5. Aufl., Berlin 2018

Ebert, Felix (Hrsg.): Schulrecht Baden-Württemberg, Kommentar, 2. Aufl., Stuttgart 2017 (zit. als *Bearbeiter*, in: Schulrecht Baden-Württemberg, Kommentar, Norm, Rn.)

Eggebrecht, Petra: Schulsituation, Schreiben v. 28.02.2006, https://www.tagesspiegel.de/downloads/13375408/2/ruetli-schulsituation.pdfke, zuletzt abgerufen am 01.05.2022

Eiding, Lutz/*Hofmann-Hoeppel*, Jochen (Hrsg.): Verwaltungsrecht. Schriftsatzmuster und Erläuterungen, 2. Aufl., Baden-Baden 2017 (zit. als *Bearbeiter*, in: Eiding/Hofmann-Hoeppel, Verwaltungsrecht, Norm, Rn.)

Engelbrecht, Kai: Verfassungsrechtliche Fragen der Einführung von Ethikunterricht in den öffentlichen Schulen des Landes Berlin, RdJB 2006, 362 – 376

Ennuschat, Jörg: Völker-, europa- und verfassungsrechtliche Rahmenbedingungen der Schulpflicht, RdJB 2007, 271 – 291

Evers, Hans-Ulrich: Verwaltung und Schule, VVDStRL 23 (1966), 147 – 198

Eyermann, Erich: Verwaltungsgerichtsordnung Kommentar, 15. Aufl., München 2019 (zit. als *Bearbeiter*, in: Eyermann, Verwaltungsgerichtsordnung Kommentar, Norm, Rn.)

Fauser, Peter: Pädagogische Freiheit in Schule und Recht, Weinheim 1986

Fehrmann, Joachim: Schulgesetz Nordrhein-Westfalen. Schulrecht NRW im Überblick mit Erläuterungen für Ausbildung und Praxis, 7. Aufl., Köln 2020 (zit. als *Fehrmann*, Schulgesetz Nordrhein-Westfalen, S.)

Fischer, Stefan/*Meysen*, Thomas: Jugendamt und Schulschwänzen: Aufgaben und Erwartungen, FPR 2007, 473 – 477

Fliedner, Ortleb: Die Zumessung der Disziplinarmaßnahmen, Berlin 1972

Franke, Monika: Grundrechte des Schülers und Schulverhältnis, Neuwied 1974

Füssel, Hans-Peter/*Kretschmann*, Rudolf: Verträge im Bildungsbereich – Chancen und Grenzen, RdJB 2005, 56 – 70

Galas, Dieter/*Krömer*, Friedrich-Wilhelm/*Nolte*, Gerald/*Ulrich*, Karl-Heinz: Niedersächsisches Schulgesetz, Kommentar, 11. Aufl., Hürth 2021

Gast, Ellen: Das Grundrecht auf Bildung. Gerechte Zugangs-, Teilhabe- und Entwicklungschancen im Bildungssystem unter besonderer Berücksichtigung sozioökonomischer und soziokultureller Faktoren, Berlin 2019 (zit. als *Gast*, Das Grundrecht auf Bildung, S.)

Geissler, Erich: Erziehungsmittel, 6. Aufl., Bad Heilbrunn 1982

Geitmann, Roland: Bundesverfassungsgericht und „offene" Normen: zur Bindung des Gesetzgebers an Bestimmtheitserfordernisse, Berlin 1971 (zit. als *Geitmann*, Bundesverfassungsgericht und „offene" Normen, S.)

Gerlach, Jens: Entscheidungsspielräume der Verwaltung. Die Lehre vom einheitlichen administrativen Entscheidungsspielraum und ihre Ausprägungen im Kartellvergaberecht, Baden-Baden 2018 (zit. als *Gerlach*, Entscheidungsspielräume der Verwaltung, S.)

Girsberger, Thomas: Die vielen Farben des Autismus. Spektrum, Ursachen, Diagnose, Therapie und Beratung, 5. Aufl., Stuttgart 2020 (zit. als *Girsberger*, Autismus, S.)

Glaser, Andreas: Grundrechtlicher Schutz der Ehre im Internetzeitalter, NVwZ 2012, 1432 – 1438

Greene, Ross: Verloren in der Schule. Wie wir herausfordernden Kindern helfen können, 2. Aufl., Bern 2019 (zit. als *Greene*, Verloren in der Schule, S.)

Grimm, Dieter (Hrsg.): Wachsende Staatsaufgaben – sinkende Steuerungsfähigkeit des Rechts, Baden-Baden 1990

Grossmann, Günther/*Schmitz*, Willi: Sonderpädagogik verhaltensgestörter Kinder, Berlin 1969

Große, Stefanie: Qualität des öffentlichen Schulwesens als Verfassungsgebot? Zugleich zum Institut der schulischen Eigenverantwortung, Bochum 2018 (zit. als *Große*, Qualität des öffentlichen Schulwesens als Verfassungsgebot?, S.)

Grumbach, Joachim/*Bickenbach*, Christian/*Seckelmann*, Margit/*Thews*, Michael (Hrsg.): Schulgesetz Rheinland-Pfalz (SchulG). Loseblatt-Kommentar mit Ausführungsbestimmungen, 21. Aktualisierung, Wiesbaden 2019 (zit. als *Bearbeiter*, in: Grumbach/Bickenbach/Seckelmann/Thews, Schulgesetz Rheinland-Pfalz Kommentar, Norm, Ziff.)

Häberle, Peter: Berufsständische Satzungsautonomie und staatliche Gesetzgebung. Zur Facharztentscheidung des BVerfG vom 1972-05-09, DVBl. 1972, 909 – 913

Hage, Karl-Heinz/*Staupe*, Jürgen: Schulrecht von A-Z, München 1985

Hanschmann, Felix: Schulische Ordnungsmaßnahmen und die Nutzung moderner Aufzeichnungs- und Kommunikationstechniken, in: NVwZ 2008, 1295 – 1299

— Cybermobbing und Schulordnungsmaßnahmen, RdJB 2010, 445 – 459

Haug, Volker (Hrsg.): Verfassung des Landes Baden-Württemberg, Handkommentar, Baden-Baden 2018

Heck, Gerhard/*Tschampa*, Helmut: Konfliktregelung in der Schule. Eine kritische Analyse von Zielsetzungen und Funktionen der Schulordnungen in den

Ländern der Bundesrepublik Deutschland, Weinheim 1976 (zit. als *Heck/Tschampa*, Konfliktregelung in der Schule, S.)

Hennecke, Frank: Staat und Unterricht. Die Festlegung didaktischer Inhalte durch den Staat im öffentlichen Schulwesen, Berlin 1972 (zit. als *Hennecke*, Staat und Unterricht, S.)

Hennemann, Thomas/*Hövel*, Dennis/*Casale*, Gino/*Hagen*, Tobias/*Fitting-Dahlmann*, Klaus: Schulische Prävention im Bereich Verhalten, 2. Aufl., Stuttgart 2017

Herzog, Roman: Gesetzgebung und Einzelfallgerechtigkeit, NJW 1999, 25 – 28

Hoegg, Günther: Die Gefahren des OWiG für die Schule, RdJB 1987, 298 – 307

— Sind Schulausschlussmaßnahmen verfassungskonform?, RdJB 1998, 352 – 361

Hoffmann, Birgit: Das Verhältnis von Gesetz und Recht. Eine verfassungsrechtliche und verfassungstheoretische Untersuchung zu Art. 20 Abs. 3 GG, Berlin 2003 (zit. als *Hoffmann*, Das Verhältnis von Gesetz und Recht, S.)

Hoffmann-Riem, Wolfgang: Gesetz und Gesetzesvorbehalt im Umbruch. Zur Qualitäts-Gewährleistung durch Normen, AöR 130 (2005), 5 – 70

Hoffmann-Riem, Wolfgang/*Schmidt-Aßmann*, Eberhard/*Voßkuhle*, Andreas: Grundlagen des Verwaltungsrechts. Band I. Methoden, Maßstäbe, Aufgaben, Organisation, München 2006 (zit. als *Hoffmann-Riem/Schmidt-Aßmann/Voßkuhle*, Grundlagen des Verwaltungsrechts. Band I, S.)

Hopf, Christel/*Nevermann*, Knut/*Richter*, Ingo: Schulaufsicht und Schule. Eine empirische Analyse der administrativen Bedingungen schulischer Erziehung, Stuttgart 1980 (zit. als *Hopf/Nevermann/Richter*, Schulaufsicht und Schule, S.)

Hovestadt, Gertrud/*Eggers*, Nicole: Soziale Ungleichheit in der allgemeinbildenden Schule. Ein Überblick über den Stand der empirischen Forschung unter Berücksichtigung berufsbildender Wege zur Hochschulreife und der Übergänge zur Hochschule, Rheine 2007 (zit. als *Hovestadt/Eggers*, Soziale Ungleichheit in der allgemeinbildenden Schule, S.)

Hufen, Friedhelm: Rechtschreibreform – Karlsruhe locuta, RdJB 1998, 472 – 480

— Der verfassungsrechtliche Rahmen des Berufsbildungsrechts nach dem Grundgesetz, RdJB 2003, 58 – 68

Hürlimann, Werner: Für die Schule nicht mehr zumutbar. Der Schulausschluss als behördliche Reaktion auf abweichendes Schülerverhalten im 20. Jahrhundert in Schweizer Volksschulen, Bern 2007 (zit. als *Hürlimann*, Für die Schule nicht mehr zumutbar, S.)

Institut für Bildungsforschung und Bildungsrecht e. V./Deutsches Institut für Internationale Pädagogische Forschung (Hrsg.): Zur Rechtsstellung der

Schülerinnen und Schüler – heute, Baden-Baden 2014 (zit. als *Bearbeiter*, in: Institut für Bildungsforschung und Bildungsrecht e. V./Deutsches Institut für Internationale Pädagogische Forschung, Zur Rechtsstellung der Schülerinnen und Schüler – heute, S.)

Ipfling, Heinz-Jürgen (Hrsg.): Die emotionale Dimension in Unterricht und Erziehung, München 1974 (zit. als *Bearbeiter*, in: Ipfling, Die emotionale Dimension in Unterricht und Erziehung, S.)

Ipsen, Jörn: Rechtsfolgen der Verfassungswidrigkeit von Norm und Einzelakt, Baden-Baden 1980

— Karlsruhe locuta, causa non finita – Das BVerfG im so genannten „Kopftuch-Streit", NVwZ 2003, 1210 – 1213

Isensee, Josef/*Kirchhof*, Paul (Hrsg.): Handbuch des Staatsrechts der Bundesrepublik Deutschland, Band II: Verfassungsstaat, 3. Aufl., Heidelberg 2004 (zit. als *Bearbeiter*, in: Isensee/Kirchhof, Handbuch des Staatsrechts der Bundesrepublik Deutschland, Band II, Norm, Rn.)

— Handbuch des Staatsrechts der Bundesrepublik Deutschland, Band V: Rechtsquellen, Organisation, Finanzen, 3. Aufl., Heidelberg 2007 (zit. als *Bearbeiter*, in: Isensee/Kirchhof, Handbuch des Staatsrechts der Bundesrepublik Deutschland, Band V, Norm, Rn.)

Jäger, Marc: Verschärfter Verweis durch Schulleiter wegen negativer Äußerung über Lehrer auf Bewertungsplattform im Internet, jurisPR-ITR 10/2011, Anm. 6

Jarass, Hans: Charta der Grundrechte der Europäischen Union unter Einbeziehung der sonstigen Grundrechtsregelungen des Primärrechts und der EMRK, 4. Aufl., München 2021 (zit. als *Jarass*, Charta der Grundrechte der EU, Norm, Rn.)

Jarass, Hans/*Pieroth*, Bodo: Grundgesetz für die Bundesrepublik Deutschland, 16. Aufl., München 2020

Jesch, Dietrich: Gesetz und Verwaltung. Eine Problemstudie zum Wandel des Gesetzmäßigkeitsprinzipes, Band 2, Tübingen 1961 (zit. als *Jesch*, Gesetz und Verwaltung, S.)

Jeske, Werner: Konfliktfeld Schule. Ursachen, Häufigkeit, vorbeugende Maßnahmen, pädagogische Stützmaßnahmen, Methoden der Hilfe, Düsseldorf 1981 (zit. als *Jeske*, Konfliktfeld Schule, S.)

Johlen, Heribert/*Oerder*, Michael: Münchener Anwaltshandbuch Verwaltungsrecht, 4. Aufl., München 2017

Jülicher, Tim: Cybermobbing in der Schule, NJW 2019, 2801 – 2805

Jürgens, Barbara: Schwierige Schüler? Disziplinkonflikte in der Schule, 2. Aufl., Baltmannsweiler 2017

Just, Annette: Schulsozialpädagogik an Gymnasien, warum?, Münster 2004
— Handbuch Schulsozialarbeit, 3. Aufl., Münster 2020

Karpenstein, Ulrich/*Mayer*, Franz (Hrsg.): Konvention zum Schutz der Menschenrechte und Grundfreiheiten, Kommentar, 2. Aufl., München 2015 (zit. als *Bearbeiter*, in: Karpenstein/Mayer, Konvention zum Schutz der Menschenrechte und Grundfreiheiten, Norm, Rn.)

Kell, Adolf: Schulverfassung. Thesen, Konzeptionen, Entwürfe, München 1973

Keller, Gustav: Disziplinmanagement in der Schulklasse. Unterrichtsstörungen vorbeugen – Unterrichtsstörungen bewältigen, Bern 2008 (zit. als *Keller*, Disziplinmanagement in der Schulklasse, S.)

Kersten, Jens: Homogenitätsgebot und Landesverfassungsrecht, DÖV 1993, 896 – 902

Kielmansegg, Sebastian von: Das Sonderstatusverhältnis, JA 2012, 881 – 887

Kingreen, Thorsten/*Poscher*, Ralf: Grundrechte. Staatsrecht II, 36. Aufl., Heidelberg 2020

Kisker, Gunter: Neue Aspekte im Streit um den Vorbehalt des Gesetzes, NJW 1977, 1313 – 1320

Kisker, Gunter/*Scholz*, Rupert/*Bismark*, Hans/*Avenarius*, Hermann: Schule im Rechtsstaat, Band II, München 1980

Kloepfer, Michael: Der Vorbehalt des Gesetzes im Wandel, JZ 1984, 685 – 695

Kommission Schulrecht des Deutschen Juristentages: Schule im Rechtsstaat. Band I. Entwurf für ein Landesschulgesetz, München 1981

Kommunalverband für Jugend und Soziales Baden-Württemberg: Förderung der Jugendsozialarbeit an öffentlichen Schulen, https://www.kvjs.de/der-kvjs/service/publikationen-videos/detailansicht/27649, zuletzt abgerufen am 01.05.2022

Korte, Jochen: Disziplinprobleme im Schulalltag. Über den unpädagogischen Umgang mit schwierigen Schülern, Weinheim 1982 (zit. als *Korte*, Disziplinprobleme im Schullalltag, S.)

Krampen-Lietzke, Sabine: Der Dispens vom Schulunterricht aus religiösen Gründen, Berlin 2013

Krebs, Walter: Vorbehalt des Gesetzes und Grundrechte. Vergleich des traditionellen Eingriffsvorbehalts mit den Grundrechtsbestimmungen des Grundgesetzes, Berlin 1975

Kübler, Friedrich (Hrsg.): Verrechtlichung von Wirtschaft, Arbeit und sozialer Solidarität: vergleichende Analysen, Baden-Baden 1984

Kunze, Axel: Das Recht auf Bildung. Anforderungen an die rechtliche und politische Implementierung, Münster 2013 (zit. als *Kunze*, Das Recht auf Bildung, S.)

Lackner, Karl/*Kühl*, Kristian: Strafgesetzbuch, Kommentar, 29. Aufl., München 2018

Ladeur, Karl-Heinz: „Burkaverbot" in der Schule – Art. 7 Abs. 1 GG als Grundlage für eine „Religionspolitik" des Staates?, RdJB 2016, 379 – 386

Langenfeld, Christine: Integration und kulturelle Identität zugewanderter Minderheiten. Eine Untersuchung am Beispiel des allgemeinbildenden Schulwesens in der Bundesrepublik Deutschland, Tübingen 2001 (zit. als *Langenfeld*, Integration und kulturelle Identität zugewanderter Minderheiten, S.)

— Das Recht auf Bildung in der Europäischen Menschenrechtskonvention, RdJB 2007, 412 – 429

Lerche, Peter: Bayerisches Schulrecht und Gesetzesvorbehalt. Rechtsgutachten erstattet im Auftrag des Bayerischen Staatsministeriums für Unterricht und Kultus, München 1981 (zit. als *Lerche*, Bayerisches Schulrecht und Gesetzesvorbehalt, S.)

Löhning, Bernd: Der Vorbehalt des Gesetzes im Schulverhältnis, Berlin 1974

Lohse, Eva: Verwaltungsrechtliche Steuerung von schulischem Bildungserwerb. Neue Handlungsformen an öffentlichen Schulen, Baden-Baden 2015 (zit. als *Lohse*, Verwaltungsrechtliche Steuerung von schulischem Bildungserwerb, S.)

Mackowiak, Katja/*Satyam*, Antonio: ADHS und Schule. Grundlagen, Unterrichtsgestaltung, Kooperation und Intervention, Stuttgart 2016 (zit. als *Mackowiak/Satyam*, ADHS und Schule, S.)

Mahrenholz, Ernst: Darf die Schulverwaltung einer Schülerin das Tragen eines Schleiers in der Schule verbieten?, RdJB 1998, 287 – 303

Maunz, Theodor/*Dürig*, Günter: Grundgesetz, Band I, 93. Ergänzungslieferung, München 2020 (zit. als *Bearbeiter*, in: Maunz/Dürig, Grundgesetz, Norm, Rn.)

Maunz, Theodor/*Schmidt-Bleibtreu*, Bruno/*Klein*, Franz/*Bethge*, Herbert: Bundesverfassungsgerichtsgesetz, Kommentar, Band I, 60. Aufl., München 2020

Mayer, Otto: Deutsches Verwaltungsrecht, Band 1 und Band 2, 3. Aufl., Leipzig 1924

Menzel, Dirk/*Wiater*, Werner: Verhaltensauffällige Schüler. Symptome, Ursachen und Handlungsmöglichkeiten, Bad Heilbrunn 2009 (zit. als *Menzel/Wiater*, Verhaltensauffällige Schüler, S.)

Meyer, Barbara/*Tretter*, Tobias/*Englisch*, Uta: Praxisleitfaden auffällige Schüler und Schülerinnen. Basiswissen und Handlungsmöglichkeiten, 2. Aufl.,

Weinheim 2020 (zit. als *Meyer/Tretter/Englisch*, Praxisleitfaden auffällige Schüler, S.)

Meyer, Jürgen/*Hölscheidt*, Sven: Charta der Grundrechte der Europäischen Union, 5. Aufl., Baden-Baden 2019

Meyer-Ladewig, Jens/*Nettesheim*, Martin/*von Raumer*, Stefan: Europäische Menschenrechtskonvention, Kommentar, 4. Aufl., Baden-Baden 2017

Michel, Andrea/*Schreiber*, Elke: Prävention von Schulmüdigkeit und Reintegration von Schulverweigerern, RdJB 2006, 79 – 93

Minelli, Michéle: Endstation Schulausschluss? Über den Umgang mit schwierigen Schulkindern, Bern 2003 (zit. als *Minelli*, Endstation Schulausschluss?, S.)

Morgenthaler, Gerd: Freiheit durch Gesetz. Der parlamentarische Gesetzgeber als Erstadressat der Freiheitsgrundrechte, Tübingen 1999 (zit. als *Morgenthaler*, Freiheit durch Gesetz, S.)

Morlok, Martin: Der Gesetzgeber ist am Zug: Zum Kopftuchurteil des Bundesverfassungsgerichts, RdJB 2003, 381 – 392

Münder, Johannes/*Trenczek*, Thomas/*Boetticher*, Arne von/*Tammen*, Britta: Kinder- und Jugendhilferecht. Eine praxis- und sozialwissenschaftlich orientierte Darstellung des gesamten Kinder- und Jugendhilferechts, 9. Aufl., Baden-Baden 2020 (zit. als *Münder/Trenczek/von Boetticher/Tammen*, Kinder- und Jugendhilferecht, S.)

Münder, Johannes/*Wiesner*, Reinhard/*Meysen*, Thomas (Hrsg.): Kinder- und Jugendhilferecht. Handbuch, 2. Aufl., Baden-Baden 2011

Mutzeck, Wolfgang/*Pallasch*, Waldemar: Integration von Schülern mit Verhaltensstörungen, 4. Aufl., Weinheim 1992

Nettesheim, Martin: Grundgesetz und Verbot eines „Kinderkopftuchs“. Zur Diskussion über Kopftuchverbote für Schülerinnen, Tübingen 2019

Nevermann, Knut: Lehrplanrevision und Vergesetzlichung. Verfassungsrechtliche Grenzen und Parlamentarisierung curricularer Entscheidungen, VerwArch 71 (1980), 241 – 264

Nevermann, Knut/*Richter*, Ingo (Hrsg.): Rechte der Lehrer, Rechte der Schüler, Rechte der Eltern, München 1977

— Verfassung und Verwaltung der Schule. Eine Auswahl rechts- und sozialwissenschaftlicher Beiträge, Stuttgart 1979 (zit. als *Bearbeiter*, in: Nevermann/Richter, Verfassung und Verwaltung der Schule, S.)

Niehues, Norbert/*Rux*, Johannes: Schul- und Prüfungsrecht, Band I Schulrecht, 4. Aufl., München 2006

Oeter, Stefan/*Boysen*, Sigrid: Wissenschafts- und Bildungspolitik im föderalen Staat – ein strukturelles Problem?, RdJB 2005, 296 – 311

Oppermann, Thomas: Kulturverwaltungsrecht, Bildung – Wissenschaft – Kunst, Habil. Tübingen 1969 (zit. als *Oppermann*, Kulturverwaltungsrecht, S.)

— Gutachten C für den 51. Deutschen Juristentag, München 1976

Orth, Johannes: Verfassungsrechtliche Anforderungen an die Schulstruktur, NVwZ 2011, 14 – 19

Ossenbühl, Fritz: Zur Erziehungskompetenz des Staates, in: Festschrift für Friedrich Wilhelm Bosch zum 65. Geburtstag: 2. Dezember 1976, Hrsg. Habscheid, Walther, Bielefeld 1976, 751 – 762

Palmowski, Winfried: Systemische Beratung. Systemisch denken und systemisch beraten, 2. Aufl., Stuttgart 2014 (zit. als *Palmowski*, Systemische Beratung, S.)

Papier, Hans-Jürgen/*Möller*, Johannes: Das Bestimmtheitsgebot und seine Durchsetzung, AöR 122 (1997), 177 – 211

Paulsen, Friedrich: Das deutsche Bildungswesen in seiner geschichtlichen Entwicklung. Mit einem Geleitwort zur 3. Auflage von W. Münch und einem Nachwort zum Neudruck von Wilhelm Flitner, 3. Aufl., Darmstadt 1966 (zit. als *Paulsen*, Das deutsche Bildungswesen in seiner geschichtlichen Entwicklung, S.)

Peters, Anke: Erziehungs- und Ordnungsmaßnahmen im Schulrecht, Diss. Göttingen 1991

— Grundrechtseingriffe durch schulische Erziehungs- und Ordnungsmaßnahmen, RdJB 1994, 229 – 245

Petillon, Hanns: Der unbeliebte Schüler. Theoretische Grundlagen, empirische Untersuchungen, pädagogische Möglichkeiten, Braunschweig 1978 (zit. als *Petillon*, Der unbeliebte Schüler, S.)

Pieroth, Bodo: Erziehungsauftrag und Erziehungsmaßstab der Schule im freiheitlichen Verfassungsstaat, DVBl. 1994, 949 – 961

Pietzcker, Jost: Vorrang und Vorbehalt des Gesetzes, JuS 1979, 710 – 715

Popp, Kerstin/*Methner*, Andreas (Hrsg.): Schülerinnen und Schüler mit herausforderndem Verhalten. Hilfen für die schulische Praxis, Stuttgart 2014 (zit. als *Bearbeiter*, in: Popp/Methner, Schülerinnen und Schüler mit herausforderndem Verhalten, S.)

Poschner, Ralf/*Rux*, Johannes/*Langer*, Thomas: Das Recht auf Bildung. Völkerrechtliche Grundlagen und innerstaatliche Umsetzung, Baden-Baden 2009 (zit. als *Poschner/Rux/Langer*, Das Recht auf Bildung, S.)

Pottmeyer, Maria: Religiöse Kleidung in der öffentlichen Schule in Deutschland und England. Staatliche Neutralität und individuelle Rechte im Rechtsvergleich, Tübingen 2011 (zit. als *Pottmeyer*, Religiöse Kleidung in der öffentlichen Schule, S.)

Quenzel, Gudrun/*Hurrelmann*, Klaus (Hrsg.): Bildungsverlierer. Neue Ungleichheiten, Wiesbaden 2010

— Handbuch Bildungsarmut, Wiesbaden 2019

Rademacker, Hermann: Schuldistanz – eine Herausforderung für Schule und Jugendhilfe, RdJB 2006, 93 – 104

Rathke, Carola: Öffentliches Schulwesen und religiöse Vielfalt. Zugleich ein Beitrag zur Dogmatik von Art. 4 Abs. 1 und 2 GG, Art. 7 Abs. 1 GG und der staatlichen Pflicht zu weltanschaulich-religiöser Neutralität, Berlin 2005 (zit. als *Rathke*, Öffentliches Schulwesen und religiöse Vielfalt, S.)

Rauschenberger, Hans: Von der Schulzucht zur Verhaltensstörung. Bemerkungen zum Disziplinarproblem im Unterricht, Westermanns Pädagogische Beiträge 28, 665 – 671

Ricking, Heinrich: Schulabsentismus als Forschungsgegenstand, Oldenburg 2003

Rixen, Stephan: Krankheit oder Glaubensfreiheit?, NJW 2003, 1712 – 1715

Rückriem, Norbert: Disziplin in der Schule, Freiburg im Breisgau 1975

Rupp, Hans: Grundfragen der heutigen Verwaltungsrechtslehre, Diss. Tübingen 1965

Rux, Johannes: Die pädagogische Freiheit des Lehrers. Eine Untersuchung zur Reichweite und zu den Grenzen der Fachaufsicht im demokratischen Rechtsstaat, Berlin 2002 (zit. als *Rux*, Die pädagogische Freiheit des Lehrers, S.)

— Schulrecht, 6. Aufl., München 2018

Sachs, Michael (Hrsg.): Grundgesetz, 8. Aufl., München 2018 (zit. als *Bearbeiter*, in: Sachs, Grundgesetz, Norm, Rn.)

Schelsky, Helmut: Schule und Erziehung in der industriellen Gesellschaft, Würzburg 1957

Schmidt, Walter: „Schulprogramm" und pädagogische Eigenverantwortung in der Schule. Schulrechtliche Entwicklungen am Beispiel der hessischen Schulgesetznovelle vom Dezember 1996, NVwZ 1997, 456 – 460

Schmidt-Aßmann, Eberhard: Verwaltungslegitimation als Rechtsbegriff, AöR 116 (1991), 329 – 390

Schnitzer, Albert (Hrsg.): Der pädagogische Bezug – Grundprobleme schulischer Erziehung, München 1983

Schröder, Florian: Handbuch Schulrecht Niedersachsen. Praxishandbuch für den schulischen Alltag, Köln 2020 (zit. als *Schröder*, Handbuch Schulrecht Niedersachsen, S.)

Schulz, André: Fachtagung „Chancen(un)gleichheit im Schulsystem: Selektivität und Nicht-Diskriminierung" – ein Bericht, RdJB 2016, 290 – 297

Schwind, Hans-Dieter/*Roitsch*, Karin/*Ahlborn*, Wilfried/*Gielen*, Birgit: Gewalt in der Schule. Am Beispiel von Bochum, Mainz 1995 (zit. als *Schwind/Roitsch/Ahlborn/Gielen*, Gewalt in der Schule, S.)

Seiler, Christian: Der einheitliche Parlamentsvorbehalt, Berlin 2000

Seitz, Florian: Verhaltenspflichten in Online-Welten. Die Anwendbarkeit des schulischen Disziplinarrechts auf Internetäußerungen, Baden-Baden 2019 (zit. als *Seitz*, Verhaltenspflichten in Online-Welten, S.)

Sekretariat der Ständigen Konferenz der Kultusminister der Länder in der Bundesrepublik Deutschland: Auswertung Religionsunterricht Schuljahr 2017/18, https://www.kmk.org/fileadmin/Dateien/pdf/Statistik/Dokumentationen/AW_Religionsunterricht_II_2017_18.pdf, zuletzt abgerufen am 01.05.2022

Skrzypczak, Josephine/*Hörich*, Carsten: Verbot öffentlichen Betens in der Schule?, LKV 2012, 449 – 454

Sodan, Helge/*Ziekow*, Jan (Hrsg.): Verwaltungsgerichtsordnung, 5. Aufl., Baden-Baden 2018

Specht, Werner: Die Schulklasse als soziales Beziehungsfeld altershomogener Gruppen: eine theoretische und empirische Analyse schulorganisatorischer, schulklimatischer und kompositionaler Bedingungen von Wertinhalten und Beziehungsformen im informellen Bereich der Lerngruppe, Konstanz 1982 (zit. als *Specht*, Die Schulklasse als soziales Beziehungsfeld altershomogener Gruppen, S.)

Speck, Karsten: Schulsozialarbeit. Eine Einführung, 4. Aufl., München 2020

Staatliches Schulamt Stuttgart: Handreichung für Schulen. Vorgehen bei Verdacht auf Kindeswohlgefährdung, http://schulamt-stuttgart.de/site/pbs-bw-km-root/get/documents_E1994696813/KULTUS.Dachmandant/KULTUS/Schulaemter/schulamt-stuttgart/pdf/Handreichung_f_Schulen.pdf, zuletzt abgerufen am 01.05.2022

Staatsministerium für Kultus Freistaat Sachsen: Lehrplan Gymnasium. Schulspezifisches Profil, http://lpdb.schule-sachsen.de/lpdb/web/downloads/2236_lp_gy_schulspezifisches_Profil_2018.pdf?v2, zuletzt abgerufen am 01.05.2022

Ständige Konferenz der Kultusminister der Länder in der Bundesrepublik Deutschland: Zur Stellung des Schülers in der Schule. Beschluss vom 25.05.1973, https://www.kmk.org/fileadmin/Dateien/veroeffentlichungen_beschluesse/1973/1973_05_25_Stellung_Schueler.pdf, zuletzt abgerufen am 01.05.2022

Starck, Christian: Gesetzesbegriff des Grundgesetzes, Baden-Baden 1970

— Staatliche Schulhoheit, pädagogische Freiheit und Elternrecht, DÖV 1979, 269 – 275

Statistisches Bundesamt: Bevölkerung und Erwerbstätigkeit. Ausländische Bevölkerung. Ergebnisse des Ausländerzentralregisters, Fachserie 1, Reihe 2, Wiesbaden 2020

— Bildung und Kultur. Allgemeinbildende Schulen. Schuljahr 2018/2019, Fachserie 11, Reihe 1, Wiesbaden 2020

— Bildung und Kultur. Allgemeinbildende Schulen. Schuljahr 2019/2020, Fachserie 11, Reihe 1, Wiesbaden 2020

— Rechtspflege. Verwaltungsgerichte, 2019, Fachserie 10, Reihe 2.4, Wiesbaden 2020

— Statistisches Jahrbuch 2019. Bildung, Wiesbaden 2020

— Bevölkerung und Erwerbstätigkeit, Fachserie 1, Reihe 2, Wiesbaden 2021

Staupe, Jürgen: Parlamentsvorbehalt und Delegationsbefugnis. Zur „Wesentlichkeitstheorie" und zur Reichweite legislativer Regelungskompetenz, insbesondere im Schulrecht, Berlin 1986 (zit. als *Staupe*, Parlamentsvorbehalt und Delegationsbefugnis, S.)

Steenhoff, Holger: Das Internet und die Schulordnung, NVwZ 2013, 1190 –1195

Stein, Ekkehart: Das Recht des Kindes auf Selbstentfaltung in der Schule: verfassungsrechtliche Überlegungen zur freiheitlichen Ordnung des Schulwesens, Neuwied 1967 (zit. als *Stein*, Das Recht des Kindes auf Selbstentfaltung in der Schule, S.)

Stein, Ekkehart/*Roell*, Monika: Handbuch des Schulrechts. Ein Lehrbuch und Nachschlagewerk zum Schulrecht im gesamten Deutschland, Köln 1988 (zit. als *Stein/Roell*, Handbuch des Schulrechts, S.)

Stein, Roland/*Stein*, Alexandra: Unterricht bei Verhaltensstörungen. Ein integratives didaktisches Modell, 3. Aufl., Stuttgart 2020 (zit. als *Stein/Stein*, Unterricht bei Verhaltensstörungen, S.)

Stelkens, Paul/*Bonk*, Heinz/*Sachs*, Michael: Verwaltungsverfahrensgesetz, Kommentar, 9. Aufl., München 2018 (zit. als *Bearbeiter*, in: Stelkens/Bonk/Sachs, Verwaltungsverfahrensgesetz, Norm, Rn.)

Tenorth, Heinz-Elmar: Pädagogen und Juristen – Kommunikationsprozesse zwischen feindlichen Lagern, RdJB 2015, 9 – 16

Tettinger, Peter: Das Grundrecht der Berufsfreiheit in der Rechtsprechung des Bundesverfassungsgerichts, AöR 108 (1983), 92 – 133

Theuersbacher, Paul: Die Entwicklung des Schulrechts von 1984-1987, NVwZ 1988, 886 – 895

— Die Entwicklung des Schulrechts in den Jahren 1997 und 1998, NVwZ 1999, 838 – 843

Thym, Daniel: Zielvereinbarungen im Schulrecht zwischen informeller Verwaltungspraxis und rechtlicher Steuerung, RdJB 2009, 278 – 290

Todt, Eberhard/*Busch*, Ludger: Aggression und Gewalt in Schulen, RdJB 1994, 174 – 186

Triepel, Heinrich: Delegation und Mandat im öffentlichen Recht: eine kritische Studie, Darmstadt 1974 (zit. als *Triepel*, Delegation und Mandat im öffentlichen Recht, S.)

Ulrich, Klaus: Einführung in die Sozialpsychologie der Schule, Weinheim 2001

Unruh, Peter: Schulautonomie und Demokratieprinzip – im Lichte der neueren Rechtsprechung des Bundesverfassungsgerichts, RdJB 2003, 466 – 481

Unterberg, Swantje: Eltern wehren sich gegen Strafarbeit für Drittklässlerin, https://www.spiegel.de/panorama/bildung/deutschpflicht-an-grundschule-eltern-wehren-sich-gegen-strafarbeit-fuer-drittklaesslerin-a-c235f4e0-e8f4-47a3-b890-b13b3275e23e, zuletzt abgerufen am 01.05.2022

Voßkuhle, Andreas: Grundwissen – Öffentliches Recht: Der Grundsatz des Vorbehalts des Gesetzes, JuS 2007, 118 – 119

Waldhoff, Christian: Der positive und der negative Verfassungsvorbehalt. Überlegungen zu einer Regelungstheorie im Grenzbereich von Verfassungsrechtsdogmatik und Verfassungstheorie, Baden-Baden 2016 (zit. als *Waldhoff*, Der positive und der negative Verfassungsvorbehalt, S.)

Weber, Klaus (Hrsg.): Creifelds. Rechtswörterbuch, 26. Edition, München 2020

Weber, Witgar: Das Ordnungsrecht der Schule. Eine Betrachtung der Schulstrafen mit Schwerpunkt auf dem Baden-Württembergischen Recht, Diss. Tübingen 1985 (zit. als *Weber*, Das Ordnungsrecht der Schule, S.)

Weßling, André: Erziehen im Konsens. Erziehungsvereinbarungen als rechtsverbindliche Zielvereinbarungen im Schulwesen, Baden-Baden 2015 (zit. als *Weßling*, Erziehen im Konsens, S.)

Westermann, Wiebke: Das Vollverschleierungsverbot für Schülerinnen in der rechtlichen Diskussion, Göttingen 2019

Wettstein, Alexander/*Scherzinger*, Marion: Unterrichtsstörungen verstehen und wirksam vorbeugen, Stuttgart 2019

Wimmer, Raimund: Ein halbes Jahrhundert Gesetzesvorbehalt im Schulwesen, RdJB 1997, 15 – 18

Winkel, Rainer: Schwierige Kinder – Problematische Schüler. Fallberichte aus dem Erziehungs- und Schulalltag, 3. Aufl., Baltmannsweiler 2001 (zit. als *Winkel*, Schwierige Kinder, S.)

Wißmann, Hinnerk: Pädagogische Freiheit als Rechtsbegriff. Personales Handeln in der öffentlichen Verwaltung, Baden-Baden 2002 (zit. als *Wißmann*, Pädagogische Freiheit als Rechtsbegriff, S.)

— Rechtsgrundlage und Zustimmungsbedürftigkeit bei schulischen Kompetenztests – Zu den Fragen von Eingriff und Gesetzesvorbehalt im Sonderstatusverhältnis, RdJB 2003, 179 – 192

Wittig, Jan: Praxis- und examensrelevante Fragestellungen des Schulrechts im Assessorexamen – Ein Überblick, JA 2012, 543 – 546

Wolff, Heinrich: Ungeschriebenes Verfassungsrecht unter dem Grundgesetz, Tübingen 2000

Wolff, Heinrich (Hrsg.): Grundgesetz für die Bundesrepublik Deutschland, Handkommentar, 12. Aufl., Baden-Baden 2018 (zit. als *Bearbeiter*, in: Hömig/Wolff, Grundgesetz, Norm, Rn.)

Wörz, Roland/*Alberti*, Dieter von/*Falkenbach*, Marc: Schulgesetz für Baden-Württemberg (SchG), 19. Aktualisierung, München 2018 (zit. als *Bearbeiter*, in: Schulgesetz für Baden-Württemberg, Norm, Ziff.)

Zentrum für Schulqualität und Lehrerbildung (Regionalstelle Stuttgart): Schulpsychologische Beratungsstelle Stuttgart, http://schulamt-stuttgart.de/site/pbs-bw-km-root/get/documents_E-1672905873/KULTUS.Dachmandant/KULTUS/Schulaemter/schulamt-stuttgart/pdf/FlyerStuttgart.pdf, zuletzt abgerufen am 01.05.2022

Zimmermann, Ralph: Gesetzesvorbehalt für schulordnungsrechtliche Maßnahmen gegen religiöse Äußerungen von Schülern?, LKV 2010, 394 – 400

www.ingramcontent.com/pod-product-compliance
Ingram Content Group UK Ltd.
Pitfield, Milton Keynes, MK11 3LW, UK
UKHW021130041026
8980IPUK00034B/1505

9 783631 881484